Montage

EDITION 3e

DEUXIEME NIVEAU

Montage

Grammaire

Littérature

Culture

Activités

Lucia F. Baker
Professor Emeritus, University of
Colorado, Boulder

Ruth Allen Bleuzé
Moran, Stahl & Boyer International

Laura L. B. Border
University of Colorado, Boulder

Carmen Grace
University of Colorado, Boulder

Janice Bertrand Owen
University of Colorado, Boulder

Mireille A. Serratrice

Ann Williams-Gascon
Metropolitan State College, Denver

Ester Zago
University of Colorado, Boulder

The McGraw-Hill Companies, Inc.
New York   St. Louis   San Francisco   Auckland   Bogotá   Caracas
Lisbon   London   Madrid   Mexico City   Milan   Montreal
New Delhi   San Juan   Singapore   Sydney   Tokyo   Toronto

McGraw-Hill

A Division of The **McGraw·Hill** Companies

This is an ⌐Bl book.

Montage

This book is printed on acid-free paper.

1 2 3 4 5 6 7 8 9 0   DOC   DOC   9 0 0 9 8 7 6

ISBN 0-07-006020-7

The editors were Thalia Dorwick, Gregory Trauth, Marion Rosenberg, Martha Gove, and Richard Mason.
Editorial assistance was provided by Kamila Storr.
The production supervisor was Tanya Nigh.
The text designer was BB&K Design, Inc.
The cover designer was Amanda Kavanagh.
The photo researchers were Judy Mason and Sarah Bendersky.
This book was set in Adobe Garamond by GTS Graphics, Inc.
This book was printed and bound by R. R. Donnelley & Sons.

Library of Congress Cataloging-in-Publication data
Montage: deuxième niveau / Lucia F. Baker. . . [et al.].—3. éd.
   p. cm.
   French and English.
   Includes index.
   ISBN 0-07-006020-7
   1. French language—Textbooks for foreign speakers—English.
   2. French language—Grammar.   I. Baker, Lucia F.
PC2129.E5M66 1997   96-46860
448.2'421—dc21   CIP

Grateful acknowledgment is made for the use of the following:

Realia: *Page 9* France Télécom; *13* Illustrations by Ward Schumaker published in *France Magazine*; *36* © Christiane Charillon, Paris; *37* © Les Films Ariane; *42* ASSECAR; *65* Mairie de Paris, all rights reserved; *93* Galénic Paris; *106* Editions Artaud Frères; *124* Illustration of François Boutet/Jardin Zoologique Québec; *125* Coalition pour la Stratégie nationale sur les forêts; *138* Agence Roux-Seguela; *141* Procter & Gamble; *149* From *Standard French Dictionary* by Kenneth Urwin (New York: Langescheidt Publishers); *156* Verrière Cristallière d'Arques; *172* GEO; *175* *Infomatin;* *197* Photo used with permission from Microsoft Corporation; *200* Philips Electronics; *203* Alcatel; *215* France-Soir (Photo: KIPA); *216 (top)* France-Soir (Photo: Gamma); *(bottom left)* From *La Ballade des Dalton* by Goscinny and Morris (Paris: Dargaud Editeur); *(bottom right)* France-Soir (Photo: Temsport); *221* Helbé/ *La Vie;* *231* Larousse; *236* © *Télérama* 1996; *237* © 1992 Universal City Studios, Inc. Courtesy of MCA Publishing Rights, a Division of MCA Inc. All rights reserved; *259* Le Figaro; *262* © ALI Press Agency, Brussels; *263* Editions Robert Laffont; *287* © Philip Gold/Festival International de Louisiane; *290* © Apple Computer, Inc. Used with permission. All rights reserved. Apple and the Apple logo are registered trademarks of Apple Computer Inc.; *345* New York Times; Le Monde; *350* Bettmann Archive; *354* Les Nouvelles de la Francophonie; *366* Le Figaro; *367* Delta Airlines.

(*continued on page 438*)

http://www.mhcollege.com

Table des matières

Preface

Montage: action de monter, d'ajuster des pièces les unes avec les autres pour constituer un ensemble. (*Dictionnaire Larousse*)

Welcome to the third edition of *Montage,* a second-year college-level French text based on the conviction that students master a foreign language best when its elements—grammar, communication, culture, and literature—are thematically and linguistically coordinated. In distilling the best of the acclaimed fourth-edition series of *Collage* into one volume, *Montage* enriches the solid foundation in thematic vocabulary and grammatical structures with a broad selection of activities, literary readings, and cultural information.

CHANGES IN THE THIRD EDITION

In response to comments by adopters, we have made several improvements to the third edition of *Montage.* The softcover binding is new, making *Montage* more portable and more affordable to students. Here are the most important changes in program content.

Grammar

- Grammar explanations are now *in English,* to facilitate at-home study.
- Many grammar presentations have been *streamlined* (without, of course, omitting essential information); the presentations of the **passé composé,** demonstrative adjectives, and demonstrative pronouns are examples of this.
- *New marginal annotations* provide hints for efficient, successful learning.
- The **Révision de grammaire** section now features *contextualized exercises* throughout.
- New **Mise en pratique** activities focus on *meaningful, communicative language use.*

Culture and Readings

- There are *three new chapter themes*: **Vivre sa vie (Chapitre 4), Voyages (Chapitre 6),** and **Les médias (Chapitre 7).**
- This edition offers *all new readings,* both cultural and literary.
- Information about *the French-speaking world* is an integral part of every chapter.
- There is now only *one reading per chapter:* **La parole à l'écrivain** (literary selections) in odd-numbered chapters, and **Tranches de vie** (cultural readings from the contemporary Francophone press) in even-numbered chapters.

Skills Development

- **Pour mieux lire** sections, featuring *pre-reading guidelines and activities,* make texts more accessible and meaningful to students.
- *Pair and group activities* can be found in every section of *Montage.* They are marked with the following symbols.

 Pairs/Partners

 Small group

 Sondage Student surveys and discussion

 Jeu d'équipe Skill reinforcement through games

 Trouvez quelqu'un qui... Matching classmates to given criteria

- *Pre-writing and pre-listening strategies and activities* appear in every chapter of the *Cahier d'exercices.*

Oᴿɢᴀɴɪᴢᴀᴛɪᴏɴ

Montage features a clear organization designed for the easiest possible use. Each chapter opens with a large photo that provides a visual introduction to the chapter theme, and the title page also includes an overview of the thematic and grammatical content of the chapter.

The **Chapitre préliminaire** reviews basic grammatical structures. **Chapitres 1–12** each follow the same structure, with these sections:

- **Mots et expressions:** a list of high-frequency words and expressions, useful for chapter exercises and everyday conversation. Reinforcing activities accompany this list.
- **Structures 1:** two or three grammar points, each followed by a rich variety of exercises and activities, progressing from form-focused (**Mise au point**) to communicative (**Mise en pratique**). The **Mise en pratique** section includes surveys, role-plays, interviews, and other engaging activities.
- **La parole à l'écrivain** (a literary reading, in odd-numbered chapters) and **Tranches de vie** (a cultural reading, in even-numbered chapters): **La parole à l'écrivain** features a variety of contemporary and classic pieces, while all **Tranches de vie** selections are taken from the Francophone press. Each reading is preceded by **Pour mieux lire** (reading strategies), **Mise en route** (pre-reading activities), and **Mots et expressions** (useful vocabulary for the selection). Post-reading activities include comprehension exercises and discussion and composition topics designed to foster cross-cultural awareness and student interaction.

- **Structures 2:** two or three more grammar points, each followed by the same progression of exercises and activities (**Mise au point** and **Mise en pratique**) as in **Structures 1.**
- **Reprise:** a variety of activities, both form-focused and communicative, reviewing and combining the vocabulary, grammar, and themes of the chapter.
- **Réalités quotidiennes:** an activity based on an authentic selection from the contemporary Francophone press or the Minitel.
- **En passant:** boxes appearing once or twice in each chapter that invite students to share their reactions to an advertisement from Francophone publications.

SUPPLEMENTS TO *MONTAGE*

Please contact your local McGraw-Hill representative for information on the availability and costs of supplemental materials.

- *Cahier d'exercices oraux et écrits.* This combined workbook and laboratory manual is coordinated point-by-point with the grammatical structures in each chapter of the main text.

  The **exercices écrits** provide practice in vocabulary, grammar, syntax, and guided writing. An answer key for single-response exercises appears at the end of the *Cahier,* for ease of at-home study and review. Authentic materials, opportunities for personalized expression, and integrated visuals enliven the activities. A follow-up activity for the reading in the main text—**Tranches de vie** or **La parole à l'écrivain**—appears in each chapter of the *Cahier.*

  The **exercices oraux** promote the development of speaking and listening comprehension skills. Pronunciation work, dialogues with pre-listening tasks, and literary excerpts are among the different elements of the program. Form-focused exercises provide extensive vocabulary and grammar review, coordinated point-by-point with the main text.
- *Audiocassette Program.* Audiocassette tapes to accompany the *Cahier d'exercices oraux et écrits* are provided to adopting institutions and are also available for student purchase.
- *Tapescript.* The complete text of the audiocassette program is also available to adopting institutions.
- *Instructor's Manual.* This manual offers suggestions on using *Montage* in a variety of classroom situations. It provides general background information about language learning, a set of guidelines for developing a syllabus, advice on promoting skills development, a revised section on evaluation and testing, a set of chapter-by-chapter comments on the readings in *Montage,* and an answer key for the single-response exercises in the main text.
- *Videos.* Several McGraw-Hill videos are available to instructors who wish to offer their students additional perspectives on the language and cultures of the French-speaking world.

- *Software Tutorial.* The *McGraw-Hill Electronic Language Tutor* (*MHELT 2.0*), containing all the single-answer grammar exercises from the main text, is available for use with *Montage*.
- *Overhead Transparencies.* A set of fifty acetates, useful for presentation and review of vocabulary and for other class activities, is available to adopting institutions.
- *Slides.* Three sets of slides, focusing on different areas and aspects of life in the French-speaking world, are also available for use with *Montage*.

ACKNOWLEDGMENTS

The authors wish to thank all of the instructors who contributed to the development of previous editions of *Montage*. We are particularly indebted to the following instructors who completed surveys critical to the development of this third edition. (The listing of their names does not necessarily constitute an endorsement of this text or its methodology.)

Professor Claton Alcorn
SUNY, Cortland

Professor Roseanna DuFault
Ohio Northern University

Professor Maire José Fassiotto
University of Hawaii

Professor Shirley Flittie
Minneapolis Community College

Professor Gary M. Godfrey
Weber State University

Professor R. Gottlieb
University of Wisconsin, Platteville

Professor Chad Helms
Presbyterian College

Professor Helen S. Johnson
University of Wisconsin, Stevens Point

Professor Frederique Knottnerus
Ohio State University

Professor Carolyn Lally
Florida State University

Professor Michèle Mangin-Woods
Contra Costa College

Professor David Milroy
Southwestern College

Professor Muriel Vitaglione
Grossmont College

Professor Ian Winter
University of Wisconsin, Milwaukee

Professor Xiangynn Zhang
Emory and Henry College

We are grateful to Nicole Dicop-Hineline, Sophie Halvin, and Jehanne-Marie Gavarini, each of whom read parts of the manuscript for linguistic and cultural accuracy; to Nicole Cormen for her useful suggestions on the cultural readings; to Andréa M. Javel, for her insightful comments on the literary selections; and to Leslie Berriman, whose many contributions to the *Collage* program are evident in this new edition of *Montage*.

Numerous people were involved in transforming *Montage* from a set of manuscripts into the textbook you have in your hands. Thank you especially to Richard Mason and Kamila Storr at McGraw-Hill, to Marie Deer for important suggestions made at the copyediting stage, to Melissa Gruzs for her close reading of page proofs, and to photo researcher Judy Mason.

Montage could never have been written without the encouragement and assistance of the staff at McGraw-Hill. We especially thank Marion Lignana Rosenberg, Martha Gove, and Gregory Trauth for their direction of this project from beginning to end, and Thalia Dorwick for her longtime support of *Montage*.

To THE STUDENT

Second-Year vs. First-Year French Much of second-year French involves reviewing structures to which you've already been introduced. What you're expected to do with those structures, however, is quite different from before. First-year French begins with the learning of words, phrases, single sentences, lists of things. Second-year French will help you connect those isolated elements, turning sentences into paragraphs and lists into coherent discourse.

You cannot yet express yourself in French as well as you can in your native tongue. Rather than looking up lots of unfamiliar words in the dictionary, use the vocabulary and structures you learn in this text. Each oral and written assignment has been developed to allow you to show how much you've learned of the material presented.

Activities go faster and are more complex than they were at the first-year level. Try to answer every question whether you're called on or not. When you hear or see the correct answer, you can determine whether you know a given structure or set of vocabulary terms well enough. If you add this kind of feedback to that given by your instructor, you will understand more clearly what you may need to go over again.

Learning Tips

1. Learn two things about every structure presented: how to form it (**Forms**) and when to use it (**Uses**).
2. Be aggressive with your French. Don't just look at the **Forms** and the **Uses** sections, believing that you know the material they present. Repeat the material out loud *in your own words* as you study. Memorize examples or create your own. Knowing French means using French.
3. Find a system of memorizing vocabulary that works for you. (For instance, you could write new words on stick-on notes displayed in conspicuous locations, put them on index cards or in a notebook you carry everywhere, or say them into a tape recorder.) Group new expressions with their synonyms, opposites, words that rhyme, word families, sentences using them, and so on. First-year vocabulary is not enough for intermediate-level tasks.

4. Be consistent. Study a little every day rather than a lot all at once. The former leads to increased proficiency, the latter to unpredictable results and frustration.

5. Succeeding in French doesn't mean showing up for class and saying whatever pops into your head. It is very helpful to rehearse what you will say each day. Read aloud from the text, do some of the items in exercises, and then volunteer when you feel most comfortable in class. Ever wonder why some students sound better than others? They're prepared.

Use these tips and any strategies you've developed on your own to make your French the best it can be. *Et maintenant, bon courage et bon travail!*

Grammatical Terminology

This brief presentation of grammatical terminology is meant to facilitate your study of *Montage* and to remind you of some of the similarities of structure in English and French.

The Sentence (*La phrase*)

A. A simple sentence expresses a complete thought. A simple sentence may contain:

1. a verb (**un verbe**)

   Leave!   Partez!

2. a subject (**un sujet**) and a verb

   John is eating.   Jean mange.

3. a subject, verb, and direct object (**un objet direct**)

   Paul is eating an apple.   Paul mange une pomme.

4. a subject, verb, direct object, and indirect object (**un objet indirect**)

   Paul gives an apple to Anne.   Paul donne une pomme à Anne.

5. a subject, verb, and object of a preposition (**un objet de préposition**)

   Paul is going out with Anne.   Paul sort avec Anne.

6. a subject, verb, and adverb (**un adverbe**)

   Paul is walking fast.   Paul marche vite.

7. a subject, verb, and predicate noun (**un nom employé comme adjectif**)

   Anne is a lawyer.   Anne est avocate.

8. a subject, verb, and predicate adjective (**un adjectif**)

   Anne is talented.   Anne est douée.

B. A complex sentence (**une phrase composée**) contains more than one clause.

1. An independent clause (**une proposition indépendante**) stands alone as a complete thought. There may be more than one in a sentence.

   Paul has a dog and Anne has a cat.   Paul a un chien et Anne a un chat.

2. A main clause (**une proposition principale**) is independent but can have one or more subordinate clauses (**propositions subordonnées**) that depend on it to complete the meaning.

   *He will come to see me (**main clause**) before I leave (**subordinate clause**).*   Il viendra me voir (**proposition principale**) avant que je ne parte (**proposition subordonnée**).

Gender and Number *(Le genre et le nombre)*

French nouns, articles, adjectives, and pronouns show gender (masculine or feminine) and number (plural or singular).

A. A noun (**un nom**) is a person, place, or thing.

   *The **director** sends the **telegram** to **Paris**.*   Le **directeur** envoie le **télégramme** à **Paris**.

B. An article (**un article**) is a determiner that precedes the noun.

1. The definite article (**l'article défini**) *the* (**le, la, les**) indicates a particular person, place, thing, or general concept.

   ***The** professor and **the** students are studying capitalism in **the** modern world.*   **Le** professeur et **les** étudiants étudient **le** capitalisme dans le monde moderne.

2. The indefinite article (**l'article indéfini**) *a, an* (**un, une, des**) indicates an indefinite person, place, or thing.

   ***A** woman is buying postcards in **a** tobacco shop.*   **Une** femme achète **des** cartes postales dans **un** tabac.

3. The partitive article (**l'article partitif**) *some* (**du, de la, de l'**) indicates a part of a whole. *Some* is not always expressed in English, but it is always expressed in French.

   *I'm buying (**some**) bread, (**some**) meat, and (**some**) water.*   J'achète **du** pain, **de la** viande et **de l'**eau.

C. An adjective (**un adjectif**) is a word that describes a noun or pronoun.

1. Adjectives indicate qualities of the noun: size, shape, color, age, etc.

   *There's a **tall** tree in front of that **small gray** house.*   Il y a un **grand** arbre devant cette **petite** maison **grise**.

2. Possessive adjectives (**les adjectifs possessifs**) *my, your, his, her, our, their* (**mon, ton, son, notre, votre, leur,** etc.) show possession of a person or thing.

My brother knows your co-worker.	**Mon** frère connaît **ta** collègue.

3. Interrogative adjectives (**les adjectifs interrogatifs**) *which, what* (**quel, quels, quelle, quelles**) are used to ask a question about a noun.

Which pen and which papers do you want?	**Quel** stylo et **quelles** feuilles de papier veux-tu?

4. Demonstrative adjectives (**les adjectifs démonstratifs**) *this, that, these, those* (**ce, cet, cette, ces**) point out or indicate a noun.

I like this hat, this windbreaker, and these gloves.	J'aime **ce** chapeau, **cet** anorak et **ces** gants.

5. Indefinite adjectives (**les adjectifs indéfinis**) *each, several, all, no, a few,* etc. (**chaque, plusieurs, tout, aucun, quelques,** etc.) indicate a vague idea of the quantity of a noun.

She bought several books and a few magazines.	Elle a acheté **plusieurs** livres et **quelques** magazines.

D. A pronoun (**un pronom**) is a word used in place of one or more nouns. Pronouns are divided into the following groups.

1. Subject pronouns (**les pronoms sujets**) *I, you, he, she, it, one, we, you, they* (**je, tu, il, elle, on, nous, vous, ils, elles**) replace the person or thing that performs the action of the verb.

The students are studying French.	Les étudiants étudient le français.
They are studying French.	**Ils** étudient le français.

2. The reflexive pronouns (**les pronoms réfléchis**) *myself, yourself, himself, herself, oneself, ourselves, yourselves, themselves* (**me, te, se, nous, vous**), or **vous, nous, se,** indicating reciprocal actions, are direct or indirect object pronouns representing the same person as the subject.

I wake up at eight.	Je **me** réveille à huit heures.
Suzanne and Pierre met each other in Paris.	Suzanne et Pierre **se** sont rencontrés à Paris.

3. The direct object pronouns (**les pronoms objets directs**) *me, you, her, him, it, us, them* (**me, te, le, la, nous, vous, les**) replace the direct object noun and answer the questions "What?" or "Whom?"

*They study the lesson. They study **it.***	Ils étudient la leçon. Ils **l'étudient**.

4. The indirect object pronouns (**les pronoms objets indirects**) *to me, to you, to her, to him, to us, to them* (**me, te, lui, nous, vous, leur**) answer the question "To whom?" and replace **à** + *a person.*

*We are speaking to Olivier and Lucie. We are speaking **to them.***	Nous parlons à Olivier et à Lucie. Nous **leur** parlons.

5. The adverbial pronoun (**le pronom adverbial**) **y** replaces **à** + *a thing, place, or idea.* **En** replaces **de** + *a person, place, or thing.*

*You think about your future. You think **about it.***	Vous pensez à votre avenir. Vous **y** pensez.
*They need money. They need **some.***	Elles ont besoin d'argent. Elles **en** ont besoin.

6. The disjunctive pronouns (**les pronoms disjoints**) *me, you, him, her, us, them* (**moi, toi, lui, elle, soi, nous, vous, eux, elles**) replace the object of a preposition.

*I work with **them.***	Je travaille avec **eux.**

7. The demonstrative pronouns (**les pronoms démonstratifs**) *this one, that one, these, those* (**celui[-ci], celle[-là]**, etc.) replace a noun and point out a particular person or thing.

*Here are two books. **This one** is clear but **that one** is obscure.*	Voici deux livres. **Celui-ci** est clair mais **celui-là** est obscur.

8. The indefinite pronouns (**les pronoms indéfinis**) *everyone, something,* etc. (**tout le monde, quelque chose**, etc.) represent an indeterminate person or thing.

***Everyone** should speak French.*	**Tout le monde** devrait parler français.

9. The relative pronouns (**les pronoms relatifs**) *who, that, (of) which, (of) whom* (**qui, que, lequel, dont**, etc.) represent a noun previously mentioned and introduce a relative clause.

*The woman **whom** I met is French.*	La femme **que** j'ai rencontrée est française.

10. The interrogative pronouns (**les pronoms interrogatifs**) *who, what, whom, which, whose* (**qui, que, quoi**, etc.) ask a question about a person or thing.

***What** do you prefer?*	**Que** préférez-vous?

11. The possessive pronouns (**les pronoms possessifs**) *mine, yours,* etc. (**le mien, le tien,** etc.) indicate the possession of a person or thing and replace a noun.

*My car isn't running. May I borrow **yours?***	Ma voiture est en panne. Je peux emprunter **la tienne?**

Montage

CHAPITRE PRELIMINAIRE

Une étudiante
française consulte
son Minitel.
Qu'est-ce qu'il y a
au ciné ce soir?

Bienvenue!
   Faisons connaissance!
Structures
   Subject Pronouns and the Present Tense
   Irregular Verbs in the Present Tense
   Negation
   Forming Questions

**Réalités quotidiennes: Les différences
   existent-elles encore?**

Bienvenue!

Bonjour! Welcome back to French. Like most students in this course, you're probably wondering what's expected of you and how you'll meet those expectations. Perhaps you've set some goals for yourself. Are you hoping to travel to France one day? Perhaps to Quebec, or even West Africa? Do you want to get involved in an international effort, such as the Peace Corps? Do you hope to work professionally in a French-speaking country? For now, you certainly want to communicate more effectively with others in French. *Montage* can help you accomplish your goals.

The student activities in **Structures** vary from section to section. Some allow you to check your comprehension of grammar so that you can communicate accurately (**Mise au point**). Others are open-ended and ask you to draw on your beliefs, experiences, and opinions (**Mise en pratique**). Literary and cultural readings appear in alternate chapters beginning with chapter 1. **La parole à l'écrivain** (in odd-numbered chapters) presents poetry, prose, plays, and other literary selections by Francophone authors. **Tranches de vie** (in even-numbered chapters) features articles on a variety of cultural concerns in the contemporary French-speaking world. All readings are followed by activities designed to ensure comprehension and promote interaction among students. Vocabulary, reading strategies, and topics for class discussion are also provided. All that's missing is you! The activities that follow will help you get back into the French swing of things before you can say **un, deux, trois! A vos marques... Prêts... Partez!**

Faisons connaissance!

A. 🗣* **Souvenirs.** Qu'est-ce que vous savez déjà? D'abord, prenez trois minutes pour trouver trois mots associés à chacune des catégories suivantes.

Puis, avec un(e) partenaire, complétez votre liste pour obtenir un total de cinq mots dans chaque colonne. Comparez alors votre liste à celles des autres groupes.

EN FAMILLE	A L'UNIVERSITE	AU RESTAURANT	LE WEEK-END
_____	_____	_____	_____
_____	_____	_____	_____
_____	_____	_____	_____
_____	_____	_____	_____
_____	_____	_____	_____

*🗣 = an activity to be done with a partner

B. * **TROUVEZ QUELQU'UN QUI... Rencontres.** Trouvez dans votre classe des étudiants qui correspondent aux caractéristiques suivantes. Puis, écrivez leurs noms et les détails supplémentaires dans les blancs. Vous pouvez utiliser la même personne pour plusieurs catégories.

Trouvez quelqu'un qui...

1. mange souvent de la pizza

   Nom: _____   Combien de fois par semaine? _____

2. porte des chaussures de tennis américaines

   Nom: _____   Quelle marque (*brand*)? _____

3. voyage beaucoup

   Nom: _____   Où? _____

4. aime le sport

   Nom: _____   Quels sports? _____

5. parle trois langues

   Nom: _____   Quelles langues? _____

Structures

Subject Pronouns and the Present Tense

Subject Pronouns

PERSON	SINGULAR	PLURAL
1st	je (j')	nous
2nd	tu	vous
3rd	il, elle, on	ils, elles

J'aime bien la cuisine italienne.
Nous téléphonons au restaurant
   pour réserver une table.

I like Italian food.
We are calling the restaurant to
   reserve a table.

 = an activity in which you find one or more classmates who meet certain criteria and then discuss your answers in groups

Forming Regular Verbs

Verbs are classified into three groups according to the ending of the infinitive: **parler (-er)**, **finir (-ir)**, and **rendre (-re)**.

Group 1: verbs ending in *-er*. To form the present tense of -er verbs, the endings **-e, -es, -e, -ons, -ez,** and **-ent** are added to the verb stem.

parler → parl-				étudier → étudi-			
je	parle	nous	parl**ons**	j'	étudie	nous	étudi**ons**
tu	parl**es**	vous	parl**ez**	tu	étudi**es**	vous	étudi**ez**
il/elle/on	parle	ils/elles	parl**ent**	il/elle/on	étudie	ils/elles	étudi**ent**

Je **parle** déjà anglais et j'**étudie** le français.

Vous **aimez** les langues mais vous n'**étudiez** pas le russe.

I already speak English and I am studying French.

You like languages but you don't study Russian.

Group 2: verbs ending in *-ir*. To form the present tense of regular -ir verbs, the endings **-is, -is, -it, -issons, -issez,** and **-issent** are added to the verb stem.

finir → fin-			
je	fin**is**	nous	fin**issons**
tu	fin**is**	vous	fin**issez**
il/elle/on	fin**it**	ils/elles	fin**issent**

Tu **finis** la leçon.

Ils **choisissent** des cours cette semaine.

You are finishing the lesson.

They are choosing classes this week.

Group 3: verbs ending in *-re*. To form the present tense of regular -re verbs, the endings **-s, -s, -, -ons, -ez,** and **-ent** are added to the verb stem.

rendre → rend-			
je	rend**s**	nous	rend**ons**
tu	rend**s**	vous	rend**ez**
il/elle/on	rend	ils/elles	rend**ent**

Elle **rend** les devoirs le vendredi.

Nous ne **perdons** pas notre temps.

She returns the homework on Fridays.

We don't waste our time.

Mise au point: These exercises allow you to confirm your mastery of the structures just presented. Opportunities for more personalized expression follow in **Mise en pratique**.

A. **Le week-end.** Une jeune Française, Sophie, explique à une copine américaine comment les jeunes de son pays s'amusent le week-end. Complétez les phrases avec les verbes donnés.

VERBES SUGGERES

aimer, bavarder, chanter, danser, discuter, écouter, inviter, jouer, manger, penser, perdre, raconter

SOPHIE: Je _____¹ me retrouver avec mes amis. On _____,² on _____³ et on _____⁴ ensemble.

Mon ami Jean-Pierre a une maison près de l'océan. Il _____⁵ souvent des copains. Son amie Marie-France est amusante. Elle _____⁶ toujours des histoires intéressantes. Moi, je _____⁷ de la guitare et nous _____⁸ tous ensemble. Qu'est-ce que vous _____⁹ de cela? Les jeunes Américains sont très différents, n'est-ce pas?

JESSICA: Les Américains et les Français ne sont pas si différents! Nous _____¹⁰ de la musique, nous _____,¹¹ mais bien sûr nous ne _____¹² jamais notre temps!

Sur une plage française: Attention! On arrive!

B. * **C'est triste.** Avec un(e) camarade de classe, lisez le modèle à haute voix, puis, à tour de rôle, changez les pronoms sujets du pluriel au singulier et vice versa.

MODELE: VOUS: Nous attendons depuis une heure. →
LUI/ELLE: J'attends depuis une heure.

1. Vous perdez patience.
2. Je ne réfléchis pas souvent.
3. Nous entendons trop de bruit.
4. Elle ne répond pas à mes questions.
5. Il ne réussit pas ce semestre.
6. Tu ne choisis pas bien tes amis.

MISE EN PRATIQUE

Mise en pratique: These are communicative activities, allowing you to share your ideas and opinions.

 Descriptions. Mettez-vous à deux et dites à tour de rôle qui fait les choses indiquées.

MODELES: rentrer tard le week-end →
Nous rentrons toujours tard le week-end.
ou Les jeunes rentrent tard le week-end.

servir de la salade au déjeuner →
Mon frère sert de la salade au déjeuner.
ou Le Chalet Suisse et le Café Calypso servent de la salade au déjeuner.

1. parler français et anglais
2. porter souvent des chaussures de tennis
3. finir les cours avant 5 h
4. répondre aux questions des étudiants
5. attendre le week-end avec impatience
6. travailler trop
7. servir de la glace

VOUS AVEZ DU TALENT.   NOUS AVONS DU TALENT.

SOCIÉTÉ GÉNÉRALE
CONJUGUONS NOS TALENTS.

EN PASSANT...

1. Qui dit «Vous avez du talent», le pianiste ou le banquier?
2. Qui travaille du côté gauche de l'image? et du côté droit?
3. Comment interprétez-vous «Conjuguons nos talents»?
   a. Parlons de la grammaire.
   b. Travaillons ensemble.
   c. Travaillons pour une banque.

 = an activity to be done with a partner

Irregular Verbs in the Present Tense

aller (to go)		avoir (to have)		dire (to say)		être (to be)		faire (to do)	
je	**vais**	j'	**ai**	je	**dis**	je	**suis**	je	**fais**
tu	**vas**	tu	**as**	tu	**dis**	tu	**es**	tu	**fais**
il/elle/on	**va**	il/elle/on	**a**	il/elle/on	**dit**	il/elle/on	**est**	il/elle/on	**fait**
nous	**allons**	nous	**avons**	nous	**disons**	nous	**sommes**	nous	**faisons**
vous	**allez**	vous	**avez**	vous	**dites**	vous	**êtes**	vous	**faites**
ils/elles	**vont**	ils/elles	**ont**	ils/elles	**disent**	ils/elles	**sont**	ils/elles	**font**

Je **suis** canadienne. J'**ai** deux
sœurs. Je **fais** mon travail dans
la bibliothèque.
Il **dit** qu'il **va** en classe.
Vous **êtes** fatigué? Où **allez**-vous
après le cours?

I am Canadian. I have two sisters.
I do my homework at the library.

He says that he goes to class.
Are you tired? Where are you going
after class?

LE MINITEL

Le terminal Minitel—rattaché au téléphone en
France—donne accès à différents services
(banque, météo, achats, informations, jeux, vie
pratique) et existe dans plus d'un foyer (*household*) sur quatre en France.

Quarante pour cent des Français l'utilisent
régulièrement ou occasionnellement.

"LE MEILLEUR DU MINITEL" **3615 PL**
L'ACTUALITÉ EN DIRECT,
LE LOTO, LE TURF,
LES PROGRAMMES TÉLÉ, LE CINÉMA, LA MÉTÉO

Le Minitel. Employez la forme correcte du verbe entre parenthèses.

1. Le Minitel _____ (*être*) un petit terminal rattaché au téléphone.
2. Beaucoup de Français _____ (*avoir*) le Minitel à la maison.
3. Le Minitel _____ (*donner*) certains renseignements.
4. Par exemple, quand nous _____ (*aller*) en France et que nous _____ (*faire*) un voyage, nous _____ (*consulter*) le Minitel pour les horaires de train.
5. Et le Minitel _____ (*indiquer*) aussi s'il y _____ (*avoir*) encore des places disponibles dans le train.

Présentez-vous. Etudiez les expressions qui suivent. Ensuite décrivez-vous à un(e) camarade de classe en utilisant les expressions que vous préférez.

MODELE: faire: de la politique? / du vélo? / une promenade? / du théâtre? →
Je fais une promenade quand j'ai le temps.
ou Je fais de la politique avec mes amis.

1. aller souvent: au travail? / à la plage? / au centre de sports? / dans les magasins? / à la bibliothèque? etc.
2. avoir: un semestre (un trimestre) un peu difficile? / (combien de) _____ cours? / _____ examens? / _____ livres à lire? / _____ activités en dehors des cours? / un emploi? etc.
3. dire: toujours la vérité? / des secrets à vos amis? / bonjour aux professeurs? à vos voisins? / ce que vous pensez? etc.
4. être: énergique? / calme? / idéaliste? / optimiste? / réservé(e)? etc.
5. faire: des études de _____? / du sport? / de la musique? / de l'exercice? / la cuisine? / du camping? etc.

Negation

NEGATION		WORD ORDER IN NEGATIVE SENTENCES
ne... pas	*not*	Il **n'**a **pas** sommeil.
ne... jamais	*never*	Je **ne** manque **jamais** l'autobus.
ne... plus	*no longer, no more*	La place **n'**est **plus** occupée.

Note: In most negative sentences, indefinite articles (**un, une, des**) and partitive articles (**du, de la, de l'**) become **de (d').** *

> J'ai **un** roman à lire. →   *I have a novel to read.* →
>   Je n'ai plus **de** romans à lire.   *I have no more novels to read.*
> Nous mangeons **des** œufs. →   *We eat eggs.* → *We don't eat (any)*
>   Nous ne mangeons pas **d'**œufs.   *eggs.*

C'est logique! Faites des phrases logiques en utilisant des éléments de chaque colonne.

A	B	C
je	ne... jamais	avoir beaucoup de temps libre
les végétariens	ne... plus	étudier le week-end
un homme politique	ne... pas	être le président des Etats-Unis
mon ami(e)		aller au lycée
George Washington		choisir des cours difficiles
une étudiante en médecine		dire un mensonge (*to lie*)
un(e) étudiant(e) peu sérieux/sérieuse		aimer la viande

Une manifestation lycéenne contre le racisme: Ils ne supportent pas la xénophobie.

---

*Indefinite articles are explained in chapter 2. Partitive articles are explained in chapter 5.

Devinez un peu (*Take a guess*). Dans chaque cas, choisissez l'option qui s'applique à votre partenaire. Il/Elle vous dit alors si vous avez raison. Changez ensuite de rôle.

> MODELE: utiliser souvent: un ordinateur / le téléphone / la télécommande (*remote control*) →
>
> > VOUS: Tu utilises souvent la télécommande.
> > LUI/ELLE: Non, je ne regarde pas la télé. J'écoute la radio.
> > *ou* C'est exact! J'utilise la télécommande tous les soirs.

1. aimer: le fromage / les légumes / la viande / le poisson
2. préférer: le chocolat / le café / les boissons gazeuses (*carbonated*)
3. regarder à la télévision: des films / les informations (*news*) / des séries
4. écouter: de la musique classique / du jazz / du rock
5. avoir _____ jeans: entre zéro et cinq / entre six et dix / plus de dix
6. être: à la faculté des Lettres et Sciences humaines (*Arts and Sciences*) / dans une école de commerce / dans une école technique
7. faire de l'exercice: deux ou trois fois par semaine / tous les jours / ne... jamais
8. aller souvent: au restaurant / au cinéma / à des manifestations sportives

Forming Questions

Interrogative Forms

1. In spoken French, a declarative sentence can be turned into a question by changing intonation or by adding **n'est-ce pas** to the end of the sentence.

> Tu cherches un restaurant?   *Are you looking for a restaurant?*
> (*Rising intonation*)
> Tu as faim, **n'est-ce pas**?   *You're hungry, aren't you?*

2. Est-ce que, with or without an interrogative expression, can be added to the beginning of a sentence to form a question.

> **Est-ce que** vous allez à Québec   *Are you going to Quebec this*
> ce week-end?   *weekend?*
> Quand **est-ce que** vous partez?   *When are you leaving?*

3. If the subject is a pronoun, *inversion* can be used to ask a question.

> **As-tu** mal à la tête?   *Do you have a headache?*
> Pourquoi **travailles-tu**?   *Why are you working?*

Question Words

Question words make it possible to ask for specific information.

comment:

Comment vous appelez-vous?   *What is your name?*

où:

Où est-ce que tu regardes la   *Where do you watch TV?*
télévision?

pourquoi:

Pourquoi est-ce que Marc habite   *Why does Marc live in Berne?*
à Berne?

qu'est-ce que:

Qu'est-ce que tu préfères?   *What do you prefer? The piano or*
Le piano ou la guitare?   *the guitar?*

qui:

Qui parle français avec vous?   *Who speaks French with you?*

MISE AU POINT

Conversation. Faites connaissance avec un(e) camarade de classe en lui posant des questions. Suivez les modèles.

MODELES: what his/her name is →

VOUS: Comment t'appelles-tu?
LUI/ELLE: Je m'appelle Jason.

whether he/she likes studying →

VOUS: Est-ce que tu aimes étudier?
LUI/ELLE: Ça dépend. Parfois j'aime étudier.

1. whether he/she likes studying French
2. whether he/she is studying Spanish too
3. why he/she is studying at this university
4. what he/she is studying this semester/quarter
5. where he/she is living this year
6. whether he/she likes his/her room/apartment
7. ?

SONDAGE: Faire connaissance. Interviewez deux étudiants que vous ne connaissez pas encore, puis présentez ces personnes à la classe. Qu'est-ce qu'elles ont en commun? Suivez les deux modèles.

L'INTERVIEW AVEC L'ETUDIANT(E)

MODELE: comment / s'appeler →

       VOUS: Comment t'appelles-tu?

    LUI/ELLE: Je m'appelle _____.

	REPONSES	
	A	B
1. où / habiter maintenant	_____	_____
2. avec qui / habiter	_____	_____
3. quel âge / avoir	_____	_____
4. qu'est-ce que / étudier	_____	_____
5. quels cours / avoir aujourd'hui	_____	_____
6. quand / faire du sport	_____	_____
7. où / aller le week-end	_____	_____
8. qu'est-ce que / faire le vendredi soir	_____	_____

LA PRESENTATION A LA CLASSE

MODELE: Je vais vous présenter mon voisin.

           Il s'appelle Thomas.

           Il habite à la résidence universitaire... , etc.

Réalités quotidiennes

Les différences existent-elles encore?

En groupes, regardez les dessins à la page 13 et discutez des questions qui les suivent.

 = a two-part activity in which you gather information from various classmates, then present the results of your survey to the class.

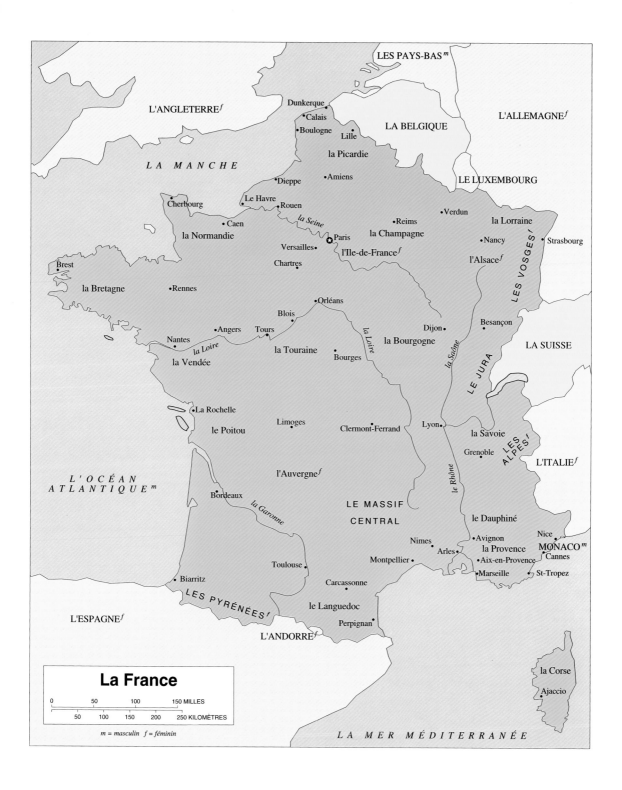

LES PAYS-BAS *m*

L'ANGLETERRE *f*

L'ALLEMAGNE *f*

Dunkerque
•Calais
•Boulogne
Lille
LA BELGIQUE

LA MANCHE

la Picardie

•Dieppe
•Amiens

LE LUXEMBOURG

Cherbourg•
Le Havre•
•Rouen
la Seine

•Verdun
la Lorraine

la Normandie
•Caen

•Reims
la Champagne

•Nancy

Strasbourg•

Paris
Versailles•
l'Ile-de-France *f*

l'Alsace *f*

Brest•
Chartres•

LES VOSGES *f*

la Bretagne
•Rennes

•Orléans

Besançon•

Blois
•Tours
•Angers

Dijon•
la Bourgogne

LA SUISSE

Nantes•
la Loire

la Saône

LE JURA

le Poitou

la Loire

la Vendée

la Touraine
Bourges•

•La Rochelle

Limoges•

Clermont-Ferrand•

Lyon•

la Savoie

L'OCÉAN
ATLANTIQUE *m*

l'Auvergne *f*

Grenoble•

LES ALPES *f*

L'ITALIE *f*

Bordeaux•

la Garonne

LE MASSIF
CENTRAL

le Dauphiné

Nice•
MONACO *m*
Cannes•

Nimes•
Montpellier•

•Avignon
la Provence
Arles•
•Aix-en-Provence
•Marseille
•St-Tropez

Toulouse•

Biarritz•

LES PYRÉNÉES *f*

Carcassonne•

L'ESPAGNE *f*

le Languedoc
Perpignan•

L'ANDORRE *f*

LA MER MÉDITERRANÉE

la Corse

Ajaccio•

La France

0   50   100   150 MILLES

50   100   150   200   250 KILOMÈTRES

m = masculin   f = féminin

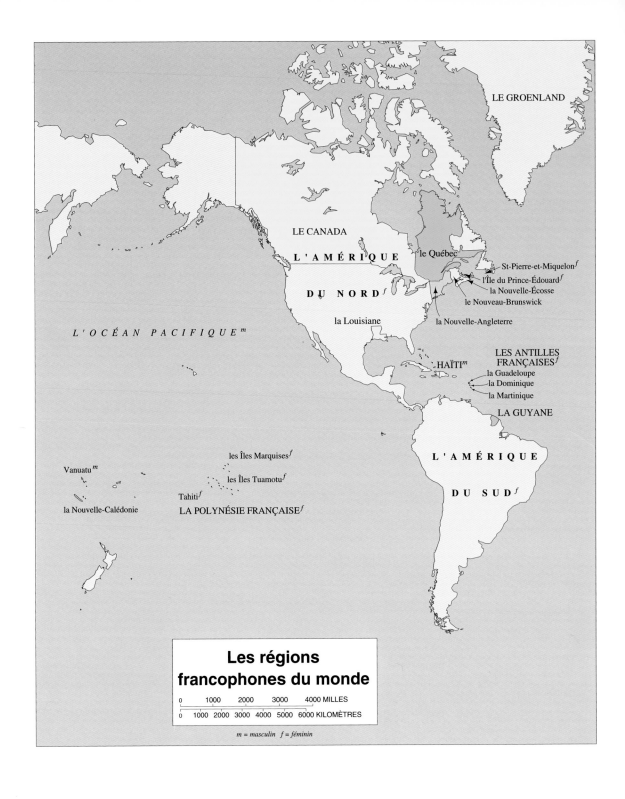

LE GROENLAND

LE CANADA

L'AMÉRIQUE

le Québec

St-Pierre-et-Miquelon *f*

l'Île du Prince-Édouard *f*

la Nouvelle-Écosse

DU NORD *f*

le Nouveau-Brunswick

la Louisiane

la Nouvelle-Angleterre

L'OCÉAN PACIFIQUE *m*

HAÏTI *m*

LES ANTILLES
FRANÇAISES *f*

la Guadeloupe

la Dominique

la Martinique

LA GUYANE

les Îles Marquises *f*

L'AMÉRIQUE

Vanuatu *m*

les Îles Tuamotu *f*

Tahiti *f*

DU SUD *f*

la Nouvelle-Calédonie

LA POLYNÉSIE FRANÇAISE *f*

Les régions
francophones du monde

| 0 | 1000 | 2000 | 3000 | 4000 MILLES |

| 0 | 1000 | 2000 | 3000 | 4000 | 5000 | 6000 KILOMÈTRES |

m = masculin f = féminin

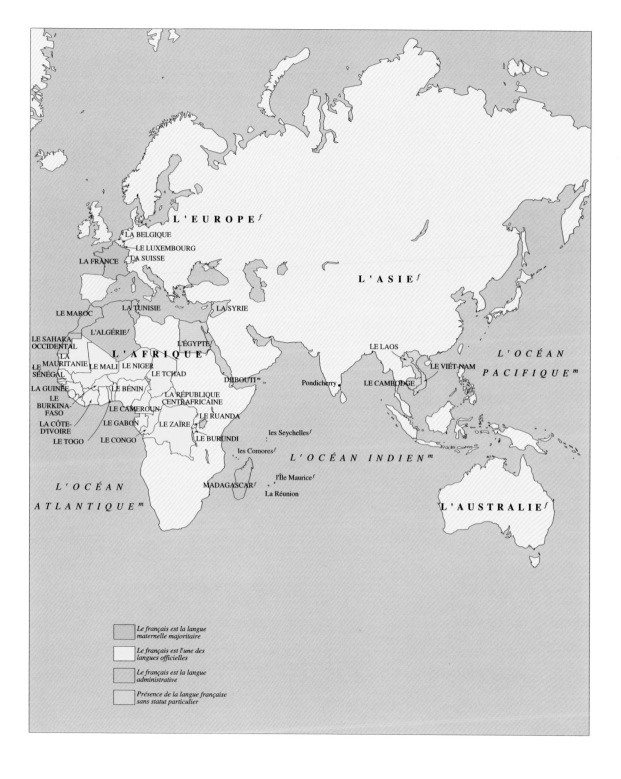

L'EUROPE *f*

LA BELGIQUE
LE LUXEMBOURG
LA FRANCE LA SUISSE

L'ASIE *f*

LE MAROC   LA TUNISIE   LA SYRIE

LE SAHARA
OCCIDENTAL
L'ALGÉRIE   L'ÉGYPTE   L'AFRIQUE
LA
MAURITANIE   LE MALI   LE NIGER   LE LAOS
LE
SÉNÉGAL   LE TCHAD   LE CAMBODGE   LE VIÉT-NAM
LA GUINÉE   DJIBOUTI *m*
LE   LE BÉNIN   LA RÉPUBLIQUE   Pondicherry
BURKINA-   CENTRAFRICAINE
FASO   LE CAMEROUN
LA CÔTE-   LE GABON   LE RUANDA
D'IVOIRE   LE ZAÏRE
LE TOGO   LE CONGO   LE BURUNDI   les Seychelles *f*

L'OCÉAN
PACIFIQUE *m*

les Comores

L'OCÉAN INDIEN *m*

L'OCÉAN
ATLANTIQUE *m*

MADAGASCAR   l'Île Maurice *f*
La Réunion

L'AUSTRALIE *f*

> Le français est la langue
> maternelle majoritaire

> Le français est l'une des
> langues officielles

> Le français est la langue
> administrative

> Présence de la langue française
> sans statut particulier

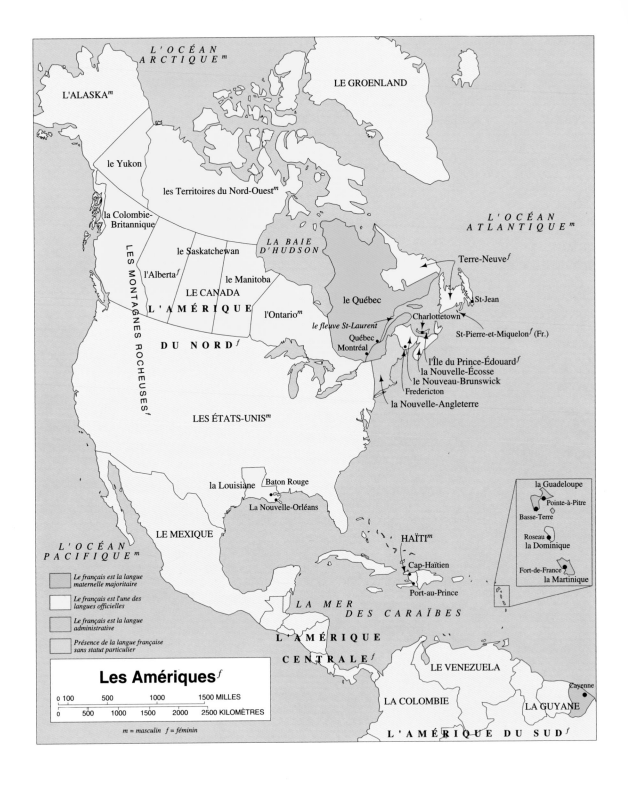

L'OCÉAN ARCTIQUE *m*

LE GROENLAND

L'ALASKA *m*

le Yukon

les Territoires du Nord-Ouest *m*

la Colombie-Britannique

L'OCÉAN ATLANTIQUE *m*

LA BAIE D'HUDSON

le Saskatchewan

Terre-Neuve *f*

l'Alberta *f*

le Manitoba

LES MONTAGNES ROCHEUSES *f*

LE CANADA

L'AMÉRIQUE

l'Ontario *m*

le Québec

St-Jean

Charlottetown

St-Pierre-et-Miquelon *f* (Fr.)

le fleuve St-Laurent

Québec

DU NORD *f*

Montréal

l'Île du Prince-Édouard *f*

la Nouvelle-Écosse

le Nouveau-Brunswick

Fredericton

la Nouvelle-Angleterre

LES ÉTATS-UNIS *m*

la Louisiane

Baton Rouge

La Nouvelle-Orléans

la Guadeloupe

Pointe-à-Pitre

Basse-Terre

LE MEXIQUE

Roseau

la Dominique

L'OCÉAN PACIFIQUE *m*

HAÏTI *m*

Fort-de-France

la Martinique

Cap-Haïtien

Port-au-Prince

Le français est la langue maternelle majoritaire

Le français est l'une des langues officielles

Le français est la langue administrative

Présence de la langue française sans statut particulier

LA MER DES CARAÏBES

L'AMÉRIQUE

CENTRALE *f*

LE VENEZUELA

Les Amériques *f*

Cayenne

LA COLOMBIE

LA GUYANE

0 100   500   1000   1500 MILLES

0   500   1000   1500   2000   2500 KILOMÈTRES

L'AMÉRIQUE DU SUD *f*

m = masculin   f = féminin

L'Europe f

0 50 100   200   300   400   500 MILLES
0 100 200 300 400 500 600 700 800 KILOMÈTRES

m = masculin   *f* = féminin

Le français est la langue maternelle majoritaire

Le français est l'une des langues officielles

Le français est la langue administrative

Présence de la langue française sans statut particulier

Reykjavik
L'ISLANDE f

LA SUÈDE

LA NORVÈGE

LA FINLANDE

Helsinki
Oslo
St-Pétersbourg
LA RUSSIE
Tallinn
Stockholm
L'ESTONIE f
Moscou

L'ÉCOSSE f
LA MER DU NORD

Riga
LA LETTONIE

L'IRLANDE DU NORD f
LA GRANDE-BRETAGNE
LE DANEMARK
LA LITUANIE
Vilnius
Minsk

L'IRLANDE f
Dublin
BRETAGNE
Copenhague
Tver
LA BIÉLORUSSIE

LE PAYS DE GALLES
L'ANGLETERRE f
Amsterdam
LES PAYS-BAS m
Berlin
Varsovie
Kyev

Londres
LA BELGIQUE
L'ALLEMAGNE f
LA POLOGNE
L'UKRAINE f

Jersey
Bruxelles
Bonn
Prague

Luxembourg
LE LUXEMBOURG
LA RÉPUBLIQUE TCHÈQUE
LA SLOVAQUIE

Paris
Bratislava
LA MOLDAVIE

L'OCÉAN ATLANTIQUE m
LA FRANCE
Vienne
L'AUTRICHE f
Budapest
Chisinau

Berne
LA HONGRIE

Lausanne
LA SUISSE
Ljubljana
LA ROUMANIE

Genève
le Val d'Aoste
LA SLOVÉNIE
Zagreb
Belgrade
Bucarest
LA MER NOIRE

L'ITALIE f
LA CROATIE

LE PORTUGAL
L'ANDORRE f
LA BOSNIE HERZÉGOVINE
Sarajevo
LA SERBIE
LA BULGARIE

Madrid
La Corse
LE MONTÉNÉGRO
Sofia
Istanbul

Lisbonne
Ajaccio
Rome
Titograd
Skopje

L'ESPAGNE f
Tirana
LA MACÉDOINE
LA TURQUIE

L'ALBANIE f
LA GRÈCE
LA MER ÉGÉE

LA MER ADRIATIQUE

LA MER BALTIQUE

LA MER MÉDITERRANÉE

L'AFRIQUE f
Athènes

LA CRÈTE

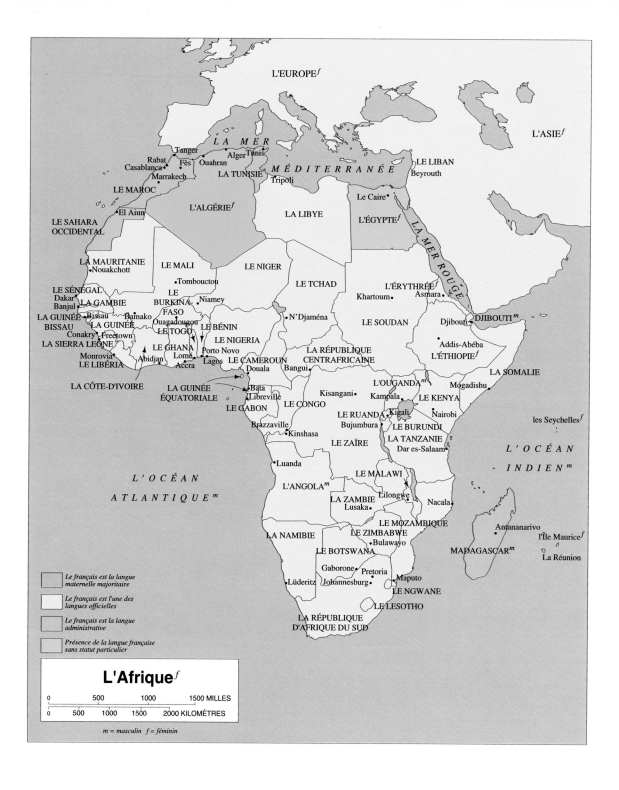

L'EUROPE*f*

L'ASIE*f*

LA MER
Tanger
Alger Tunis
Rabat
Fès Ouahran
LE LIBAN
Casablanca
MÉDITERRANÉE
Beyrouth
Marrakech
LA TUNISIE
Tripoli
LE MAROC
Le Caire
El Aiun
L'ALGÉRIE*f*
LA LIBYE
L'ÉGYPTE*f*
LE SAHARA
OCCIDENTAL

LA MAURITANIE
Nouakchott
LE MALI
LE NIGER
LE TCHAD
L'ÉRYTHRÉE*f*

LE SÉNÉGAL
Tombouctou
Khartoum
Asmara
Dakar
LE
Banjul
BURKINA
Niamey
LA GAMBIE
FASO
N'Djaména
LE SOUDAN
Djibouti
DJIBOUTI*m*
LA GUINÉE
Bamako
Ouagadougou
BISSAU
Bissau
LA GUINÉE
LE TOGO
LE BÉNIN
Conakry
Freetown
LE NIGERIA
Addis-Abéba
LA SIERRA LEONE
LE GHANA
Porto Novo
LA RÉPUBLIQUE
L'ÉTHIOPIE*f*
Monrovia
Lomé
CENTRAFRICAINE
Abidjan
Lagos
LE CAMEROUN
LE LIBÉRIA
Accra
Bangui
LA SOMALIE
Douala
LA CÔTE-D'IVOIRE
L'OUGANDA*m*
Mogadishu
LA GUINÉE
Bata
Kisangani
Kampala
ÉQUATORIALE
Libreville
LE KENYA
LE CONGO
LE GABON
LE RUANDA
Kigali
Nairobi
Bujumbura
Brazzaville
LE BURUNDI
les Seychelles*f*
Kinshasa
LA TANZANIE
Dar es-Salaam
LE ZAÏRE
L'OCÉAN
Luanda
- INDIEN*m*
L'OCÉAN
LE MALAWI
ATLANTIQUE*m*
L'ANGOLA*m*
Lilongwe
Antananarivo
LA ZAMBIE
Nacala
l'Île Maurice*f*
Lusaka
MADAGASCAR*m*
La Réunion
LE MOZAMBIQUE
LA NAMIBIE
LE ZIMBABWE
Bulawayo
LE BOTSWANA
Gaborone
Pretoria
Maputo
Lüderitz
Johannesburg
LE NGWANE
LE LESOTHO
LA RÉPUBLIQUE
D'AFRIQUE DU SUD

Le français est la langue
maternelle majoritaire

Le français est l'une des
langues officielles

Le français est la langue
administrative

Présence de la langue française
sans statut particulier

L'Afrique*f*

0   500   1000   1500 MILLES

0   500   1000   1500   2000 KILOMÈTRES

m = masculin   f = féminin

La France et le monde francophone

Lucerne, une station touristique très fréquentée
(Suisse)

Un festival médiéval à Malestroit, ancienne ville
fortifiée (Bretagne)

Gordes: un village perché au sud-est de la France (Vaucluse)

Port-au-Prince, Haïti, au bord de la Mer des Caraïbes

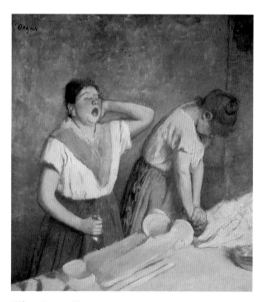

Edgar Degas: Les repasseuses

Le bonhomme de neige, symbole du Carnaval au Québec

A vous la parole

1. A quel pays le premier dessin fait-il allusion? Justifiez votre choix.

2. A quel(s) pays le deuxième dessin fait-il allusion? Commentez.

3. A votre avis, la culture française reste-t-elle distincte des autres, ou bien la technologie moderne crée-t-elle une monoculture mondiale? Expliquez.

LA VIE DE TOUS LES JOURS

Un ingénieur travaille à l'élaboration du tunnel qui relie la France et l'Angleterre.

Mots et expressions

LE MATIN

en désordre messy
en ordre neat
faire la grasse matinée to sleep late
faire sa toilette to wash and get ready
prendre une douche chaude/froide to take a hot/cold shower
ranger to arrange, tidy (*things*)
le réveil alarm clock
(se) réveiller to wake up
sonner to ring

PENDANT LA JOURNEE

la circulation traffic
se déplacer, aller en voiture / en autobus / à pied / à bicyclette to get around, to go by car / by bus / on foot / by bicycle
l'emploi (*m.*) **à mi-temps / à plein temps / à temps partiel** half-time/full-time/part-time job
être de bonne/mauvaise humeur to be in a good/bad mood
les heures (*f.*) **de pointe** rush hour(s)
manquer/prendre l'autobus to miss/take the bus

quotidien(ne) daily
(se) rencontrer to meet

LE SOIR

amuser to amuse; **s'amuser** to have a good time
la boîte (de nuit) (night)club
se détendre to relax
rendre visite à to visit (*someone*)
se reposer to rest
la soirée party; evening
visiter to visit (*a place*)

LA NUIT

avoir sommeil to be sleepy; **tomber de sommeil** to be dead tired
le bain (chaud) (hot) bath
se coucher to go to bed
s'endormir to go to sleep
faire de beaux rêves to have nice dreams
faire des cauchemars to have nightmares
passer une nuit blanche to stay awake all night

A. Synonymes. Trouvez l'équivalent des expressions suivantes.

APPLICATIONS

1. un lieu où l'on peut boire et danser
2. aller dans un lieu
3. une fête
4. mettre en ordre
5. se lever tard
6. aller voir des amis
7. tous les jours
8. se laver et se brosser les dents

La côte atlantique française: Ce pêcheur rapporte des huîtres cultivées.

B. Antonymes. Trouvez des expressions qui sont le contraire de celles-ci.

1. se réveiller
2. travailler
3. dormir toute la nuit
4. faire de beaux rêves
5. s'ennuyer
6. se lever
7. prendre le bus
8. le chômage (*unemployment*)

C. Associations. Quels termes de **Mots et expressions** associez-vous avec les idées suivantes?

1. les cheveux
2. l'emploi
3. les véhicules
4. la vie d'étudiant
5. le rêve

Discutons...

Parlez en groupe d'une «journée de rêve». Décrivez un emploi de temps (*schedule*) idéal. Comparez cette journée avec l'une de vos journées habituelles.

Structures 1

Uses of the Present Tense and Spelling Changes

Uses

The present indicative is used

1. to describe actions, feelings, or states of being occurring at the present moment.

> Elle **dort** maintenant; elle **est** très fatiguée.

She is sleeping now; she is very tired.

2. to describe habitual actions.

Il **va** chez le dentiste tous les six mois.	*He goes to the dentist every six months.*
Le vendredi, nous **mangeons** toujours du poisson.	*We always eat fish on Fridays.*

3. to express generalities.

La terre **est** ronde.	*The Earth is round.*

4. to describe an action that is going to take place right away.

Un moment, j'**arrive**!	*Wait a minute, I'll be right there!*
Il **part** tout de suite.	*He's leaving right away.*

Verbs that Change Spelling

Five groups of regular **-er** verbs have spelling changes in the present tense.

1. For verbs ending in **-cer** and **-ger** (**commencer, influencer, remplacer; manger, protéger,** and **voyager**), the **nous** form is spelled differently from the other conjugated forms.

c → ç		g → ge	
je commence	nous commen**ç**ons	je mange	nous man**ge**ons
je remplace	nous rempla**ç**ons	je voyage	nous voya**ge**ons

2. For some verbs, the **je, tu, il,** and **ils** forms are spelled differently from the **nous** and **vous** forms. These fall into four groups.

> For the verbs in section 2, **nous** and **vous** forms are spelled like the infinitive:
>
> envoyer →
>   nous envoyons, vous envoyez
>
> appeler →
>   nous appelons, vous appelez
>
> répéter →
>   nous répétons, vous répétez, etc.

   a. Verbs ending in **-yer** do not retain the **y** throughout the conjugation. **Y** becomes **i** before a silent **e.**

	ennuyer	envoyer	payer
	y → i	y → i	y → i
j(e)	ennuie	envoie	paie
tu	ennuies	envoies	paies
il/elle/on	ennuie	envoie	paie
ils/elles	ennuient	envoient	paient
	y	y	y
nous	ennuyons	envoyons	payons
vous	ennuyez	envoyez	payez

b. the letter **e** becomes **è** in conjugated verb forms with **e** + *consonant* + *silent* **e.**

	lever	promener
	e → è	*e → è*
je	lève	promène
tu	lèves	promènes
il/elle/on	lève	promène
ils/elles	lèvent	promènent
	e	*e*
nous	levons	promenons
vous	levez	promenez

c. For most verbs ending in **-eler** and **-eter,** the letters **l** and **t** are doubled before a silent **e.**

	appeler	jeter	acheter
	-l- → -ll-	*-t- → -tt-*	*Exception: e → è*
j(e)	appelle	jette	achète
tu	appelles	jettes	achètes
il/elle/on	appelle	jette	achète
ils/elles	appellent	jettent	achètent
	-l-	*-t-*	*-t-*
nous	appelons	jetons	achetons
vous	appelez	jetez	achetez

d. The letter **é** becomes **è** in conjugated verb forms with **é** + *consonant* + *silent* **e.**

	espérer	répéter
	é → è	*é → è*
j(e)	espère	répète
tu	espères	répètes
il/elle/on	espère	répète
ils/elles	espèrent	répètent
	é	*é*
nous	espérons	répétons
vous	espérez	répétez

Mise au point: These exercises allow you to confirm your mastery of the structures just presented.

MISE AU POINT

A. Notre vie. Employez la forme correcte du verbe entre parenthèses.

1. Nous _____ (*protéger*) nos enfants. Nous _____ (*commencer*) à leur apprendre l'anglais. Nous les _____ (*influencer*) beaucoup.
2. Vous _____ (*employer*) beaucoup de gens. Vous _____ (*payer*) bien vos employés. Vous _____ (*essayer*) de leur donner beaucoup de temps libre.
3. Tu _____ (*nettoyer*) ta chambre. Tu _____ (*jeter*) de vieux papiers. Tu _____ (*ennuyer*) tes voisins avec tout ce bruit.

g? or ge?

c? or ç?

y? or i?

t? or tt?

B. Que faire? Dites ce qu'on fait dans les cas suivants. Utilisez les sujets et les verbes entre parenthèses. Faites attention à la prononciation de chaque verbe.

MODELE: Vous avez un petit problème. (je / appeler un ami) →
J'appelle un ami.

1. Une amie veut aller au cinéma. (nous / suggérer un film d'aventures)
2. Il n'y a rien dans le frigo. (tu / acheter des provisions)
3. C'est l'anniversaire de votre frère. (je / envoyer une carte de vœux)
4. Vous avez un examen demain. (nous / commencer à étudier)
5. Nous visitons le Sénégal. (nous / voyager en avion)
6. Vous êtes conservateur. (je / rejeter le candidat progressiste)

nous: é? or è?

tu: e? or è?

je: y? or i?

nous: c? or ç?

nous: g? or ge?

je: t? or tt?

More Irregular Verbs in the Present Tense

1. Some verbs ending in **-ir** (including **dormir, mentir, partir, sentir, servir,** and **sortir**) take the endings **-s, -s, -t, -ons, -ez,** and **-ent.** In the singular, the consonant preceding the **-ir** is omitted.

dormir				partir			
je	dors	nous	dorm**ons**	je	pars	nous	part**ons**
tu	dors	vous	dorm**ez**	tu	pars	vous	part**ez**
il/elle/on	dor**t**	ils/elles	dorm**ent**	il/elle/on	par**t**	ils/elles	part**ent**

Tu **sers** du café au lait tous les dimanches.
Les gens honnêtes ne **mentent** pas.

You serve coffee with milk every Sunday.
Honest people don't lie.

2. Verbs ending in **-frir** and **-vrir** have the same endings as **parler.**

ouvrir				offrir			
j'	ouvre	nous	ouvr**ons**	j'	offre	nous	offr**ons**
tu	ouvr**es**	vous	ouvr**ez**	tu	offr**es**	vous	offr**ez**
il/elle/on	ouvre	ils/elles	ouvr**ent**	il/elle/on	offre	ils/elles	offr**ent**

<table>
<tr><td>Tu souffres de la chaleur?
Je t'offre de la glace, d'accord?</td><td>You suffer from the heat? I'll buy
you some ice cream, alright?</td></tr>
</table>

3. The **-re** verb **prendre** and its derivatives (**apprendre, comprendre,** etc.) are irregular only in the plural.

Air Charter
La compagnie qui prend les vacances au sérieux.

prendre			
je	prends	nous	pre**nons**
tu	prends	vous	pre**nez**
il/elle/on	prend	ils/elles	pre**nnent**

Cet étudiant **comprend** la deuxième fois que nous **reprenons** les explications. Par contre, d'autres étudiants **apprennent** très vite.

This student understands the second time we go over the explanations. On the other hand, other students learn very quickly.

4. The following four groups share the same verb endings, but the verb stems (which precede the endings) are irregular. The endings shared by these four groups are

je	**-s**	nous	**-ons**
tu	**-s**	vous	**-ez**
il/elle/on	**-t**	ils/elles	**-ent**

a. The following verbs have one stem in the singular and another in the plural.

mettre	je **met**s	nous **mett**ons
conduire	je **condui**s	nous **conduis**ons
traduire	je **tradui**s	nous **traduis**ons
connaître	je **connai**s	nous **connaiss**ons
craindre	je **crain**s	nous **craign**ons

écrire	j' **écris**	nous **écriv**ons
décrire	je **décris**	nous **décriv**ons
lire	je **lis**	nous **lis**ons
savoir	je **sais**	nous **sav**ons
suivre	je **suis**	nous **suiv**ons
vivre	je **vis**	nous **viv**ons

Tu **sais** que tu ne **connais** pas ces gens-là.	*You know that you don't know those people.*
Pierre **lit** un roman. Odette et Christian **lisent**-ils aussi?	*Pierre is reading a novel. Are Odette and Christian also reading?*
Je **crains** les serpents. Et vous? **Craignez**-vous les serpents?	*I am afraid of snakes. And you? Are you afraid of snakes?*

Note: **Connaître** keeps its circumflex accent before **-t: il connaît.**

b. **Croire** and **voir** have one stem for **je, tu, il,** and **ils** and another for **nous** and **vous.**

croire	je **crois** ils **croi**ent	nous **croy**ons
voir	je **vois** ils **voi**ent	nous **voy**ons

Crois-tu à l'existence des OVNI (objets volants non identifiés)?	*Do you believe in UFOs?*
Elle **voit** le taxi là-bas. Le **voyez**-vous?	*She sees the taxi over there. Do you see it?*

c. A few verbs have three stems: one in the singular, one for **nous** and **vous,** and a third for **ils/elles.**[*]

tenir	je **tiens**	nous **ten**ons	ils/elles **tienn**ent
venir	je **viens**	nous **ven**ons	ils/elles **vienn**ent
boire	je **bois**	nous **buv**ons	ils/elles **boiv**ent
devoir	je **dois**	nous **dev**ons	ils/elles **doiv**ent
recevoir	je **reçois**	nous **recev**ons	ils/elles **reçoiv**ent
pouvoir	je **peux**	nous **pouv**ons	ils/elles **peuv**ent
vouloir	je **veux**	nous **voul**ons	ils/elles **veul**ent

---

[*]See the chart of irregular verbs in appendix C.

Il **peut** venir ce soir. **Pouvez**-vous venir aussi?	He can come tonight. Can you come, too?
Elle **doit** partir. Nous **devons** partir aussi.	She has to leave. We have to leave, too.

d. The following verbs are only conjugated with **il:**

falloir	**il faut**
pleuvoir	**il pleut**
valoir mieux	**il vaut mieux**

Il pleut maintenant; **il vaut mieux** rentrer.	It's raining now; it's better to go back.

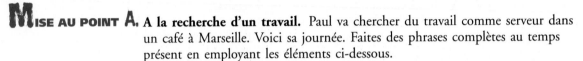

MISE AU POINT A. A la recherche d'un travail. Paul va chercher du travail comme serveur dans un café à Marseille. Voici sa journée. Faites des phrases complètes au temps présent en employant les éléments ci-dessous.

1. La journée / commencer / mal! C'est le mois d'août et les habitants de Marseille / souffrir / de la chaleur. Paul / ouvrir / sa fenêtre.
2. Il / lire / le journal. Il / vouloir savoir / s'il / y avoir / un café qui / chercher / un serveur. Zut! Rien dans le journal.
3. Heureusement, son ami Jean / connaître / le patron du Café des Sports.
4. Les deux amis / partir / ensemble pour le Café des Sports.
5. Le patron / être / content. «Nous / devoir justement remplacer / un serveur incompétent aujourd'hui,» dit-il. «Quand est-ce que vous / pouvoir / commencer?»
6. «Eh bien, je / prendre / un tablier (*apron*), et je / commencer / tout de suite,» dit Paul.
7. Pendant huit heures, Paul / servir / des plats aux clients. Cette nuit-là, il / dormir / comme une souche (*log*).

B. Une Parisienne. Janine Duclos décrit sa vie quotidienne. Complétez l'exercice avec la forme correcte au temps présent des verbes entre parenthèses.

Je _____[1] (*habiter*) à Paris dans un bel appartement. Je _____[2] (*travailler*) à La Défense dans un gratte-ciel. Mon mari _____[3] (*avoir*) un poste dans un lycée à Montparnasse. Tous les matins, nous _____[4] (*prendre*) le métro à six heures et demie, et nous _____[5] (*rentrer*) chez nous à sept heures du soir.

Le matin, beaucoup de gens dans le métro _____[6] (*lire*) le journal. Le soir, on _____[7] (*voir*) les Parisiens rentrer du travail. Ils _____[8] (*avoir*) les bras pleins de paquets. Tout le monde _____[9] (*tenir*) un parapluie à la main. Je _____[10] (*aimer*) beaucoup l'animation du métro et je _____[11] (*regarder*) les gens qui _____[12] (*descendre*), qui _____[13] (*monter*), qui _____[14] (*entrer*) et qui _____[15] (*sortir*).

Sur la terrasse d'un café: Le serveur donne la carte au client.

MISE EN **PRATIQUE**

Mise en pratique: These are communicative activities, allowing you to share your ideas and opinions with one or more partners.

Que font-ils? Dites en quoi consistent les professions et les métiers suivants, puis comparez vos réponses avec celles d'un(e) camarade de classe.

VOCABULAIRE UTILE

acheter, apporter le courrier, apprendre, décrire, écrire, faire des reportages, lire, nourrir (*to feed*), offrir des conseils (*advice*), prendre des messages, promener, recevoir, répondre, servir, suivre des cours, traduire, vendre

MODELE: Le facteur distribue le courrier. Il apporte les télégrammes et les paquets. Il emporte les lettres que vous envoyez.

1. journaliste
2. étudiant(e)
3. interprète
4. agent immobilier (*realtor*)
5. serveur/serveuse au café
6. réceptionniste
7. guide touristique
8. gardien(ne) de chiens
9. facteur/factrice
10. ?

More on Forming Questions

Inversion

1. When using inversion to form questions with **il, elle,** and **on,** add -t- between the verb and the pronoun if the verb ends in a vowel.

Habite-t-elle près de l'université?   *Does she live near the university?*
Va-t-il à pied à son travail?   *Does he walk to work?*

2. With inversion, when the subject of the question is a noun and not a pronoun, the noun is placed before the verb and the corresponding subject pronoun must be added after the verb.

Jacques et Jill tombent-**ils** souvent?   *Do Jack and Jill fall often?*
Leur histoire est-**elle** vraie?   *Is their story true?*

3. When the subject is **je,** forming a question with **est-ce que** is more common than inversion.

A quelle heure **est-ce que je** dois   *What time should I arrive?*
arriver?

Question Words

Several different question words are used to ask for specific information.

combien (de):

Combien d'argent dépenses-tu   *How much money do you spend*
  par mois?   *each month?*

quand:

Quand est-ce qu'elles arrivent?   *When are they arriving?*

que (+ *inversion*):

Que pensez-vous de cette candidate?   *What do you think of this*
    candidate?

quel(s), quelle(s):

Quels cours est-ce qu'il préfère?   *Which courses does he prefer?*

qu'est-ce qui (= *subject*):

Qu'est-ce qui se passe?   *What's happening?*

MISE AU POINT **Au téléphone.** Vous entendez la moitié (*half*) d'une conversation téléphonique. Imaginez les questions posées par l'autre interlocuteur. Utilisez l'inversion.

MODELE: REPONSE: Ah non! Je déteste les films d'horreur. →
             QUESTION: Veux-tu aller voir *Dracula?*

1. Je finis mon travail à 6 h.
2. Oui, j'ai toujours faim après une journée au travail.
3. Oui, je connais un petit restaurant où on mange très bien.
4. Non, Marc ne peut pas sortir avec nous.
5. Il finit un gros projet pour demain matin.
6. Oui, je pense que nous devons réserver une table.
7. D'accord, je peux téléphoner tout de suite.
8. Non, le restaurant n'est pas loin. Il est à dix minutes d'ici.

* **Jeu d'interrogation.** Mettez-vous à quatre et imaginez plusieurs questions correspondant aux réponses à la page suivante. Comparez vos possibilités avec celles des autres groupes.

MISE EN
PRATIQUE

---

* = an activity to be done in groups of three to five

combien (de), comment, est-ce que, où, pourquoi, quand, que, quel(s)/quelle(s), qu'est-ce que, qui

MODELE: $15 →
Combien coûte un CD?
ou Combien d'argent avez-vous dans votre poche?
ou Combien est-ce que vous dépensez quand vous déjeunez en ville?
ou Quel est l'équivalent en dollars de 80 francs français?

1. Le français.
2. En septembre.
3. A l'université.
4. Johnny Depp.
5. New York.
6. Le professeur de...
7. Oui, toujours.
8. Parce que j'adore ça!

a parole à l'écrivain

For most of us, the notion of "daily life" implies routine, things we do each day, often without thinking. Routine patterns allow us to structure our lives and give us a sense of security, but they can also lead to complacency. What happens, then, when something quite out of the ordinary takes place? The poem in this chapter asks us to look closely at daily life and at how fragile it can be.

Pour mieux lire

Recognizing Related Words

English and French have many words in common. Some of these are spelled in the same way, but more commonly there are spelling differences. If you learn to recognize these words and the patterns of spelling differences, you will read French more easily and fluently. In this very paragraph, for example, you can find English words or expressions that correspond to the French words below. Write the English word on the line.

1. en commun   _____

2. exemple   _____

3. paragraphe   _____

4. différences   _____

Now look at the italicized word in the following sentence.

Il avait les pieds si *sensibles* qu'il ne pouvait pas mettre de chaussures.

Although **sensible** looks like an English word, do you think it means the same as the English word *sensible*? What do you think it means?

Jot down your answer. _____

If you are not sure, check your dictionary. As you can see, you need to be on guard against some **faux amis** (*false friends*), words that resemble each other but have different meanings in French and English: **assister à,** for example, means *to attend,* not *to help;* **rester** means *to remain,* not *to rest.*

One key to recognizing related words is to look at some French spellings that have corresponding forms in English. What conclusions can you draw from the following word pairs? Write a sentence to describe what you've found.

EXEMPLE: écarlate/*scarlet* école/*school* écossais/*Scottish* écran/*screen*

Rule: French words beginning with **éc** sometimes correspond to English words beginning with *sc.*

1. ancêtre/*ancestor* forêt/*forest* hôpital/*hospital* île/*isle*

Your rule: _____

_____

2. ambitieux/*ambitious* délicieux/*delicious*
   courageux/*courageous* victorieux/*victorious*

Your rule: _____

_____

3. classique/*classic* classique/*classical*
   dynamique/*dynamic* historique/*historical*
   fantastique/*fantastic* *and* logique/*logical*
   romantique/*romantic* typique/*typical*
   tragique/*tragic*

Your rule: _____

_____

4. calmement/*calmly* rapidement/*rapidly* sérieusement/*seriously*
   directement/*directly* rarement/*rarely*

Your rule: _____

_____

Look over the rules you've written for these few examples. Using your rules, and what you learned earlier about recognizing similarities between French and English, quickly read the following paragraph and circle all words that resemble English words.

Pour la grande soirée du 14 juillet, Marie va inviter des collègues chez elle. Elle va engager un orchestre célèbre qui joue de la musique classique et elle va servir des hors-d'œuvre délicieux. Le champagne va certainement être excellent. Elle va préparer une fête splendide pour l'Ambassadeur de France.

Did you find at least fifteen words that are similar in French and in English?

As you read, rely on what you already know and look for word patterns to help you avoid using a dictionary too often. It will make reading faster, smoother, and far more enjoyable!

Mise en route

Parfois, au cours d'une journée tout à fait normale, quelque chose d'étrange se passe. Nous nous arrêtons. Nous réfléchissons. Nous réagissons. Parfois même, cet événement change notre perception de la vie.

Voici une liste d'incidents qui peuvent interrompre le train-train d'une journée. Pour chaque événement, imaginez votre réaction.

EXEMPLE: Il y a un hold-up dans une banque. →
Je téléphone à la police.

1. Il y a un chien qui court sur l'autoroute.

   Je _____

2. Une vedette de cinéma passe à côté de vous.

   Je _____

3. Quelqu'un vous regarde de façon bizarre.

   Je _____

4. Une personne tombe inconsciente dans la rue.

   Je _____

5. Il y a un petit accident de voiture. Les conducteurs sont très fâchés et vont se battre.

   Je _____

Comparez vos réactions avec celles d'un(e) partenaire. Réagissez-vous de la même manière? Parlez de toutes les réactions qui sont différentes.

Mots et expressions

s'abîmer to become damaged
envelopper to wrap
évidemment obviously
la poche pocket
savoir comment s'y prendre to know what to do (*often used in the negative*)

savoir par quel bout commencer to know how to begin (*something*) (*often used in the negative*)
subitement suddenly
tant de so many; so much

A. Choisissez la réponse qui convient.

1. Parfois quand j'ai un devoir très difficile à faire, je _____.

   a. ne sait pas par quel bout commencer
   b. ne savent pas par quel bout commencer
   c. ne sais pas par quel bout commencer

2. En général, pour consoler une personne très triste il est difficile de _____.

   a. savoir comment m'y prendre
   b. savoir comment nous prendre
   c. savoir comment s'y prendre

3. Si on laisse un livre dehors sous la pluie, _____.

   a. elle s'abîme
   b. il s'abîme
   c. il nous abîme

B. Complétez les phrases avec les mots ou les expressions qui conviennent.

Pour l'anniversaire de sa femme, Paul achète un bracelet chez le bijoutier. Il y a _____¹ belles choses qu'il a du mal à se décider. Le bijoutier met le bracelet dans une boîte et l' _____² d'un très joli papier. A la maison, Paul sort le petit paquet de la _____³ de son manteau, et _____⁴ sa femme commence à pleurer. Pauvre Paul! Il ne comprend pas tout de suite. _____⁵ sa femme est heureuse, et elle pleure de joie!

Chez la fleuriste

JACQUES PREVERT

One of the most widely read French poets of the twentieth century, Jacques Prévert (1900–1977) uses a mixture of tenderness and biting wit to speak of such traditional themes as war, love, and the passage of time. His poetry looks at a broad spectrum of everyday human experiences, ranging from childhood fantasies and dreams to adult disappointments and realities. His use of simple terms to show the close relationship between the commonplace and the poignant makes his work rich in meaning and emotion. In «Chez la fleuriste», the simple scene of a man buying flowers leads quickly to a matter of infinitely greater importance.

Un homme entre chez une fleuriste
et choisit des fleurs
la fleuriste enveloppe les fleurs
l'homme met la main à sa poche
5   pour chercher l'argent
l'argent pour payer les fleurs
mais il met en même temps
subitement
la main sur son cœur
10   et il tombe

En même temps qu'il tombe
l'argent roule à terre
et puis les fleurs tombent
en même temps que l'homme
15   en même temps que l'argent
et la fleuriste reste là
avec l'argent qui roule
avec les fleurs qui s'abîment
avec l'homme qui meurt
20   évidemment tout cela est très triste
et il faut qu'elle fasse quelque chose°   *il... she must do something*
la fleuriste
mais elle ne sait pas comment s'y prendre
elle ne sait pas
25   par quel bout commencer

Il y a tant de choses à faire
avec cet homme qui meurt
ces fleurs qui s'abîment
et cet argent
30   cet argent qui roule
qui n'arrête pas de rouler.

1. Au début de la première strophe, que font les personnages? Jusqu'à quel vers ne se passe-t-il rien de surprenant?
2. Quels sont les deux gestes de l'homme? Qu'est-ce qui se passe à ce moment-là?
3. Quelles sont les trois choses qui tombent par terre en même temps? Qu'est-ce qui leur arrive, une fois par terre?
4. Quelle est la réaction de la fleuriste face à ce qui se passe dans son magasin? Comment fait-elle face à la situation?
5. Quelle est la seule chose qui bouge à la fin du poème?

Chez la fleuriste.

1. Quel est le rôle du titre dans ce poème? Est-ce qu'il crée une impression de tranquillité? de tristesse? de danger? Essayez de comparer vos premières impressions du titre avec le sentiment que vous avez après avoir lu le poème.
2. Prévert répète certains mots et phrases plusieurs fois. Quels sont ces mots et phrases? Quel effet ont ces répétitions?
3. A partir du vers 16, quels verbes s'associent avec l'homme? avec les fleurs? avec l'argent? avec la fleuriste? Que pensez-vous du fait que la seule chose qui bouge n'est pas (et n'a jamais été) vivante?
4. A quoi attribuez-vous l'immobilité de la fleuriste?
5. Est-ce important que l'homme meure en achetant des fleurs (et pas autre chose)? Commentez.

The topics suggested in **De la littérature à la vie** are appropriate for class or small-group discussion. They can also be assigned for compositions.

1. En France, on a tendance à acheter des fleurs plus souvent qu'aux Etats-Unis, et dans les rues des villes françaises on voit plus de fleuristes qu'ici. Dans quelles circonstances achète-t-on des fleurs chez vous? Que signifient les fleurs dans ces différentes circonstances? Achetez-vous quelquefois des fleurs? Pourquoi ou pourquoi pas?

2. Dans ce poème, Prévert nous oblige à regarder la mort en face, ce qui peut nous rendre mal à l'aise. Que pensez-vous de cette tactique du poète? Faut-il penser à la mort? Faut-il en parler? Pourquoi ou pourquoi pas?

3. En suivant le modèle de «Chez la fleuriste», écrivez un poème basé sur une activité normale interrompue par un événement inattendu. Vous pouvez vous inspirer de vos discussions de la section **Mise en route.**

Structures 2

Pronominal Verbs

Definition A pronominal verb is accompanied by both a subject and its corresponding object pronoun (the reflexive pronoun).

se lever:

Je **me** lève tôt.   *I get up early.*

s'écrire:

Nous **nous** écrivons des lettres.   *We write letters to each other.*

s'entendre:

C'est une personne qui **s'**entend   *He's/She's someone who gets along*
bien avec tout le monde.   *with everybody.*

Forms and Placement

1. The reflexive pronoun refers to the subject. It is placed before the verb.*

AFFIRMATIVE		NEGATIVE	
je	**me** lave	je	**ne me** lave **pas**
tu	**te** laves	tu	**ne te** laves **pas**
il/elle/on	**se** lave	il/elle/on	**ne se** lave **pas**
nous	**nous** lavons	nous	**ne nous** lavons **pas**
vous	**vous** lavez	vous	**ne vous** lavez **pas**
ils/elles	**se** lavent	ils/elles	**ne se** lavent **pas**

---

*Except with affirmative commands (see chapter 6).

Je **m'habille** bien pour sortir,
  mais tu **ne t'habilles pas** bien.
Nous **nous rasons** tous les jours,
  mais ils **ne se rasent jamais.**

*I dress well to go out, but you don't
  dress well.*
*We shave every day, but they never
  shave.*

2. When forming questions with pronominal verbs, **est-ce que** is used more commonly than inversion.

Est-ce que tu **t'achètes** un ticket
  de cinéma?
Est-ce qu'ils **s'amusent** au parc?

*Are you buying (yourself) a movie
  ticket?*
Are they having fun in the park?

Note: If inversion is used, the reflexive pronoun precedes the verb and the subject pronoun follows the verb.

Vous reposez-vous assez?
S'aiment-ils beaucoup?

Are you resting enough?
Do they love each other very much?

3. Pronominal verbs may be used in their infinitive form. The reflexive pronoun agrees with the subject of the conjugated verb and is placed directly in front of the infinitive.

Tu dois **te lever** à sept heures, si
  tu veux **te raser** avant de partir.

*You should get up at seven if you
  want to shave before leaving.*

MISE AU POINT

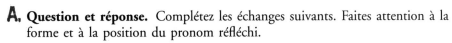

A. Question et réponse. Complétez les échanges suivants. Faites attention à la forme et à la position du pronom réfléchi.

1. Est-ce que / tu / se réveiller / de bonne heure?
   —Oui / je / se lever / à sept heures
2. Vous / s'amuser beaucoup / le week-end?
   —Oui / nous / se détendre / chez nous
3. Elle / se coucher / tôt?
   —Non / elle / ne... pas / se coucher / tôt
4. Est-ce que / ils / se déplacer / en bus?
   —Non / ils / se déplacer / en voiture

B. L'opposé. Mettez les phrases à la forme négative en utilisant une expression négative (**ne... pas, ne... plus, ne... jamais**).

MODELE: Ils se quittent. → Ils ne se quittent plus.

1. Nous nous comprenons bien.
2. Vous vous téléphonez tous les jours.
3. On se voit le vendredi.
4. Je me coupe les cheveux moi-même.
5. Tu te réveilles de bonne heure.

6. Rapports. Ajoutez la forme correcte du pronom réfléchi devant l'infinitif.

1. Je dois _____ lever à cinq heures, mais mon mari ne se lève pas avant huit heures.
2. Ils veulent _____ écrire tous les jours quand ils ne sont pas ensemble.
3. Nous voulons _____ voir quand nous sommes à Paris.
4. Tu vas _____ ennuyer ce soir si tu sors avec tes tantes.

Uses

There are three groups of pronominal verbs: reflexive, reciprocal, and idiomatic.

1. With reflexive verbs, the subject of the sentence is doing something to or for himself or herself.

REFLEXIVE VERBS	TRANSLATION
se baigner	*to bathe*
se brosser	*to brush*
se couper	*to cut oneself*
s'habiller	*to dress, get dressed*
se laver	*to wash*
se maquiller	*to put on makeup*
se peigner	*to comb one's hair*
se raser	*to shave*
se réveiller	*to wake up*

Elle **se réveille, se lave** et **s'habille.**
Il **se rase, se baigne** et **se peigne.**

She wakes up, washes, and gets dressed. He shaves, bathes, and combs his hair.

Note: If a part of the body follows a reflexive verb, it is preceded by a definite article.

Elle se brosse **les** dents. Tu te laves **la** figure.

She brushes her teeth. You wash your face.

2. With reciprocal verbs, two different subjects are doing something to or for one another simultaneously.

The pronouns **on se** often have a reciprocal meaning: **On se voit *tous les jours.* = Nous nous voyons *tous les jours.***

RECIPROCAL VERBS	TRANSLATION
s'aimer	*to love each other*
se comprendre	*to understand each other*
s'écrire	*to write to each other*
s'embrasser	*to kiss each other*
se quitter	*to leave each other*
se rencontrer	*to meet each other*
se voir	*to see each other*

Michel et Anne **s'aiment** beaucoup; ils **s'embrassent** souvent.	*Michael and Anne love each other very much; they kiss often.*
Vous comprenez-vous bien?	*Do you understand each other well?*

3. Certain verbs can be used with or without the reflexive pronoun. The same verb will have a different meaning depending on whether it is used with the reflexive pronoun (idiomatically), or without any reflexive pronoun. Here is a partial list of verbs in this category.

IDIOMATIC VERBS	TRANSLATION
s'en aller	*to leave, go away*
s'amuser	*to have a good time*
se débrouiller	*to manage, get by*
se demander	*to wonder*
se dépêcher	*to hurry*
s'ennuyer	*to get bored*
s'entendre	*to get along*
s'habituer à	*to get used to*
s'inquiéter	*to worry*
se mettre à	*to begin*
se rendre compte de	*to realize*
se tromper (de)	*to be wrong (about)*

Il **s'en va** demain; il **va** aller en Europe.	*He is leaving tomorrow; he is going to Europe.*
Je **m'ennuie** aujourd'hui, mais je ne veux pas t'**ennuyer.**	*I'm bored today, but I don't want to bother you.*

Les spécialistes se trompent aussi

PAR JO COUDERT

Si leur avis contredit votre intuition ou votre expérience, méfiez-vous.

MISE AU POINT

A. **Une personne égoïste.** Alain se croit le centre de l'univers. Voilà comment il explique sa journée. Faites des phrases complètes en employant les éléments ci-dessous.

1. Je / se lever / et je vais à la salle de bains pour / se regarder / dans la glace. Oh, que je suis beau!
2. Je / se laver / je / se raser / et je / s'habiller. Je / se voir / encore dans la glace. Eh oui, très beau.

3. Je connais beaucoup de gens, mais nous / ne... pas / se téléphoner. Nous / ne... pas / s'écrire. Nous / ne... pas / se comprendre. C'est parce que je suis trop beau, peut-être?

4. Très souvent, les filles / se mettre / à rire quand je / arriver / et puis, elles / s'en aller. Je / se demander / pourquoi.

5. Je / s'ennuyer / un peu, mais je / s'habituer / à la solitude. Il n'y a pas vraiment de problème. Après tout, je / s'aimer.

B. **Histoires d'amour.** Danielle parle à sa meilleure amie de son «petit ami». Complétez les phrases avec les formes correctes des verbes entre parenthèses.

Qu'est-ce qu'on fait? On joue aux dames, on regarde la télé, on va faire un tour ou on se dispute?

DANIELLE: Nous sommes tellement heureux ensemble. Nous _____[1] (*se voir*) chaque après-midi.

SOPHIE: Est-ce que vous _____[2] (*se téléphoner*) tous les soirs?

DANIELLE: Ah oui, et on _____[3] (*se promettre*) des choses folles.

SOPHIE: Quand vous _____[4] (*se rencontrer*) après les cours, que faites-vous?

DANIELLE: Tu ne vas pas le croire, mais nous _____[5] (*se parler*) et nous _____[6] (*se regarder*) tendrement.

SOPHIE: _____[7] (*Se comprendre*)-vous vraiment si bien?

DANIELLE: Bien sûr, et nous _____[8] (*ne... jamais se disputer*). Nous n'allons jamais _____[9] (*se quitter*).

SOPHIE: Tu connais mes amis Marie et Noël? Ils vont _____[10] (*se marier*) au mois de juin.

DANIELLE: J'allais justement te dire que Rémi et moi, nous allons _____[11] (*se marier*) aussi.

SOPHIE: Sans blague! Vous allez _____[12] (*se marier*) bientôt? Quelle surprise!

C. **La vie commune.** Vous partagez une chambre avec un(e) camarade. En utilisant des verbes pronominaux, dites ce que vous faites dans les situations suivantes.

MODELE: il/elle part pour le week-end (se débrouiller) →
Je me débrouille tout seul / toute seule.

1. il/elle met la musique trop fort (s'en aller)
2. il/elle semble mécontent(e) (se parler)
3. il/elle vous invite à sortir (s'amuser)
4. il/elle rentre à quatre heures du matin sans vous en prévenir (s'inquiéter)
5. il/elle perd votre compact disc préféré (se fâcher = *to get angry*)

MISE EN **PRATIQUE**

A. **Séries.** Complétez les phrases suivantes avec deux verbes pronominaux logiques. Ensuite, discutez de vos réponses avec un(e) partenaire. Qui a proposé les réponses les plus originales?

MODELES: Guy se rase, <u>il se peigne</u>, puis <u>il s'habille</u>.
Laure et Alain <u>ne se débrouillent pas à l'université, ils s'inquiètent,</u>
ils ne s'amusent pas trop.

1. Paulette se regarde dans le miroir, _____, _____.
2. Fanny et Marius se rencontrent, _____, _____.
3. Nous _____, _____, nous nous disons «au revoir».
4. Elisabeth et Richard _____, _____, ils se séparent.
5. Tu _____, tu te brosses les dents, _____.

B.  **Visite d'un extraterrestre.** Un Martien très curieux vous pose les
questions suivantes sur les habitudes terrestres. Répondez à trois questions de
votre partenaire, et changez de rôles.

MODELE: les gens / se marier? →

LUI/ELLE: Pourquoi est-ce que les gens se marient?
VOUS: Parce qu'ils s'aiment.

1. les étudiants / se dépêcher toujours?
2. vous / se réveiller le matin?
3. les gens / se téléphoner?
4. les gens / s'embrasser?
5. les étudiants / se coucher très tard?
6. vous / ne pas se reposer assez?

Maintenant, inventez des questions originales.

EN PASSANT...

1. A votre avis, à quoi sert une télécarte?
2. Qui est représenté sur la carte? Dans quel film?
3. Qu'est-ce qui se passe dans cette scène, à votre avis?

Télécarte 50

Télécarte
50 unités
Cette carte ne peut être vendue
que sous emballage scellé ou
par distributeur automatique.

TELEPHONE ET CINEMA

SIMONE SIGNORET
dans
«LES DIABOLIQUES»
(1954)
Un film de
HENRI-GEORGES CLOUZOT

France Telecom

France Telecom

Tirage : 1 000 000 ex - 03.94
© Les Films ARIANE

Régie T
La Communication sur la Télécarte
15/17 rue du Colonel Pierre Avia
75902 Paris Cedex 15

Special Uses of the Present Tense

1. The meaning of a conjugated verb may be completed by an infinitive.* Place the conjugated verb directly in front of the infinitive.

Nous **aimons** nous **retrouver** après le travail.	*We like to get together after work.*
Veux-tu **passer** deux semaines en Suisse?	*Do you want to spend two weeks in Switzerland?*
Ils **peuvent partir** quand ils veulent.	*They can leave when they want (to).*

2. To emphasize that an action taking place in the present continues over some period of time, use **être en train de** in the present tense followed by an infinitive.

Elle **est en train d'écrire** un roman.	*She's in the process of writing a novel.*
Nous **sommes en train de découvrir** une solution.	*We're in the process of finding a solution.*

3. To describe actions that have just taken place, use **venir de** in the present tense followed by an infinitive.

Je **viens de trouver** un poste.	*I (have) just found a job.*
Il **vient de lire** la lettre.	*He (has) just read the letter.*

4. To describe the immediate future, use **aller** in the present tense followed by an infinitive.

Je **vais aller** à la banque demain.	*I'm going to go to the bank tomorrow.*
Ils **vont trouver** la réponse.	*They're going to find the answer.*

5. Impersonal verbs are used in the third person singular only, with **il** as their subject. They are conjugated in the present and may be followed by an infinitive.

Il faut terminer le projet avant 5 h.	*We (One) must finish the project before 5:00.*
Il est important d'arriver à l'heure.	*It is important to arrive on time.*

6. Past actions or states that continue to occur in the present require a present tense verb and **depuis.** This construction emphasizes the continuity into the present of what was begun in the past.

---

*Other uses of the infinitive are found in chapter 11.

—**Depuis quand** êtes-vous ici?
—Je suis ici **depuis** lundi.
—**Depuis combien de temps**
   travaillez-vous ici?
—Je travaille ici **depuis** cinq ans.

How long have you been here?
I've been here since Monday.
How long have you been working
   here?
I've been working here for five years.

A. **En ce moment...** Avec un(e) partenaire, faites des déclarations et réagissez-y à tour de rôle. Utilisez les expressions suivantes + *infinitif.*

MODELE: être en train de + *infinitif* →

   VOUS: Je suis en train d'écouter un CD.
   LUI/ELLE: Moi, je suis en train de lire un roman d'espionnage.

1. vouloir
2. il faut
3. aller

4. venir de
5. aimer
6. il est difficile de

B. **Activités passées, présentes, futures.** Avec un(e) partenaire, dites si vous **venez de** faire, si vous **êtes en train de** faire ou si vous **allez** faire les choses suivantes.

MODELE: chercher ou trouver un emploi →

   VOUS: Je viens de trouver un emploi à la librairie.
   LUI/ELLE: Moi, je suis en train de chercher un emploi.

1. chercher ou trouver un logement
2. arriver à ou quitter l'université
3. manger ou boire quelque chose
4. faire de l'exercice ou se reposer
5. téléphoner à ou rendre visite à des amis
6. ?

C. **Cela fait longtemps?** Travaillez avec un(e) camarade. A tour de rôle, posez-vous des questions et répondez-vous en vous basant sur le modèle.

MODELE: depuis quand / habiter →

   VOUS: Depuis quand habites-tu ici?
   LUI/ELLE: J'habite ici depuis 1991.

1. depuis quand / conduire une voiture
2. depuis combien de temps / être à l'université
3. depuis quand / connaître votre meilleur(e) ami(e)
4. depuis combien de temps / se servir d'un ordinateur
5. depuis quand / pouvoir voter
6. depuis combien de temps / apprendre le français

Reprise

●●

Reprise: These exercises review the grammar points covered in this chapter.

A. Solutions. Que fait-on dans les situations suivantes? Répondez en utilisant les verbes ci-dessous et les pronoms appropriés.

VERBES SUGGÉRÉS

apprendre le français, se dépêcher, dormir, offrir un cadeau, ouvrir la fenêtre, payer, prendre un Coca (un café, une citronnade)

MODÈLE: Il fait chaud dans la salle de classe. →
On ouvre la fenêtre.

1. Marie et Marc sont en retard.
2. Vous êtes au café et vous recevez l'addition.
3. Nous sommes fatigués.
4. C'est l'anniversaire de mon ami(e).
5. Charles a soif.
6. Vous partez à Tahiti.

B. Interview. Une étudiante française visite votre université pour la première fois. Elle pose ses questions d'après le modèle, puis, deux étudiants lui répondent.

MODÈLE: à quelle heure / les étudiants / se lever le matin →

ELLE: A quelle heure les étudiants se lèvent-ils le matin?
ÉTUDIANT A: Les étudiants se lèvent d'habitude à sept heures.
ÉTUDIANT B: Non, ils se lèvent vers six heures, je pense.

1. pourquoi / les étudiants / faire la grasse matinée / le dimanche matin
2. comment / les jeunes étudiants / se détendre / le soir
3. quelles distractions / les étudiants / aimer en général
4. où / les étudiants / aller pour s'amuser / le week-end
5. quels lieux / les étudiants / fréquenter / d'habitude

C. Notre vie. Mettez les phrases suivantes à la forme négative.

1. Je prends une douche le matin.
2. Vous vous réveillez tôt.
3. Mon frère fait la grasse matinée.
4. Nous nous endormons devant la télé.
5. Mes parents prennent un bain chaud tous les soirs.
6. Je me repose assez.

D. Une petite histoire de famille. Complétez les phrases avec la forme correcte des verbes entre parenthèses.

1. Les Chereau _____ (*se lever*) à cinq heures et demie.
2. Papa dit: «Est-ce que tu vas _____ (*se coiffer*) maintenant? Je veux _____ (*se raser*).» Maman répond: «Non, mais je vais _____ (*se maquiller*) très vite.»
3. On _____ (*se réunir*) autour de la table. On _____ (*se préparer*) des bols de chocolat chaud. Après le petit déjeuner, Maman dit aux enfants: «Vous allez _____ (*s'habiller*).»
4. Puis tout le monde _____ (*s'entasser dans: to pile into*) la voiture.
5. On _____ (*s'arrêter*) pour laisser descendre les enfants à l'école.
6. Une fois en ville, Papa et Maman _____ (*s'embrasser*) et Papa dit à Maman: «Nous _____ (*se retrouver*) dans un bon restaurant à midi, d'accord?»
7. Ils _____ (*se quitter*) et _____ (*s'en aller*) travailler.
8. A midi, ils _____ (*se dépêcher*) de finir leur travail.
9. Ils _____ (*se rencontrer*) dans un restaurant pour déjeuner ensemble.

E. **SONDAGE: Les copains et les copines.** Interviewez à tour de rôle plusieurs camarades de classe. Mettez leur nom à côté des catégories appropriées. Demandez à chacun(e) s'il / si elle...

	ETUDIANTS	
	OUI	NON
1. vient en classe tous les jours	_____	_____
2. conduit une vieille voiture	_____	_____
3. écrit souvent à ses parents	_____	_____
4. sait parler russe	_____	_____
5. met toujours un manteau quand il fait froid	_____	_____
6. reçoit beaucoup de courrier (*mail*)	_____	_____
7. suit des cours intéressants	_____	_____
8. craint les serpents	_____	_____

Enfin, chaque étudiant(e) dit ce qu'il/elle a trouvé de particulièrement intéressant au sujet d'un(e) de ses camarades.

éalités quotidiennes

Connaissez-vous vos limites?

VOUS ALLEZ BIEN?

Entourez le chiffre quand votre réponse est positive.

N'inscrivez rien si votre réponse est négative.

- Vous êtes détendu ? 1
- Vous venez de manger un solide repas ? 2
- Vous êtes content ? 1
- Vous êtes marié ? 0
- Vous avez un pantalon rayé[a] ? 0
- Vous venez de prendre votre 4e café ? 4
- Vous portez des lunettes ? 0
- Vous avez les yeux qui piquent ? 5
- Vous avez un total confort de vue ? 1
- Vous avez des enfants ? 0
- Vous avez bu 3 verres de vin au dernier repas ? 4
- Vous portez des chaussettes ? 0
- Vous avez les paupières lourdes[b] ? 5

- Vous avez envie d'ouvrir votre fenêtre ? 3
- Vous n'aimez pas ce test ? 0
- Vous avez une bouteille d'eau dans votre voiture ? 1
- Vous aimez la télévision ? 0
- Vous n'avez pas soif ? 1
- Vous entamez votre 12e bonbon ? 3
- Vous avez plus de 35 ans ? 0
- Vous avez envie d'être arrivé ? 2
- Vous avez faim ? 2
- Vous avez plaisir à conduire ? 1
- Vous aimez la musique classique ? 0
- Vous avez la nuque raide[c] ? 5
- Vous avez un nœud papillon[d] ? 0
- Vous remuez[e] sans cesse sur votre siège ? 5

Comptabilisez vos points.
La solution est à l'intérieur de ce dépliant.

[a] *striped*
[b] paupières... *heavy eyelids*
[c] nuque... *stiff neck*
[d] nœud... *bow tie*
[e] *move*

Auto-test. Imaginez que votre partenaire est en train de conduire. Posez-lui les questions à la page précédente. Encerclez le chiffre quand la réponse est positive. N'inscrivez rien si la réponse est négative. Puis, changez de rôles. Finalement, comptabilisez vos points et analysez les résultats.

Le total de votre partenaire: ____

Votre total: ____

Dans quelle catégorie vous situez-vous?

DE 0 A 7 POINTS: Bravo! Vous êtes en forme!
DE 7 A 25 POINTS: Attention, n'en faites pas trop!
PLUS DE 25 POINTS: Arrêtez-vous! Il est temps de vous reposer.

Et vous? Qu'est-ce que vous devez faire chaque fois avant de partir en voiture?

FAMILLE ET AMIS

CHAPITRE 2

*Paris, Rive Gauche:
Un pique-nique entre
petits amis aux
environs de la
tour Eiffel.*

Mots et expressions

AVEC LES AMIS

avoir rendez-vous avec to have a(n) date/appointment with
célibataire unmarried
le copain / la copine friend (*informal*); person one dates occasionally
(s')embrasser to kiss (each other)
être/tomber amoureux/amoureuse to be / to fall in love
la jeune fille teenage girl, young woman
le jeune homme / les jeunes gens young man / young men
les jeunes (*m.*) young people
le petit ami / la petite amie steady boyfriend/girlfriend
sortir seul(e) / à deux / en groupe / avec quelqu'un to go out alone / as a couple / in a group / to date someone

LA VIE A DEUX

cohabiter to live together
l'époux/l'épouse spouse
faire un voyage de noces to go on a honeymoon
se fiancer to get engaged
(fonder) un foyer (to start) a home and family

le jeune ménage young married couple
se marier (avec) to get married (to)
partager to share
les travaux (*m.*) **ménagers** housework

EN FAMILLE

l'aîné(e) older/oldest child
le beau-fils stepson; son-in-law
le beau-frère brother-in-law
le beau-père stepfather; father-in-law
les beaux-parents (*m.*) in-laws (mother- and father-in-law)
la belle-fille stepdaughter; daughter-in-law
la belle-mère stepmother; mother-in-law
la belle-sœur sister-in-law
le cadet / la cadette younger/youngest child
la crèche day care (center)
le demi-frère stepbrother; half-brother
la demi-sœur stepsister; half-sister
faire le ménage / la vaisselle to do the cleaning / the dishes
le fils / la fille unique only child

A. Synonymes. Trouvez l'équivalent de chaque expression.

APPLICATIONS

1. donner un baiser (*kiss*) à quelqu'un
2. l'ami, l'amie
3. le fils de votre mère, mais pas de votre père
4. une fille que votre époux/épouse a eue d'un mariage précédent
5. le père et la mère de votre époux/épouse
6. avoir, faire quelque chose en commun
7. les travaux domestiques
8. le jeune couple

B. Antonymes. Trouvez le contraire.

1. divorcer
2. rentrer
3. l'aîné(e)
4. les vieux
5. marié(e)

C. Associations. Proposez deux ou trois termes tirés de **Mots et expressions** en rapport avec les idées suivantes.

1. être amoureux
2. les jeunes
3. votre famille
4. partager
5. cohabiter
6. le petit ami / la petite amie

D. Définitions. Donnez une courte définition en français de chaque expression.

1. le beau-frère
2. sortir avec quelqu'un
3. rester célibataire
4. la fille unique
5. l'époux, l'épouse
6. se fiancer
7. un voyage de noces
8. fonder un foyer
9. la crèche

Discutons...

Comparez la famille «moderne» et la famille «traditionnelle». Est-ce que vous considérez votre famille moderne ou traditionnelle? Pourquoi?

Structures 1

Definite Articles

Definition Definite articles introduce nouns and indicate gender (masculine or feminine) and number (singular or plural).

le frère, **les** frères   **la** sœur, **les** sœurs   **l'**oncle, **les** oncles

Forms

Definite articles have masculine and feminine forms as well as contractions made with the prepositions **à** and **de**.

	THE DEFINITE ARTICLE	à + DEFINITE ARTICLE	de + DEFINITE ARTICLE
MASCULINE SINGULAR	le, l'	**au,** à l'	**du,** de l'
FEMININE SINGULAR	la, l'	à la, à l'	de la, de l'
PLURAL	les	**aux**	**des**

Est-ce que **la** fille **de la** sœur **du** mari de votre sœur aînée est votre parente ? C'est compliqué, n'est-ce pas?

Is the daughter of the sister of your older sister's husband your relative? It's complicated, isn't it?

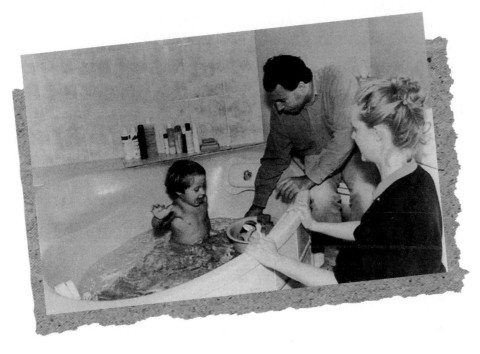

Une famille à Orléans: Le père et la mère donnent le bain à leur enfant.

Uses

1. The definite article is used, as in English, before a specific noun.

La première valse est pour **les** nouveaux mariés, ensuite **les** invités dansent.

The first dance is for the newlyweds, then the guests dance.

2. Unlike English, the French definite article is used in front of

a. abstract nouns and nouns with a very general meaning

Les hommes et **les** femmes se respectent-ils?
Dites-moi pourquoi **la** vie est belle.

Do men and women respect each other?
Tell me why life is beautiful.

b. dates

Mon anniversaire est **le** 6 avril.
Ils se sont mariés **le** dimanche 18 juin 1996.

My birthday is April 6.
They were married Sunday, June 18, 1996.

c. days and times meant to show habits

Sa femme travaille **le** soir.

His wife works nights.

> **Careful!** Don't use the article for a specific day of the week if the date isn't specified.
>
> La cérémonie va avoir lieu dimanche soir.
>
> (*but* Ma belle-sœur vient dîner **le** dimanche = tous les dimanches).

Laure nage **le** mardi et **le** jeudi.   *Laure swims on Tuesdays*
                                                    and Thursdays.

d. parts of the human body (in most cases)

Je me lave **les** cheveux le matin.   *I wash my hair in the morning.*
Que fais-tu quand tu as mal à   *What do you do when you have a*
  la tête?   *headache?*

MISE AU POINT A. La promenade du dimanche. Comme beaucoup de familles françaises, la famille Perrin s'en va à la campagne le dimanche. Complétez l'histoire avec les articles définis qui s'imposent.

1. Souvent, _____ dimanche, les Perrin font une promenade en voiture.
2. M. Perrin prépare _____ pique-nique (*m.*).
3. _____ enfants prennent leurs affaires et montent dans _____ vieille Peugeot.
4. M. Perrin conduit prudemment, mais _____ autres conducteurs bloquent parfois _____ route.
5. _____ circulation est intense _____ dimanche parce que beaucoup de familles quittent _____ ville.
6. Les Perrin vont à _____ campagne où ils admirent _____ nature.

B. Observations. Complétez les phrases suivantes avec la forme correcte de l'article défini ou une contraction, *si nécessaire*.

1. Tu vois _____ jeunes gens là-bas? _____ blond est mon frère. —Ah oui, je vois, mais est-ce _____ grand ou _____ petit?
2. Mon frère a envie de découvrir _____ monde. —Ah oui, quand part-il?
3. Nous écrivons (à) _____ grands-parents, (à) _____ oncles et (à) _____ tantes ce week-end. —Vous avez _____ temps de le faire?
4. Il est né _____ 25 novembre 1973. —Et moi, _____ 26!
5. Je vais rencontrer _____ copine d'Alain _____ mardi. —Ah bon, elle est ici en visite?
6. Mes cousins et moi sortons toujours _____ vendredi soir. —Super! Où allez-vous _____ vendredi prochain?
7. Julien a trop lu, il a mal (à) _____ yeux. —Effectivement... _____ yeux (de) _____ étudiants sont souvent fatigués.
8. Ma belle-sœur étudie _____ psychologie, _____ sociologie et _____ sciences sociales. —Vraiment? Elle n'aime plus _____ littérature?

Indefinite Articles

Definition The indefinite article, like the definite article, indicates the gender and number of a noun.

un copain, **des** copains   **une** copine, **des** copines

Forms

	SINGULAR	PLURAL	NEGATIVE
MASCULINE	un	des	de (d')
FEMININE	une		

J'ai **un** frère, **une** sœur et **des** cousins.

Je **n'**ai **pas d'**enfants.

I have a brother, a sister, and some cousins.

I don't have any children.

Uses

1. In the singular, the indefinite article is used, as in English, to show that the noun is not specific.

Comptent-ils faire **un** voyage de noces?

Un homme et une femme est **un** film français des années 60.

Do they plan to take a honeymoon trip?

A Man and a Woman is a French film from the sixties.

2. In the plural, the French indefinite article is always used (whereas in English it is often omitted).

Les jeunes mariés ont besoin de faire **des** économies.

Avez-vous **des** parents français?

Young married people need to save money.

Do you have French relatives?

3. In a negative sentence, the articles **un, une,** and **des** become **de** before the noun except with **être.**

Tu **n'**as **pas de** petit ami?

Ce **n'**est **pas une** chose importante.

You don't have a boyfriend?

It's not important.

> In the negative the *definite* article does not change.
>
> Je n'aime **pas les** hypocrites.

4. C'est vs. **il/elle est.** Here are the uses of **il(s)/elle(s)** and **ce** with the verb **être.**

Il(s)/Elle(s) est/sont +	adjective profession nationality religion ideology	**C'est / Ce sont** +	article plus noun article, noun, and adjective proper noun	

Monique? **Elle est** sérieuse.
Monique? She is serious.

Abdul? **Il est** informaticien.
Abdul? He's a computer scientist.

C'est une étudiante très sérieuse.
She's a very serious student.

C'est le collègue de ma sœur.
He is my sister's colleague.

Manuela? **Elle est** marocaine.

Manuela? She is Moroccan.

Ils sont musulmans.
They are Muslims.

Ma tante? **Elle est** socialiste.
My aunt? She is a socialist.

Cette dame? **Elle est** professeur?
This lady? She's a professor?

C'est une Marocaine qui habite à Casablanca.
She's a Moroccan who lives in Casablanca.

Ce ne sont pas des Algériens.
They are not Algerians.

C'est une socialiste militante.
She's a militant socialist.

Oui, **c'est** Maryse, ma copine.
Yes, she's my friend Maryse.

Sénégal, une leçon de cuisine: Cette petite fille apprend à piler le grain.

5. If the adjective comes before a plural noun, **des** often becomes **de.**

| des → de (d') |
| before *plural adjective + plural noun* |

Ce sont **de** vrais militants.
Elles ont **d'**autres idées.
J'ai **de** jeunes amis français.

They are true militants.
They have other ideas.
I have young French friends.

If the noun precedes the plural adjective, **des** is used.

Ce sont **des** parents raisonnables.

They are reasonable parents.

A. Détails. Complétez les phrases avec les formes correctes de l'article indéfini, *si nécessaire.*

1. Eric n'est plus _____ communiste, il est _____ socialiste.
2. J'aimerais avoir _____ grand-mère et _____ grand-père qui me donnent _____ cadeaux.
3. Nous achetons _____ machine à laver et _____ réfrigérateur.
4. Avez-vous _____ amis français?
5. Je n'ai pas _____ cousines, mais j'ai _____ cousins.
6. Ce sont _____ Canadiens, ce ne sont pas _____ Américains.
7. Tu as _____ gentils parents et _____ frères insupportables!
8. Elle n'a pas _____ rendez-vous ce soir.

B. Bavardage. Complétez le dialogue avec l'article défini, l'article indéfini ou une forme contractée de l'article, *si nécessaire.*

JEAN: Paul va bientôt en Californie. Il est _____^{1} acteur.

ANNE: Sais-tu qu'il vient ici _____^{2} 8 juin? Il va épouser _____^{3} cousine de Marie.

JEAN: C'est vrai? Quand est-ce que _____^{4} mariage va avoir lieu?

ANNE: _____^{5} cérémonie civile va avoir lieu _____^{6} vendredi prochain et _____^{7} cérémonie religieuse _____^{8} samedi 6 juin.

JEAN: Je me demande si _____^{9} nouveaux mariés vont faire leur voyage de noces aux Etats-Unis.

ANNE: Oui, c'est ce qu'ils vont faire. Et, ensuite, ils vont habiter _____^{10} petite ville au nord de Los Angeles.

JEAN: Ont-ils _____^{11} projets professionnels?

ANNE: Oui, elle va étudier _____^{12} médecine et lui, il va jouer dans _____^{13} films à Hollywood!

C. Des membres de ma famille. Complétez les descriptions avec **c'est / ce sont, il/elle est** ou **ils/elles sont.**

Ma belle-sœur Isabelle? _____^{1} une personne très gentille, mais _____ n'_____^{2} pas disciplinée. _____^{3} étudiante en médecine à Marseille, mais _____^{4} une jeune femme qui aime sortir avec ses amis. Alors, bien sûr, elle n'étudie pas assez et _____^{5} la dernière de sa classe. La discipline? Je crois que _____^{6} un problème pour beaucoup de jeunes.

L'oncle Georges? _____^{7} un homme politique dans un petit village. _____^{8} marxiste et il aime bien discuter avec ses amis, parce que _____^{9} des communistes. Sa femme? _____^{10} catholique, et _____ n'_____^{11} pas contente de voir son mari au café le dimanche matin.

C'est +	un(e) + noun
	le/la + noun

Elle est +	adjective
	profession

C'est + un(e) + noun
Ce sont + des + noun
Il/Elle est + adjective

MISE EN PRATIQUE

TROUVEZ QUELQU'UN QUI... Points communs. Complétez les phrases suivantes avec l'article approprié et une réponse personnelle. Ensuite, cherchez des étudiants qui ont répondu comme vous. Puis, discutez en classe des réponses les plus fréquentes et les plus originales.

MODELE: J'ai <u>les</u> cheveux <u>blonds.</u>

MOI	MON/MA CAMARADE AUSSI (NOM)
1. J'aime _____ classe de/d' _____ .	_____
2. J'ai _____ parents d'origine _____ .	_____
3. _____ vêtements que j'aime sont _____ .	_____
4. Mon sport préféré est _____ _____ .	_____
5. _____ week-end, je vais _____ .	_____
6. J'ai _____ _____ chez moi.	_____
7. Je n'ai pas _____ _____ chez moi.	_____
8. Je déteste _____ _____ .	_____
9. Il y a _____ _____ dans ma poche / mon sac.	_____

Paris: Un tendre baiser.

= an activity in which you find one or more classmates who meet certain criteria, and then meet in groups to discuss student answers

52 ■ CHAPITRE 2

Nouns

Definition A noun designates a person, an animal, a thing, or an idea. It is usually introduced by an article or an adjective.

un **bébé**

ma **maison**

l'**oiseau**

cette **philosophie**

Forms

Gender

1. Nouns designating people

   a. The feminine form of a noun is sometimes quite different from the masculine form.

MASCULINE	FEMININE
un fils	une fille
un frère	une sœur
un mari, un homme	une femme
un neveu	une nièce
un oncle	une tante
un père	une mère

   b. Other nouns are invariable in their form.

un(e) artiste   un(e) enfant   un(e) secrétaire

un(e) camarade   un(e) partenaire   un(e) touriste

   c. Certain nouns are always masculine. This is frequently the case for names of professions.

un amateur   un ingénieur   un médecin

un écrivain   un juge   un premier ministre

un être   un mannequin

Ma femme est **un** bon **médecin.**   *My wife is a good doctor.*

> It is possible to say: **une femme écrivain, une femme ingénieur,** etc.

   d. Certain nouns are always feminine.

une créature   une vedette

une personne   une victime

La personne qui est venue est mon meilleur ami.   *The person who came is my best friend.*

Jean-Paul Belmondo est **une vedette** de cinéma célèbre.   *Jean-Paul Belmondo is a famous movie star.*

   e. Certain nouns can be made feminine by adding an **-e** to the masculine form.

MASCULINE	FEMININE
un Américain	une Américaine
un ami	une amie
un cousin	une cousine

f. Some nouns have very different feminine endings.

MASCULINE	FEMININE	EXAMPLES
-er	-ère	un boulanger, une boulangère
-ier	-ière	un pâtissier, une pâtissière
-eur	-euse	un danseur, une danseuse
-ien	-ienne	un gardien, une gardienne
-éen	-éenne	un lycéen, une lycéenne
-on	-onne	un patron, une patronne
-teur	{ -trice	un acteur, une actrice
	-teuse	un chanteur, une chanteuse
	Note:	un cadet, une cadette
		un époux, une épouse
		un jumeau, une jumelle

2. Nouns designating things

a. The endings of some nouns allow us to guess their gender.*

MASCULINE	EXAMPLES	FEMININE	EXAMPLES
-age	le ménage	-ce	la différence
-in	le matin	-ée	l'idée
-l	le travail	-ie	la biologie
-r	le danger	-ion	la nation
-t	le bruit	-té	la fierté, la beauté
-sme	le réalisme	-lle	la chapelle
		-tte	la fourchette
		-tude	la certitude

Exceptions			
la page, la plage	l'exercice (*m.*), le prince
la fin, la main	le lycée, le musée
la mer, la sœur	l'avion (*m.*), le lion
la nuit, la mort	le pâté

Hint: Learn each noun with its indefinite article.

une idée
un lycée

*With about 95% accuracy.

La Rochelle: Cette ouvrière travaille le métal, c'est une métallurgiste.

b. Days of the week, seasons, and languages are masculine.

le mardi
le printemps
le français

Number

Plural nouns

1. The plural of most nouns is formed by adding an **-s** to the singular.

SINGULAR	PLURAL
l'ami	les amis
le copain	les copains
la soirée	les soirées

2. Nouns ending in **s, x,** or **z** in the singular *do not change* in the plural.

SINGULAR	PLURAL
l'époux	les époux
le fils	les fils
le gaz	les gaz

3. Here are a few other endings.

SINGULAR ENDING	PLURAL MOST OFTEN WITH -x	PLURAL SOMETIMES WITH -s
-ail	travail → trav**aux**	détail → dé**tails**
-al	cheval → chev**aux**	bal → b**als**
	journal → journ**aux**	festival → festiv**als**
-eau	château → chât**eaux**	
-eu	neveu → nev**eux**	pneu → pn**eus** (*tires*)
	cheveu → chev**eux**	
-ou	bijou → bij**oux**	trou → tr**ous** (*holes*)

4. Usually both words of a compound noun change in the plural.

la belle-mère	les belles-mères
la grand-mère	les grands-mères
le grand-père	les grands-pères
Exceptions: le demi-frère	les demi-frères
la demi-sœur	les demi-sœurs

MISE AU POINT **A. Jeu de genre.** Devinez le genre des noms suivants en donnant leur article indéfini.

M	F
-age	-ce
-in	-ie
-l	-ion
-r	-té
-t	-lle
-sme	-tte

1. _____ vitrail
2. _____ sociologie
3. _____ avantage
4. _____ renaissance
5. _____ autorité

6. _____ plat
7. _____ organisme
8. _____ condition
9. _____ pelle (*shovel*)
10. _____ grain

B. Jeu de nombre. Donnez le pluriel de chaque nom et de son article.

1. un œil
2. un grand-père
3. un journal
4. un cheveu
5. un fils

6. un morceau
7. le bijou
8. le travail
9. un cheval
10. le festival

C. L'inverse. Mettez les personnes suivantes au masculin.

MODELE: L'aînée de la famille est la belle-fille de Mme Legros. →
L'aîné de la famille est le beau-fils de M. Legros.

1. Une divorcée est une femme qui n'est plus mariée.
2. Les nièces de mes tantes sont mes cousines.
3. Une épouse est une femme mariée.
4. La cadette de la famille Rocard est la troisième enfant.
5. Une fille unique n'a ni frères ni sœurs.
6. Une belle-mère aime généralement la femme de son fils.

MISE EN
PRATIQUE

A. * **JEU D'EQUIPE: Masculin, féminin.** La moitié (*half*) de la classe représente l'équipe des noms (*nouns*) masculins (M), l'autre moitié constitue l'équipe des noms féminins (F). A tour de rôle, les membres de chaque équipe proposent un nom: un membre de l'équipe M propose un nom masculin, puis un membre de l'équipe F propose un nom féminin, etc.

En cas d'hésitation de plus de cinq secondes, d'erreur ou de répétition, l'équipe perd son tour et l'équipe opposée gagne un point. L'équipe qui a le plus de points gagne.

B. **SONDAGE: Similarités.** Quels groupes de personnes font certaines choses régulièrement? Posez les questions suivantes à trois camarades, puis mettez-vous à quatre pour comparer les résultats obtenus. Quelles réponses vous intéressent particulièrement? Pourquoi?

MODELE: VOUS: Quels groupes de personnes résolvent des problèmes?
          LUI/ELLE: Les étudiants.
              ou Les professeurs.
              ou Les parents.
              ou Les journalistes comme Ann Landers.

	REPONSES		
Quels groupes de personnes...	A	B	C
1. connaissent des célébrités?	_____	_____	_____
2. ont mal aux yeux?	_____	_____	_____
3. se rasent les cheveux?	_____	_____	_____
4. lisent plusieurs journaux chaque jour?	_____	_____	_____
5. visitent des châteaux français?	_____	_____	_____
6. portent des bijoux?	_____	_____	_____
7. ?	_____	_____	_____

 * = For this activity, the class is divided into two teams. Follow the directions carefully, and may the best team win!

Tranches de vie

In France, as in many countries, the family is the primary social unit. The French concept of family is broad; it includes not only parents and children, but also grandparents, aunts and uncles, cousins, and in-laws. In fact, the word **parents** in French means *relatives* as well as *parents.*

The reading in this chapter presents four working parents. They describe their attempts to balance two very demanding priorities in their lives: busy careers and child rearing.

Pour mieux lire

Anticipating content

You are about to read the comments of four working parents about how they and their children cope with the parents' frequent absences from home. Before you begin, think about what you expect them to say about the following topics. As you read, confirm or adjust your expectations.

Travail et vie de famille

Les parents qui travaillent sont souvent absents de la maison. Quelles sont les conséquences de cette absence sur les enfants? et sur les parents eux-mêmes?

Avantages pour les enfants: _____

_____

_____

Inconvénients pour les enfants: _____

_____

_____

Effets sur les parents: _____

_____

_____

Mots et expressions

coupable guilty
la crèche day-care center
davantage more
emmener to take (*someone somewhere*)
faire un effort to make an effort

fier/fière proud
occupé(e) busy
s'occuper de to take care of (*someone or something*)
partager to share

A. Antonymes. Trouvez le contraire des mots suivants.

1. inactif
2. moins
3. innocent(e)
4. humble

B. Synonymes. Trouvez l'équivalent des expressions suivantes.

1. diviser en éléments que l'on peut distribuer
2. prendre soin de quelqu'un
3. un établissement pour la garde de jeunes enfants
4. mener quelqu'un d'un lieu dans un autre
5. mobiliser ses forces pour vaincre une résistance

«Je me sens toujours coupable d'être absent»

Ils sont rarement chez eux. Comment font-ils avec leurs enfants?

AGNES B.
«La télé-maman»
J'ai deux garçons de 30 ans et trois filles de 18, 13 et 9 ans. Je rentre souvent à 19 heures et je ne vais jamais dans les dîners mondains,[1] ce qui me donne le temps de m'occuper d'eux. Mais, bien sûr, je travaille beaucoup et ma dernière fille comble mes absences[2] en regardant la télévision, que j'appelle d'ailleurs la «télé-maman». Après chaque absence, il faut renouer,[3] renouveler[4] sans cesse le dialogue avec les enfants. Ce n'est pas la quantité du temps passé avec eux qui prime,[5] c'est la qualité... Cela dit, je ne veux pas être le personnage central de mes enfants: je préfère qu'ils partagent leur affection avec d'autres personnes.
Styliste.[6]

---

[1]dîners... *dinner parties*   [2]comble... *spends the time I'm gone*   [3]*reestablish*   [4]*renew*   [5]*matters the most*   [6]*Fashion designer*

JACQUES MAILLOT
«Je pourrais faire un effort»

J'ai quatre enfants et je n'ai pas beaucoup de temps pour m'occuper d'eux. Avec les deux garçons cela n'a jamais été un problème. Les filles (des jumelles de 13 ans et demi) me font, elles, souvent comprendre qu'elles aimeraient bien que je sois plus présent. Elles me reprochent de ne pas leur consacrer quinze jours pour les emmener en vacances. Tant qu'elles étaient petites, cela ne semblait pas trop les déranger, mais aujourd'hui je sens qu'elles regrettent que leur père soit si occupé. Je leur explique que Nouvelles Frontières s'est beaucoup développé, que je ne peux pas prendre de vacances aussi longues... Evidemment, je pourrais faire un effort et leur dire oui, mais je crains de mettre le doigt dans un engrenage.[7]
PDG[8] *de Nouvelles Frontières.*

EVELYNE PISIER
«Après tout, ils sont heureux»

J'ai cinq enfants et j'ai toujours travaillé. D'abord comme professeur à l'université, aujourd'hui au ministère de la Culture. Autrefois j'avais davantage de temps libre. Aujourd'hui mon travail m'accapare[9] entièrement. Le matin est sacré: j'en profite pour emmener mes enfants à l'école. Le soir, même si je dois sortir, je repasse toujours à la maison pour les voir. En fait, je me consacre totalement à eux durant le week-end. J'ai toujours eu un sentiment de culpabilité de ne pas pouvoir m'en occuper davantage mais, lorsque je les vois souriants, le visage rond et les joues pleines,[10] je me dis qu'après tout ils semblent heureux et en pleine santé.
Directrice du Livre au ministère de la Culture.

ANNY COURTADE
«Heureusement, ma secrétaire est là»

Je suis PDG de Lecasud, la cinquième entreprise de Provence-Alpes-Côte d'Azur. J'ai 50 ans, un fils de 19 et une fille de 16. Mes journées sont évidemment très chargées:[11] je me lève le matin tôt, à 6 heures, et j'accompagne moi-même ma fille à l'école. Je ne rentre pas le soir avant 20 h 30. Comme je ne suis pas chez moi, j'ai employé durant plus de dix-huit ans une nourrice[12] à plein temps. D'autre part, ma secrétaire de direction est toujours là pour résoudre les problèmes familiaux qui pourraient survenir[13] durant mes absences. Je ne pense pas que cette situation a été préjudiciable pour[14] l'éducation de mes enfants: en rencontrant des gens très différents à la maison, ils ont acquis une grande ouverture d'esprit.[15] De plus, ils sont fiers lorsqu'ils voient leur mère dans la presse ou entendent parler d'elle.[16] J'ai néanmoins un gros regret: celui de n'avoir jamais passé de vraies vacances avec eux. Je n'ai pas le temps, alors je compense[17] en organisant le plus souvent possible de petites escapades familiales à New York, Vienne.
Chef d'entreprise.

tiré du Nouvel Observateur

---

[7]mettre... *get my finger caught in the gears (create a problem)* [8]*CEO* [9]*monopolizes my time* [10]lorsque... *when I see their smiling faces and their rosy cheeks* [11]*full, busy* [12]*nanny* [13]*come up* [14]préjudiciable... *detrimental to* [15]*mind* [16]entendent... *hear her being talked about* [17]*make up for it*

AGNES B.

1. A quelle heure rentre-t-elle? Que fait-elle le soir?
2. Pourquoi appelle-t-elle la télévision «la télé-maman»?
3. Que doit-elle faire après ses absences?

JACQUES MAILLOT

1. Quelle différence voit-il entre ses garçons et ses filles?
2. Qu'est-ce que ses filles reprochent à leur père?
3. Pourquoi ne fait-il pas ce qu'elles souhaitent?

EVELYNE PISIER

1. Que fait-elle avec ses enfants chaque matin? Et le week-end?
2. Pourquoi pense-t-elle que ses enfants sont heureux?

ANNY COURTADE

1. A quelle heure rentre-t-elle le soir? Qui s'occupe de ses enfants quand elle n'est pas là?
2. Quels sont les avantages de son travail pour ses enfants?
3. Qu'est-ce qu'elle regrette? Quelle solution a-t-elle trouvée?

A DISCUTER

A. Conséquences. Quand les parents travaillent, que se passe-t-il dans la famille? Lisez les phrases suivantes et dites si les situations décrites vous semblent positives, négatives ou sans conséquences. Expliquez vos réactions, puis discutez-en avec trois camarades de classe.

	POSITIVE	NEGATIVE	SANS CONSEQUENCES
1. Les parents rentrent à 7 heures du soir.	☐	☐	☐
2. Il y a une exellente nourrice à plein temps à la maison.	☐	☐	☐
3. Les enfants regardent la télévision cinq ou six heures par jour.	☐	☐	☐
4. Dès l'âge de 2 mois les enfants passent leur journée dans une crèche.	☐	☐	☐
5. Les enfants partagent leur affection avec des personnes autres que leurs parents.	☐	☐	☐
6. Les parents qui travaillent peuvent offrir des voyages exotiques et des expériences diverses à leurs enfants.	☐	☐	☐

B. Quelques conseils. Choisissez un des passages précédents et imaginez que vous êtes psychanalyste. Répondez au parent concerné en lui disant ce que vous pensez de sa façon d'éduquer ses enfants. Mentionnez les côtés positifs ainsi que les points qui, selon vous, posent des problèmes.

Ils ont l'air bien.

A. Qu'en pensez-vous? Traitez par oral ou par écrit de l'un des sujets suivants.

1. **Les modèles de vie.** Certains parents semblent offrir un seul modèle de vie à leurs enfants: la réussite par le travail. Quels autres types de succès trouvez-vous importants? La réussite sociale? personnelle? familiale? athlétique? Qu'est-ce qui crée un adulte stable, équilibré, heureux? Avoir des parents disponibles? des règles de conduite claires? beaucoup d'indépendance? Expliquez.

2. **Les parents et les jeunes.** Trouvez trois caractéristiques qui décrivent les meilleurs parents: sûrs de leurs valeurs? sévères? compréhensifs? disponibles? protecteurs? Que pensez-vous des «parents-copains» qui

croient que les jeunes doivent faire leurs propres expériences et qui ne sont jamais autoritaires avec leurs enfants? Expliquez.

3. **Le stress chez les jeunes.** Le stress fait partie de la vie de tout le monde. Qu'est-ce qui stresse les jeunes? Le désir de posséder ce qu'ils voient dans les publicités? Le besoin de réussir dans leurs études ou de faire plaisir à leurs parents? Les problèmes qu'ils rencontrent avec leurs amis? Comment doivent-ils apprendre à résoudre leurs problèmes et difficultés?

B. **Etes-vous d'accord?** Mettez-vous en groupes de quatre et lisez les idées suivantes. Dites si vous partagez ces opinions et justifiez vos réponses.

1. Dans la famille typique, il y a deux parents.
2. En général, les parents essaient de passer le plus de temps possible avec leurs enfants.
3. Les hommes respectent les femmes.
4. Les femmes comprennent les hommes.
5. On devrait se marier une seule fois dans la vie.
6. Certaines personnes ne devraient pas avoir d'enfants.

Structures 2

Descriptive Adjectives

Definition An adjective modifies a noun or pronoun and agrees in gender and number with the noun or pronoun.

J'ai un **gentil** neveu. Il est **charmant.**	*I have a nice nephew. He is charming.*
Mes sœurs sont **originales.**	*My sisters are eccentric.*

Forms

Gender

1. Masculine adjectives ending with an unaccented **-e** do not change in the feminine.

MASCULINE AND FEMININE

calme	large	sympathique
insupportable	moderne	triste

2. An **-e** is added to the masculine of most adjectives to form the feminine.

MASCULINE	FEMININE
américain	américaine
brun	brune
fatigué	fatiguée
idiot	idiote
vrai	vraie

3. Here are the forms of some additional adjectives.

Masculine	Feminine	Examples
-anc	-anche	franc, franche
-el, -eil	-elle, -eille	naturel, naturelle; pareil, pareille
-er, -ier	-ère, -ière	cher, chère; premier, première
-et	-ète	discret, discrète
-eur	-euse	travailleur, travailleuse
-f	-ve	sportif, sportive
-ien	-ienne	ancien, ancienne
-on	-onne	bon, bonne
-teur	-trice	conservateur, conservatrice
	-teuse	menteur, menteuse
-eux	-euse	heureux, heureuse

A few exceptions			
doux, douce	faux, fausse	jaloux, jalouse	roux, rousse

4. The following adjectives have an irregular feminine form.

MASCULINE	FEMININE
favori	favorite
frais	fraîche
gentil	gentille
long	longue
public	publique
sec	sèche

SIDA

L'IGNORANCE AUSSI
EST UN VIRUS DANGEREUX.
INFORMEZ-VOUS.

45.67.01.01
JOUR APRÈS JOUR, MOIS APRÈS MOIS,
PARIS COMBAT LE SIDA.

EN PASSANT...

1. Trouvez-vous que cette publicité est de bon conseil?

2. Pourquoi est-ce que l'ignorance peut être dangereuse?

3. Comment est-ce que les étudiants de votre université peuvent s'informer sur le SIDA[a]?

[a]*AIDS*

5. Here are some irregular adjectives.

MASCULINE			FEMININE	
SINGULAR		PLURAL	SINGULAR	PLURAL
+ *consonant*	+ *vowel* + *silent h*			
un **beau** tableau	un **bel** homme	**beaux**	**belle**	**belles**
un **fou** rire	un **fol** amour	**fous**	**folle**	**folles**
un **nouveau** livre	un **nouvel** ami	**nouveaux**	**nouvelle**	**nouvelles**
un **vieux** livre	un **vieil** ami	**vieux**	**vieille**	**vieilles**

Number

The plural of adjectives is formed in the same way as the plural of nouns.

MASCULINE		FEMININE	
SINGULAR	PLURAL	SINGULAR	PLURAL
bas	bas	basse	basses
blond	blonds	blonde	blondes
faux	faux	fausse	fausses
idéal	idéaux	idéale	idéales
A few exceptions			
banal	banals		
final	finals		

The placement of descriptive adjectives

1. Most adjectives follow the noun.

C'est une femme **riche** et
intelligente.

She's a rich and intelligent woman.

J'ai des cousins **français** et des
cousines **allemandes.**

*I have French cousins and German
cousins.*

2. Some short and commonly used adjectives *usually* come before the noun.

ADJECTIVES THAT USUALLY PRECEDE THE NOUN		
autre	jeune	petit
beau	joli	premier
gentil	mauvais	vieux
grand	nouveau	vrai

Je voudrais faire un **autre** voyage.
Le **petit** garçon parle avec sa
nouvelle amie.

I would like to take another trip.
*The little boy talks to his new
friend.*

3. Certain adjectives change meaning depending on their position.

ADJECTIVE	BEFORE THE NOUN	AFTER THE NOUN
ancien(ne)	un ancien ministre *a former minister*	des meubles anciens *antique furniture*
bon(ne)	une bonne réputation *a good reputation*	un homme bon *a charitable man*
certain(e)	une certaine chose *a particular thing*	une chose certaine *a sure thing*
cher/chère	une chère amie *a dear friend*	une robe chère *an expensive dress*
dernier/dernière	la dernière semaine *the last week (last in a series)*	la semaine dernière *last week (just past)*
même	la même page *the same page*	la page même *the page itself*
pauvre	la pauvre tante *the unfortunate aunt*	un étudiant pauvre *a poor student*
propre	son propre appartement *his/her own apartment*	une chemise propre *a clean shirt*
seul(e)	un seul homme *one man only*	un homme seul *a man alone (by himself)*

A.  **Associations.** Avec un(e) camarade, faites à tour de rôle l'accord des adjectifs.

MODELE: une femme / original → une femme originale

1. une vie / passionnant
2. une histoire / idiot
3. une étude / complet (*voir* discret)
4. une personne / curieux
5. des idées / conservateur

6. un homme / vieux
7. des relations / amical
8. une patronne / agressif
9. une employée / travailleur
10. une copine / parisien

B. Notre cousin. Bernard et Stéphane font le portrait de leur cousin Pierre. Bernard aime bien Pierre. Stéphane le trouve plutôt énervant. D'abord, lisez la description faite par Bernard. Puis, refaites le paragraphe selon Stéphane, en remplaçant les adjectifs en italique par des antonymes. (Attention à la place des adjectifs en refaisant les phrases.)

BERNARD: Je vais faire le portrait de mon *gentil* cousin, Pierre. C'est un garçon *sympathique* et *beau,* et un ami *discret* et *sincère.* Pierre est *intelligent* et *travailleur.* Il est *agile, sportif* et *actif* et il sort avec des femmes *intéressantes.* Voudriez-vous faire la connaissance de cet individu *agréable*?

ADJECTIFS SUGGERES

antipathique, antisportif, désagréable, ennuyeux, indiscret, laid, maladroit, méchant, paresseux, passif, stupide, trompeur...

6. Descriptions. Mettez l'équivalent français de l'adjectif en italique, devant *ou* après le nom.

1. Son ___ mari ___ s'occupe des enfants. (*former*)
2. J'aime bien son nouvel époux; c'est un ___ homme ___ . (*charitable*)
3. Chantal s'achète des ___ vêtements ___ . (*expensive*)
4. Les jeunes veulent tous faire la ___ chose ___ . (*same*)
5. Mon ___ oncle ___ divorce pour la deuxième fois. (*unfortunate*)
6. La ___ semaine ___ de mai, nous partons en voyage. (*last*)
7. *Un* ___ *sourire* ___ est un roman de Françoise Sagan. (*particular*)
8. C'est vraiment la ___ solution ___ . (*only*)
9. Jacqueline gagne sa vie. Elle a sa ___ voiture ___ . (*own*)

MISE EN PRATIQUE

A. **Associations.** Mettez-vous à quatre et choisissez un(e) secrétaire qui va lire à haute voix les mots de la liste suivante. Les autres membres de l'équipe répondent en donnant le premier nom ou adjectif—attention à l'accord!—qui leur vient à l'esprit. (Si le/la secrétaire dit «famille», les autres participants peuvent répondre: «grande», «bizarre», «une réunion», etc.). Le/La secrétaire va noter les réponses.

Enfin, partagez les résultats avec le reste de la classe pour déterminer lesquels sont les plus originaux.

1. la mère
2. le père
3. les enfants
4. la communication
5. l'argent
6. ton anniversaire
7. une femme libérée
8. un homme libéré
9. le mariage
10. l'amour
11. le voyage de noces
12. le mari idéal
13. la femme idéale
14. le divorce
15. une bonne amie
16. un bon ami
17. les rendez-vous
18. les priorités de la vie

B. **Visages du monde.** Mettez-vous à deux pour décrire les gens ci-dessous. Parlez de leur profession, de leur nationalité, de leur personnalité, de leur famille, de leurs objectifs, etc. Qui voudriez-vous rencontrer et pourquoi?

1.

2.

3.

4.

5.

6.

Possessive Adjectives

Definition The possessive adjective precedes the noun. It indicates ownership.

J'aime **ma** petite amie.   *I love my girlfriend.*
Nous aimons **notre** indépendance.   *We love our independence.*

Forms

PERSON	SINGULAR NOUN MASCULINE	FEMININE	PLURAL NOUN	
je	mon	ma (mon)*	mes	*my*
tu	ton	ta (ton)*	tes	*your*
il/elle/on	son	sa (son)*	ses	*his, her, its*
nous	notre		nos	*our*
vous	votre		vos	*your*
ils/elles	leur		leurs	*their*

*Mon, ton, son are used before a feminine noun beginning with a vowel or a silent **h**: **mon épouse, ton amie, son habitude.**

Note:

les parents d'Alain
→ **ses** parents

les parents d'Alain et
de Marie →
leurs parents

Use

The possessive adjective depends on the owner but agrees with the *object* of ownership.

Alain parle à **sa** sœur.   *Alain is talking to his sister.*
Marie parle à **son** père.   *Marie is talking to her father.*
Mettez le livre à **sa** place.   *Put the book in its place.*
Ils aiment **leurs** parents.   *They love their parents.*

MISE AU POINT A. Portraits. Décrivez les membres de votre famille ou vos amis en utilisant des mots au singulier ou au pluriel, et des verbes à la forme affirmative ou négative.

MODELE: Ma sœur est très indépendante. Elle ne veut pas se marier.

moi	célibataire(s)
ma sœur	marié(e)(s)
mon frère (aîné)	phallocrate(s) (*male chauvinist*)
ma/notre mère	féministe(s)
mon/notre père	amoureux/amoureuse(s)
l'amie de mon frère	fiancé(e)(s)
les copains de ma cousine	libéré(e)(s)
les parents de mes copines	conservateur(s)/conservatrice(s)
la sœur de mon copain	indépendant(e)(s)
ma copine	sympathique(s)

B. **Les affinités et les antipathies.** Avec un(e) camarade de classe, dites à tour de rôle pourquoi vous aimez ou n'aimez pas les personnes suivantes. Utilisez un adjectif de chaque colonne.

MODELE: mon dentiste →
J'aime bien mon dentiste parce qu'il est chaleureux. Il n'est jamais désagréable avec moi.

ADJECTIFS SUGGERES

actif	passif
amusant	ennuyeux
beau/joli	laid
bien élevé	mal élevé
chaleureux	froid
conservateur	progressiste
excellent	mauvais
fort	faible
gentil	désagréable
honnête	malhonnête
optimiste	pessimiste
travailleur	paresseux

1. mon petit ami / ma petite amie
2. mon copain / ma copine
3. mes professeurs
4. ma mère
5. nos équipes sportives universitaires
6. les chefs politiques dans ce pays

A. **Etes-vous d'accord?** Lisez chaque phrase à haute voix. Dites si vous êtes d'accord avec chaque opinion, et si vous ne l'êtes pas, donnez votre opinion. Justifiez vos réponses devant les membres de votre groupe.

1. Il ne faut pas se marier avant d'obtenir son diplôme.
2. On rencontre le grand amour une fois dans sa vie.
3. Quand on est fiancé, on doit sortir seulement avec son (sa) fiancé(e).
4. Quand on sort avec quelqu'un pour la première fois, la personne qui invite l'autre doit payer.
5. Quand une femme fait connaissance avec quelqu'un, elle a tendance à poser des questions; par contre, un homme a tendance à parler de lui-même.
6. Il est normal que les amoureux se disputent de temps en temps.
7. Quand on se marie, il est préférable d'attendre un peu avant d'avoir des enfants.
8. Un mari n'est pas content si sa femme gagne plus d'argent que lui.
9. Avoir plus de deux enfants n'est pas une bonne idée de nos jours.
10. Il ne faut pas divorcer si on a des enfants.

B. **TROUVEZ QUELQU'UN QUI... Perspicacité.** Qui dans la classe peut répondre aux questions suivantes? Inscrivez le nom de cette personne et ajoutez les précisions nécessaires.

Quel(le) étudiant(e)...

1. fête son anniversaire le même mois que vous?

   Nom: _____ Mois: _____

2. aime bien les acteurs Emilio Estevez et Charlie Sheen et peut nommer leur père?

   Nom: _____ Leur père: _____

3. habite dans votre quartier ou près de chez vous?

   Nom: _____ Où? _____

4. aime lire l'auteur Mark Twain et peut donner son vrai nom?

   Nom: _____ Son vrai nom: _____

5. connaît la reine d'Angleterre et peut nommer trois de ses enfants?

   Nom: _____ Ses enfants: _____

6. peut nommer la capitale de votre état d'origine?

   Nom: _____ Ville: _____

Reprise

A. **Une bande d'amis.** Etudiez le contexte de chaque phrase, puis employez l'article défini, l'article indéfini ou la contraction qui s'impose. Utilisez une préposition, *si nécessaire.*

_____ ¹ copains sortent souvent ensemble. Ils vont _____ ² cinéma, _____ ³ matchs de rugby, _____ ⁴ université et parfois _____ ⁵ piscine. _____ ⁶ jeune femme qui s'appelle Andrée sort avec _____ ⁷ jeune homme séduisant (*attractive*). Ils parlent _____ ⁸ importance _____ ⁹ relations humaines, _____ ¹⁰ crise économique et même _____ ¹¹ socialisme. _____ ¹² jeune femme s'intéresse _____ ¹³ politique mais _____ ¹⁴ jeune homme s'intéresse plutôt _____ ¹⁵ psychologie.

B. **Formes semblables.** Trouvez les mots dans la liste de gauche qui forment leur féminin comme ceux de la liste de droite, puis donnez leur forme au féminin.

1. baron
2. magicien
3. collaborateur
4. fermier
5. chômeur
6. champion
7. gaucher (*left-handed person*)

a. boulangère
b. danseuse
c. pharmacienne
d. pâtissière
e. patronne
f. actrice

C. **Observations.** Faites des phrases avec les mots ci-dessous en faisant attention aux accords nécessaires.

1. il / donner / une / opinion / définitif / et / faux
2. je / ne... pas / aimer / les / personne / menteur / et / hypocrite
3. les / événement / banal / et / quotidien / être / ennuyeux
4. une / joli / petit / fille / porter / une / robe / bleu
5. les / gardienne / avoir / des / idée / original
6. le / beau / âge / c'est / la / jeunesse
7. je / aimer / les / fraise / frais / mais / je / ne... pas / aimer / les / pomme / sec

D. **Habitudes.** Complétez les phrases suivantes par les adjectifs possessifs convenables (*appropriate*).

1. *Valérie et Marc* attendent _____ enfants. _____ fille est toujours en retard mais _____ fils est en général à l'heure.

2. *J'*aime _____ parents. _____ père est amusant et _____ mère est compréhensive.

3. *Vous* voulez aller au cinéma avec _____ copains. _____ copine française aime les films étrangers mais _____ copain américain préfère les westerns. Que faire?

4. *Tu* respectes beaucoup _____ amis. _____ meilleure amie est intelligente et _____ meilleur ami est travailleur.

5. *Henri* connaît bien _____ voisins. _____ voisine est sportive et _____ voisin est impulsif.

6. *Nous* allons à tous _____ cours tous les jours. _____ cours de français commence à 1 heure. _____ cours de tennis commence à 3 heures.

7. *Elisabeth* critique toujours _____ cousins. _____ cousine est mal élevée et _____ cousin est insupportable.

E. **Personnes célèbres.** Avec un(e) partenaire, identifiez la nationalité et la profession des personnes suivantes.

MODELE: Lionel Jospin est un socialiste qui habite à Paris. / Français, homme politique →
C'est un Français. Il est homme politique.

1. Tahar Ben Jelloun écrit des livres sur la vie dans son pays, le Maroc.
2. Simone Veil habite à Paris et travaille pour l'unification de l'Europe.
3. Michelle Pfeiffer joue dans des films d'Hollywood.
4. Les chansons de Robert Charlebois parlent souvent de la province canadienne qu'il aime.
5. Les photographes de Londres adorent Kate Moss.

a. Américaine, actrice
b. Québécois, chanteur
c. Française, femme politique
d. Anglaise, mannequin
e. Marocain, écrivain

> **C'est** + **un(e)** + *noun*
>
> **Il/Elle est** + *profession*

F. **A ne pas manquer.** En vous inspirant de l'annonce à droite, chaque membre de votre groupe écrit une publicité pour deux endroits qu'il connaît bien. Insistez sur trois ou quatre aspects particulièrement séduisants. N'oubliez pas la date, le lieu, etc. Comparez ensuite vos annonces avec celles de vos camarades.

MAIRIE DE PARIS

De mars à octobre, le Parc Floral de Paris *fête ses plantes et ses fleurs*

Parc
l'espace nature Floral *de l'est de Paris*
de Paris

Réalités quotidiennes

Le Minitel: Correspondants

Un terminal Minitel offre plus de 22 000 serveurs à ses clients. On peut utiliser le Minitel pour chercher un numéro de téléphone, pour réserver, pour faire des achats, pour s'informer, etc.

Deux serveurs, FRANCE-USA et FRANCE-CANADA, sont utilisés par des Français désirant trouver un(e) correspondant(e) anglophone. Lisez les deux profils suivants et présentez-vous par lettre à une de ces personnes.

Pour commencer la lettre: Cher... Chère...
Pour terminer la lettre: Amicalement/Cordialement

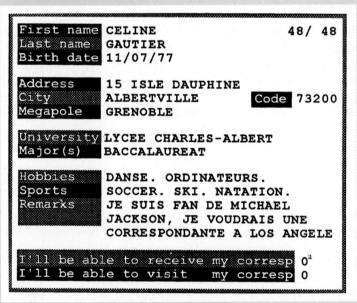

First name	CELINE	48/ 48
Last name	GAUTIER	
Birth date	11/07/77	

Address	15 ISLE DAUPHINE	
City	ALBERTVILLE	Code 73200
Megapole	GRENOBLE	

| University | LYCEE CHARLES-ALBERT |
| Major(s) | BACCALAUREAT |

Hobbies	DANSE. ORDINATEURS.
Sports	SOCCER. SKI. NATATION.
Remarks	JE SUIS FAN DE MICHAEL JACKSON, JE VOUDRAIS UNE CORRESPONDANTE A LOS ANGELE

I'll be able to receive my corresp 0[a]
I'll be able to visit   my corresp 0

[a]O = Oui

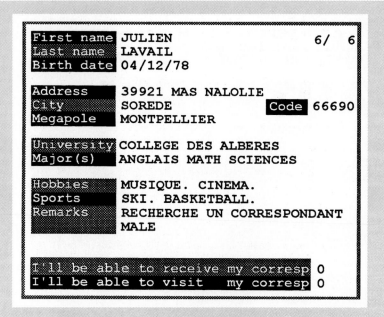

First name JULIEN   6/   6
Last name LAVAIL
Birth date 04/12/78

Address   39921 MAS NALOLIE
City   SOREDE   Code   66690
Megapole   MONTPELLIER

University COLLEGE DES ALBERES
Major(s)   ANGLAIS MATH SCIENCES

Hobbies   MUSIQUE. CINEMA.
Sports   SKI. BASKETBALL.
Remarks   RECHERCHE UN CORRESPONDANT
           MALE

I'll be able to receive my corresp 0
I'll be able to visit   my corresp 0

Variante: D'abord, faites votre propre profil. Ensuite, choisissez le profil d'un(e) camarade de classe et écrivez-lui une première lettre. Finalement, répondez à chaque lettre que vous recevez.

LA FRANCE D'AUTREFOIS

CHAPITRE 3

Paris, La Prise de la Bastille, le 14 juillet 1789.

Mots et expressions

MOMENTS HISTORIQUES

avoir lieu to take place
le début beginning
déclarer (son indépendance) to declare (one's independence)
l'époque (*f.*) era, epoch
l'événement (*m.*) event, incident
la fin end
la guerre war
mettre fin à to end, put an end to
au milieu de in the middle of
la mort death
mourir to die
moyen(ne) middle; average, medium;
  le moyen âge Middle Ages
naître to be born
la paix peace
se passer to happen
la révolution revolution
sauver to save (*from danger*); **sauver la vie à quelqu'un** to save someone's life
le siècle century

le témoin witness; **être témoin de** to witness

LA SOCIETE

le bourgeois / la bourgeoise middle-class man/woman
la bourgeoisie middle class
la cour court (*royal*)
le divertissement entertainment, amusement
la monarchie monarchy
la noblesse nobility
le palais palace
le paysan / la paysanne peasant, farmer
le peuple the masses, the lower class
la puissance power, authority; force
régner to reign, rule
la reine queen
la république republic
le roi king
le royaume kingdom, realm

A. **Associations.** Quels membres de la société associez-vous avec les expressions suivantes?

1. la puissance
2. la cour
3. la campagne
4. la ville
5. la monarchie
6. le divertissement

B. **Synonymes.** Trouvez l'équivalent des expressions ci-dessous.

1. prendre place
2. la période entre l'antiquité et les temps modernes
3. cent ans
4. une période historique
5. somptueuse résidence d'un chef d'Etat
6. terminer
7. tirer quelqu'un d'un danger ou de la mort
8. une personne qui assiste à un événement

6. Antonymes. Trouvez le contraire des expressions suivantes.

1. le début
2. la naissance
3. ne pas avoir lieu
4. à l'extrémité
5. la guerre
6. naître

Discutons...

A votre avis, est-il utile d'étudier l'histoire? Pourquoi ou pourquoi pas? Nommez trois événements historiques que vous considérez importants et expliquez pourquoi.

Structures 1

The Comparative

Definition The comparative is used to compare two individuals, two groups, two things, or two actions. Either the two elements are equal (e.g., *as big as*), or the first element is superior or inferior to the second (e.g., *bigger than, smaller than*).

Une Volkswagen est **plus** petite **qu**'une Cadillac.

A Volkswagen is smaller than a Cadillac.

Forms

Comparisons can be formed by using adjectives, adverbs, verbs, and nouns. Note that only adjectives change their endings to agree with the nouns they modify.

	SUPERIOR more/(-er) . . . than	EQUAL as . . . as; as much/many . . . as	INFERIOR less (fewer)/(-er) . . . than
ADJECTIVES	**plus** (grand[e][s]) **que**	**aussi** (grand[e][s]) **que**	**moins** (grand[e][s]) **que**
ADVERBS	**plus** (vite) **que**	**aussi** (vite) **que**	**moins** (vite) **que**
VERBS	(parle) **plus que**	(parle) **autant que**	(parle) **moins que**
NOUNS	**plus de** (livres) **que**	**autant de** (livres) **que**	**moins de** (livres) **que**

	Fontainebleau est **moins grand que** Versailles.	Fontainebleau is smaller than Versailles.

Fontainebleau est **moins grand que** Versailles.
Les Français parlent **plus vite que** les Américains.
Cet étudiant **parle autant que** le professeur.
J'ai **autant de livres que** toi.

Fontainebleau is smaller than Versailles.
The French speak faster than Americans.
This student speaks as much as the professor.
I have as many books as you.

plus que autant que moins que	follow verbs
plus de autant de moins de	precede nouns

The next chart shows how to make comparisons with *good, bad, well,* and *badly.* As in English, *better* and *worse* are irregular.

		SUPERIOR	EQUAL	INFERIOR
ADJECTIVE	**bon(ne)** *good*	**meilleur(e)(s) que**	**aussi bon(ne)(s) que**	**moins bon(ne)(s) que**
	mauvais(e) *bad*	**pire(s) que**	**aussi mauvais(e)(s) que**	**moins mauvais(e)(s) que**
ADVERB	**bien** *well*	(manger) **mieux que**	(manger) **aussi bien que**	(manger) **moins bien que**
	mal *badly*	(danser) **plus mal que**	(danser) **aussi mal que**	(danser) **moins mal que**

La fin de ce livre est **meilleure que** le début.
Lundi est **pire que** vendredi.
Les Français mangent **mieux que** moi.
Je danse **aussi mal que** toi!

The end of this book is better than the beginning.
Monday is worse than Friday.
The French eat better than I do.

I dance as badly as you!

bon → meilleur(e)
bien → mieux

■■■

MISE AU POINT

A. Nous sommes tous différents. Faites des phrases en traduisant le comparatif des verbes.

1. Je lis _____ toi. (*more than*)
2. Elle voyage _____ lui. (*as much as*)
3. Nous parlons _____ nos amis. (*less than*)
4. Chantal danse _____ Gisèle. (*more than*)
5. Je mange _____ vous. (*less than*)
6. J'écris _____ elle. (*as much as*)

Remember:
verb + { plus que autant que moins que }

B. Qu'en pensez-vous? Complétez les phrases avec les comparatifs de supériorité, d'égalité ou d'infériorité que vous pensez justes.

1. Les collines (*hills*) sont _____ hautes que les montagnes.
2. En général, les livres sont _____ chers que les magazines.
3. A mon avis, une Porsche va _____ vite qu'une Ferrari.
4. Le Pôle Nord est _____ froid que le Pôle Sud.
5. Le vin français est _____ (*bon*) que le vin californien.
6. Les Parisiens conduisent _____ (*bien*) que les New-Yorkais.

6. **Descriptions.** Avec un(e) partenaire, comparez les personnes suivantes en utilisant **plus de, autant de** ou **moins de.**

MODELE: D'habitude, les enfants ont plus d'énergie que les parents.

plus de ⎫	
autant de ⎬ + nouns	
moins de ⎭	

A	B
les étudiants	recevoir des cadeaux
les professeurs	avoir des muscles / de l'énergie
les hommes	lire des livres
les femmes	prendre des vacances
les enfants	visiter des musées
les parents	faire des promenades
les touristes	avoir du temps libre / de l'argent
les athlètes	louer des vidéocassettes
les personnes du troisième âge	faire des travaux domestiques

MISE EN PRATIQUE

A. **Critiques.** Avec un(e) partenaire, comparez des films que vous connaissez en utilisant une expression de comparaison et les mots ci-dessous.

ADJECTIFS SUGGERES

amusant, banal, beau, bien fait, bon, complexe, ennuyeux, idiot, intense, mauvais, passionnant (*fascinating*), prévisible, réaliste, touchant, triste, violent...

MODELE: *E.T.* est aussi bien fait que *Jurassic Park.*

B. **Comparaisons.** Avec votre partenaire, faites des comparaisons en suivant le modèle.

VOCABULAIRE UTILE

AVOIR: ami(e)s, argent, chance, peur, problèmes, travail, trésors...
ETRE: beau, bon, cher, gentil, grand, méchant, puissant...
VERBES: danser, dormir, voler, voyager...

Dracula / le prince charmant →

      VOUS: Dracula est aussi beau que le prince charmant, mais
Dracula est plus pâle.

      LUI/ELLE: Dracula mange moins que le prince charmant, mais il
boit plus que lui.

1. Aladin / le Génie
2. Belle / la Bête
3. Cendrillon / ses demi-sœurs
4. les châteaux français / les châteaux d'Euro-Disney
5. Clark Kent / Superman
6. vous / votre meilleur(e) ami(e)
7. ?

The Superlative

Definition The superlative is used to compare three or more individuals, groups, things, or actions. Among the elements compared, one is superior or inferior to all the others (e.g., *the best, the worst*).

Paris est **la plus** belle ville **du** monde.

Paris is the most beautiful city in the world.

Forms

The superlative is formed by using an adjective, an adverb, a verb, or a noun.

	SUPERIOR *the most/(-est)*	INFERIOR *the least/(-est)*
ADJECTIVES	**le/la/les plus** (moderne[s])	**le/la/les moins** (agréable[s])
ADVERBS	**le plus** (vite)	**le moins** (sérieusement)
VERBS	(manger) **le plus**	(dormir) **le moins**
NOUNS	**le plus de** (livres)	**le moins d'**(idées)

le plus ⎫ follow
le moins ⎭ verbs

Notre-Dame est **la plus belle cathédrale de** France.

Notre-Dame is the most beautiful cathedral in France.

Martine étudie **le moins sérieusement de** la classe.

Martine studies the least seriously of the class.

Les adolescents mangent **le plus.**

Teenagers eat the most.

Tu achètes **le moins de** souvenirs.

You are buying the fewest souvenirs.

La meilleure part de la Suisse,

le goût de la nature

Les Fromages de Suisse

EN PASSANT...

1. Selon cette publicité, quelle est la meilleure part de la Suisse?

2. Selon vous, quelle est la meilleure part de la Suisse? Les fromages? La montagne? Les montres? Autre chose? Expliquez.

3. Quelle est la meilleure part de votre pays ou de votre région? Pourquoi?

The following shows how to say *the best* and *the worst* in French.

		SUPERLATIVE	
bon(ne)(s) →	**le/la/les meilleur(e)(s)**	Patricia est **la meilleure élève de** la classe. *Patricia is the best student in the class.*	👍
mauvais(e)(s) →	**le/la/les pire(s)**	L'inaction est **notre pire ennemi.** *Doing nothing is our worst enemy.*	👎
bien →	**le mieux**	Pavarotti chante **le mieux.** *Pavarotti sings the best.*	👍
mal →	**le plus mal**	Nous, nous chantons **le plus mal.** *We sing the worst.*	👎

Further Notes about Forming the Superlative

1. with adjectives

- The definite article and the adjective ending agree in gender and number with the element described.
- Notice the order when adjectives precede nouns:

  definite article + **plus/moins** + *adjective* + *noun*

  Voici **les plus vieux monuments.**   *Here are the oldest monuments.*

- When adjectives follow nouns, there is a double article:

  definite article + *noun* + *definite article* + **plus/moins** + *adjective*

| Ce sont **les monuments les plus renommés.** | These are the most famous monuments. |

2. with adverbs and verbs

- The definite article never changes. Always use **le.**
- The adverb never changes to reflect gender or number.

| Elle parle **le** plus **clairement.** | She speaks the most clearly. |
| Elle écrit **le moins.** | She writes the least. |

3. with nouns

- The definite article **le** never changes.
- **De** precedes the noun and never changes to **des.**

| Notre-Dame de Paris a **le** plus **de** visiteurs. | Notre-Dame in Paris has the most visitors. |

4. with the preposition **de**

- To specify the location of the superlative element, use **de** (**de la, du, de l', des**).*

C'est la cathédrale la plus intéressante **de** Paris.	It's the most interesting cathedral in Paris.
Est-ce que Montréal est la plus grande ville **du** Canada?	Is Montreal the biggest city in Canada?
C'est la statue la plus connue **des** Etats-Unis.	It's the best-known statue in the United States.
C'est la moins haute montagne **de la** région.	It's the lowest mountain in the region.

A. **Est-ce logique?** Donnez le superlatif de supériorité ou d'infériorité de l'adjectif ou du nom indiqué.

bon → meilleur(e)

1. Le vin français est _____ (+, *bon*) vin du monde et les Français achètent _____ (+, *vin*).
2. Marie-Antoinette est la reine _____ (−, *aimé*) de l'histoire, mais elle tient _____ (+, *grand*) place (*f.*) dans les livres scolaires.
3. C'est à Versailles qu'il y a _____ (+, *fontaines*) et les _____ (+, *beau*) jardins de France.
4. Le président a le travail _____ (+, *difficile*) de son pays; c'est aussi lui qui a souvent _____ (−, *temps libre*).

---

*Prepositions used with geographical nouns are presented in chapter 10.

B. Des gens uniques. Donnez le superlatif de supériorité ou d'infériorité de l'adverbe ou du verbe indiqué. N'oubliez pas de conjuguer les verbes.

1. Jérémie _____ (*courir*, +, *vite*) de toute l'équipe, mais il _____ (*gagner*, −).
2. Annette _____ (*parler*, −, *bien*) de toute la classe, mais elle _____ (*parler*, +).
3. De mes amis, c'est moi qui _____ (*sortir*, −, *souvent*) mais je _____ (*s'amuser*, +) quand je sors.
4. Ce poète _____ (*écrire*, +, *bien*) de tous, mais il _____ (*publier*, −).

bien → { le moins
         bien
         le mieux

MISE EN PRATIQUE

A. Ce qu'ils font. Le tableau suivant indique le pourcentage de Français qui ont eu les expériences suivantes pendant leur vie. En groupes, dites à quelles catégories de Français ces expériences arrivent le plus souvent et le moins souvent. Quels pourcentages trouvez-vous surprenants?

MODELES: Les plus jeunes Français ont le moins d'accidents de voiture.

Les Français de 35 à 49 ans ont le plus d'accidents de voiture.

Les Français de 20 à 24 ans se servent le plus d'un ordinateur.

Les Français les plus âgés se servent d'un ordinateur le moins.

	15–19 ANS	20–24 ANS	25–34 ANS	35–49 ANS	50–64 ANS	65 ANS ET +
Etre hospitalisé	42	57	57	67	67	73
Voyager en Europe	63	64	56	58	50	53
Prendre l'avion	40	47	53	60	59	54
Faire du ski	70	72	66	58	30	18
Manger un hamburger dans un fast food	72	81	67	57	25	10
Vous servir d'un ordinateur	75	76	62	52	28	6
Avoir un accident de voiture	24	39	48	54	41	29

B. Opinions. Faites une phrase à la forme superlative en utilisant les éléments présentés à la page suivante; puis justifiez votre choix. Comparez ensuite vos réponses avec celles des autres groupes.

MODELE: ville / belle →
La plus belle ville du monde est Paris parce qu'il y a plus de
musées à Paris que dans toutes les autres villes.

1. sport / intéressant à regarder ou à faire
2. bon(ne) / acteur/actrice
3. émission télévisée / populaire
4. périodique / sensationnel
5. bel / endroit où passer les vacances
6. bonne / profession

La parole à l'écrivain

French literature and French history are two closely entwined aspects of French culture. Although history often provides the background for works of literature, fiction can, in turn, shed new light on historical moments, interpreting them and making them come alive.

In «La Dernière Classe», Alphonse Daudet tells of the difficult period in 1871 when the Prussians took over the border region of Alsace, next to Germany, as spoils of war.

Pour mieux lire

Recognizing the *passé simple*

In spoken French and in much written French, we speak of completed actions in the past by using the **passé composé.** In literary and historical writing, however, the **passé simple,** a tense consisting of one word, is often used in place of the **passé composé** for the narration of past events. In order to read most French literature, you need to be able to recognize the **passé simple** by identifying the stems of the verbs and the verb endings. You only need to identify verbs in the **passé simple**; you do not need to use them. Note in particular the difference between two common verbs: the third-person singular of **faire (fit)** and **être (fut).** Following is a summary of the forms of this literary past tense.

Regular Verbs

Parler			
je	parl**ai**	nous	parl**âmes**
tu	parl**as**	vous	parl**âtes**
il/elle/on	parl**a**	ils/elles	parl**èrent**

choisir			
je	chois**is**	nous	chois**îmes**
tu	chois**is**	vous	chois**îtes**
il/elle/on	chois**it**	ils/elles	chois**irent**

attendre			
j'	attend**is**	nous	attend**îmes**
tu	attend**is**	vous	attend**îtes**
il/elle/on	attend**it**	ils/elles	attend**irent**

Auxiliary Verbs

avoir			
j'	eus	nous	eûmes
tu	eus	vous	eûtes
il/elle/on	eut	ils/elles	eurent

être			
je	fus	nous	fûmes
tu	fus	vous	fûtes
il/elle/on	fut	ils/elles	furent

Some Irregular Verbs

devoir			
je	dus	nous	dûmes
tu	dus	vous	dûtes
il/elle/on	dut	ils/elles	durent

faire			
je	fis	nous	fîmes
tu	fis	vous	fîtes
il/elle/on	fit	ils/elles	firent

mettre			
je	mis	nous	mîmes
tu	mis	vous	mîtes
il/elle/on	mit	ils/elles	mirent

pouvoir			
je	pus	nous	pûmes
tu	pus	vous	pûtes
il/elle/on	put	ils/elles	purent

prendre			
je	pris	nous	prîmes
tu	pris	vous	prîtes
il/elle/on	prit	ils/elles	prirent

savoir			
je	sus	nous	sûmes
tu	sus	vous	sûtes
il/elle/on	sut	ils/elles	surent

venir			
je	vins	nous	vînmes
tu	vins	vous	vîntes
il/elle/on	vint	ils/elles	vinrent

vivre			
je	vécus	nous	vécûmes
tu	vécus	vous	vécûtes
il/elle/on	vécut	ils/elles	vécurent

voir			
je	vis	nous	vîmes
tu	vis	vous	vîtes
il/elle/on	vit	ils/elles	virent

In the following paragraph, replace the verbs in the **passé simple** by the **passé composé.***

Jeanne d'Arc naquit _____ [1] dans un petit village de Lorraine vers 1412. Ses parents furent _____ [2] étonnés lorsqu'un jour elle vint _____ [3] leur dire qu'elle avait entendu des voix venant du ciel. Les voix lui dirent _____ [4] d'aider le roi de France qui se battait contre les Anglais. Elle mit _____ [5] une armure et se présenta _____ [6] à la cour. Le roi et les nobles acceptèrent _____ [7] l'aide de la jeune fille courageuse. Les Français gagnèrent _____ [8] la bataille d'Orléans. Malheureusement, Jeanne d'Arc tomba _____ [9] dans les mains des Anglais. Ils accusèrent _____ [10] Jeanne d'être sorcière, et ils l'ont brûlée. Elle mourut _____ [11] le 29 mai 1431.

Mise en route

Pour certaines familles en France, et dans d'autres pays du monde, la langue que les enfants parlent à la maison n'est pas la langue utilisée à l'école. Cela vient du fait que ces familles essaient de préserver leurs traditions. Selon vous, quelle est la relation entre la langue et l'identité culturelle?

Indiquez votre réaction aux phrases suivantes.

1. On peut comprendre une culture sans parler la langue utilisée par ses membres.

   Je suis   entièrement d'accord / d'accord / pas du tout d'accord.

2. Il est important de parler la langue maternelle de ses parents.

   Je suis   entièrement d'accord / d'accord / pas du tout d'accord.

---

*Please look ahead to **Structures 2** in this chapter (p. 93) to refresh your memory of **passé composé** formations.

3. Il est important de parler la langue maternelle de ses grands-parents.

   Je suis   entièrement d'accord / d'accord / pas du tout d'accord.

4. Il est préférable d'avoir une seule langue nationale.

   Je suis   entièrement d'accord / d'accord / pas du tout d'accord.

5. Il est nécessaire de bien parler la langue du pays où on habite.

   Je suis   entièrement d'accord / d'accord / pas du tout d'accord.

Maintenant, comparez vos réponses avec celles d'un(e) partenaire. Pourquoi avez-vous répondu de cette manière?

Mots et expressions

achever to complete, finish (*a task*)
afficher to post, stick up (*on a wall*)
appuyer to push or lean against
le banc bench
bouleverser to overwhelm
éclater to explode or burst out
étouffer to smother, stifle

faire signe to gesture
fixer to stare at
au fond (de) (at) the back, the bottom (of)
le maître primary school teacher
le pupitre small desk
le savoir knowledge

APPLICATIONS **A.** Complétez les paragraphes avec les mots qui conviennent. Utilisez le passé composé pour les verbes.

Un jour quand j'avais huit ans, le jeune _____¹ qui enseignait le français a décidé de changer la salle de classe. Sur le mur _____² la salle, il _____³ les meilleurs devoirs des élèves. Ensuite, il a mis tous _____⁴ des élèves dans un grand cercle. Quand il _____⁵ ce travail, il était tout content de ses efforts.

    Il nous a expliqué la raison de ce changement. Il a dit que comme ça nous pourrions nous parler plus facilement. Evidemment, cette nouvelle situation _____⁶ certains élèves qui avaient l'habitude d'une salle de classe très structurée. Lorsqu'ils se sont regardés, ils _____⁷ de rire. Mais le maître _____⁸ ces jeunes gens d'un œil très sévère et leur _____⁹ de se calmer. A partir de ce jour-là, la classe a semblé moins froide et plus humaine.

afficher
maître
au fond de
achever
pupitre
faire signe
bouleverser
fixer
éclater

B. Trouvez l'équivalent de chaque expression.

1. un endroit où l'on s'assied
2. l'ensemble des connaissances d'une personne
3. pousser
4. empêcher d'éclater

La Dernière Classe

ALPHONSE DAUDET

Alphonse Daudet (1840–1897) was a writer whose great attention to detail gives readers a glimpse of French life during the second half of the nineteenth century. At this time of great political and social upheaval a particularly sorrowful issue preoccupied Daudet. His beloved France fought the Prussian invasion that led, in 1871, to the defeat of the French. His indignation at the loss of the war and at the Prussian annexation of the two provinces of Alsace and Lorraine is at the heart of a group of short stories, the *Contes du lundi,* the first of which takes place in a small Alsatian village just after the Prussians have won the war. Alsace was no longer to be in France, and French no longer the language spoken in school.

Dans ce conte le jeune narrateur est, comme d'habitude, en retard pour l'école. En traversant le village, il passe devant les soldats prussiens qui l'occupent et il voit de nouveaux ordres venus de Berlin affichés sur le mur. Quand il arrive à l'école, juste au début de la leçon de français, il aperçoit certaines choses étranges....

—Va vite à ta place, mon petit Franz; nous allions commencer sans toi.
J'enjambai° le banc et je m'assis tout de suite à mon pupitre. Alors
seulement, un peu remis de ma frayeur,° je remarquai que notre maître avait sa
belle redingote° verte, son jabot plissé fin et la calotte de soie noire brodée° qu'il
5   ne mettait que les jours d'inspection ou de distribution de prix.° Du reste, toute
la classe avait quelque chose d'extraordinaire et de solennel. Mais ce qui me surprit le plus, ce fut de voir au fond de la salle, sur les bancs qui restaient vides
d'habitude, des gens du village assis et silencieux comme nous, le vieux Hauser
avec son tricorne,° l'ancien maire,° l'ancien facteur,° et puis d'autres personnes
10 encore. Tout ce monde-là paraissait triste; et Hauser avait apporté un vieil abécédaire mangé aux bords° qu'il tenait grand ouvert sur ses genoux, avec ses grosses
lunettes posées en travers des pages.
Pendant que je m'étonnais de tout cela, M. Hamel était monté dans sa
chaire,° et de la même voix douce et grave dont il m'avait reçu, il nous dit:
15 —Mes enfants, c'est la dernière fois que je vous fais la classe.° L'ordre est
venu de Berlin de ne plus enseigner que l'allemand° dans les écoles de l'Alsace et
de la Lorraine... Le nouveau maître arrive demain. Aujourd'hui, c'est votre
dernière leçon de français. Je vous prie d'être bien attentifs.
Ces quelques paroles me bouleversèrent. Ah! les misérables, voilà ce qu'ils
20 avaient affiché à la mairie.
Ma dernière leçon de français!...

• • •

climbed over

peur

frock coat / son... his neatly pleated neck ruffle and the embroidered black silk skull-cap
prizes

chapeau / *mayor / mailman*

un vieil... an old, worn-out primary school reader

rostrum
je vous... *I will teach your class*
ne plus... *to teach only German*

Alors, d'une chose à l'autre,° M. Hamel se mit à nous parler de la langue française, disant que c'était la plus belle langue du monde, la plus claire, la plus solide; qu'il fallait la garder entre nous et ne jamais l'oublier, parce que, quand

25 un peuple tombe esclave, tant qu'il tient bien sa langue,° c'est comme s'il tenait la clé de sa prison...* Puis il prit une grammaire et nous lut notre leçon. J'étais étonné de voir comme je comprenais. Tout ce qu'il disait me semblait facile, facile. Je crois aussi que je n'avais jamais si bien écouté et que lui non plus n'avait jamais mis autant de patience à ses explications. On aurait dit° qu'avant

30 de s'en aller le pauvre homme voulait nous donner tout son savoir, nous le faire entrer dans le tête d'un seul coup.

La leçon finie, on passa à l'écriture.° Pour ce jour-là, M. Hamel nous avait préparé des exemples° tout neufs, sur lesquels était écrit en belle ronde: *France, Alsace, France, Alsace.* Cela faisait comme des petits drapeaux qui flottaient tout

35 autour de la classe, pendus à la tringle° de nos pupitres. Il fallait voir comme chacun s'appliquait, et quel silence! On n'entendait rien que le grincement des plumes sur le papier.° Un moment, des hannetons° entrèrent; mais personne n'y fit attention, pas même les tout-petits, qui s'appliquaient à tracer leurs *bâtons,*° avec un cœur, une conscience, comme si cela encore était du français...° Sur la

40 toiture de l'école, des pigeons roucoulaient tout bas, et je me disais en les écoutant: «Est-ce qu'on ne va pas les obliger à chanter en allemand, eux aussi?»

De temps en temps, quand je levais les yeux de dessus ma page, je voyais M. Hamel immobile dans sa chaire et fixant les objets autour de lui, comme s'il

---

*«S'il tient sa langue, il tient la clé qui, de ses chaînes, le délivre.» F. Mistral.

d'une... *one thing led to another*

tant... *as long as they hold on carefully to their language*

might have said

penmanship
models

pendus... *hung from rods*

le grincement... *the scratching of pens on paper / maybugs*
straight lines
comme si... *as though it were part of the French lesson, too*

avait voulu emporter dans son regard toute sa petite maison d'école... Pensez!
45 depuis quarante ans, il était là à la même place, avec sa cour° en face de lui et sa
classe tout pareille. Seulement les bancs, les pupitres s'étaient polis, frottés par
l'usage;° les noyers° de la cour avaient grandi, et le houblon° qu'il avait planté
lui-même enguirlandait° maintenant les fenêtres jusqu'au toit. Quel crève-cœur°
ça devait être pour ce pauvre homme de quitter toutes ces choses, et d'entendre
50 sa sœur qui allait, venait, dans la chambre au-dessus, en train de fermer leurs
malles°! Car ils devaient partir le lendemain, s'en aller du pays pour toujours.

Tout de même, il eut le courage de nous faire la classe jusqu'au bout. Après
l'écriture, nous eûmes la leçon d'histoire; ensuite les petits chantèrent tous
ensemble le *ba be bi bo bu.*° Là-bas, au fond de la salle, le vieux Hauser avait
55 mis ses lunettes, et, tenant son abécédaire à deux mains, il épelait les lettres avec
eux. On voyait qu'il s'appliquait lui aussi; sa voix tremblait d'émotion, et c'était
si drôle de l'entendre que nous avions tous envie de rire et de pleurer. Ah! je
m'en souviendrai de° cette dernière classe...

Tout à coup, l'horloge de l'église sonna midi, puis l'angélus.° Au même
60 moment, les trompettes des Prussiens qui revenaient de l'exercice éclatèrent sous
nos fenêtres... M. Hamel se leva, tout pâle, dans sa chaire. Jamais il ne m'avait
paru si grand.

—Mes amis, dit-il, mes... je... je...

Mais quelque chose l'étouffait. Il ne pouvait pas achever sa phrase.
65 Alors il se tourna vers le tableau, prit un morceau de craie° et, en appuyant
de toutes ses forces, il écrivit aussi gros qu'il put:

Vive la France!

Puis il resta là, la tête appuyée au mur, et, sans parler, avec sa main, il nous
faisait signe: «C'est fini... allez-vous-en.»

courtyard	
s'étaient... had become polished, worn with use / walnut trees / hops plant	
wreathed / heartbreak	
travel trunks	
vowel sounds	
will remember	
noon call to prayer	
un morceau... a piece of chalk	

Strasbourg: bâtiments qui montrent l'influence de l'architecture allemande.

AVEZ-VOUS COMPRIS?

1. Quand le narrateur Franz arrive en classe, que remarque-t-il d'étrange? Est-ce que son maître est comme d'habitude? Et qui est assis au fond de la classe? Quelle est leur attitude?

2. Qu'est-ce que M. Hamel annonce à la classe? Qu'est-ce qui va être différent le lendemain? En quel sens est-ce «la dernière classe»?

3. Qu'est-ce que M. Hamel dit à propos de la langue française? Pourquoi, selon lui, faut-il garder sa langue?

4. Qu'est-ce que M. Hamel fait après avoir parlé de la langue française? Comment est-ce que le petit Franz réagit à cela? Est-ce qu'il comprend la leçon? Pourquoi?

5. Pendant la leçon d'écriture, quel est le modèle que M. Hamel leur donne à copier?

6. Est-ce que les enfants jouent et rient pendant la leçon d'écriture? Que font-ils?

7. Quand les pigeons roucoulent (ligne 40), quelle est la question que le narrateur se pose?

8. Qu'est-ce que M. Hamel va faire le lendemain?

9. Que se passe-t-il à midi? Comment est-ce que M. Hamel réagit?

COMMENTAIRE DU TEXTE

1. Quels sont les détails qui rendent le début de ce passage réaliste? Quelles sont les différences entre la description de cette salle de classe et une salle de classe moderne?

2. Qu'est-ce que Franz pense de l'ordre de Berlin? Quels mots en particulier vous indiquent ses sentiments?

3. Comment imaginez-vous la leçon de français et la leçon d'écriture ce jour-là? En quoi sont-elles différentes des sessions habituelles? Pourquoi?

4. Comment Daudet montre-t-il les sentiments des différents personnages et groupes? de Franz? du vieux Hauser? de M. Hamel? des petits?

5. Commentez la fin de l'histoire. Pourquoi M. Hamel réagit-il de cette manière? Comment imaginez-vous les minutes qui suivent sa dernière phrase?

DE LA LITTERATURE A LA VIE

1. Les Américains vivent dans un melting-pot, où sont réunies un grand nombre de cultures différentes. Dans quelle mesure doivent-ils rester conscients de la culture de leurs ancêtres? Est-ce qu'il faut plutôt essayer de se conformer à une culture unifiée?

2. Quel est le rôle de l'école dans l'enseignement des différences culturelles? Qu'est-ce que les professeurs doivent faire pour favoriser cette prise de conscience?

3. M. Hamel avait des opinions politiques très fortes, et il les communiquait à sa classe. De nos jours, comment doit-on traiter de politique et de questions sociales délicates en classe? Est-ce que le professeur a le droit de faire part de ses opinions à la classe? Comment faut-il le faire? Y a-t-il des dangers? Lesquels?

Structures 2

···

The passé composé

Definition The **passé composé** is a past tense made up of two parts: the auxiliary **avoir** or **être** plus the past participle of the verb. It expresses an action or state of being that began or ended at a precise moment in the past.

La cloche **a sonné** à dix heures.	*The bell rang at ten o'clock.*
La reine **est arrivée** à dix heures et quart.	*The queen arrived at ten fifteen.*
Elle **s'est couchée** à onze heures.	*She went to bed at eleven o'clock.*

The Past Participle

1. The past participle of all **-er** verbs is formed with **-é.**

aller → **allé**   étudier → **étudié**   parler → **parlé**

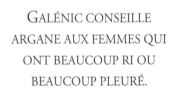

GALÉNIC CONSEILLE ARGANE AUX FEMMES QUI ONT BEAUCOUP RI OU BEAUCOUP PLEURÉ.

GALÉNIC
PARIS
ARGANE

EN PASSANT...

1. Imaginez la réaction d'un enfant de 9 ans, d'un homme de 35 ans et d'une dame de 60 ans devant les situations suivantes. A votre avis, qui va pleurer et pourquoi? Si non, pourquoi pas?

   a. Il/Elle est frustré(e).
   b. Son chat est mort.
   c. Il/Elle regarde un film sentimental.
   d. Son meilleur ami déménage et va habiter très loin.

2. A votre avis, pourquoi est-ce que les enfants pleurent plus facilement que les adultes?

3. Dans quelles circonstances avez-vous ri ou pleuré? Selon vous, faut-il rire et pleurer dans la vie? Pourquoi ou pourquoi pas?

2. The past participle of regular **-ir** verbs and verbs like **dormir** is formed with **-i.**

choisir → **choisi**	finir → **fini**	partir → **parti**

Irregular verbs:

courir → **couru**	offrir → **offert**	tenir → **tenu**
couvrir → **couvert**	ouvrir → **ouvert**	venir → **venu**
mourir → **mort**	souffrir → **souffert**	

3. The past participle of most **-re** verbs is formed with **-u.**

perdre → **perdu**	rendre → **rendu**	vendre → **vendu**

Note: The past participles of the following **-re** verbs end in **-u,** but there are also stem changes.

boire → **bu**	lire → **lu**	vivre → **vécu**
connaître → **connu**	paraître → **paru**	
croire → **cru**	plaire → **plu**	

Irregular Verbs: The following irregular past participles are grouped together according to their endings.

conduire → **conduit**	mettre → **mis**	être → **été**
dire → **dit**	prendre → **pris**	naître → **né**
écrire → **écrit**	rire/sourire → **ri/souri**	
faire → **fait**	suivre → **suivi**	

4. Most verbs ending in **-oir** have a past participle ending in **-u.**

falloir → **fallu**	voir → **vu**	vouloir → **voulu**

Note: The following verbs have stem changes.

apercevoir → **aperçu**	pleuvoir → **plu**	recevoir → **reçu**
avoir → **eu**	pouvoir → **pu**	savoir → **su**
devoir → **dû**		

The Auxiliary Verb

1. Most verbs are conjugated with **avoir** in compound tenses.

parler			
j'	**ai** parlé	nous	**avons** parlé
tu	**as** parlé	vous	**avez** parlé
il/elle/on	**a** parlé	ils/elles	**ont** parlé

Nous **avons étudié** l'histoire du Sénégal.	*We studied the history of Senegal.*
—**Avez**-vous **visité** ce pays?	*Have you visited this country?*
—Non, je **n'ai jamais voyagé** en Afrique.	*No, I've never traveled to Africa.*

2. The following verbs, used without a direct object, are conjugated with **être** in compound tenses.

<table>
<tr><td>aller</td><td>mourir</td><td>retourner</td></tr>
<tr><td>arriver</td><td>naître</td><td>revenir</td></tr>
<tr><td>descendre</td><td>partir</td><td>sortir</td></tr>
<tr><td>devenir</td><td>passer</td><td>tomber</td></tr>
<tr><td>entrer</td><td>rester</td><td>venir</td></tr>
<tr><td>monter</td><td>rentrer</td><td></td></tr>
</table>

For these verbs, the past participle agrees with the subject. It can be masculine or feminine, singular or plural.

aller			
je	**suis** allé(e)	nous	**sommes** allé(e)s
tu	**es** allé(e)	vous	**êtes** allé(e)(s)
il	**est** allé	ils	**sont** allés
elle	**est** allée	elles	**sont** allées
on	**est** allé		

Louis XVI **est né** à Versailles.	*Louis XVI was born at Versailles.*
Marie-Antoinette **est-elle** aussi **née** en France?	*Was Marie-Antoinette also born in France?*
Non, elle **est née** en Autriche, mais elle **est morte** en France.	*No, she was born in Austria, but she died in France.*

Each letter of the name DR. & MRS. P. VANDERTRAMP represents the first letter of a verb conjugated with **être**.

Descendre
Rentrer

Monter
Retourner
Sortir

Partir

Venir
Aller
Naître
Devenir
Entrer
Rester
Tomber
Revenir
Arriver
Mourir
Passer

MISE AU POINT

A. Anecdotes personnelles. Mettez les verbes au passé composé et formez des phrases en suivant le modèle.

MODELE: la première fois que je / voir un serpent / je / ne pas avoir peur →
La première fois que j'ai vu un serpent, je n'ai pas eu peur.

1. quand je / faire du ski / je / ne pas tomber
2. la première fois que mes copains / voir ce film / ils / rire
3. à quelle heure / tu / rentrer / de l'université?
4. la première fois que / nous / comprendre une phrase en français / nous / être contents
5. quand nous / apercevoir / notre nouvelle voiture / nous / sourire

6. pourquoi / tu / sortir / à minuit?
7. quand vous / suivre / un cours facile / il / ne pas falloir / beaucoup étudier

B. Petite histoire d'un grand homme. Mettez les verbes entre parenthèses au passé composé.

Napoléon _____¹ (*avoir*) beaucoup de succès pendant la Révolution. Ses armées _____² (*aller*) en Italie où elles _____³ (*gagner*) des guerres. Napoléon _____⁴ (*prendre*) le pouvoir en France au début du XIXème siècle. Il _____⁵ (*devenir*) Empereur en 1804. Les pays d'Europe _____⁶ (*décider*) de se battre contre lui. Napoléon _____⁷ (*quitter*) son château de Fontainebleau. En 1815 il _____⁸ (*revenir*) au pouvoir pendant 100 jours. Après Waterloo, on _____⁹ (*envoyer*) Napoléon à Sainte-Hélène. Napoléon _____¹⁰ (*mourir*) en exil.

C. Après la Révolution. Quand votre professeur d'histoire a parlé de la Révolution française, vous n'avez pas tout compris. Formez des phrases à partir des notes que vous avez prises. Votre partenaire va corriger vos erreurs. Suivez le modèle.

MODELE: Révolution / commence / 4 juillet 1789
non / peuple / attaquer / Bastille (*f.*) / 14 juillet

    VOUS: La Révolution a commencé le 4 juillet 1789.
    LUI/ELLE: Mais non! Le peuple a attaqué la Bastille le 14 juillet.

1. VOUS: mais des soldats du roi / venir / sauver / Bastille
   LUI/ELLE: non / Bastille / tomber / facilement
2. VOUS: nouveau gouvernement / préparer / Déclaration (*f.*) d'indépendance
   LUI/ELLE: non / ils / écrire / Déclaration des droits de l'homme et du citoyen
3. VOUS: roi / et / reine / quitter / France
   LUI/ELLE: non / ils / partir en secret / mais / peuple / reconnaître / roi
4. VOUS: en 1792 / France / devenir / Empire (*m.*)
   LUI/ELLE: non / en 1792 / on / proclamer / Première République
5. VOUS: roi / retourner / pouvoir (*m.*)
   LUI/ELLE: non / on / mettre / roi / en prison
6. VOUS: et il / aller / guillotine (*f.*)
   LUI/ELLE: oui! / il / mourir / 21 janvier 1793

MISE EN PRATIQUE

A. SONDAGE: Histoire personnelle. Demandez à trois camarades de classe ce qu'ils/elles ont fait et ce qu'ils/elles n'ont pas fait aux moments indiqués à la page suivante. Mettez tous les verbes au passé composé.

	ACTIVITES		
	A	B	C
Le week-end dernier, **1.** je (j') **2.** je (j') **3.** je ne (n')	_____ _____ _____	_____ _____ _____	_____ _____ _____
L'été dernier, **1.** je (j') **2.** je (j') **3.** je ne (n')	_____ _____ _____	_____ _____ _____	_____ _____ _____
La dernière fois que je suis sorti(e) avec mes amis, **1.** nous **2.** nous **3.** nous ne (n')	_____ _____ _____	_____ _____ _____	_____ _____ _____

> For help with the **être** verbs, don't forget
>
> DR/MRS P VANDERTRAMP

B. **Hier.** En groupes, imaginez ce que les gens décrits ci-dessous ont fait hier et ce qu'ils n'ont pas fait. Utilisez quatre verbes différents au passé composé pour chaque personne. Ensuite, comparez vos réponses avec celles des autres groupes.

MODELE: une élève de 8 ans →
   Hier, une élève de 8 ans est allée à l'école et elle s'est amusée avec ses copines pendant la récréation. Cette élève n'a pas conduit la voiture familiale à l'école et elle ne s'est pas couchée après minuit.

1. un professeur de votre université
2. un(e) étudiant(e) d'italien
3. un(e) champion(ne) de tennis
4. le chef d'état de votre pays
5. un prisonnier / une prisonnière
6. un(e) millionnaire
7. ?

6. 🗒 **JEU D'EQUIPE: Marathon verbal.** La classe est divisée en deux équipes (A et B). Chaque équipe essaie de former un maximum de phrases complètes au passé composé sur un sujet précis. On obtient un point pour chaque phrase correcte. Si un membre de l'équipe A fait une erreur ou répète un verbe déjà utilisé, l'équipe A perd son tour et c'est à l'équipe B de traiter un nouveau thème, et ainsi de suite.

THEMES

Pendant les dernières vacances, je suis allé(e)...
Hier, j'ai passé une rude journée. D'abord, j'ai perdu...
L'année dernière, j'ai fait plusieurs choses pour la première fois. D'abord, j'ai...
Samedi soir, mon/ma camarade a téléphoné...

The **passé composé** of Pronominal Verbs

1. All pronominal verbs are conjugated with **être** in compound tenses. The past participle usually agrees with the reflexive pronoun (the direct object of the verb).

se laver			
je me	suis lavé(e)	nous nous	sommes lavé(e)s
tu t'	es lavé(e)	vous vous	êtes lavé(e)(s)
il s'	est lavé	ils se	sont lavés
elle s'	est lavée	elles se	sont lavées
on s'	est lavé		

S + D.O. + V =
agreement

$\dfrac{\text{Elle'}}{\text{S}}\ \dfrac{\text{s'}}{\text{D.O.}}\ \dfrac{\text{est lavée}}{\text{V}}$

S + I.O. + V + D.O.
= no agreement

$\dfrac{\text{Elle}}{\text{S}}\ \dfrac{\text{s'}}{\text{I.O.}}\ \dfrac{\text{est lavé}}{\text{V}}\ \dfrac{\text{les dents.}}{\text{D.O.}}$

S + I.O. + V = no
agreement

$\dfrac{\text{Ils}}{\text{S}}\ \dfrac{\text{se}}{\text{I.O.}}\ \dfrac{\text{sont écrit.}}{\text{V}}\ \text{(écrire à)}$

Note:
S = subject
V = verb
D.O. = direct object
I.O. = indirect object

Mon ami et ma cousine **se** sont rencontr**és**. — *My friend and my cousin met.*

Se sont-ils mari**és**? — *Did they get married?*

Non, en réalité, ils ne **se** sont pas beaucoup aim**és**. — *No, in fact, they didn't like each other very much.*

2. Careful! There is no agreement

a. with the following verbs (where the reflexive pronoun is always indirect)

s'acheter
se demander
se dire
se donner
s'écrire
se parler

se promettre
se rendre compte
se rendre visite
se ressembler
se sourire
se téléphoner

Nous **nous** sommes téléphon**é.**   (**nous** = I.O.)
We called each other.

b. if there is a direct object *after* the verb

Elle **s'**est bross**é** les cheveux.   (**se** = I.O.; **les cheveux** = D.O.)
She brushed her hair.

Marie **s'**est cass**é** la jambe.   (**se** = I.O.; **la jambe** = D.O.)
Marie broke her leg.

A. Le matin. Mettez les phrases au passé composé.

1. Notre famille se réveille à six heures.
2. Vous ne vous levez pas avant sept heures.
3. D'abord elle se lave, puis vous vous lavez.
4. Tu te rases la barbe, puis tu te brosses la moustache.
5. Ils se regardent dans la glace.
6. Gisèle ne s'habille pas vite.
7. Elle s'en va.
8. Elle s'achète un croissant.

B. Une jeune paysanne héroïque. Faites l'accord des participes passés si nécessaire. Suivez le modèle.

MODELE: Un jour, Jeanne d'Arc a entendu des voix du Ciel. Quand elle s'est rendu compte de l'importance de ces voix, elle s'est inquiété_*e*_.

Mais un matin, elle s'est levé_____[1], et elle s'est préparé_____[2] pour partir. Elle s'est habillé_____[3] et elle s'en est allé_____[4] voir le Roi pour sauver la France.

    Jeanne d'Arc et Charles VII se sont rencontré_____,[5] ils se sont parlé_____,[6] et ils se sont compris_____.[7] Jeanne s'est trouvé_____[8] à la tête de l'armée française. Les Français se sont battu_____[9] contre les Anglais et ils ont gagné. C'est comme cela que cette jeune femme s'est distingué_____[10] devant le Roi et son pays.

A.   **Séries logiques.** Complétez chaque série d'activités ci-dessous avec deux verbes pronominaux conjugués au passé composé. Puis, comparez vos réponses avec celles des autres groupes.

MODELE: Je me suis réveillé(e), _____, _____. →
             Je me suis réveillé(e), je me suis levé(e), je me suis habillé(e).

1. Il s'est rasé, _____, _____.
2. _____, _____, je me suis couché(e).

3. _____, _____, nous nous sommes mariés.
4. _____, nous sommes donné rendez-vous pour le week-end, _____.
5. _____, elles se sont parlé, _____.

B. 📝 **SONDAGE: Les choses de la vie.** Quelle est la dernière fois que vous avez fait les choses ci-dessous (un jour précis ou approximatif)? Posez la même question à trois camarades de classe, et notez leurs réponses. Puis, comparez vos réponses en groupes. Avez-vous tous fait une de ces choses le même jour?

MODELE: Est-ce que tu t'es levé(e) tard récemment? →
Je me suis levé(e) tard lundi.
ou Je ne me suis pas levé(e) tard récemment.

	REPONSES		
	A	B	C
1. se lever avant 6 h?	_____	_____	_____
2. se servir d'un ordinateur?	_____	_____	_____
3. s'acheter quelque chose?	_____	_____	_____
4. s'endormir devant la télévision?	_____	_____	_____
5. se rendre chez le dentiste?	_____	_____	_____
6. s'inscrire pour quelques cours?	_____	_____	_____
7. s'amuser?	_____	_____	_____

Uses of the **passé composé**

The **passé composé** can express several different nuances.

1. a past action or state of being which is completed (the beginning or the end *may* be mentioned)

| **J'ai passé** quatre heures au musée hier. **Je suis arrivé** à 11 h et **je suis parti** à 15 h. | *I spent four hours at the museum yesterday. I arrived at 11 o'clock and I left at 3 o'clock.* |

2. a past action repeated a specific number of times

| L'année dernière, **nous sommes allés** trois fois à l'opéra. | *Last year, we went to the opera three times.* |

3. a series of past actions which are completed

| Samedi dernier, **Sophie et Jacques ont dîné** en ville, **ils ont visité** un musée et **ils sont allés** au cinéma. | *Last Saturday, Sophie and Jacques ate downtown, visited a museum, and went to the movies.* |

Note: The **passé composé** has three equivalents in English.

Ils sont sortis ensemble.
{ *They went out together.*
They did go out together.
They have gone out together.

A. Panorama historique. Certains actes et personnages ont marqué l'histoire de la France. Mettez les verbes entre parenthèses au passé composé et indiquez à quelle image correspond chaque phrase.*

 **M**ISE AU POINT

a.

b.

c.

d.

e.

f.

1. _____ Des gens préhistoriques _____ (*faire*) des dessins dans les grottes de Lascaux il y a 15 000 ans.
2. _____ Les Celtes _____ (*construire*) des dolmens vers 3500 avant J.-C.
3. _____ Jules César _____ (*gagner*) «la Guerre des Gaules», et il _____ (*prendre*) le pouvoir dans la région qui est maintenant la France.
4. _____ Presque 800 ans plus tard, Charlemagne _____ (*unifier*) l'Europe.
5. _____ En 1066, Guillaume de Normandie (Guillaume le Conquérant) _____ (*aller*) en Angleterre.
6. _____ Pendant les Croisades, les soldats chrétiens _____ (*se battre*) à Jérusalem.

———————

*Réponses 1. b, 2. f, 3. d, 4. a, 5. c, 6. e.

B. Qu'avez-vous fait? D'après le modèle, faites des phrases complètes qui expliquent ce que les personnes suivantes ont fait.

MODELE: samedi dernier / je / faire le marché / passer chez le coiffeur / aller à la poste / rentrer vers trois heures de l'après-midi →

Samedi dernier, j'ai fait le marché, je suis passée chez le coiffeur, je suis allée à la poste et je suis rentrée vers trois heures de l'après-midi.

1. dimanche dernier / je / aller à un service religieux / dîner avec une amie / jouer au tennis / étudier trois heures
2. avant-hier / les athlètes / courir cinq kilomètres / nager vingt longueurs (*laps*) / faire du vélo / se coucher de bonne heure
3. ce matin / nous / se lever / prendre notre petit déjeuner / quitter la maison à sept heures

MISE EN PRATIQUE

A. **Combien de temps?** Travaillez avec un(e) camarade de classe. Posez-vous à tour de rôle les questions suivantes et répondez-y d'après le modèle.

MODELE: combien de temps / travailler samedi →

VOUS: Combien de temps as-tu travaillé samedi?
LUI/ELLE: J'ai travaillé huit heures.

1. combien de temps / vivre dans ta ville natale
2. combien de temps / regarder la télé hier soir
3. combien de temps / dormir cette nuit
4. combien de temps / parler au téléphone hier soir
5. combien de temps / attendre quelqu'un hier

B. **TROUVEZ QUELQU'UN QUI... Curiosité.** Posez ces questions à quelques camarades en utilisant le passé composé. (La même personne peut répondre à plusieurs questions.) Prenez des notes et résumez les réponses obtenues avant d'en discuter avec le reste de la classe.

MODELE: rentrer / tard / hier soir / à quelle heure? →
Es-tu rentré(e) tard hier soir? A quelle heure?

1. sortir / hier soir / où?

   Nom: _____ Où? _____

2. prendre / un cappuccino / ce matin / où?

   Nom: _____ Où? _____

3. lire un journal / aujourd'hui / lequel?

   Nom: _____ Quel journal? _____

4. faire un voyage / à l'étranger / où?

   Nom: _____ Où? _____

5. vivre / dans un autre état / lequel?

   Nom: _____ Dans quel état? _____

6. se réveiller / tard / ce matin / quand?

   Nom: _____ A quelle heure? _____

7. aller / au cinéma / plusieurs fois / le mois dernier / combien de fois?

   Nom: _____ Nombre de fois? _____

8. courir / plus de 10 kilomètres / la semaine dernière / combien?

   Nom: _____ Quelle distance? _____

9. naître / où? / quand?

   Nom: _____ Lieu et date? _____

10. s'arrêter de fumer / quand?

   Nom: _____ A quelle date? _____

Reprise

A. **Jugements.** Comparez deux éléments de votre choix (personnes ou choses) dans chacune des catégories suivantes. Votre partenaire donne alors son avis.

MODELE: fromages (*être bon*) →

VOUS: A mon avis, le fromage suisse est meilleur que le fromage américain.

LUI/ELLE: Oui, je trouve que le fromage américain est moins bon
que le fromage suisse.

ou Personnellement, je pense que le fromage américain est
aussi bon que le fromage suisse.

1. équipes sportives (*jouer bien*)
2. vedettes de cinéma (*être beau*)
3. livres (*être intéressant*)
4. politicien(ne)s (*être honnête*)

5. cours à l'université (*être difficile*)
6. jours de la semaine (*être pénible*)
7. restaurants (*servir de bons plats*)
8. voitures (*rouler vite*)

B. **Les extrêmes.** Qui est le meilleur joueur de football? Qui chante le
moins bien? En vous inspirant des catégories ci-dessous, parlez avec votre
partenaire des choses et des personnes que vous trouvez extraordinaires.

MODELE: une voiture →

VOUS: La voiture la plus chère est la Rolls-Royce.
LUI-ELLE: La voiture la plus économique est la Geo.

1. un cours
2. un acteur / une actrice
3. une ville

4. un film
5. les sports
6. un compact-disc

C. Le Roi-Soleil. Racontez certaines circonstances qui ont marqué le règne de
ce personnage extraordinaire en mettant les phrases au passé composé.

1. Louis XIV, le Roi-Soleil, perd son père à l'âge de cinq ans.
2. Sa mère devient régente et prend Mazarin comme ministre.
3. Le jeune roi souffre de la révolte des nobles.
4. Il se marie avec Marie-Thérèse d'Autriche.
5. Il se transforme vite en monarque absolu.
6. Il est responsable d'un grand nombre de guerres.
7. Il adore le théâtre et il l'encourage.
8. Son fils, Louis, meurt deux ans avant lui.

D. **Une histoire d'amour.** *Casablanca* (1942) est un des meilleurs films
sortis pendant la Deuxième Guerre mondiale. Avec un(e) partenaire, racontez
l'histoire d'amour entre Rick (Humphrey Bogart) et Ilsa (Ingrid Bergman) en
mettant tous les verbes au passé composé et dans l'ordre chronologique.
Ensuite, finissez l'histoire comme vous voulez. Comparez la fin de votre histoire avec celles des autres étudiants. Laquelle préférez-vous?

_____ un jour / ils / se retrouver / à Casablanca
__1__ Rick et Ilsa / se rencontrer à Paris

_____ puis / un jour / les Allemands / entrer / à Paris

__2__ ils / se voir / aussi souvent que possible à Paris

_____ ils / ne pas se parler / pendant un an

_____ Rick et Ilsa / devoir / se séparer

_____ ensuite / un soir / ils / se déclarer leur amour

_____ mais / ?

Maintenant, choisissez un autre film d'amour et avec votre partenaire racontez l'intrigue en huit à dix phrases au passé composé. Le reste de la classe va essayer d'identifier votre film.

Casablanca (1942):
*Sam (Dooley WIlson),
Rick (Humphrey
Bogart) et Ilsa (Ingrid
Bergman) prennent un
verre ensemble avant
l'arrivée des Nazis à
Paris.*

Réalités quotidiennes

Le Minitel: Châteaux de France

Le Minitel est une source précieuse de renseignements (*information*) pour ceux qui préparent un voyage en France. Avec un(e) partenaire, consultez l'écran Minitel ci-dessous et répondez aux questions posées.

```
DECOUVERTES DU VAL DE LOIRE
CHATEAU DE RIGNY-USSE              5/7
Château de la Belle au Bois Dormant.
Ouvert du 15 mars au 1er novembre.
Entrée: 49F - Tél.47 95 54 05
CHATEAU DE SAUMUR
Architecture médiévale, musée des
arts décoratifs et du cheval et
musée de la figurine-jouet.
Ouvert toute l'année - Entrée: 25F
Tél.41 51 30 46
                               SUITE
                    CHA  ART  MUS
                    VIL  TRO  POI
```

Ussé (vallée de la Loire): le château de la Belle au bois dormant

A vous la parole

1. Vous adorez les contes de fées (*fairy tales*). Quel château vous semble plus intéressant?

2. Comparez les dates d'ouverture de chaque château. Pourquoi y a-t-il une telle différence à votre avis?

3. Combien coûte la visite en francs? en dollars (approximativement)? Laquelle de ces deux visites est moins chère?

4. Pourquoi est-ce que certains lieux touristiques coûtent plus cher que d'autres? Donnez un exemple pour justifier votre réponse.

5. Lequel de ces châteaux aimeriez-vous visiter un jour? Pourquoi?

VIVRE SA VIE

Lille, place Rihour:
«Quand j'avais ton
âge, la vie ici était
plus calme.»

Mots et expressions
Structures 1
   The **imparfait**
Tranches de vie: Fin de siècle—Trois grandes
   tendances de la société française

Structures 2
   The **imparfait** versus the **passé composé**
   Adverbs
Reprise
Réalités quotidiennes: Espèces en péril

Mots et expressions

LA GUERRE CONTRE LA PAUVRETE

l'abri (*m.*) shelter

l'allocation (*f.*) **(de chômage, de loge-ment, de maladie)** welfare benefit (*unemployment, housing, medical subsidy*)

avoir droit à to be entitled to

avoir la vie dure to have a hard, difficult life

le coût (élevé) de la vie the (high) cost of living

errer to wander, roam

finir assisté(e) to end up on welfare

frustrant(e) frustrating, disappointing

mettre les gens au travail to put people to work

le parent célibataire single parent

le salaire salary; **le S.M.I.C.** minimum wage (approx. 35FF per hour)

les sans-abri (*m.*) homeless

les sans domicile fixe (les S. D. F.) (*m.*) homeless

satisfaisant(e) satisfying; satisfactory

le strict nécessaire bare necessities

travailler dur to work hard

venir en aide à quelqu'un to assist someone

L'ENVIRONNEMENT

le covoiturage carpooling

se débarrasser de to get rid of

les déchets (*m.*) waste

l'espèce (*f.*) species

imprudent(e) careless

interdire to forbid

jeter to throw away; **jetable** disposable

menacer to threaten

le niveau level

les ordures (*f.*) garbage

polluer to pollute

la poubelle garbage can

protéger to protect

recycler to recycle; **recyclable** recyclable

réduire to reduce

respirer to breathe

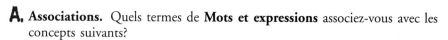

A. Associations. Quels termes de **Mots et expressions** associez-vous avec les concepts suivants?

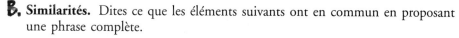
APPLICATIONS

1. venir en aide aux pauvres
2. être chômeur/chômeuse
3. le gouvernement
4. le divorce
5. l'atmosphère
6. la poubelle

B. Similarités. Dites ce que les éléments suivants ont en commun en proposant une phrase complète.

MODELES: le gouvernement / le secteur privé / les associations sans but lucratif (*nonprofit*) →
Le gouvernement, le secteur privé et les associations sans but lucratif doivent <u>mettre les gens au travail.</u>

les pesticides / les polluants / la circulation →
Trois des choses qui <u>menacent l'environnement</u> sont les pesticides, les polluants et la circulation automobile.

1. les journaux / le verre / le plastique
2. l'environnement / les eaux / l'air
3. industriels / radioactifs / dangereux
4. des vêtements / un abri / de la nourriture

C. Synonymes. Trouvez l'équivalent ou les équivalents des expressions suivantes.

1. abandonner, jeter
2. une personne qui élève seule un/des enfant(s)
3. des choses que l'on jette
4. un lieu où l'on est protégé
5. réutilisable
6. aspirer et rejeter l'air
7. l'utilisation en commun d'une voiture particulière
8. le «salaire minimum interprofessionnel de croissance»
9. aller çà et là sans but précis

D. Antonymes. Donnez le contraire des expressions ci-dessous.

1. permettre
2. augmenter
3. prudent(e)
4. protéger
5. recyclable
6. le luxe

Discutons...

Les étudiants pensent souvent à l'avenir. Quelles questions vous semblent importantes en ce qui concerne votre avenir? et celui de votre famille et de vos amis? et celui de la planète?

Structures 1

The imparfait

Definition The **imparfait** is a descriptive tense, presenting a past action or state of being. Generally, the beginning and/or end of these actions or states is not expressed.

Formation

1. To form the **imparfait,** add the endings **-ais, -ais, -ait, -ions, -iez,** and **-aient** to the stem of the **nous** form of present tense verbs (e.g., **avons**).

donner nous donnons				finir nous finissons			
je	donn**ais**	nous	donn**ions**	je	finiss**ais**	nous	finiss**ions**
tu	donn**ais**	vous	donn**iez**	tu	finiss**ais**	vous	finiss**iez**
il/elle/on	donn**ait**	ils/elles	donn**aient**	il/elle/on	finiss**ait**	ils/elles	finiss**aient**

rendre nous rendons			
je	rend**ais**	nous	rend**ions**
tu	rend**ais**	vous	rend**iez**
il/elle/on	rend**ait**	ils/elles	rend**aient**

Note: The imperfect endings **-ais, -ait,** and **-aient** are pronounced the same: [ɛ].

The stem of the verb **être** is irregular in the **imparfait.** The endings are regular.

être			
j'	ét**ais**	nous	ét**ions**
tu	ét**ais**	vous	ét**iez**
il/elle/on	ét**ait**	ils/elles	ét**aient**

2. Verbs ending in **-cer** and **-ger** have spelling changes in the **imparfait.**

commencer			
je	commen**ç**ais	nous	commencions
tu	commen**ç**ais	vous	commenciez
il/elle/on	commen**ç**ait	ils/elles	commen**ç**aient

commencer
...çais
...çais
...çait ...çaient

manger			
je	mangeais	nous	mangions
tu	mangeais	vous	mangiez
il/elle/on	mangeait	ils/elles	mangeaient

manger
...geais
...geais
...geait ...geaient

Note: When the **nous** form of a present tense verb ends in **-ions,** the **nous** and **vous** forms in the **imparfait** have two **i**'s: **nous étudiions, vous étudiiez; nous riions, vous riiez;** etc.

General Uses

1. The **imparfait** presents actions which occurred habitually in the past.

Quand j'**étais** petit, ma famille **partait** en vacances chaque été. D'habitude, nous **allions** au bord de la mer.

When I was little, my family used to go on vacation every summer. Usually we would go (went) to the seashore.

2. The **imparfait** is a descriptive tense used to describe physical, mental, and emotional states in the past.

Il **était** quatre heures de l'après-midi. Il **neigeait** et sur le terrain de football, Pierre **avait** froid.

It was four in the afternoon. It was snowing and Pierre was cold on the soccer field.

3. The **imparfait** presents actions or states that continued for some time in the past. Exactly when they ended is not important and is not stated.

Les étudiants **faisaient** la queue parce qu'ils **attendaient** l'ouverture de la salle. Ils **se parlaient,** ils **riaient** et ils **s'amusaient.**

The students were standing in line waiting for the classroom to open. They were talking to each other, laughing, and having fun.

Dans le temps, un Français sur trois **bénéficiait** des allocations familiales.

In the past, one out of every three French citizens received a family subsidy.

Specific Uses

1. The **imparfait** is the only past tense used with the expressions **aller** + *infinitive,* **être en train de** + *infinitive,* and **venir de** + *infinitive.*

J'**étais en train de** préparer un exposé sur les Amérindiens.

I was in the process of preparing an oral report on Native Americans.

Je **venais de** voir une émission sur l'écologie.

I had just seen a program on ecology.

2. To describe hypothetical situations, the **imparfait** is used in the **si** clause.*

Si la pollution **était** excessive, nous aurions tout le temps mal à la tête.

If there were too much pollution, we'd always have headaches.

---

*The conditional is presented in chapter 6.

A. La pollution. Avec un(e) partenaire, décrivez les mauvaises habitudes de quelques pollueurs en mettant les verbes suivants à l'imparfait.

1. autrefois / nous / rouler / dans une voiture polluante
2. en général / on / conduire / trop vite
3. je / jeter / souvent / des papiers par terre dans la rue
4. en général / ma famille / ne pas acheter / de produits «verts»
5. d'habitude / après un pique-nique / nous / ne pas mettre / nos ordures à la poubelle
6. nos voisins / faire / toujours / trop de bruit
7. autrefois / les voitures de notre société (*firm*) / consommer / trop d'essence
8. la société / ne pas encourager / le covoiturage
9. en général / on / ne pas recycler / les produits recyclables
10. tout le monde / jeter / trop d'ordures

Paris: En 1884, on stockait les ordures à la campagne. En 2002, 75 pour cent des cartons usagés seront transformés en matière première ou en énergie.

Paris: De nos jours, on utilise des produits recyclables comme le verre.

B. **Contes de fées.** Avec un(e) partenaire, racontez les histoires suivantes en mettant les verbes à l'imparfait. Reconnaissez-vous ces contes de fées?

1. Il _____ (*être*) une fois une petite fille. Sa mère _____ (*adorer*) cette fillette et sa grand-mère _____ (*aimer*) la petite encore plus. La grand-mère, qui _____ (*vivre*) dans un autre village, ne _____ (*se porter*) pas bien. Alors, un jour la jeune fille est allée lui rendre visite. Elle _____ (*passer*) dans le bois quand tout d'un coup elle a rencontré un loup...

2. Il _____ (*être*) une fois un roi et une reine qui _____ (*être*) très vexés parce qu'ils n'_____ (*avoir*) pas d'enfants. Ils _____ (*prier*), ils _____ (*faire*) leurs dévotions et enfin une petite fille leur est née. Après le baptême, on a organisé une grande fête. La réception _____ (*aller*) commencer, tout le monde _____ (*être*) assis quand on a vu entrer une vieille sorcière que l'on _____ (*croire*) morte...

3. Il _____ (*être*) une fois un homme riche qui _____ (*être*) si laid qu'il _____ (*faire*) peur à tout le monde. Il _____ (*vouloir*) cependant se marier, alors il a organisé une grande fête chez lui. Une voisine, dame de qualité, y est allée avec ses deux filles. On _____ (*s'amuser*) beaucoup, on _____ (*se promener*), on _____ (*manger*) très bien, on ne _____ (*dormir*) pas. Tout _____ (*aller*) si bien que la fille cadette a fini par se marier avec cet homme effrayant. Un jour, avant de partir en voyage, il a donné la clef d'un placard à sa femme...

4. Il _____ (*être*) une fois un bûcheron et sa femme qui _____ (*avoir*) sept enfants. Comme ces enfants ne _____ (*pouvoir*) pas encore gagner leur vie, ils _____ (*rendre*) leurs parents très pauvres. Le plus jeune, pas plus gros qu'un pouce, ne _____ (*dire*) jamais un mot, et il _____ (*mécontenter*) beaucoup le bûcheron et sa femme. Un soir, le bûcheron a dit tristement à sa femme: «Nous ne pouvons plus nourrir nos enfants. Si nous _____ (*perdre*) les petits dans la forêt demain?» Le plus jeune, qui ne _____ (*parler*) pas, _____ (*faire*) néanmoins très attention à ce qui _____ (*se passer*) autour de lui. Il n'a pas dormi cette nuit-là. Il _____ (*songer*) à ce qu'il _____ (*devoir*) faire le lendemain...

Rattachez un titre de conte à chacune des introductions que vous venez de compléter. S'agit-il de *Barbe bleue*, du *Petit Chaperon rouge*, de *La Belle au bois dormant* ou du *Petit Poucet*?

6. **Les sans-abri.** Une enquête récente en France a examiné le monde des sans-abri. Avec un(e) partenaire, décrivez leur situation en mettant les verbes à l'imparfait.

Paris: Sans abri, mais non sans fierté.

1. Le plus souvent les sans-abri _____ (*être*) des hommes ou des femmes vivant seuls ou des jeunes qui _____ (*errer*) dans les rues.

2. Quelques couples et plus rarement des parents célibataires avec leurs enfants _____ (*fréquenter*) les abris.

3. Le froid _____ (*rendre*) la vie difficile aux sans-abri en hiver.

4. Certaines villes _____ (*ouvrir*) leurs écoles ou leurs stades aux sans-abri quand il _____ (*faire*) trop froid.

5. D'autres localités _____ (*prendre*) en charge le problème et elles _____ (*créer*) des centres d'hébergement (*shelters*).

6. Plusieurs institutions sociales _____ (*offrir*) des programmes pour mettre les gens au travail.

7. Cinq millions de Français _____ (*ne pas avoir*) de logement fixe ou approprié selon ce sondage.

Discutez en classe: Comment résoudre ce problème? Qui doit venir en aide aux sans-abri? Les localités? Des organisations privées? Faut-il plus d'allocations?

MISE EN PRATIQUE

Ma jeunesse. Comment étiez-vous? Que faisiez-vous? En utilisant les éléments ci-dessous, posez-vous des questions et répondez-y à tour de rôle. Donnez quelques détails supplémentaires en décrivant vos raisons.

MODELE: aimer / ton lycée (activités, amis, études...) →

VOUS: Quand tu étais plus jeune, aimais-tu ton lycée?

LUI/ELLE: Oui et non. J'allais dans un grand lycée. Il y avait beaucoup de choses à faire; j'étais très occupé(e). Je ne connaissais pas tout le monde; j'avais quelques bons copains...

1. qu'est-ce que / faire après l'école (sport, spectacles, travail, musique...)
2. qu'est-ce que / ne pas vouloir / faire (devoirs de... , ménage, exercice...)
3. qui / admirer (parents, amis, vedettes, athlètes, scientifiques...)
4. comment / être / tes amis (âge, intérêts, apparence...)
5. quelles questions politiques / trouver / importantes (environnement, crime, immigration...)

Tranches de vie

The French have undergone significant changes in the last twenty-five years. High-tech developments in telecommunications and transportation have widened their horizons. The individualism of the eighties gave rise to a heightened sense of competition, and the economic situation has inspired a new creativity. Individual success is the goal of many French people today. The following reading illustrates these new tendencies and the changed values of French society as the third millennium gets under way.

Pour mieux lire

Activating background knowledge You are about to read an analysis of social trends in late twentieth-century France. When you are first introduced to the topic of a text, it can be helpful to recall what you already know about the topic, or about related subjects. This procedure will enable you to remember relevant vocabulary as well as to read with a purpose (confirming or modifying your expectations). The following activity will help you recall what you might already know about contemporary social trends in the industrialized West.

Associations. Cochez toutes les expressions que vous associez avec la situation actuelle des pays d'Europe et d'Amérique du Nord.

- ☐ crise économique
- ☐ diversité des points de vue
- ☐ homogénéité
- ☐ confort matériel
- ☐ stabilité
- ☐ rythme de vie mesuré
- ☐ superficialité
- ☐ individualisme
- ☐ égalité
- ☐ fossé (*gap*) entre riches et pauvres

- ☐ niveau de vie élevé pour la plupart des citoyens
- ☐ progrès technologique
- ☐ fanatisme religieux
- ☐ hétérogénéité
- ☐ chômage et faim
- ☐ instabilité
- ☐ rythme de vie frénétique
- ☐ profondeur
- ☐ solidarité avec les autres
- ☐ hiérarchie

Repensez vos opinions après avoir lu le passage.

Mots et expressions

actuel(le) present, current
le but purpose, goal
le chômage unemployment
le comportement behavior
en ce qui concerne concerning
le millénaire millennium

moyen(ne) average
le réseau network, system
souhaiter to wish
la télécommande TV remote control
zapper to switch, to hop ("to channel-surf")

A. Synonymes. Trouvez l'équivalent des expressions suivantes.

1. mille ans
2. objectif, intention
3. présent, contemporain
4. l'ensemble des moyens par lesquels les membres d'un groupe communiquent entre eux
5. au sujet de
6. vouloir, espérer

B. L'intrus. Identifiez l'élément qui ne va pas avec les autres et dites pourquoi.

MODELE: les manières / le comportement / le compartiment / la conduite →
    Le compartiment ne se réfère pas au comportement.

1. un souhait / une carotte / un désir / un espoir
2. la télécommande / zapper / la chaîne / le téléphone
3. actuel / actif / l'actualité / actuellement
4. le travail / le chômage / la salade / le salaire
5. la moutarde / moyen / le milieu / la médiane

Fin de siècle: Trois grandes tendances de la société française

I. La société horizontale

Après avoir été hiérarchiques, donc verticales, les structures des entreprises, de l'Etat ou de la famille tendent à devenir horizontales. L'entreprise fait davantage participer ses employés,[1] l'Etat décentralise, la famille donne à la femme et aux enfants une plus large autonomie.

Mais c'est dans le domaine de la communication que l'évolution est la plus sensible,[2] grâce au développement des **réseaux.*** Par l'intermédiaire du téléphone, des ordinateurs, du Minitel ou du fax, reliés entre eux et aux banques de données,[3] l'information circule entre les individus sans respecter une quelconque[4] hiérarchie. Ce «maillage» transversal[5] abolit les barrières de classe sociale, d'âge, de distance, de nationalité. Il répond à la fois aux souhaits des individus et à un souci[6] général d'efficacité.[7] Ces réseaux modernes remplacent la religion, dont la vocation est (étymologiquement) de **relier**[8] les gens.

EN GARDANT LES PIEDS SUR TERRE, NOUS DONNONS DES AILES À L'EMPLOI.

ADP
Aéroports de Paris

Nous pilotons les aéroports

II. La société centrifuge

Les systèmes de protection sociale ont retardé les effets de la crise;[9] ils ne les ont pas empêchés. C'est pourquoi on a vu se développer une nouvelle forme de pauvreté. Aujourd'hui, un travailleur sur dix n'a pas d'emploi; un Français sur dix ne dispose pas d'[10] un revenu suffisant pour vivre décemment.

La société d'hier était **centripète:**[11] elle s'efforçait[12] d'intégrer la totalité de ses membres. Celle d'aujourd'hui est **centrifuge:**[13] elle tend à exclure ceux qui ne parviennent[14] pas à se maintenir dans le courant,[15] parce qu'ils n'ont pas la santé, la formation, la culture ou les relations nécessaires. La société de communication est aussi une société d'**excommunication.**

---

[1]fait... *is eliciting more employee participation* [2]*noticeable* [3]reliés... *which are connected to one another and to databases* [4]une... *any kind of* [5]maillage... *network hook-up* [6]*concern* [7]*efficiency* [8]*to bind, link* [9][*a recession of the nineties lasting a number of years*] [10]ne... *does not have* [11]*centripetal, oriented toward the center* [12]*essayait* [13]*centrifugal, oriented away from the center* [14]*manage* [15]*mainstream*

---

*Emphasis is from the original text.

Le résultat est une montée des frustrations dans l'ensemble des catégories sociales. Situés au 3e rang de la richesse[16] parmi les peuples de la Communauté européenne, les Français n'occupent que le 10e rang de la satisfaction[17]! Ce mal de vivre se traduit[18] par une hausse sensible[19] des maux de société (nervosité, dépression, insomnie, mal de tête, fatigue, stress, atrophie du désir sexuel) ou de la consommation de drogue. Le confort matériel s'accompagne d'un inconfort moral grandissant. Une partie de cette angoisse est transférée sur les immigrés, les hommes politiques, l'Europe. Elle pourrait être la source de conflits entre jeunes et vieux, entre hommes et femmes, entre Français et étrangers.

On observe cependant que les Français ne cherchent pas la guerre civile; la plupart souhaitent au contraire «rentrer dans le rang»,[20] s'intégrer à la société. La démonstration[21] en a été donnée par les manifestations[22] des lycéens et étudiants; à l'inverse de[23] leurs parents qui ont fait la révolution en Mai 68, eux ne veulent pas casser la société,[24] mais obtenir simplement le droit d'y entrer et d'y jouer un rôle.

III. La société du zapping

La télécommande est l'objet-symbole de cette fin de siècle. Avec le magnétoscope, elle a donné aux téléspectateurs un pouvoir sur les images, juste contrepoids[25] à celui qu'elles exercent sur eux. Mais le phénomène du **zapping** ne concerne pas que[26] la télévision. Il s'applique aussi à la consommation; les Français sont de plus en plus nombreux à «zapper» d'un produit à un autre, d'un magasin à un autre, d'un comportement d'achat à un autre (cher / bon marché, luxe / bas de gamme,[27] rationnel / irrationnel, boutique spécialisée / hypermarché[28]...).

Les Français zappent aussi au cours de leur vie professionnelle, occupant des emplois successifs au gré[29] des opportunités ou des obligations. Ils zappent dans leur vie affective et sociale, changeant d'amis, de relations, de partenaires ou d'époux en fonction des circonstances.

Ces nouveaux comportements sont motivés à la fois par la multiplication des choix et l'instabilité caractéristique de l'époque. Ils pourraient demain s'appliquer aux choix politiques et aux systèmes de valeurs, rendant la société française encore plus imprévisible[30] et, sans doute, encore plus vulnérable.

Une manifestation de syndicalistes dans le nord de la France.

---

[16]Situés... *Ranking third richest* [17]n'occupent... *finished tenth among EEC countries in a survey evaluating overall satisfaction with life* [18]se... *est montré par* [19]hausse... *noticeable increase* [20]rentrer... *to rejoin the ranks* [21]*proof* [22]*political demonstrations* [23]à... *contrary to* [24]casser... *to smash the power structure* [25]*counterbalance* [26]*only* [27]bas... *low-cost items* [28]*store that sells everything* [29]au... *at the mercy* [30]*unpredictable*

«La télécommande est beaucoup plus qu'un simple gadget électronique.»

Télécommande et civilisation

La télécommande est beaucoup plus qu'un simple gadget électronique. Le zapping qu'elle autorise résume à lui seul[31] l'évolution récente des mœurs[32] et des comportements; on peut même penser qu'il préfigure la transformation prochaine de la civilisation.

Le zapping offre la possibilité si longtemps rêvée de l'**ubiquité**.[33] Grâce à la petite boîte noire, chacun peut successivement et alternativement être ici et ailleurs.[34]

Le zappeur se trouve donc investi d'un **pouvoir** considérable, celui de choisir les images ou les sons qui lui parviennent,[35] donc d'avoir indirectement un droit de vie et de mort sur ceux qui en sont les producteurs ou les diffuseurs.[36]

Un autre aspect essentiel de cette révolution à la fois technologique et sociologique est l'**immobilité** qu'elle autorise; un seul mouvement du doigt et le téléviseur change de chaîne.

Le téléspectateur zappeur ne suit plus une émission en totalité; il en regarde plusieurs en fonctionnant comme les ordinateurs multitâches.[37] Cette façon de «voir» présente sans doute l'avantage de favoriser une certaine activité intellectuelle. Mais elle privilégie la superficialité au détriment de la profondeur, privilégie la connaissance fragmentaire par rapport à la compréhension globale. Sa pratique généralisée dans les divers domaines de la vie risque de transformer les individus en multispécialistes incompétents et incapables de se situer dans leur environnement. Donc frustrés et malheureux.

abrégé de *Francoscopie: 1993*

[31]résume... *summarizes in one word* [32]*customs* [33]*the ability to be in several places at the same time* [34]*elsewhere* [35]les... *which images and sounds will reach him or her* [36]*broadcasters* [37]*multitasking*

AVEZ-VOUS COMPRIS?

A. Vrai ou faux? Décidez si ces remarques sont vraies ou fausses. Puis trouvez dans le texte les phrases qui justifient votre choix.

1. L'autorité du père est à la base de la famille française moderne.
2. Il n'y a pas de chômage en France aujourd'hui.
3. Les Français sont plus satisfaits de leur vie que les autres membres de la Communauté européenne.
4. L'attitude des téléspectateurs symbolise le mieux la société actuelle.
5. Le concept du zapping s'applique uniquement à la télévision.

B. Analyse. Répondez brièvement aux questions suivantes.

1. Quelles institutions françaises sont moins hiérarchisées aujourd'hui qu'autrefois? A quels points de vue? Est-ce que les familles dans votre pays sont «verticales» ou «horizontales»? Expliquez.

2. Qui peut s'intégrer le plus facilement dans la société française actuelle? dans votre société?
3. Que veulent les lycéens et les étudiants français d'aujourd'hui?
4. Que représente le zapping? Selon le texte, dans quels domaines de la vie est-ce que les Français zappent? Pourquoi?
5. Quels pouvoirs est-ce que la télécommande offre aux zappeurs?
6. Selon le texte, est-ce que le zapping est une chose positive? Pourquoi? Qu'en pensez-vous?

A DISCUTER

A. Sondage. Vous venez de lire une description de la société française à la fin du deuxième millénaire. Comment est-ce que les valeurs ont changé ces dix dernières années dans votre pays? Répondez aux questions ci-dessous, puis posez-les à trois camarades de classe. Prenez des notes sur une feuille séparée. Ensuite mettez-vous par quatre et comparez vos résultats.

VALEURS

l'amour, la discipline, l'égalité, l'esprit de compétition, la famille, l'honnêteté, l'humanitarisme, l'individualisme, la joie de vivre, la justice, la liberté, le matérialisme, la politesse, la religion, la responsabilité, le sacrifice, le sens du beau, le travail, _____ ?

1. Nommez trois valeurs qui ont perdu de l'importance ces dix dernières années.
2. Donnez un exemple qui illustre une de vos réponses à la première question.
3. Nommez trois valeurs qui ont gagné en importance ces dix dernières années.
4. Donnez un exemple qui illustre une de vos réponses à la troisième question.

Etes-vous optimiste ou pessimiste en ce qui concerne l'avenir de votre génération? Pourquoi?

B. Interview. Les personnes célèbres (vedettes de cinéma, chefs d'entreprise, politiciens, etc.) ont une influence sur les valeurs d'une société. Avec un(e) partenaire, décidez quelle est la personne la plus influente de votre époque. Jouez les rôles de ce personnage et du journaliste qui l'interviewe sur sa vie, ses exploits, ses buts, etc. Le reste de la classe va essayer de deviner de qui il s'agit.

A. **Qu'en pensez-vous?** Traitez de l'un des sujets suivants par oral ou par écrit.

1. **L'ère du flou** (*vagueness, confusion*). Beaucoup de choses sont floues aujourd'hui en ce qui concerne les rôles des gens, les professions, les rapports familiaux et amicaux, etc. Y a-t-il des domaines dans lesquels ce flou vous semble avoir des avantages? Dans le domaine professionnel? Dans le milieu familial? Dans vos relations personnelles? Expliquez. Quels aspects de la vie étaient plus clairs pour vos parents et grands-parents? Le choix d'une carrière? d'un époux/épouse? d'un passe-temps? Pourquoi? Est-ce que cette imprécision est bonne ou mauvaise pour l'individu? pour la société? Expliquez.

2. **L'individu et la société.** Décrivez un(e) habitant(e) typique de votre pays: son physique, son caractère, son lieu de naissance, son milieu familial, son éducation, etc. Quels traits admirez-vous chez cette personne? Quelles valeurs sociales ces traits représentent-ils? Un certain matérialisme? Le respect de la famille? L'esprit de compétition? Quels sont les gros défauts de cette personne?

B. **Etes-vous d'accord?** Dites si vous êtes d'accord avec les phrases suivantes et justifiez vos réponses.

1. Tout le monde peut devenir célèbre.
2. Tout le monde veut devenir célèbre.
3. Les valeurs de ma génération sont la tolérance, la recherche de la qualité de la vie et la liberté individuelle.
4. Les valeurs de ma génération sont la recherche du plaisir immédiat et la conviction que la vie doit être une fête.
5. L'argent ne fait pas le bonheur.
6. Le progrès (technologique, scientifique, etc.) est toujours une bonne chose.

Structures 2

The **imparfait** versus the **passé composé**

All verbs in French can be used in the **imparfait** and in the **passé composé.** Each tense has specific uses; they cannot be used interchangeably. The context in which a verb is used determines which tense is appropriate.

Comme elle ne **gagnait** que le salaire minimum, Michèle, qui **était** mère célibataire, ne **pouvait** acheter que le strict nécessaire. Mais un beau jour, une amie lui **est venue** en aide et elle **a pu** acheter un beau cadeau à son fils.	*Because she was earning only the minimum wage, Michèle, who was a single mother, could buy only the bare essentials. But one day a friend came to her aid and she was able to buy a beautiful gift for her son.*

Here are some guidelines to help you choose between the **imparfait** and the **passé composé**.

1. Habitual actions are expressed by the **imparfait.** Actions that indicate a change of habit are in the **passé composé.**

D'habitude, Suzanne **partait** du laboratoire à 18 h, mais hier, elle **est partie** à 17 h pour aller à une réunion sur le campus.	*Suzanne usually left the laboratory at 6:00, but yesterday she left at 5:00 to go to a meeting on campus.*	habitual action or change of habit?

2. Past descriptions (time, mental states, weather, etc.) are given in the **imparfait.** Past actions that are not habitual are in the **passé composé.**

Il **était** 17 h 20 et le bus **était** en retard. Il **pleuvait** et Suzanne **s'inquiétait** un peu. Heureusement, un taxi **s'est arrêté** devant elle.	*It was 5:20 and the bus was late. Suzanne was a little worried. Fortunately, a taxi stopped in front of her.*	description or non-habitual action?

3. An action or state of being that provides background to main events is in the **imparfait.** Any action that moves a story along to its conclusion is in the **passé composé.**

A la réunion, les gens **parlaient** entre eux et un étudiant **mettait** des chaises pour les retardataires. A 17 h 30, une étudiante **s'est levée** et a **demandé** le silence. La réunion **a commencé.**	*At the meeting, people were talking among themselves and a student was putting out chairs for the latecomers. At 5:30, a student stood up and asked for silence. The meeting began.*	background or actions that move the story along?

4. An event or state of being that took place for some unspecified period of time in the past is in the **imparfait.** An action that interrupted this ongoing situation is in the **passé composé.**

Tout le monde **écoutait** un jeune homme qui **proposait** une campagne publicitaire anticrime quand quelqu'un **a crié** «Au secours!»	*Everyone was listening to a young man who was outlining an anti-crime advertising campaign when someone screamed "Help!"*	ongoing situation or interruption?

The verbs in the following paragraph are conjugated in either the **imparfait** or the **passé composé**. In each instance there is an explanation of why the chosen verb tense is appropriate. In many cases, there is more than one explanation possible, and not all the explanations have been given. Can you find others?

Quand j'**avais** 16 ans [*description, age*], je ne **savais** pas [*state of mind*] ce que je **voulais** faire [*state of being that took place for some unspecified period of time, mental state*] pendant les vacances. Un jour, je **regardais** la télévision [*background to main events, action that took place for some unspecified period of time*] quand j'**ai vu** une publicité [*action that interrupted an ongoing situation*] sur le zoo de ma ville, et j'**ai eu** une idée [*action that moves the story along*]. Le zoo **avait** sans doute besoin [*state of being that took place for some unspecified period of time*] de jeunes pour accueillir les visiteurs, et moi, j'**aimais** les animaux [*mental state*]. J'**ai téléphoné** tout de suite [*action that moves the story along, nonhabitual action*], et ils **ont accepté** [*action that moves the story along*] de me donner du travail. Quelle joie!

JARDIN ZOOLOGIQUE DU QUÉBEC

ON EST ALLÉ AU ZOO!

Un véritable musée vivant de plus de 225 espèces de mammifères et d'oiseaux. Un parc botanique exceptionnel. Ouvert tous les jours de l'année, de 9h30 à 18h00. Tél.: (418) 622-0312.

Route 73, sortie 154

Loisir, Chasse et Pêche Québec   Québec

When I was sixteen, I didn't know what I wanted to do during my vacation. One day, I was watching television when I saw a commercial for my local zoo, and I had an idea. The zoo surely needed young people to welcome visitors, and I loved animals. I called right away, and they offered me a job. How wonderful!

Review

IMPARFAIT	PASSE COMPOSE
habitual actions, descriptions:	change of habit, actions:

IMPARFAIT

habitual actions, descriptions:

- physical states
- mental states
- emotions
- weather
- age
- time

PASSE COMPOSE

change of habit, actions:

- events tied to a moment or period of time (exact beginning or end may also be stated)
- events that are not habitual
- sudden actions
- changes of mind or mental state
- a series of actions that follow one another

background to main events

an action or state that was taking place until interrupted

main events that move story along to its conclusion

interruption

Nos forêts... un trésor national, une responsabilité internationale

Les Canadiennes et les Canadiens sont garants de 10 % des plus importantes ressources naturelles au monde — nos forêts.

Les forêts canadiennes sont la source de bienfaits environnementaux, économiques, sociaux et culturels qui enrichissent la vie de *toutes* les Canadiennes et *tous* les Canadiens.

COALITION POUR LA STRATÉGIE NATIONALE SUR LES FORÊTS

EN PASSANT...

1. Dans quels aspects de notre vie les forêts jouent-elles un rôle?

2. Quelles forêts avez-vous visitées? Dans quelles circonstances?

3. De quelle façon les forêts ont-elles enrichi votre vie?

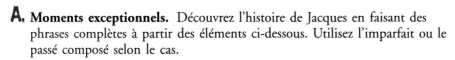

MISE AU POINT

A. **Moments exceptionnels.** Découvrez l'histoire de Jacques en faisant des phrases complètes à partir des éléments ci-dessous. Utilisez l'imparfait ou le passé composé selon le cas.

1. quand / je / avoir / douze ans / ma vie / être calme / sauf le jour où mon frère / se casser / la jambe pendant un match de hockey sur glace et le jour où je / rencontrer / Marie-Claire Baumier...

2. d'habitude, quand / ma sœur / inviter / ses amies à la maison, je / se cacher / parce que je / trouver / les filles stupides

3. mais le soir où elle / inviter / Marie-Claire / je / rester / dans le salon avec elles

4. ce soir-là, nous / écouter un compact-disc de Céline Dion / et je / apprendre / que Marie-Claire / aimer / les mêmes chanteurs que moi!

5. je / tomber immédiatement / amoureux, mais elle / avoir déjà / quinze ans et elle / préférer les garçons plus âgés. Dommage!

6. je / être découragé / jusqu'au jour où je / rencontrer sa petite sœur Françoise.

B. Un accident. Voici la description d'une belle journée d'automne interrompue par un accident. Mettez les verbes à l'imparfait ou au passé composé selon le contexte.

Un jour d'octobre, mon ami et moi _____^{1} (*être*) assis à la terrasse d'un café à Nice. Il _____^{2} (*être*) environ deux heures de l'après-midi. Le soleil _____^{3} (*briller*). Les feuilles _____^{4} (*changer*) de couleur. C'_____^{5} (*être*) magnifique. Tout d'un coup, une bicyclette _____^{6} (*se heurter contre: to run into*) une voiture dans la rue. Le cycliste _____^{7} (*tomber*) et _____^{8} (*se casser*) le bras. J'_____^{9} (*avoir*) très peur pour lui. J'_____^{10} (*appeler*) la police et une ambulance. Elles _____^{11} (*arriver*) très vite. Les ambulanciers _____^{12} (*mettre*) la victime dans l'ambulance et ils _____^{13} (*partir*).

C. Interruptions. Elise, Alain et leur professeur ont eu beaucoup de mal à se concentrer hier après-midi. Décrivez la scène en vous basant sur le modèle.

MODELE: le professeur / parler... le téléphone / sonner →
          Le professeur parlait quand le téléphone a sonné.

1. Elise / lire... quelqu'un / frapper à la porte
2. Alain / poser des quesitons... un autre professeur / entrer
3. le professeur / essayer de répondre... ses livres / tomber par terre
4. Alain / corriger ses fautes... son stylo / se casser
5. Elise / écouter Alain... la cloche / sonner

Qu'est-ce qui s'est passé ensuite?

D. Deux vies différentes. Deux hommes parlent de leur passé et de leurs choix dans la vie. Mettez les verbes entre parenthèses à l'imparfait ou au passé composé, selon le cas.

PAUL: Quand j'_____^{1} (*avoir*) 20 ans, je/j'_____^{2} (*rencontrer*) la femme de ma vie et nous _____^{3} (*se marier*) un an plus tard. Ma femme _____^{4} (*vouloir*) devenir médecin, alors j'_____^{5} (*accepter*) de travailler dans un restaurant pour gagner de l'argent. Elle _____^{6} (*aller*) en classe et _____^{7} (*faire*) ses devoirs et je/j'_____^{8} (*travailler*) comme un fou pour tout payer. Après la fin de ses études elle _____^{9} (*trouver*) un poste intéressant dans un hôpital, mais moi, je _____^{10} (*ne... pas pouvoir*) changer de travail. C'_____^{11} (*être*) trop tard. Je _____^{12} (*devenir*) enfin le patron du restaurant, mais je me demande aujourd'hui si j'_____^{13} (*être*) trop gentil avec ma femme. Est-ce que je serais (*would I be*) plus heureux aujourd'hui si j'_____^{14} (*avoir*) une autre profession?

JEAN-PHILIPPE: Moi, je/j'_____^{1} (*aller*) à l'université pendant six ans et j'_____^{2} (*obtenir*) ma maîtrise en philosophie en 1994. Après avoir terminé mes études, je/j'_____^{3} (*décider*) de faire le tour du monde. Je/J'_____^{4} (*visiter*) le Sénégal, où je/j'_____^{5} (*faire*) la connaissance d'un poète qui _____^{6} (*vivre*) en exil; je/j'_____^{7} (*passer*) trois mois en Russie où je/j'_____ [8] (*rencontrer*) une archéologue qui _____ [9] (*chercher*) une ville perdue et j'_____ [10] (*enseigner*) l'anglais à de jeunes Marocains qui _____ [11] (*vouloir*) visiter les Etats-Unis. Mais même après tout cela, je _____ [12] (*ne... pas encore savoir*) quelle direction prendre. Quand mes grands-parents _____ [13] (*mourir*), j'_____ [14] (*hériter*) d'une petite fortune, et maintenant je m'ennuie.

MISE EN PRATIQUE

A. **Paul et Jean-Phillipe.** Relisez les deux paragraphes précédents, puis, parlez avec votre camarade de la situation de ces deux hommes. Quels sont les avantages et les inconvénients de chaque mode de vie? Que pensez-vous des choix qu'ils ont faits?

> Paul avait... mais il n'avait pas...
> Jean-Philippe a vu... , mais il n'a pas trouvé...

B. **Un moment inoubliable.** Décrivez pour vos camarades un événement inoubliable de votre vie. Indiquez ce qui se passait à ce moment-là (parlez du lieu, du temps qu'il faisait, de votre âge, de votre état d'esprit, etc.) et décrivez ce qui s'est passé de remarquable. Vos camarades vont vous poser des questions.

MODELE: J'avais vingt-deux ans. Comme je n'avais pas de voiture, je prenais le bus chaque jour et, je dois l'avouer, j'étais jalouse des gens qui rentraient plus vite que moi en voiture, et qui n'avaient jamais besoin d'attendre sous la pluie, comme ce soir-là. Quand je suis montée dans le bus, le chauffeur m'a dit «Bonsoir, mademoiselle. Vous êtes la 500 000ème personne à monter dans ce bus et je suis heureux de vous informer que vous avez gagné $5 000. Nous espérons ainsi encourager d'autres personnes à prendre plus souvent le bus.» Toute contente, j'ai accepté l'argent... et non, je n'ai pas acheté de voiture!

Adverbs

Definition An adverb is a word used to modify a verb, an adjective, or another adverb.

Nous devons **parfois** prendre des décisions difficiles.	*Sometimes we have to make diffi-cult decisions.*
C'est **assez** dur, donc nous demandons **fréquemment** conseil à nos amis.	*It's rather hard, so we often ask our friends for advice.*

Adverbs of Manner

1. Most adverbs of manner are formed by adding a suffix to an adjective. They answer the question *How?*

    a. If the adjective ends in a vowel, add **-ment** to form the corresponding adverb.

        ra**re** → ra**re**ment   absol**u** → absol**u**ment
        confortab**le** → confortab**le**ment   spontan**é** → spontan**é**ment
        vra**i** → vra**i**ment   passionn**é** → passionn**é**ment

    b. If the adjective ends in a consonant, change the adjective to its feminine form and add **-ment.**

        heureu**x** → heureu**se**ment   premie**r** → premiè**re**ment
        nature**l** → nature**lle**ment   vi**f** → vi**ve**ment

    Exceptions: gentil → gentiment
                 profond → profondément

    c. If the adjective ends in **-ant** or **-ent,** drop the **-ant/-ent** and replace it with **-amment** or **-emment** (pronounced [amã]).

        bruy**ant** → bruy**amment**   appar**ent** → appar**emment**
        const**ant** → const**amment**   intellig**ent** → intellig**emment**
        suffis**ant** → suffis**amment**   pati**ent** → pati**emment**

    Exception: lent → lent**ement**

2. Some common adverbs of manner that do not follow the above pattern are **bien, mal,** and **vite.**

    Quand j'étais petite, je faisais **bien**   *When I was little, I did my home-*
    mes devoirs, mais j'écrivais **mal.**   *work **well**, but I wrote **poorly**.*

Adverbs of Time, Frequency, Quantity, and Place

ADVERBS OF . . .			
Time	*Frequency*	*Quantity*	*Place*
aujourd'hui	parfois	assez	ici
demain	souvent	beaucoup	là
hier	toujours	beaucoup trop	là-bas
maintenant		peu	partout
tard		trop	quelque part
tôt			
déjà			
encore			
enfin			

Position

1. Most short, common adverbs are placed after the conjugated verb. **Parfois** can be placed at the beginning of a sentence.

Allez-vous **souvent** recycler cette année?	*Are you going to recycle often this year?*
Le gouvernement a **beaucoup** fait pour mettre les gens au travail.	*The government did a lot to put people to work.*
Parfois, j'ai envie de changer mon mode de vie.	*At times I feel like changing my lifestyle.*

2. Long adverbs can be placed at the beginning or end of a sentence.

Heureusement, certaines armes à feu sont interdites par la loi.	*Fortunately, certain firearms are forbidden by law.*

3. **Aujourd'hui, hier,** and **demain** are placed at the beginning or end of a sentence.

Aujourd'hui, nous allons aider les sans-abri.	*Today we are going to help the homeless.*
Mais qu'est-ce qu'ils vont faire **demain**?	*But what will they do tomorrow?*

4. Adverbs of place follow the last element of the verb or the direct object if there is one.

Il faut mettre la poubelle **là-bas.**	*The wastebasket must go there.*

MISE **AU POINT**

A. Talents. Voici une liste de personnes qui font certaines choses d'une façon remarquable. Décrivez ce qu'elles font en employant chaque fois un adverbe tiré de la liste à droite.

1. Mon amie est danseuse; elle danse _____ .
2. Jacques est français, il parle _____ le français.
3. Louise et Charles sont amoureux; ils s'aiment _____ .
4. Tu as un joli appartement; tu vis _____ .
5. J'ai une guitare spéciale; je joue _____ .
6. Elles sont riches; elles voyagent _____ .
7. Nous sommes imaginatifs; nous écrivons _____ .

a. fréquemment
b. profondément
c. constamment
d. bien
e. vite
f. brillamment
g. confortablement

B. Adverbes. Voici des adjectifs usuels. Formez les adverbes correspondants.

MODELE: doux → doucement

1. franc	4. complet	7. certain	10. gentil
2. sérieux	5. vrai	8. évident	11. constant
3. parfait	6. facile	9. heureux	12. lent

C. **Au contraire!** Donnez le contraire.

> MODELE: fréquemment → rarement

1. malheureusement
2. subjectivement
3. patiemment
4. imprudemment
5. rapidement
6. bien

D. **Situations.** Etudiez tous les contextes, puis choisissez l'adverbe de lieu qui convient: **là-bas, quelque part, ici, partout.**

1. Veux-tu aller _____ ce soir?
2. Je cherche _____ mon livre de chimie.
3. Le restaurant que vous cherchez est _____ .
4. Viens _____ , je veux te parler.

E. **Sauvons la planète.** Mettez l'adverbe entre parenthèses à sa place.

1. Nous utilisons plus d'énergie solaire qu'il y a 20 ans. (aujourd'hui)
2. L'état réglemente la pollution industrielle. (souvent)
3. Nous avons essayé de protéger certaines espèces en voie de disparition. (déjà)
4. Il ne faut pas construire près des parcs nationaux. (trop)
5. Il y a des gens qui ne recyclent pas. (encore)
6. Les gens pensent à la protection de la planète. (enfin)

MISE EN PRATIQUE

 SONDAGE: Préoccupations. Découvrez les préoccupations de vos camarades de classe en leur demandant s'ils pensent souvent aux sujets ci-dessous.

	JAMAIS	PEU	QUELQUEFOIS	SOUVENT	FREQUEMMENT
1. le divorce	_____	_____	_____	_____	_____
2. l'environnement	_____	_____	_____	_____	_____
3. le chômage	_____	_____	_____	_____	_____
4. les guerres	_____	_____	_____	_____	_____
5. les espèces en péril	_____	_____	_____	_____	_____
6. le racisme	_____	_____	_____	_____	_____
7. le SIDA (*AIDS*)	_____	_____	_____	_____	_____
8. la violence domestique	_____	_____	_____	_____	_____
9. les sans-abri	_____	_____	_____	_____	_____
10. le S.M.I.C.	_____	_____	_____	_____	_____

Ensuite, classifiez les résultats et, en groupes, discutez des trois principales préoccupations de la classe.

Reprise

∙∙∙

A. Menaces. Dites ce qui menace l'environnement en mettant les verbes à l'imparfait ou au passé composé.

La population du monde _____^{1} (*augmenter*) de 80 millions l'année dernière. La plupart de cette expansion _____^{2} (*avoir*) lieu dans les pays en voie de développement. L'an dernier, on _____^{3} (*perdre*) environ 8 millions d'hectares (= *20,000,000 acres*) forestiers. Cette destruction _____^{4} (*provoquer*) chaque jour la disparition de dizaines d'espèces végétales ou animales. De gros accidents pétroliers _____^{5} (*dévaster*) récemment des kilomètres de côtes mondiales. On _____^{6} (*considérer*) longtemps la mer comme indestructible. Chaque année, des villes _____^{7} (*rejeter*) leurs eaux d'égout (*sewer*) et des industries _____^{8} (*se débarrasser*) de leurs déchets toxiques dans les fleuves, les golfes et les fjords du monde. Quatre-vingt-dix pour cent de ces déchets _____^{9} (*rester*) près des côtes, et la faune et la flore de ces zones _____^{10} (*souffrir*) à cause des êtres humains. Comme le dit Jacques Cousteau, il ne faut plus exploiter, il faut préserver. Etre prudent, c'est notre seul espoir.

Jacques Cousteau (1910–), océanographe et cinéaste, un grand ami de la mer.

B. Au café. Une Française parle d'un jour typique de sa jeunesse. Mettez le paragraphe au passé en employant le passé composé et l'imparfait.

Mes copains et mes copines ont l'habitude de se rencontrer après les cours au Café Montaigne. A chaque rencontre, tout le monde se serre la main ou s'embrasse. Les étudiants et les étudiantes rient, discutent et font des projets. Un jour, je lis un magazine dans le café quand François entre et met un franc dans le juke-box. Le juke-box ne marche pas. François le secoue (*shakes*) et un disque se met à tourner. François s'assied à côté de moi et me dit «Salut». J'appelle la serveuse et lui demande d'apporter un «Schweppes tonic» à mon ami. Il fait très beau dehors. Après une demi-heure, nous quittons le café et nous nous baladons sur le boulevard. Nous voyons des amis qui discutent près de l'arrêt d'autobus. Nous nous arrêtons et comme nous avons tous faim, nous cherchons un bon restaurant.

C. **Qu'est-ce qui s'est passé?** Les personnes suivantes étaient occupées quand elles ont été dérangées. Avec un(e) partenaire, terminez les phrases en employant le passé composé. Puis, comparez vos histoires.

1. Il était trois heures et demie de l'après-midi. Les étudiants bavardaient sur la terrasse devant l'université...
2. Samedi, le président de la République faisait un discours télévisé...
3. Mon camarade parlait au téléphone...
4. Il pleuvait. Nous cherchions de l'abri...
5. Mme Dupuy était au chômage depuis trois mois. C'était un lundi matin, elle travaillait dans son jardin...

D. **Différentes époques.** Refaites les phrases suivantes en utilisant un adverbe. Respectez le sens de la phrase. Ensuite, utilisez un autre adverbe pour expliquer comment les choses se font maintenant.

MODELES: Il y a cent ans, les jeunes filles s'habillaient avec élégance. →
Il y a cent ans, les jeunes filles s'habillaient élégamment.
—De nos jours, elles s'habillent confortablement.

Il y a quelques années, il était difficile de trouver de l'essence sans plomb. →
Il y a quelques années, on trouvait difficilement de l'essence sans plomb.
—Aujourd'hui, on trouve partout cette sorte d'essence.

1. Il y a quarante ans, il était rare de trouver des produits jetables.
2. Il y a vingt ans, on montrait avec moins de facilité des scènes de violence à la télé.
3. Il y a cinquante ans, il était moins fréquent de voir des parents célibataires.
4. Il y a quelques années, on recyclait avec moins de régularité.
5. Dans le temps, on trouvait des produits russes avec difficulté dans les magasins.
6. Dans les années soixante, les jeunes se comportaient avec spontanéité.

Réalités quotidiennes

Espèces en péril

Par la négligence ou par la bêtise des êtres humains, des milliers d'espèces animales et végétales disparaissent chaque année. Avec un(e) partenaire, faites correspondre les images suivantes avec les commentaires qui suivent pour découvrir des espèces françaises en voie d'extinction. Utilisez l'imparfait ou le passé composé selon le cas.

MODELE:

les solitaires (*Jura butterflies*): ils / être tué par la pollution. En voie d'extinction. →
Les solitaires ont été tués par la pollution. Ils sont très peu nombreux aujourd'hui. C'est une espèce en voie d'extinction.

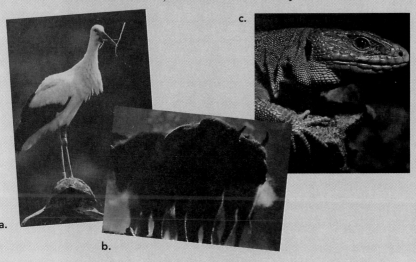

a.

b.

c.

d.

e.

1. _____ le faucon pèlerin: il / être empoisonné par les pesticides agricoles. Environ 400 couples.

2. _____ les cigognes blanches: elles / s'électrocuter sur les fils à haute tension. 120 couples protégés en France.

3. _____ le bison d'Europe: autrefois / on / chasser excessivement. Disparaître en France au VIIème siècle. Réintroduction en France de quelques individus de Pologne.

4. _____ les lézards ocellés: ils / disparaître à cause de l'usage excessif des insecticides. Espèce très rare.

5. _____ les ours bruns: les humains / détruire l'habitat. 11 dans les Pyrénées.

■■■

A vous la parole

En groupes, dites ce que l'on peut faire pour éviter l'extinction d'espèces animales. Que savez-vous des efforts qui ont déjà été faits pour remédier à cette tendance? Comparez vos listes.

■■■

A TABLE

CHAPITRE 5

Bon appétit!

Mots et expressions

● ●

LA NOURRITURE

l'aliment (*m.*) (item of) food
amer/amère tart, bitter
l'apparence (*f.*) appearance
la boîte can; box
cru(e) raw, uncooked
cuit(e) à la vapeur steamed
faire cuire (au four à micro-ondes)
   to cook (in the microwave)
faire les provisions to buy groceries
au four baked
frais/fraîche fresh; cool
frit(e) fried
goûter to taste
grignoter to snack
perdre/prendre du poids to lose/gain
   weight
sain(e) healthy; wholesome, healthful
suivre un régime to be on a diet
la tranche slice

végétarien(ne) vegetarian

AU RESTAURANT

l'addition (*f.*) bill
la boisson drink
bon marché inexpensive, reasonable
   (*price*)
le caissier / la caissière cashier
la carte menu
cher/chère expensive; dear
comme as, in the way of
le menu meal at a fixed price (appetizer, main course, and dessert)
le plat dish; course
le pourboire tip
le serveur / la serveuse waiter, waitress
le service (non) compris tip (not)
   included
le sommelier / la sommelière wine
   steward(ess)

■ ■

APPLICATIONS **A. Ressemblances.** Trouvez le terme qui complète chaque analogie.

> MODELE: <u>le serveur</u>: le plat
> le sommelier: le vin

1. _____: le supermarché
   manger: le restaurant
2. _____: perdre du poids
   trop grignoter: prendre du poids
3. _____: la serveuse
   la carte des vins: la sommelière
4. _____: prendre du poids
   cuit(e) à la vapeur: perdre du poids
5. _____: le serveur
   le salaire: l'employé

B. Familles de mots. Trouvez les deux expressions dans chaque groupe qui sont
dans la même famille de mots.

> MODELE: goût; goutte; <u>goûter</u>

1. la boisson; boire; le bois
2. sévère; le serveur; servir
3. le caissier; la case; la caisse
4. élémentaire; l'aliment; alimentaire
5. américain; amer; amèrement
6. plat; plateau; platonique
7. apparence; apparaître; appartenir
8. la tranche; le train; trancher

6. Synonymes. Trouvez l'équivalent des mots suivants.

1. la note des dépenses au café, au restaurant, etc.
2. apprécier par le sens du goût
3. frire, griller, rôtir, etc.
4. l'extérieur d'une chose
5. un coffret en métal, en carton, etc. où on peut mettre quelque chose
6. la liste des plats composant un repas à prix fixe

DISCUTONS...

Quels pays ont une bonne réputation culinaire? Pourquoi, à votre avis? Quelle(s) sorte(s) de cuisine(s) aimez-vous manger tous les jours? de temps en temps?

Structures 1

The Partitive Article

Definition The partitive article designates a limited part or quantity of something.

Forms

The partitive article is formed with the preposition **de** and the definite article (**le, la, l'**).

MASCULINE	FEMININE	BEFORE A VOWEL OR SILENT **h**
du	de la	de l'

De nombreux Français prennent **du** vin aux repas.

Many French people have wine with meals.

Les enfants boivent **de l'**eau.	*Children drink water.*
Pour faire **de la** citronnade, il faut des citrons.	*To make lemonade, you need lemons.*

Note: Des is an indefinite article. Its singular form is always **un** or **une**.

Je Veux du Rire, Je Veux de l'Imagination

Je veux du rêve, je veux du risque, de la passion, de la communication, de la vidéo, du talent, je veux du câble, de l'action, de la micro, de la création, je veux des média, du rire, du chocolat, je veux de l'imagination...

Jacques Séguéla. Fils de Pub

Flammarion

En passant...

1. Que voulez-vous quand vous passez une soirée avec vos amis?

2. Que voulez-vous pendant les vacances d'été?

3. Que voulez-vous dans votre vie? Enumérez cinq choses que vous désirez et comparez votre liste avec celles des autres étudiants.

Uses

1. The partitive article is used to indicate part of a whole.

Je voudrais **du** bœuf. (*not the whole cow, just a piece*)
Il a mangé **de la** tarte. (*not the whole pie*)
Elle a pris **du** melon. (*not the whole melon*)

2. The partitive article is also used with things that cannot be counted.

C'est un chef qui a **de l'**imagination et **du** talent. (*imagination and talent cannot be counted*)

> With verbs of preference—**aimer, préférer, détester, adorer**—use the definite article.
>
> J'adore **les** légumes.
>
> Ma fille n'aime pas **les** tomates et elle déteste **le** céleri.

Omitting the article

1. As in the case of the indefinite article, the partitive article becomes **de** after a negative verb.

Prenez-vous **du** sucre? —Non, merci, je **ne** veux **pas de** sucre.
Voulez-vous **de la** crème? —Non, merci, je **ne** prends **pas de** crème.

Exception: After the verb **être,** the partitive is used.

Ce **n'**est **pas de la** crème, c'est **du** fromage.

2. After adverbs and expressions of quantity, **de** is used without an article.

assez de	*enough (of)*
beaucoup de	*a lot of, many, much*
un peu de	*a little (of)*
trop de	*too much, too many (of)*
une bouteille de	*a bottle of*
un kilo de	*a kilo of*
une tasse de	*a cup of*
un verre de	*a glass of*
Tu as bu un peu **d'**eau.	*You drank a little water.*

A. Plats régionaux. Complétez ces recettes en ajoutant les articles qui s'imposent.

1. Pour faire un cassoulet, il faut _____ porc, _____ haricots, _____ lard, _____ oignons, _____ persil, _____ ail, _____ thym, _____ mouton, _____ tomates, _____ vin blanc et _____ bouillon.
2. Pour faire une salade niçoise, il faut _____ laitue, _____ tomates, _____ olives, _____ pommes de terre, _____ poivrons, _____ thon à l'huile, _____ anchois, _____ œufs durs, _____ céleri, _____ haricots verts et _____ sauce vinaigrette.

B. Habitudes alimentaires. Interrogez un(e) camarade de classe afin de connaître ses habitudes alimentaires. Ensuite commentez ses réponses.

MODELE: manger / viande / riz aux légumes →

VOUS: Manges-tu de la viande ou préfères-tu le riz aux légumes?
LUI/ELLE: Je mange de la viande.
VOUS: Je ne mange pas de viande, je préfère le riz aux légumes.

1. boire / café / jus de fruits
2. manger / margarine / beurre
3. boire / lait écrémé / lait entier
4. commander / glace à la vanille / yaourt
5. boire / boissons alcoolisées / boissons non alcoolisées
6. vouloir / eau minérale / Coca-Cola
7. ?

Don't forget:

manger
prendre
boire
commander
vouloir
+ the partitive article

préférer
+ the definite article

C. C'est logique. Avec un(e) partenaire, et en formant des phrases complètes, dites ce que mangent et boivent les personnes de la colonne A. Comparez vos réponses.

MODELE: Chez nous, les enfants mangent des sandwichs et boivent du lait.

A	B	C
les végétariens	le pâté	l'eau minérale
les gourmets	le tofu	le lait
les enfants	les escargots	la bière
les gens préoccupés	le gâteau au	le vin
par leur santé	chocolat	le Coca-Cola
les mannequins	les pâtes (*pasta*)	le jus de fruits
(*fashion models*)	les légumes	les boissons
les non-sportifs	le bifteck	décaféinées
	les sandwichs	

D. **Fruits ou légumes?** Définissez l'aliment mentionné d'après le modèle.

MODELE: un kiwi / fruit →
Un kiwi, est-ce un fruit ou un légume?
—Un kiwi, ce n'est pas un légume, c'est un fruit. Il est petit, rond et vert.

Careful:

The article doesn't change with the verb **être** in the negative.

Ce n'est pas **un** vin bien connu.

1. une noix de coco / fruit
2. un poireau / légume
3. une échalote / légume
4. un concombre / légume
5. une aubergine / légume
6. un litchi / fruit
7. une tomate / ?

E. **La bonne santé.** Avec un(e) partenaire, donnez trois conseils à propos des aliments à consommer ou à éviter pour rester en bonne santé. Suivez les modèles en utilisant des éléments de chaque groupe. Puis, écrivez vos slogans au tableau et discutez-en avec des camarades. Etes-vous d'accord avec les idées proposées? Justifiez votre opinion.

MODELES: Une tranche de fromage? Ça, c'est vraiment sage.
Trois tasses de café vont vous agiter.
Tout est plus sain sans trop de vin.

A	B	C
trop	eau/gâteau(x)	beau/idiot/gros
beaucoup	beurre	cœur
un peu	pain/vin	sain/certain
une tranche	fromage	sage/plage/mariage
une tasse	sel	naturel(le)/belle
un verre	bière	clair(e)/cher (chère)
assez	pâté/café/lait	fatiguer/mauvais
une bouteille	thé/poulet	énerver/agiter

A.  **Qu'est-ce que j'achète?** Choisissez un produit et, sans le nommer, expliquez aux membres de votre groupe ce que vous allez en faire. L'étudiant(e) qui devinera le nom du produit choisira à son tour un article.

MODELE:

ASSOUPLISSEUR DE TISSUS ULTRA BOUNCE
AU CHOIX, BTE 45-50
2,99

VOUS: J'utilise ce produit quand je sèche mes vêtements. Il sent très bon. Il coûte deux dollars quatre-vingt-dix-neuf cents.

LUI/ELLE: Tu achètes une boîte d'Ultra Bounce.

Vous pouvez également choisir un article qui n'est pas dans la publicité.

MARCHÉ RICHELIEU
Thon pâle en morceaux
99¢
THON PÂLE MARCHÉ RICHELIEU
EN MORCEAUX, BTE 184 g

PAPIERS MOUCHOIRS MARCHÉ RICHELIEU
BLANCS, BTE 150
69¢

BISCUITS LIDO
FEUILLE D'ÉRABLE, TARTES AUX FRAISES, LUNCH CHOCOLAT OU VANILLE, FORMAT BONI 450 g
2,49

SAUCISSES FUMÉES BAR-B-Q LAFLEUR
PAQUET 450 g
1,99

FROMAGE SUISSE BEAUCE
5,49 /lb
12,10

B.  **Souvenirs.** Quand vous étiez plus jeune, quels aliments et boissons aimiez-vous ou détestiez-vous? Discutez de vos habitudes alimentaires avec un(e) partenaire.

VOCABULAIRE UTILE

beurre d'arachide, biscuits, dinde, frites, fromage, fruit(s), gâteau, glace, légumes, poisson, poulet, rosbif, soupe, yaourt (glacé)...
Coca-Cola, eau, jus, lait, thé...
un peu, une portion, un sandwich au..., une tasse, un verre...

CROUSTILLES YUM YUM
SAVEURS VARIÉES, SAC 180-190 g
1,39

MODELE: quand vous étiez petit(e)? →
Quand j'étais petit(e), je buvais du lait et du jus de fruits. Selon ma mère, je ne mangeais pas de petits pois, mais j'adorais les carottes. Miam! Miam!

1. pour fêter votre anniversaire?
2. quand vous étiez malade?
3. pour célébrer les fêtes?

4. quand vous rentriez après l'école?
5. quand vous déjeuniez au lycée?
6. avant de vous coucher?

C. **Question de goût.** Avant d'interroger votre partenaire, essayez de deviner ses réponses. Discutez ensuite de vos choix avec lui/elle, puis changez de rôles. Combien de réponses aviez-vous devinées?

MODELE: prendre au petit déjeuner: jus d'orange ☒ jus de pamplemousse ☐

VOUS: Tu prends souvent du jus d'orange au petit déjeuner, n'est-ce pas?

LUI/ELLE: C'est vrai, je prends presque toujours du jus d'orange. Le pamplemousse est trop amer.

ou Non, je prends du jus de pamplemousse. Je trouve que ça a meilleur goût (que le jus d'orange).

1. boire tous les jours: café ☐   eau ☐
2. prendre souvent pour le dîner: viande ☐   légumes ☐
3. manger chaque semaine: pizza ☐   pâtes ☐
4. ne... pas boire au déjeuner: lait ☐   Coca-Cola ☐
5. consommer souvent au restaurant: frites ☐   pommes de terre au four ☐
6. ne... jamais boire: jus de tomate ☐   tisane (*f.*) (*herbal tea*) ☐

D. **JEU D'EQUIPE:** **Plat mystère.** Divisez la classe en deux équipes. Dans chaque équipe, formez des groupes de deux. Avec votre partenaire, choisissez un de vos plats ou une de vos boissons préférés et énumérez les

Une pâtisserie à Paris: Ah! Les voilà. Ces petites tartelettes ne sont pas chères!

ingrédients qui entrent dans sa préparation. A tour de rôle, les groupes de l'équipe A lisent leurs listes à l'équipe B qui essaie d'identifier les plats ou les boissons en question. C'est alors à l'équipe B de lire ses listes. L'équipe qui a identifié le plus de plats ou de boissons a gagné.

Direct and Indirect Object Pronouns

Definition An object pronoun replaces a noun. It can be the *direct object* (D.O.) or the *indirect object* (I.O.) of the verb.

Le serveur apporte **le vin** (D.O.) **à la cliente** (I.O.).	*The waiter brings the wine to the customer.*

Forms

1. In the third person, the direct object pronoun has three forms and the indirect object pronoun has two forms.

	DIRECT OBJECT PRONOUN	INDIRECT OBJECT PRONOUN
MASCULINE	le (l')	
FEMININE	la (l')	lui
PLURAL	les	leur

—Vas-tu chercher les pâtisseries?	*Are you going to pick up the pastries?*
—Non, Martine va **les** chercher.	*No, Martine is going to pick them up.*
—Qui parle aux serveuses?	*Who is speaking to the waitresses?*
—Les clients **leur** parlent.	*The customers are speaking to them.*

2. For all other persons and for the reflexive pronoun **se,** the same forms are used for both direct and indirect objects.

DIRECT AND INDIRECT OBJECT PRONOUNS	
me (m')	nous
te (t')	vous
se (s')	se (s')

DIRECT OBJECT	INDIRECT OBJECT
Jacques **me** voit.	Jean **me** donne le pain.
Jacques sees me.	(donner à)
	Jean gives me the bread.
Je **t'**invite.	
I'm inviting you.	Je **t'**écris. (écrire à)
	I'm writing to you.
Ils **se** regardent.	
They are looking at each other.	Il **se** brosse les dents.
	(dents = *direct object*)
Paul **nous** cherche.	*He's brushing his teeth.*
Paul is looking for us.	
	Anne **nous** parle. (parler à)
Marie **vous** appelle.	*Anne is speaking to us.*
Marie calls you.	
	Yves **vous** lit la lettre.
	(lettre = *direct object*)
	Yves reads you the letter.

Uses

A direct object pronoun is often used to avoid repeating the direct object. Such a pronoun precedes the verb to which it refers.

The direct object pronoun

> **Attendre, chercher, écouter, payer,** and **regarder** always take a direct object in French:
>
> Qui cherche la **boîte d'olives?**
> —Eric la cherche.

—Tu écoutes **le serveur?** *Are you listening to the waiter?*
—Oui, je **l'**écoute. *Yes, I'm listening to him.*
—Voulez-vous recopier **cette recette?** *Do you want to copy this recipe?*
—Nous voulons bien **la** recopier. *Yes, we want to copy it.*
—A-t-il servi **ton café?** *Did he serve your coffee?*
—Oui, il **l'**a servi. *Yes, he served it.*

The indirect object pronoun

1. The indirect object pronoun replaces the indirect object if it is a person.* It precedes the verb to which it refers.

—Tu as parlé **à Alain?** *You spoke to Alain?*
—Oui, je **lui** ai parlé hier. *Yes, I spoke to him yesterday?*

2. Verbs that require an indirect object are most commonly verbs of communication and of interaction between people.

demander à	obéir à	répondre à
donner à	parler à	ressembler à
écrire à	poser une	servir à
expliquer à	question à	téléphoner à
montrer à	rendre visite à	

***A** + *a thing* is replaced by the adverbial pronoun **y;** see **Structures 2** in this chapter.

Je vais rendre visite **à mes grands-parents.** Je vais **leur** rendre visite.	*I'm going to visit my grandparents. I'm going to visit them.*
Elle ressemble **à sa mère.** Elle **lui** ressemble.	*She looks like her mother. She looks like her.*

Agreement in the **passé composé**

1. The past participle agrees in gender and in number with a *direct object* that *precedes* the verb.

Il n'a pas mangé **la tarte.** Il ne **l'**a pas mangé**e.**	*He didn't eat the pie. He didn't eat it.*
Isabelle a regardé **Agnès;** Agnès a regardé **Isabelle.** Elles **se** sont regardé**es.**	*Isabelle looked at Agnès; Agnès looked at Isabelle. They looked at each other.*

2. The past participle never agrees with an *indirect object,* even if it precedes the verb.

Il a parlé **à la caissière.** Il **lui** a parlé.	*He spoke to the cashier. He spoke to her.*
Isabelle a écrit **à Agnès;** Agnès a écrit **à Isabelle.** Elles **se** sont écrit.	*Isabelle wrote to Agnès; Agnès wrote to Isabelle. They wrote to each other.*

> The past participle agrees:
>
> S + D.O. + V
>
> The past participle does not agree:
>
> S + V + D.O.
>
> S + V + I.O.
>
> S + I.O. + V
>
> Note:
>
> S = subject
>
> D.O. = direct object
>
> I.O. = indirect object

The Order of Object Pronouns (1)

When two object pronouns are used in the same clause they must be in the following order.*

Je **vous** offre **les fraises.** Je **vous les** offre.	*I'm offering you the strawberries. I'm offering them to you.*
Nous allons donner **le livre de cuisine à Alain.** Nous allons **le lui** donner.	*We are going to give the cookbook to Alain. We are going to give it to him.*

---

*For pronoun order in the imperative, see chapter 6.

MISE AU POINT A.  **Le pique-nique.** Vous allez faire un pique-nique. Avec un(e) camarade de classe, posez les questions suivantes à tour de rôle et répondez en substituant le pronom objet direct selon le modèle.

MODELE: VOUS: Invitons-nous les copains? (oui)
LUI/ELLE: Oui, nous les invitons.

1. Achètes-tu la bière? (oui)
2. Attendons-nous Christine et Jacques? (oui)
3. Apportons-nous les assiettes et les serviettes? (oui)
4. Allons-nous prendre la voiture? (non)
5. Marie a-t-elle préparé la salade? (oui)
6. Mourad, a-t-il cherché le pain? (non)

Dans une boulangerie parisienne: «Deux baguettes, ça te suffit?»

B. **Dans un petit restaurant.** Le serveur travaille dur ce soir! Avec un(e) camarade de classe, transformez les phrases à tour de rôle, en substituant le pronom objet indirect qui s'impose. (Si la question est au négatif, répondez à la forme négative.)

MODELE: VOUS: Le garçon parle à la serveuse?
            LUI/ELLE: Le garçon lui parle.

1. Le serveur donne le sandwich à la demoiselle blonde?
2. Il sert du potage au vieux monsieur?
3. Il n'apporte pas de serviettes aux clients?
4. Il donne un steak à ce jeune homme?
5. Il va apporter des assiettes et des verres aux jeunes femmes?
6. Il a donné du vin à cette dame-là?
7. Il n'a pas servi de salade à ces couples?

C. **Que fait le personnel d'un restaurant?** Avec un(e) camarade, répondez aux questions en employant deux pronoms objets.

MODELE: Qui rend la monnaie à la cliente? →
            La caissière la lui rend.
       ou Le serveur la lui rend.

1. Qui donne la carte aux clients?
2. Qui commande la spécialité du jour à la serveuse?
3. Qui montre le vin aux clients?
4. Qui explique la recette au sous-chef?
5. Qui apporte l'addition aux clients?
6. Qui donne le pourboire au serveur?

Que peux-tu faire? Avec un(e) partenaire, proposez des situations où vous pouvez avoir un rapport avec les personnes suivantes. Dans chaque cas, utilisez un pronom objet. Comparez ensuite vos réponses avec celles des autres groupes. Qui a le plus grand nombre de réponses?

MISE EN PRATIQUE

MODELE: le père Noël →
            Je peux lui envoyer un message électronique, lui demander un cadeau, lui parler dans un grand magasin, lui rendre visite au pôle Nord, l'écouter parler, lui dire «Merci», le voir dans un film, lui laisser des biscuits et un verre de lait, etc.

1. votre prof de français
2. les autres étudiants en cours de français
3. votre meilleur(e) ami(e)
4. vos parents
5. votre acteur/actrice préféré(e)
6. ?

La parole à l'écrivain

Dining is considered an art by the French, who take care to ensure that meals are as pleasurable as they are nutritious. It is not surprising that representations of food and wine have found their way into French literature. Be it a great wedding feast or a simple sharing of bread between friends, a meal is a social ritual that establishes relationships, nourishing the spirit as well as the body.

In Guy de Maupassant's «Boule de Suif», social class is a barrier between the passengers in a coach fleeing the 1870 Prussian invasion of France, until one of them takes out a basket of provisions. Hunger wins out over snobbery, and food, for a time, almost makes equals of all.

Pour mieux lire

Using a Dictionary

As simple as it may seem, using a French–English dictionary to help you read and write can sometimes be tricky. In the previous chapters, you have seen various ways to avoid using a dictionary; there will be times, however, when you need to look up a word to grasp what you are reading fully or to express your ideas in writing. Although some words have only one definition, it is common to find several English words for the word you are looking up in French. The following steps may make the search easier and more accurate.

1. Keep a good hardback French–English dictionary and a good all-French dictionary (with example sentences) on hand.
2. Once you've decided to look up a word, read through the entire sentence in which it is found. By checking the context before you look, you gain a general notion of possible meanings.
3. Determine the part of speech of your mystery word. If it is a verb, what is most likely its infinitive? Without the infinitive, it will be much more difficult to find the verb. Be especially cautious when dealing with complex or literary tenses. If your word is an adjective, figure out what it refers to.
4. When you get to the dictionary, familiarize yourself with the "codes" used to help you read the translation. For example, many dictionaries use the symbol ~ to replace the word in a translation. («Tête» [f.] head, «se payer la ~ de quelqu'un» to make fun of someone.)
5. As you look up the word, keep the context and the part of speech in mind. Look through all of the translations given before settling on one. Unfortunately, the one you need may be the last in a long series! If you can't find the word as it is used in your context, check surrounding words. For example, sometimes a word will be represented by another member of its word family (**un café refroidi** from **refroidir,** *to cool off*).

Try these steps as you read the following sentence from this chapter's reading. In the story «Boule de Suif», just before this, we learn that a young woman is unpacking a picnic basket.

Elle en sortit d'abord une petite assiette de faïence, une fine timbale en argent, puis une vaste terrine dans laquelle deux poulets entiers, tout découpés, avaient confi sous leur gelée...

Two of the words that you might choose to look up are **timbale** and **découpés**. (By contextual guessing, you can hypothesize that **faïence** is the material of which the plate is made, and that the **terrine** is some sort of container. Both of these general definitions are enough for you to understand the objects in question.)

Circle the correct information about each of the two words.

timbale

1. In this context, it might be

    a. an action   b. a place   c. a person
    d. an object   e. a description

2. The part of speech is

    a. a verb   b. a noun
    c. an adjective   d. an adverb

3. Of the following translations, the appropriate one according to the context is

    a. a kettledrum   b. a metal drinking-cup   c. a timpani

découpés

1. In this context, it might be

    a. an action   b. a place   c. a person
    d. an object   e. a description

2. The part of speech is

    a. a verb   b. a noun   c. an adjective
    d. an adverb

3. Of the following translations (noting that you need to rely on the verb **découper**), the appropriate translation according to the context is

    a. cut out   b. cut up   c. stamped out

tilleul [ti'jœl] *m* ♣ linden, lime (-tree); *infusion*: lime-blossom tea.
timbale [tɛ̃'bal] *f* ♪ kettledrum; *cuis.* pie-dish; metal drinking-cup; F *décrocher la* ~ carry off the prize; ♪ *les* ~*s pl. orchestra*: the timpani; **timbalier** ♪ [~ba'lje] *m* kettledrummer; *orchestra*: timpanist.
timbre [tɛ̃:br] *m* date, postage, etc.: stamp; *bicycle, clock, etc.*: bell; *fig. voice etc.*: timbre; ~ *fiscal* revenue stamp; ~ *humide* rubber stamp; F *avoir le* ~ *fêlé* be cracked *or* crazy; **timbré, e** [tɛ̃'bre] sonorous (*voice*); *admin.* stamped (*paper*); ⊕ tested (*boiler*); F *fig.* cracked, crazy, daft; **timbre-poste,** *pl.* **timbres-poste** [~brə'pɔst] *m* postage stamp; **timbre-quittance,** *pl.* **timbres-quittance** [~brəki'tɑ̃:s] *m* receipt stamp;

décorum [dekɔ'rɔm] *m* decorum, propriety.
découcher [deku'ʃe] (1a) *v/i.* sleep out; stay out all night.
découdre [de'kudr] (4l) *v/t.* unpick (*a garment*); rip open.
découler [deku'le] (1a) *v/i.*: ~ *de* follow *or* result from.
decoupage [deku'pa:ʒ] *m* cutting up *or* out; carving; cut-out (figure); **découper** [~'pe] (1a) *v/t.* carve (*a chicken*); cut up; cut out (*a newspaper article, a pattern*); ⊕ stamp out, punch; *fig.* se ~ stand out (against, *sur*).
découplé, e [deku'ple] well-built, strapping; **découpler** [~] (1a) *v/t.* uncouple (*a.* ♪), unleash; *radio:* decouple.
découpoir ⊕ [deku'pwa:r] *m* cutter; **découpure** [~'py:r] *f* cutting-out; pinking; *newspaper*: cutting; *geog.* indentation.

The young woman unpacked, in fact, a plate and a silver cup and cut-up chicken preserved in aspic.

Mise en route

L'apparence physique d'une personne influence-t-elle notre première impression de cet individu? Et son métier? Imaginez que vous voyez les gens suivants dans la rue. Quelles en sont vos premières impressions?

VOCABULAIRE UTILE

au chômage	instruit(e)	père
dangereux (-euse)	intelligent(e)	professeur
espion	irresponsable	responsable
femme d'affaires	libre	révolté(e)
fou (folle)	méchant(e)	riche
gentil(le)	motivé(e)	stupide
heureux (-euse)	paresseux (-euse)	triste
homme d'affaires	pauvre	

1. un homme avec les cheveux longs et sales, qui marche sans regarder autour de lui
   Il est _____

2. une femme avec les cheveux orange et violets, un pantalon déchiré et une boucle d'oreille au nez
   Elle est _____

3. un homme qui porte un costume et une cravate, et qui sort d'une BMW
   Il est _____

4. un jeune homme qui descend de l'autobus et qui est accompagné de quatre petits enfants
   Il est _____

5. une femme qui porte des lunettes et un sac plein de livres
   Elle est _____

Comparez vos premières impressions avec celles d'un(e) partenaire. Maintenant imaginez que vous devez vous asseoir à côté d'une de ces personnes. Laquelle choisissez-vous? Laquelle évitez-vous? Pourquoi?

Mots et expressions

avaler to swallow
causer to chat, converse
les crudités (*f. pl.*) raw vegetables
déboucher to uncork, open
enlever to remove, take off or away
(s')essuyer to wipe off
la friandise sweet, delicacy

mâcher to chew
le panier basket
la reconnaissance gratitude
se répandre to spread
tacher to spot, get a spot on
vider to empty

A. Trouvez le contraire des actions suivantes. Attention aux temps des verbes.

1. Marcel a lavé son pantalon. Marie _____ sa chemise avec de la sauce tomate.
2. Je mets du vin dans mon verre. Je _____ la bouteille.
3. En classe je ne parle pas. Mais quand je suis avec mes amis nous _____ beaucoup.
4. Le serveur met les assiettes sur la table avant le repas, et il les _____ quand on a fini de manger.
5. Quand on fabrique du vin, on met un bouchon pour fermer la bouteille. Pour l'ouvrir, il faut la _____ .

B. Complétez les phrases avec les mots de la liste suivante qui conviennent. N'oubliez pas de conjuguer les verbes.

avaler	friandises	reconnaissance
crudités	mâcher	se répandre
s'essuyer	panier	

1. Quand un pâtissier fait de bons gâteaux, une odeur délicieuse _____ dans la rue près de son magasin. Les gens qui passent ont envie d'acheter des _____ .
2. Quand on fait un pique-nique, on met les provisions dans un _____ . On prend des sandwiches, des fruits et des _____ (des carottes, par exemple).
3. Qu'est-ce qu'on fait pour manger poliment? D'abord, on ne dévore pas son repas. On prend le temps de bien _____ , et ensuite on _____ sans faire de bruit. Après le repas, on _____ les mains avec sa serviette.
4. Le vieux monsieur sourit avec _____ à la dame qui l'a aidé à traverser la rue.

Boule de Suif

GUY DE MAUPASSANT

Guy de Maupassant was born in 1850 in Normandy, a region that figures prominently in many of his stories. Between 1880 and 1891, encouraged by the realist writer Gustave Flaubert, he published about three hundred short stories and six novels, but neither success nor wealth gave him happiness. The story «Boule de Suif», whose title comes from the nickname "ball of wax" given to his main character because of her roundish figure, is one of his best-loved works. It is a tale of human interaction at its finest, showing Maupassant's keen talent for observation as well as his scathing criticism of hypocrisy in all its forms.

Edouard Manet: Bar
aux Folies-Bergère
(1881–1882).

*Les Prussiens attaquent Rouen et beaucoup de gens quittent la ville. Boule de Suif,
une jeune femme bien douce et gentille mais avec une profession un peu particulière,
part en carrosse (carriage) avec un groupe rassemblé par les circonstances de la guerre.
Dans ce microcosme de la société du XIXème siècle se trouvent des marchands de vin,
M. et Mme Loiseau, M. Carré-Lamadon et sa femme de la haute bourgeoisie, et les
nobles, le comte et la comtesse de Bréville. Avec eux, il y a deux religieuses et Cornudet, un homme aux mœurs un peu douteuses. Personne ne parle à la jeune prostituée et on refuse même de reconnaître sa présence, jusqu'au moment où elle ouvre son
panier plein de nourriture. Va-t-on enfin l'accepter?*

Enfin, à trois heures, comme on se trouvait au milieu d'une plaine
interminable, sans un seul village en vue, Boule de Suif, se baissant vive-
ment, retira°* de sous la banquette° un large panier couvert d'une serviette   *took out/carriage seat*
blanche.

5   Elle en sortit d'abord une petite assiette de faïence,° une fine timbale en   *earthenware*
argent, puis une vaste terrine dans laquelle deux poulets entiers, tout découpés,

---

*See **Pour mieux lire** in chapter 3 for an explanation of the **passé simple**.

avaient confi sous leur gelée,° et l'on apercevait encore dans le panier d'autres
bonnes choses enveloppées, des pâtés, des fruits, des friandises, les provisions

10 préparées pour un voyage de trois jours, afin de ne point toucher à la cuisine des
auberges. Quatre goulots de bouteilles° passaient entre les paquets de nourriture.
Elle prit une aile° de poulet et, délicatement, se mit à la manger avec un de ces
petits pains qu'on appelle «Régence» en Normandie.

Tous les regards étaient tendus vers elle. Puis l'odeur se répandit, élargissant

15 les narines,° faisant venir aux bouches une salive abondante avec une contraction
douloureuse de la mâchoire° sous les oreilles. Le mépris des dames pour cette
fille devenait féroce, comme une envie de la tuer, ou de la jeter en bas de la
voiture,° dans la neige, elle, sa timbale, son panier et ses provisions.

Mais Loiseau dévorait des yeux la terrine de poulet. Il dit: «A la bonne

20 heure, madame a eu plus de précaution° que nous. Il y a des personnes qui
savent toujours penser à tout.» Elle leva la tête vers lui: «Si vous en désirez,
monsieur? C'est dur de jeûner° depuis le matin.» Il salua: «Ma foi, franchement,
je ne refuse pas, je n'en peux plus. A la guerre comme à la guerre,° n'est-ce pas,
madame?» Et, jetant un regard circulaire, il ajouta: «Dans des moments comme

25 celui-ci, on est bien aise° de trouver des gens qui vous obligent.°» Il avait un
journal, qu'il étendit° pour ne point tacher son pantalon, et sur la pointe d'un
couteau toujours logé dans sa poche, il enleva une cuisse toute vernie° de gelée,
la dépeça° des dents, puis la mâcha avec une satisfaction si évidente qu'il y eut
dans la voiture un grand soupir° de détresse.

30 Mais Boule de Suif, d'une voix humble et douce, proposa aux bonnes sœurs
de partager sa collation. Elles acceptèrent toutes les deux instantanément, et, sans
lever les yeux, se mirent à manger très vite après avoir balbutié des remercie-
ments.° Cornudet ne refusa pas non plus les offres de sa voisine, et l'on forma
avec les religieuses une sorte de table en développant des journaux sur les

35 genoux.

Les bouches s'ouvraient et se fermaient sans cesse, avalaient, mastiquaient,°
engloutissaient° férocement. Loiseau, dans son coin, travaillait dur,° et, à voix
basse, il engageait° sa femme à l'imiter. Elle résista longtemps, puis, après une
crispation° qui lui parcourut les entrailles,° elle céda. Alors son mari, arrondis-

40 sant sa phrase, demanda à leur «charmante compagne» si elle lui permettait d'offrir un petit morceau à Mme Loiseau. Elle dit: «Mais oui, certainement, monsieur», avec un sourire aimable, et tendit la terrine.

Un embarras se produisit lorsqu'on eut débouché la première bouteille de
bordeaux: il n'y avait qu'une timbale. On se la passa après l'avoir essuyée. Cor-

45 nudet seul, par galanterie sans doute, posa ses lèvres à la place humide encore
des lèvres de sa voisine.

Alors, entourés de gens qui mangeaient, suffoqués par les émanations des
nourritures, le comte et la comtesse de Bréville, ainsi que M. et Mme Carré-
Lamadon souffrirent ce supplice odieux° qui a gardé le nom de Tantale. Tout

aspic

goulots... bottle necks

wing

nostrils

jaw

la jeter... to throw her from the carriage

foresight

ne pas manger

A... "War is war"

content / gens... people who help you out spread out une... a thigh covered la... took it apart sigh

avoir... having stuttered thanks

mâchaient

avalaient / travaillait... mangeait vite encourageait crampe / les... le ventre

supplice... torture horrible

50 d'un coup la jeune femme du manufacturier poussa un soupir qui fit retourner les têtes; elle était aussi blanche que la neige du dehors; ses yeux se fermèrent, son front tomba: elle avait perdu connaissance.° Son mari, affolé,° implorait le secours° de tout le monde. Chacun perdait l'esprit, quand la plus âgée des bonnes sœurs, soutenant la tête de la malade, glissa° entre ses lèvres la timbale
55 de Boule de Suif et lui fit avaler quelques gouttes de vin. La jolie dame remua,° ouvrit les yeux, sourit, et déclara d'une voix mourante qu'elle se sentait fort bien° maintenant. Mais, afin que cela ne se renouvelât plus,° la religieuse la contraignit à boire un plein verre de bordeaux, et elle ajouta: «C'est la faim, pas autre chose.»

60 Alors Boule de Suif, rougissante et embarrassée, balbutia en regardant les quatre voyageurs restés à jeun: «Mon Dieu, si j'osais offrir à ces messieurs et à ces dames... » Elle se tut, craignant un outrage. Loiseau prit la parole: «Eh, parbleu,° dans des cas pareils° tout le monde est frère et doit s'aider. Allons, mesdames, pas de cérémonie: acceptez, que diable! Savons-nous si nous trouverons°
65 seulement une maison où passer la nuit? Du train dont nous allons,° nous ne serons pas à Tôtes° avant demain midi.» On hésitait, personne n'osant assumer la responsabilité du «oui». Mais le comte trancha la question.° Il se tourna vers la grosse fille intimidée, et, prenant son grand air de gentilhomme, il lui dit: «Nous acceptons avec reconnaissance, madame.»

70 Le premier pas seul coûtait.° Une fois le Rubicon passé, on s'en donna carrément.° Le panier fut vidé. Il contenait encore un pâté de foie gras, un pâté de mauviettes,° un morceau de langue fumée,° des poires de Crassane, un pavé de pont-l'évêque,° des petits-fours et une tasse pleine de cornichons et d'oignons au vinaigre: Boule de Suif, comme toutes les femmes, adorant les crudités.

75 On ne pouvait manger les provisions de cette fille sans lui parler. Donc on causa, avec réserve d'abord, puis, comme elle se tenait fort bien, on s'abandonna davantage.° Mmes de Bréville et Carré-Lamadon, qui avaient un grand savoir-vivre, se firent gracieuses avec délicatesse. La comtesse surtout montra cette condescendance aimable des très nobles dames qu'aucun contact ne peut salir, et fut
80 charmante. Mais la forte Mme Loiseau, qui avait une âme de gendarme, resta revêche,° parlant peu et mangeant beaucoup.

Après ce grand repas, où tout le monde a bien mangé grâce à Boule de Suif, il semble que tout le monde accepte la jeune prostituée. Plus tard, les voyageurs descendent à l'hôtel dans un petit village déjà occupé par les Prussiens. L'un des Prussiens décide qu'il veut profiter de la prostituée, et refuse de laisser partir la voiture si elle ne couche pas avec lui. Boule de Suif, qui déteste l'ennemi, refuse au début, mais ses «compagnons», qui avaient si facilement mangé sa nourriture, l'obligent à le faire et se montrent extrêmement injustes lorsque plus tard, dans la carrosse, ils refusent de partager leur nourriture avec Boule de Suif, qui reste dans un coin de la voiture, et qui pleure.

elle... she had fainted /
qui avait peur
le... l'aide
slipped

moved

se sentait... was feeling quite well / cela ne... this wouldn't happen again

heavens / similar
will find
Du train... at the pace we're going
un village
trancha... prit une décision

Le premier... Only the first step was difficult
on s'en... they really went for it
un petit oiseau / langue... smoked tongue
un fromage

s'abandonna... really let themselves go

harsh

1. Qu'est-ce que Boule de Suif cherche sous la banquette de la voiture? Pourquoi est-ce qu'elle en a besoin? Pourquoi les autres en ont-ils envie?

2. Qu'est-ce que Boule de Suif propose aux autres voyageurs? Indiquez l'ordre dans lequel les autres passagers acceptent son offre.

3. M. Loiseau semble admirer Boule de Suif pour quelque raison. Pourquoi l'admire-t-il?

4. Comment Loiseau justifie-t-il le fait d'accepter la générosité de Boule de Suif? Trouvez les deux phrases qui indiquent cette justification (aux paragraphes 4 et 9).

5. Pourquoi est-ce que les passagers sont gênés lorsqu'on ouvre le vin? Comment résolvent-ils le problème? Est-ce que tout le monde réagit de la même manière? Expliquez.

6. Pourquoi donne-t-on de la nourriture à Mme Carré-Lamadon?

7. Qui accepte de manger en dernier?

8. Comment voit-on que les autres passagers acceptent (ou au moins tolèrent) Boule de Suif?

COMMENTAIRE
DU TEXTE

1. Boule de Suif fait partie d'une tradition littéraire de «la prostituée au cœur d'or». Selon la description des actions de Boule de Suif, comment est-ce que vous l'imaginez? Grossière? Délicate? Elégante? Stupide? Pourquoi? Trouvez d'autres adjectifs pour la décrire.

2. Analysez l'ordre dans lequel les gens acceptent de partager le repas de Boule de Suif. Consultez l'introduction à cette lecture, avant de discuter des raisons pour lesquelles Maupassant a peut-être choisi cet ordre.

3. Lequel des personnages (à part Boule de Suif) vous semble le plus gentil? le plus hypocrite? Pourquoi?

4. Maupassant utilise plusieurs fois un vocabulaire qui pourrait s'appliquer à des animaux lorsqu'il parle des compagnons de voyage de Boule de Suif. A votre avis, quel est l'effet recherché?

DE LA
LITTERATURE
A LA VIE

1. En France, comme dans beaucoup de pays, même de nos jours, la classe sociale d'une personne joue un rôle important dans ses rapports avec les autres. Est-ce que cela est vrai dans votre pays? Où et comment le voit-on? Qu'en pensez-vous?

2. Comment est-ce que les gens réagissent en période difficile (lors de guerres, de désastres naturels, de conflits sociaux)? Essayez d'imaginer l'attitude des gens dans des cas semblables. Est-ce qu'ils s'aident plus que d'habitude? Est-ce qu'ils respectent moins les lois? Expliquez ce qui se passe.

3. Avec qui aimez-vous dîner? Pourquoi? Que signifie une invitation à dîner avec quelqu'un? Quand refuse-t-on de dîner avec quelqu'un? Pourquoi?

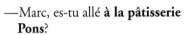

Structures 2

The Pronouns **y** and **en**

The Pronoun **y**

Definition The adverbial pronoun **y** takes the place of a thing, an idea, or a place. It never takes the place of a person.

*Crystal d'Arques.
On n'y pense
jamais assez.*

—Marc, es-tu allé **à la pâtisserie Pons**?

Marc, have you been to the Pons Bakery?

—Oui, j'**y** suis allé ce matin.

Yes, I went there this morning.

—Tu es aussi passé **au marché**?

Did you also go to the market?

—Non, je n'**y** suis pas passé.

No, I didn't go there.

Uses

1. **Y** is substituted for the names of places when they are preceded by a preposition of place—**à, chez, dans, en, sous, sur,** etc.—and is translated as *there*.

—Est-ce que Marcel va **à Aix-en-Provence**?

Is Marcel going to Aix-en-Provence?

—Oui, il **y** va.

Yes, he's going there.

—Avez-vous dîné **chez eux**?

Have you had dinner at their house?

—Oui, nous **y** avons dîné deux fois.

Yes, we have had dinner there twice.

—Va-t-il voyager **dans le Midi**?

Is he going to travel in the south of France?

—Non, il ne va pas **y** voyager cet été.

No, he's not going to travel there this summer.

2. **Y** also replaces **à** + a *thing* or an *idea* and is translated as *it* or *about it*.

—Je réponds **à la lettre.** J'**y** réponds

I answer the letter. I answer it.

—Tu penses **à l'amour.** Tu **y** penses.

You are thinking about love. You are thinking about it.

3. In the **passé composé,** there is no agreement with **y.**

—François, as-tu pensé **aux vacances**?

François, have you thought about vacation?

—Oui, j'**y** ai déjà pensé.

Yes, I have already thought about it.

The Pronoun en

Definition The adverbial pronoun **en** takes the place of a location, a thing, an idea, or a person.

—Venez-vous **de Paris**? *Do you come from Paris?*
—Oui, j'**en** viens. *Yes, I come from there.*

—As-tu acheté **des provisions**? *Did you buy some groceries?*
—Non, je n'**en** ai pas acheté. *No, I didn't buy any.*

—Ont-ils **des amis français**? *Do they have any French friends?*
—Oui, ils **en** ont. *Yes, they have some.*

Uses

1. En replaces **de** + *the name of a place*. It is translated as *from there*.

—Revenez-vous **de Strasbourg?** *Are you coming back from Strasbourg?*
—Oui, nous **en** revenons. *Yes, we are coming back from there.*

2. En means *some, any, of it, of them*. It replaces

a. the partitive article + a thing

Il boit **de la bière.** Il **en** boit. *He drinks (some) beer. He drinks some (of it).*

Nous achetons **du pain.** *We are buying (some) bread. We are*
Nous **en** achetons. *buying some (of it).*

b. the indefinite article + *a thing* or *a person*

—Tu as **une boîte de sardines?** *Do you have a can of sardines?*
—Oui, j'**en** ai **une**. *Yes, I have one.*
—Je connais **des chefs de cuisine**. *I know some chefs. I know some*
J'**en** connais. *(of them).*

c. expressions of quantity and numbers + *a thing* or *a person*. With **en,** always repeat the number or the expression of quantity.

Elle commande **trois desserts**. *She's ordering three desserts. She's*
Elle **en** commande **trois**. *ordering three (of them).*
Il ne mange pas **trop de sucre**. *He doesn't eat too much sugar. He*
Il n'**en** mange pas **trop**. *doesn't eat too much of it.*

d. objects of verbs or verbal expressions that require the preposition **de** + *a thing*.

avoir besoin de être content(e) de / être ravi(e)
avoir envie de de, etc.

Il a envie **de dessert.** Il **en** a envie.   *He wants dessert. He wants some.*
Je suis contente **de te revoir.**   *I'm happy to see you again. I'm*
    J'**en** suis contente.   *happy about it.*

3. In the **passé composé,** there is no agreement with **en.**

—Avez-vous déjà goûté **des**   *Have you already tasted snails?*
    escargots?
—Non, je n'**en** ai jamais goûté.   *No, I've never tasted any.*

The Order of Object Pronouns (2)

The adverbial pronouns **y** and **en** precede the verb to which they refer. If they are before the same verb, **y** precedes **en.**

ORDER OF OBJECT PRONOUNS*									
me te se nous vous	before	le la les	before	lui leur	before	y	before	en	+ *verb*

Il mange des fraises. Il **en** mange.   *He's eating strawberries. He's eating*
    some.

Je compte aller à Paris. Je compte   *I plan to go to Paris. I plan to go*
    y aller.   *there.*
Il m'a donné du fromage. Il **m'en**   *He gave me some cheese. He gave*
    a donné.   *me some.*
Nous avons envoyé les recettes de   *We sent Mom's recipes to Victor. We*
    Maman à Victor. Nous **les lui**   *sent them to him.*
    avons envoyées.

MISE AU POINT A. Un voyage dans le Midi. Refaites les phrases en remplaçant les mots en italique par le pronom adverbial **y.**

1. En septembre, nous allons *en Europe*.
2. Nous allons faire un voyage *dans le Midi*.
3. Nous comptons aller *à Nice*.
4. Nos amis niçois nous ont invités *chez eux*.
5. Nous les verrons bientôt *en France*.
6. Nous pensons *à notre voyage* depuis longtemps.

---

*Except in affirmative commands. (Donnez-**les-moi.** Ne **me les** donnez pas.) See chapter 6.

B. Mes amis bretons. Refaites les phrases en remplaçant les mots en italique par le pronom adverbial **en.**

1. Mes copains viennent *d'Alençon.*
2. Ils boivent toujours beaucoup *de cidre.*
3. Ils connaissent plusieurs *fermiers bretons.*
4. Les fermiers sont toujours ravis *de voir mes copains.*
5. Quand ils sont ensemble ils parlent *du bon vieux temps.*
6. Ils se souviennent *de leur jeunesse.*
7. Ils sont fiers *de leur région.*
8. J'ai envie *de passer quelque temps avec eux.*

C. *Y* ou *en*? Transformez les phrases en employant le pronom adverbial (**y** ou **en**) qui s'impose.

1. Nous allions au marché tous les samedis.
2. Je suis content de tes progrès.
3. Tu ne penses pas à la cuisine marocaine?
4. J'avais envie de pizza.
5. Je suis revenu d'Alsace.
6. Elle n'a pas mangé assez de légumes.
7. Ils ont grignoté en voiture.

D.  **Habitudes.** Interviewez un(e) camarade de classe afin d'apprendre à quoi il/elle s'intéresse, à quoi il/elle pense, etc.

MODELE: s'intéresser à la cuisine →

   VOUS: Est-ce que tu t'intéresses à la cuisine?
   LUI/ELLE: Oui, je m'y intéresse beaucoup. Et toi?
   VOUS: Non, je ne m'y intéresse pas du tout.

1. penser souvent à la politique
2. penser parfois aux problèmes écologiques
3. s'intéresser au cinéma français
4. faire attention aux résultats sportifs internationaux
5. s'intéresser à la psychologie
6. avoir besoin d'argent / pourquoi?
7. suivre un régime végétarien
8. grignoter devant la télévision / pourquoi?

A. **Conseils.** Un(e) étudiant(e) de première année, qui s'intéresse à la nourriture, vous pose des questions. Avec un(e) partenaire, répondez à trois questions, puis changez de rôles.

MISE EN **PRATIQUE**

MODELE: (tu) manger souvent / au restaurant chinois près de l'université? →

LUI/ELLE: Manges-tu souvent au restaurant chinois près de l'université?

VOUS: Oui, j'y vais une fois par semaine. Leurs soupes sont les meilleures de la ville.

1. (tu) déjeuner souvent / au restaurant universitaire?
2. (tu) dîner / au centre-ville pour célébrer une occasion spéciale?
3. que / (tu) acheter / au supermarché?
4. (on) pouvoir acheter un café / à la bibliothèque?
5. (on) pouvoir apporter son café / en cours?
6. (on) pouvoir acheter de la nourriture / à la librairie de l'université?

Orléans, le Restau-U:
On n'y mange pas mal.

B. **SONDAGE: Préférences.** Faites une liste de trois choses que vous aimez manger et de trois choses que vous aimez boire. Dites quand vous mangez et buvez ces choses. Ensuite, demandez à deux camarades de classe s'ils / si elles ont les mêmes habitudes alimentaires que vous. Utilisez le partitif et des pronoms.

MODELE: VOUS: Je bois du jus de fruits le matin, et toi?

LUI/ELLE: Non, mais j'en bois le soir.

ou Non, je n'en bois pas.

ou Oui, moi aussi j'en bois le matin.

JE MANGE...	MOMENTS DE LA JOURNEE	ETUDIANT(E) A	ETUDIANT(E) B
1. _____	_____	_____	_____
2. _____	_____	_____	_____
3. _____	_____	_____	_____
JE BOIS...			
1. _____	_____	_____	_____
2. _____	_____	_____	_____
3. _____	_____	_____	_____

Comparez vos résultats avec ceux des autres membres de la classe. Qui mange ou boit quelque chose d'original ou de surprenant?

Demonstrative Pronouns

Definition The demonstrative pronoun replaces a thing or a situation. Its antecedent is not specified.

Forms

C'est bien.	*That's good.*
Ça dépend.	*It (That) depends.*
J'aime **ceci** mais je n'aime pas **cela.**	*I like this but I don't like that.*

Uses

1. A demonstrative pronoun (neuter) can be used as the subject or object of a verb.

Ce is used as the subject of **être.***

$$\textbf{Ce} + \textbf{être} + \begin{cases} \textit{article (or determiner)} + \textit{a person or a thing} \\ \textit{adverb} \\ \textit{proper noun} \end{cases}$$

C'est mon dessert préféré.	*It's my favorite dessert.*
C'était un bon restaurant.	*That was a good restaurant.*
Ce n'est pas loin d'ici.	*It's not far from here.*
C'est Jacques. Et **ce** sont ses camarades de chambre.	*This is Jacques. And these are his roommates.*

---

*See the indefinite article in chapter 2.

2. **Ce** + **être** + *masculine adjective* is used to refer back to the idea presented in a preceding clause.

Ce chef fait bien la cuisine, **c'est évident.**

This chef cooks well, that's for sure.

Manger de la salade, **c'est** très **important.**

Eating salad, that's important.

3. Use **cela** or **ça** when the verb is not **être** or when the verb **être** is preceded by an object pronoun.

Tu veux te préparer un sandwich pour midi?

—**Ça** dépend.   *It (That) depends.*
—**Cela** ne vaut pas la peine.   *It's not worth the trouble.*
—**Ça** m'est égal.   *It doesn't matter to me.*

4. **Ceci** and **cela** are used as objects of a verb to refer to things that are not expressly named but are referred to by pointing.

Aimez-vous **ceci** ou préférez-vous **cela**?

Do you like this or do you prefer that?

Je vais acheter **ceci,** mais je ne vais pas prendre **cela.**

I am going to buy this, but I don't want to take that.

MISE AU POINT **A. A midi.** Complétez les phrases avec **ce/c'** ou **ça.**

1. Qui est-_____ ?
2. _____ est Mme Duclos, la patronne du Café des Sports.
3. Est-_____ un bon café?
4. _____ n'est pas mon café favori, et _____ est bien dommage parce que _____ est près de la fac.
5. Ah, _____ est bête! Mais il y a d'autres restaurants près de la fac?
6. Ne m'en parle pas. _____ sont des self-services. Mais _____ m'est égal parce que d'habitude je rentre chez moi pour déjeuner.

B. Propos. Choisissez **ceci** ou **cela/ça.**

1. _____ ne vaut pas la peine.
2. Vous allez dîner au Restau-U? —_____ dépend.
3. Comment _____ va? —_____ va bien.
4. Je n'ai pas fini la leçon. —_____ ne fait rien.
5. _____ lui est tout à fait égal.
6. Qu'est-ce que vous préférez? _____ ou _____ ? —Je préfère _____ .

A. **Un dessert délicieux.** Complétez la recette en employant les articles (définis, indéfinis ou partitifs) qui s'imposent.

Pour faire une mousse au chocolat, il faut _____¹ sucre, _____² chocolat, une cuillerée (*spoonful*) _____³ kirsch, _____⁴ beurre, _____⁵ œufs et _____⁶ crème. Mais il ne faut pas mettre _____⁷ vanille. Si vous faites attention à votre ligne, il ne faut pas manger trop _____⁸ mousse, puisque ça fait grossir.

Quimper, au marché: Où faites-vous les provisions?

B. Faire le marché. Madeleine vous raconte ce qu'elle a fait cet après-midi. Employez les articles (définis, indéfinis ou partitifs) qui s'imposent.

Je voulais faire _____¹ courses, mais je n'avais pas _____² argent, alors je suis passée à la banque. Ensuite, je suis allée à l'épicerie où j'ai acheté un kilo _____³ fromage (j'adore _____⁴ fromage), _____⁵ eau minérale, une boîte _____⁶ thon (je déteste _____⁷ thon, mais ça ne fait pas grossir!), deux cents grammes _____⁸ olives et _____⁹ laitue. Malheureusement, l'épicier n'avait plus _____¹⁰ tomates. Ensuite, je suis allée chez le boucher où j'ai acheté une tranche _____¹¹ jambon et _____¹² bifteck. Je n'ai pas pris _____¹³ côtelettes d'agneau, parce qu'elles étaient trop chères. Après, chez le boulanger, j'ai choisi _____¹⁴ croissants et beaucoup _____¹⁵ petits pains pour le petit déjeuner. Chez le marchand de vin, j'ai pris _____¹⁶ vin rouge et aussi une petite bouteille _____¹⁷ vin blanc (je préfère _____¹⁸ vin blanc). Après tout cela, je suis rentrée chez moi! Ouf!

C. Au restaurant. Avec un(e) partenaire, décrivez les actions des gens suivants, selon le modèle. Ensuite, comparez vos réponses avec celles des autres groupes.

MODELE: le chef, les sous-chefs: aider / expliquer la recette →
    a. Le chef *les* aide.
    b. Il *leur* explique la recette.

1. le serveur, la cliente: regarder / parler gentiment
2. la cliente, le serveur: écouter / donner un pourboire
3. les clients, la sommelière: attendre / poser des questions
4. la sommelière, les clients: conseiller / répondre précisément
5. nous, la caissière: chercher / demander si le restaurant accepte les cartes de crédit
6. la caissière, nous: regarder / rendre la carte de crédit

D. Une amie curieuse. Répondez aux questions de votre amie en utilisant un pronom objet direct, un pronom objet indirect, **y** ou **en.**

1. Aimes-tu la nourriture sénégalaise?
2. Connais-tu un bon restaurant sénégalais?
3. Est-ce que tu es allé(e) à ce restaurant récemment?
4. Parles-tu à la serveuse en wolof ou en français?
5. As-tu pris un yassa au poulet?
6. Veux-tu m'inviter à ce restaurant?
7. A-t-on besoin de téléphoner au patron pour réserver une table?
8. A quelle heure est-ce qu'on se retrouve au restaurant?

E. Au bureau des réclamations. Complétez les phrases avec un pronom démonstratif invariable.

Je n'aime pas ce supermarché. Il ferme à 19 h et _____¹ est trop tôt pour moi. A mon avis _____² ne vaut pas la peine d'avoir plein de (*lots of*) choses si _____³ est impossible d'y aller! En plus, _____⁴ ne me plaît pas quand la caissière refuse de chercher le prix de quelque chose. _____⁵ n'est pas ma faute si _____⁶ n'est pas marqué! Vraiment, _____⁷ sont toujours les clients qui souffrent. Je trouve ça trop injuste!

Réalités quotidiennes

Evaluation gastronomique

Avec un(e) partenaire, faites la critique d'un restaurant où vous avez mangé récemment. Remplissez les deux premières parties («Evaluation du service» et «Commentaires») de la fiche ci-dessous.

Lisez alors vos commentaires aux autres étudiants pour leur permettre de deviner le nom du restaurant. Quel restaurant a le plus de succès chez les étudiants? Pourquoi?

DITES-NOUS CE QUE VOUS PENSEZ!

ÉVALUATION DU SERVICE	Excellent	Bon	Passable	Mauvais
Goût des aliments	☐	☐	☐	☐
Température des aliments	☐	☐	☐	☐
Qualité des aliments	☐	☐	☐	☐
Rapidité du service	☐	☐	☐	☐
Courtoisie du service	☐	☐	☐	☐

	Oui	Non
Commande exacte	☐	☐

COMMENTAIRES

_____

_____

RENSEIGNEMENTS COMPLÉMENTAIRES

Adresse du restaurant _____

Nom du/de la préposé/e au service _____

Date de la visite ____ Nombre de personnes ___

Petit déjeuner ☐   Déjeuner ☐   Dîner ☐   Souper ☐

Service-au-volant ou salle à manger _____

Si vous désirez une réponse, veuillez donner les renseignements suivants:

Votre nom _____

Adresse _____

Ville_____ Code _____

Téléphone _____

Veuillez déposer votre carte remplie dans la boîte de commentaires au comptoir.

Imprimé sur papier recyclé

 VOYAGES

CHAPITRE 6

Tahiti: Un paradis pour les habitants comme pour les touristes.

Mots et expressions

LE TOURISME

l'aller (*m.*) one-way ticket; **l'aller-retour** round-trip ticket
l'auberge (*f.*) inn; **l'auberge de jeunesse** youth hostel
les bagages (*m.*) luggage
la carte de crédit credit card
le chèque de voyage traveler's check
la consigne (automatique) checkroom (luggage lockers)
faire du tourisme to sightsee
le passeport (en règle) (valid) passport
passer la douane to go through customs
le paysage scenery, landscape
se renseigner (sur) to get information, ask (about)
la station (balnéaire / de ski) (seaside/ski) resort
le TGV (le Train à grande vitesse) French high-speed train (*interurban*)
le vol (complet) (full) flight
voyager (dans le monde entier / léger) to travel (round the world / light)

SUR LA ROUTE

l'autoroute (*f.*) highway, expressway
le carrefour intersection
la carte routière road map
le coffre trunk (*of a vehicle*)
la contravention (traffic) ticket
doubler to pass
être en panne to break down (*mechanically*)
faire le plein (d'essence) to fill up (with gas)
le feu rouge/orange/vert red/amber/green light
garer la voiture to park the car
le panneau road sign
le permis de conduire driver's license
le piéton / la piétonne pedestrian
ralentir to slow down
rouler to drive, travel along
la (bonne/mauvaise) route (right/wrong) road

APPLICATIONS

A. Associations. Quels termes de **Mots et expressions** associez-vous avec les personnages suivants?

1. l'étudiant(e) qui voyage à l'étranger
2. la célébrité qui part en vacances
3. une personne en voiture
4. l'agent de police

B. Ressemblances. Trouvez le terme qui complète chaque analogie.

MODELE: <u>faire du tourisme</u>: les touristes
étudier: les étudiants

1. _____ : la voiture
l'eau: le bateau
2. _____ : les bagages
le parking: la voiture

3. _____ : le véhicule
   nourrir: l'être humain
4. _____ : le touriste étranger
   le permis de conduire: le chauffeur
5. _____ : les étudiants
   l'hôtel à trois étoiles: les hommes (femmes) d'affaires

6. Synonymes. Trouvez l'équivalent des expressions suivantes.

1. dépasser un véhicule
2. l'endroit où deux routes s'entrecroisent
3. le trajet en avion
4. la partie d'un pays que la nature présente à l'observateur
5. le billet permettant de partir et de revenir
6. la personne qui circule à pied
7. se déplacer avec très peu de bagages

Discutons...

A votre avis, est-il important de voyager? Pourquoi? Pourquoi pas? A quel âge doit-on voyager? Que doit-on faire pour bien profiter d'un voyage?

Structures 1

• •

The Imperative

Definition The imperative expresses orders or requests.

HAUTES-PYRENEES
TOURISME • ENVIRONNEMENT
**Mettez une pointe d'exceptionnel
dans votre vie !**

Tourne à droite!	*Turn right!*
Ralentissez aux carrefours!	*Slow down at intersections!*
Ne **roulez** pas trop vite.	*Don't drive too fast.*
Rapporte-moi un cadeau, s'il te plaît.	*Please bring me back a gift.*

Formation

The imperative is taken from the **tu, nous,** and **vous** forms of verbs in the present indicative. No subject pronoun is used.

Regular Forms

	travailler	finir	attendre	se lever
AFFIRMATIVE	travaille	finis	attends	lève-toi
	travaillons	finissons	attendons	levons-nous
	travaillez	finissez	attendez	levez-vous
NEGATIVE	ne travaille pas	ne finis pas	n'attends pas	ne te lève pas
	ne travaillons pas	ne finissons pas	n'attendons pas	ne nous levons pas
	ne travaillez pas	ne finissez pas	n'attendez pas	ne vous levez pas

1. The final **s** is dropped from the **tu** form of verbs ending in **-er, -frir,** and **-vrir.** For verbs ending in **-ir** and **-re,** the **s** of the **tu** form is kept.

Tu parles. → **Parle!**	*You are speaking. → Speak!*
Tu ouvres. → **Ouvre!**	*You open. → Open!*
Tu obéis. → **Obéis!**	*You obey. → Obey!*
Tu attends. → **Attends!**	*You are waiting. → Wait!*

> For verbs ending in -er, -frir, and -vrir, the final s of the **tu** form is not dropped when the command is followed by **y** or **en**.
>
> Parle de ton voyage! → **Parles-en!**
>
> Va au marché! → **Vas-y!**

2. For pronominal verbs, the reflexive pronoun **te/toi, nous,** or **vous** accompanies the verb.

Tu te renseignes. → Renseigne-toi!	*You are getting information (finding out). → Find out!*
Vous vous asseyez. → Asseyez-vous!	*You sit down. → Sit down!*
Nous nous téléphonons. → Téléphonons-nous!	*We call each other. → Let's call each other!*

Irregular Forms

Four verbs have irregular forms in the imperative.

avoir	être	savoir	vouloir
aie	sois	sache	—
ayons	soyons	sachons	—
ayez	soyez	sachez	veuillez*

Uses

The imperative is used to give orders and suggestions and to express requests and wishes.

Fermez la porte.	*Close the door.*
Prenons l'autobus.	*Let's take the bus.*
N'**aie** pas peur.	*Don't be scared.*

---

*Vouloir is used only in the **vous** form of the imperative: **Veuillez vous asseoir.** *Please sit down.*

The Order of Object Pronouns in the Imperative

1. In affirmative commands, all pronouns follow the verb. If there are two pronouns, direct objects precede indirect objects, which in turn precede **y** or **en.**

Regarde les montagnes. → Regarde-**les.**	*Look at the mountains.* → *Look at them.*
Donnez la carte au touriste. → Donnez-**la-lui.**	*Give the map to the tourist.* → *Give it to him.*
Allez-**vous-en**!	*Get out of here!*
Allons en ville. → Allons-**y.**	*Let's go to town.* → *Let's go there.*
Donnez-moi de l'argent. → Donnez-**m'en.**	*Give me some money.* → *Give me some.*

**Billetterie automatique.
Abordez-la**ª**
en toute simplicité.**

SNCF ᵇ

GRANDES LIGNES

EN PASSANT...

1. Qu'est-ce qu'on achète à une billetterie automatique?

2. Selon la publicité, cet appareil est-il intimidant?

3. A votre avis, pourquoi cette publicité est-elle nécessaire en France?

4. Utilisez-vous parfois les billetteries automatiques? Où et quand?

ªaborder = s'approcher de
ᵇSNCF = Société nationale des chemins de fer français (les trains français)

2. The pronouns **me** and **te** become **moi** and **toi** if they are the final element of an affirmative command.

Vous m'envoyez la carte de crédit. → Envoyez-la-**moi.**	*You send me the credit card.* → *Send it to me.*
Tu t'amuses bien. → Amuse-**toi** bien!	*You are having a good time.* → *Have a good time!*

3. In negative commands, pronouns precede the verb. If there are two pronouns, **me/te/nous/vous** precede **le/la/les,** which precede **lui/leur,** which in turn precede **y/en.** This is the same order used in all declarative sentences.

Ne **lui** parle pas.	*Don't speak to him.*
Ne **nous** asseyons pas.	*Let's not sit down.*
N'**en** achète pas.	*Don't buy any.*
Ne **me le** donnez pas.	*Don't give it to me.*

Départ vers la Normandie: Soyez patients! On va bientôt baisser le pont!

A. **Mauvais conseils.** Vous conduisez avec un copain qui ne cesse pas de vous donner de mauvais conseils. Heureusement, votre conscience vous guide. Jouez les deux rôles.

MODELE: rouler plus vite →

VOTRE AMI: Roule plus vite!

VOTRE CONSCIENCE: Ne roulez pas si vite!

1. doubler ces voitures
2. être plus agressif/agressive
3. se dépêcher
4. dépasser la vitesse autorisée
5. s'arrêter ici
6. me / obéir

B. **Le code de la route.** Qu'est-ce que nous devons faire ou éviter de faire pour rester de bons conducteurs? Suivez les modèles.

MODELES: respecter la limitation de vitesse →   Respectons la limitation de vitesse.

rouler trop vite → Ne roulons pas trop vite.

1. être prudents
2. suivre les autres voitures de trop près
3. s'arrêter aux feux verts
4. savoir reconnaître les panneaux
5. obéir au code de la route
6. conduire sans permis
7. toujours se dépêcher
8. renverser (*hit*) les piétons

6. **Conseils.** Votre ami(e) a l'intention de faire certaines choses. Donnez-lui des conseils.

MODELE: LUI/ELLE: Je vais prêter ton auto à ma camarade Irène.
VOUS: Mais non, ne la lui prête pas. Elle ne sait pas conduire!

1. Je vais téléphoner à ton petit ami / ta petite amie.
2. Je vais prendre l'avion ce soir.
3. Je vais aller à la montagne cet après-midi.
4. Je vais t'accompagner à la montagne.
5. Je vais laisser mes bagages à la consigne.
6. Je vais t'offrir un voyage à Tahiti pour ton anniversaire.

MISE EN PRATIQUE

A. **Solutions.** Vous avez certains problèmes. Votre camarade de classe vous aide à les résoudre (*solve*). Suivez le modèle.

MODELE: VOUS: J'ai très très faim.
LUI/ELLE: Alors, prépare-toi un sandwich et mange-le.

1. J'ai un examen très difficile demain.
2. J'ai mal à la tête.
3. Je suis très fatigué(e).
4. J'ai des ennuis avec mon/ma camarade de chambre.

5. Ma voiture est en panne.
6. Je m'ennuie dans cette ville.
7. J'ai perdu mes chèques de voyage.
8. ?

B. **Comment peut-on découvrir le monde?** Expliquez à vos camarades de classe comment mieux connaître le monde. La revue *GEO* dit «Abonnez-vous». Et vous, qu'est-ce que vous suggérez? Utilisez l'impératif.

ABONNEZ-VOUS !
Découvrez le monde, GEO vous le révèle tous les mois

The Future

Definition The future indicates what will take place.

Nous **voyagerons** ensemble cet été.
Il **prendra** la bonne route la
   prochaine fois.

We will travel together this summer.
He will take the right road next
   time.

Formation

1. The future is formed by adding the endings **-ai, -as, -a, -ons, -ez,** and **-ont**
to the infinitive. For verbs ending in **-re,** the final **e** is dropped before adding
the future endings.

parler			
je	parler**ai**	nous	parler**ons**
tu	parler**as**	vous	parler**ez**
il/elle/on	parler**a**	ils/elles	parler**ont**

finir			
je	finir**ai**	nous	finir**ons**
tu	finir**as**	vous	finir**ez**
il/elle/on	finir**a**	ils/elles	finir**ont**

perdre			
je	perdr**ai**	nous	perdr**ons**
tu	perdr**as**	vous	perdr**ez**
il/elle/on	perdr**a**	ils/elles	perdr**ont**

MAROC

VOUS APPRENDREZ QU'ICI, LA PREMIERE
EMOTION A DEJA 3000 ANS.

2. Verbs like **lever, appeler,** and **employer** have spelling changes in the future.*
The endings are regular.

lever: e → è			
je	**lè**verai	nous	**lè**verons
tu	**lè**veras	vous	**lè**verez
il/elle/on	**lè**vera	ils/elles	**lè**veront

e → è: acheter,
lever,
promener

appeler: l → ll			
j'	appe**ll**erai	nous	appe**ll**erons
tu	appe**ll**eras	vous	appe**ll**erez
il/elle/on	appe**ll**era	ils/elles	appe**ll**eront

l → ll: appeler

employer: y → i			
j'	emplo**i**erai	nous	emplo**i**erons
tu	emplo**i**eras	vous	emplo**i**erez
il/elle/on	emplo**i**era	ils/elles	emplo**i**eront

y → i: employer,
ennuyer,
essayer,
payer

3. Verbs like **espérer** keep the accent pattern of the infinitive in all forms of the future.

espérer			
j'	esp**é**rerai	nous	esp**é**rerons
tu	esp**é**reras	vous	esp**é**rerez
il/elle/on	esp**é**rera	ils/elles	esp**é**reront

é = é: espérer,
préférer,
répéter,
célébrer

4. A number of verbs have irregular stems in the future, but regular endings.

avoir	j' **aur**ai	devoir	je **devr**ai
faire	je **fer**ai	pleuvoir	il **pleuvr**a
		recevoir	je **recevr**ai
aller	j' **ir**ai		
être	je **ser**ai		
savoir	je **saur**ai	courir	je **courr**ai
		envoyer	j' **enverr**ai
falloir	il **faudr**a	mourir	je **mourr**ai
valoir	il **vaudr**a	pouvoir	je **pourr**ai
venir	je **viendr**ai	voir	je **verr**ai
vouloir	je **voudr**ai		

---

*These verbs also have spelling changes in the present tense. See chapter 1.

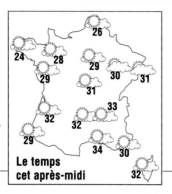

Le temps
cet après-midi

EN PASSANT...

1. Où pleuvra-t-il le matin? le soir?

2. Où fera-t-il le plus chaud cet après-midi?

3. Quel temps fera-t-il demain dans votre région?

Uses

The future is used

1. to express an action or state of being that will occur at some point in time.

Ferons-nous du camping le week-end prochain?	*Will we go camping next weekend?*
J'**aurai** mon permis de conduire dans un mois.	*I will have my driver's license in a month.*

2. in place of the imperative to give an order

Tu te **dépêcheras** d'aller te coucher.	*You will hurry to go to bed.*
Vous **serez** polis avec les invités.	*You will be polite to the guests.*

3. after **après que, aussitôt que** (*as soon as*), **dès que** (*as soon as*), **lorsque** (*when*), and **quand** if the action will take place in future time. Other verbs in the same sentence will be in the future or in the imperative, depending on the context.

Quand je **voyagerai** en Europe, je **prendrai** le TGV.	*When I travel in Europe, I'll take the TGV.*
Donne-moi un coup de téléphone lorsque tu **arriveras.**	*Call me when you arrive.*

4. to show the result of a condition introduced by **si** + a verb in the present indicative. The condition may either precede or follow the future result.

Si tu **vas** à la montagne, tu **pourras** rester dans mon chalet.	*If you go to the mountains, you will be able to stay in my chalet.*
Nous **viendrons** chez vous ce soir si vous **voulez.**	*We will come over tonight if you like.*

Use **quand** + two verbs in the present indicative to make observations about what is usually true.

Quand on **voyage,** on s'élargit l'esprit.

With **si** + a verb in the present, the other verb may be in the present, near future, future, or imperative.

Si tu **vas** à la montagne, **reste** dans mon chalet. Nous **allons venir** ce soir si tu **es** libre.

Mise au point

A. **Chez une voyante** (*fortune-teller*). Adrienne projette de partir en vacances. Mais, avant de partir, elle va consulter une voyante! Avec un(e) camarade de classe, jouez les deux rôles d'après le modèle.

MODELE: je / être heureux (oui) →
      ADRIENNE: Est-ce que je serai heureuse?
    LA VOYANTE: Oui, vous serez heureuse.

> Remember: Pronounce the r before the verb ending clearly to help listeners hear the future tense of the verb: j'achèterai, tu préféreras, on célébrera, etc.

1. je / aller en vacances (oui)
2. je / voyager dans le monde entier (non)
3. je / acheter une voiture (oui)
4. un(e) amie / venir avec moi (oui)
5. nous / s'ennuyer ensemble (non)
6. nous / s'amuser (oui)
7. nous / voir les Alpes (oui)
8. nous / célébrer le 14 juillet là-bas (non)
9. je / ramener des souvenirs (oui)
10. on / se revoir après les vacances (oui)

B. **Vacances.** Avec un(e) partenaire, complétez les phrases suivantes avec le présent de l'indicatif ou le futur simple.

MODELES: Quand on voyage, ... →
Quand on voyage, on rencontre beaucoup d'étudiants dans les auberges de jeunesse.

Quand je voyagerai dans les montagnes Rocheuses cet été, ... →
Quand je voyagerai dans les montagnes Rocheuses cet été, je prendrai beaucoup de photos des paysages sauvages.

1. Quand on a envie de passer des vacances consacrées à l'aventure, ...
2. Quand on a besoin de vacances calmes, ...
3. Quand on n'a pas beaucoup d'argent pour ses vacances, ...
4. Quand nous passerons quelques jours à Paris, ...
5. Quand nous quitterons Paris, ...
6. Quand nous serons de retour chez nous, ...

C. **Rêverie d'hiver.** En hiver, on aime rêver aux vacances. Sylvie, qui a déjà séjourné au Club Med, essaie de convaincre son nouveau mari des joies du Club. Complétez les phrases en mettant les verbes au futur simple.

1. Si nous prenons nos vacances au printemps, nous _____ (*aller*) au Club Méditerranée à la Guadeloupe.
2. Je _____ (*pouvoir*) te montrer de très belles plages au Club Méditerranée, puisque j'en suis déjà un G.M. («gentil membre»).
3. Les G.O. («gentils organisateurs») _____ (*être*) bien contents de nous accueillir.

4. Ce _____ (*être*) merveilleux d'y passer deux semaines; et si on a le temps, on _____ (*visiter*) aussi le Club Méditerranée à Cancún au Mexique.

5. Je _____ (*faire*) de la plongée sous-marine, je _____ (*nager*), je _____ (*se bronzer*) au soleil.

6. S'il y a des voyages organisés, nous _____ (*partir*) à la découverte d'autres villages.

7. On _____ (*faire*) la connaissance de gens intéressants, on _____ (*s'amuser*) bien.

8. Aussitôt que nous en _____ (*avoir*) l'habitude, nous _____ (*pouvoir*) nous promener toute la journée dans les collines.

9. Le soir on _____ (*prendre*) un pot avec les nouveaux amis.

SONDAGE: Dans cinq ans... Interviewez trois camarades de classe pour découvrir comment ils envisagent leur avenir. Utilisez les catégories ci-dessous pour poser vos questions. A côté de chaque rubrique, notez les réponses des étudiants. Ensuite, comparez les résultats obtenus par tous les membres du groupe.

MISE EN PRATIQUE

	REPONSES		
QUESTIONS	A	B	C
1. Marié(e)/Célibataire?	_____	_____	_____
2. Enfants?	_____	_____	_____
3. Ville?	_____	_____	_____
4. Profession?	_____	_____	_____
5. Activités?	_____	_____	_____
6. Vacances?	_____	_____	_____

Tranches de vie

The following text by French writer Michel Tournier contains excerpts from a diary he kept while visiting Canada for the first time. In it he shares his impressions and reflections as he travels the length of this country he had dreamed of seeing ever since he was a young boy reading about the exciting adventures of fearless Canadian fur trappers, many years ago.

Pour mieux lire

Informal writing

In informal writing, the style is often telegraphic: Sentences are incomplete, and readers must infer the relationships among ideas because transition words are omitted. You will find this style of writing in sources such as popular magazines, personal notes, and diaries. The following reading, excerpted from a personal travel journal, is a good example of the informal telegraphic style.

Thèmes

Parcourez les trois premiers paragraphes du texte qui suit et écrivez ci-dessous le thème de chaque paragraphe (il y a parfois plus d'une possibilité). Discutez de vos conclusions avec un(e) partenaire.

Paragraphe 1 _____

Paragraphe 2 _____

Paragraphe 3 _____

Concentrez-vous maintenant sur le premier paragraphe et écrivez sur une feuille séparée les mots et les passages qui illustrent le thème principal.

Mots et expressions

anglophone English-speaking
le ciel sky
la couchette bunk on a train
court(e) short, brief
le décalage (time) difference
le déménagement moving (*of a household*)

enregistrer to record
la foule crowd
le niveau level
la voix voice

APPLICATIONS **A. Antonymes.** Trouvez le contraire des expressions suivantes.

1. peu de gens
2. long(ue)
3. une place assise pour voyager de jour
4. la terre

B. Synonymes. Trouvez l'équivalent des expressions suivantes.

1. un changement de résidence
2. qui parle anglais; une personne dont la langue maternelle est l'anglais
3. l'ensemble des sons qui sortent de la bouche d'une personne

4. le degré d'élévation; la situation sociale, intellectuelle ou morale par rapport à un point de référence
5. une séparation dans le temps ou dans l'espace
6. noter par écrit; prononcer (un discours, une chanson, etc.) devant un micro et fixer sur disque, sur cassette ou sur film

Journal de voyage au Canada

Michel Tournier, célèbre écrivain français, visite le Canada pour la première fois. Il enregistre ses impressions et ses réactions dans son journal intime.

Mardi, 5 septembre 1972

On s'en va. Boubat[1] et moi. Découvrir le Canada. Le Nouveau Monde. 9 976 000 kilomètres carrés.[2] Presque 18 fois la France. D'abord sept heures de 747. Moi qui déteste l'avion... Le train, il n'y a que ça de vrai. Les balades[3] dans les couloirs.[4] Le wagon-restaurant. La rigolade des W.-C. trépidants[5] avec la tinette[6] qui débouche[7] directement sur les traverses de la voie.[8] Et la nuit. La symphonie assourdissante[9] dans les soufflets.[10] Les fusées[11] lumineuses qui flamboient[12] aux fenêtres. C'est fini. Pas de train pour le Canada.

Ruptures. De liaisons, d'amitiés. Je m'avise[13] que pour autant que j'ai perdu au cours de mon existence des amis et des amies très chers, jamais, jamais, jamais je n'ai su, quand je les voyais en fait pour la dernière fois, que c'était la dernière fois que je les voyais. La scène de rupture, la scène des adieux-pour-toujours, connais pas. Cette amie, cet ami, tu ne les reverras plus. Deviens donc pour un moment, sur ce point particulier, inconscient, stupide, obtus. Il sera toujours temps plus tard, beaucoup plus tard, de t'apercevoir[14] que ce jour-là tu as perdu quelqu'un.

Comme tous les enfants d'autrefois, je n'avais pas besoin de la révolution écologique pour aimer passionnément le Canada. Plus encore que l'arbre, le lac, la neige et une faune[15] admirable, c'était pour moi la terre d'un certain commencement, ou recommencement. Paradis terrestre, oui, mais non par ses fleurs et ses fruits, non par un climat mol[16] et délicieux. Paradis terrestre parce que **première** terre habitée par le **premier** homme. Le trappeur dans sa cabane de rondins[17] avec son fusil,[18] ses pièges[19] et sa poêle à frire,[20] subvenant seul à[21]

[1]un ami de l'auteur [2]*square* [3]*promenades* [4]*corridors* [5]La... *The fun one has in the bathrooms that vibrate back and forth* [6]*bowl* [7]*empties* [8]traverses... *tracks* [9]*deafening* [10]*vestibules between cars* [11]*signals* [12]*flash* [13]m'... me rends compte [14]t'... découvrir [15]ensemble des animaux d'une région [16]*gentle* [17]cabane... *log cabin* [18]*gun* [19]*traps* [20]poêle... *frying pan* [21]subvenant... *alone, meeting*

tous ses besoins, durement, dangereusement. A quoi s'ajoutait qu'on ne naît[22] pas trappeur—les trappeurs naissent[23] à Londres, à Paris, à Saint-Pétersbourg— mais qu'on le devient sur un coup de tête libérateur,[24] en envoyant promener la civilisation, ses flics et ses curés,[25] et en prenant le premier bateau pour... Montréal.

Vendredi, 8 septembre

OTTAWA. Nous parlons avec Jean-Luc Mercié de la société canadienne. Elle paraît dominée notamment par l'influence des immenses espaces qui l'entourent.[26] Extraordinaire mobilité des gens, jusqu'à une date récente à tout le moins. Fréquence des déménagements. Certaines familles ne restent jamais plus d'un an au même endroit. Bougeotte[27] chronique qui affecte aussi les professions. On change constamment d'entreprise et même carrément de[28] profession. L'ingénieur devient éleveur,[29] puis professeur, puis commerçant, etc. Est-ce bien une plaie[30] de la société canadienne? N'est-ce pas tout autant un signe de force, de souplesse, de richesse? Quel beau mépris[31] de la stabilité et de la sécurité en comparaison de la société française frileusement repliée sur[32] ses positions, accrochée[33] à ses médiocres privilèges, bloquée par la peur.

Ici, au Canada, on est sensible au fait qu'une population d'un niveau de civilisation technique supérieur consacre une bonne part de ses ressources à maîtriser[34] les espaces qui lui sont offerts. Encore les Canadiens se sont-ils massés sur un cinquième de leur territoire, laissant aux loups,[35] aux castors[36] et aux élans[37] les immensités septentrionales[38] de leur pays.

On a l'impression très nette que l'ignorance du français chez les anglophones et de l'anglais chez les francophones est beaucoup moins le fait de la paresse[39] naturelle de l'être humain que d'un parti pris[40] qui n'est pas éloigné[41] de l'hostilité. Un francophone nous a dit: «Si nous apprenons l'anglais, nous sommes perdus!» Dans ces conditions, il n'y a de salut[42] pour les francophones que dans des relations aussi étroites[43] que possible avec la France. Les anglophones profitent, eux, largement, de la proximité des puissants et rayonnants[44] USA.

Vendredi, 22 septembre

6 h 45, VANCOUVER. Nous y voilà donc dans ce Far West, dans cette capitale de l'ouest tant vantée[45] et si peu connue, car depuis trois semaines chaque fois que nous exprimons notre intention d'aller à Vancouver tout le monde s'écrie:

—Vancouver! Comme vous avez raison! Une ville merveilleuse.

—Vous y êtes allé?

—Non.

---

[22]*is born* [23]*are born* [24]sur... *on an impulse that sets you free* [25]en... *by saying good-bye to civilization, with its cops, its priests* [26]*surround it* [27]*A need to move* [28]carrément... *one's whole* [29]*animal breeder* [30]*affliction* [31]*contempt* [32]repliée... *hugging* [33]*clinging* [34]*to manage* [35]*wolves* [36]*beavers* [37]*elk* [38]*northern* [39]*laziness* [40]parti... *taking sides* [41]*far* [42]*hope* [43]*close* [44]*radiant* [45]tant... *so highly praised*

Découvrez Vancouver!

Lundi, 25 septembre

VANCOUVER. Hier soir, promenade nocturne dans la ville. Or donc, ce dimanche à 22 h, les laveries automatiques et les épiceries[46] étaient ouvertes. Ce matin, beau temps frais et ensoleillé. Promenade d'abord au *Capilano Canyon* avec son *suspension bridge,* une fragile passerelle[47] suspendue au-dessus d'un gouffre[48] comme un pont de lianes.[49] Site superbe mais ravalé au niveau de la promenade dominicale[50] avec les Indiens en céramique dans les fourrés[51] et baraques[52] à *ice cream* à chaque tournant. C'est le lion transformé en descente de lit.[53]

Mercredi, 27 septembre

DANS LE TRAIN. Tout compte fait, il faudrait être bien ingrat pour n'être pas comblé[54] par cette traversée des montagnes Rocheuses. Certes le train n'a ni le charme, ni la vitesse des grands express européens, et c'est sans doute au Trans-sibérien soviétique qu'il faudrait plutôt le comparer, mais ma couchette est au niveau de la fenêtre et, toute la nuit bercé[55] par le rythme du convoi et les hululements[56] de la sirène de la locomotive diesel, je vois, je devine, je sens[57] glisser[58] contre mon flanc,[59] contre ma joue,[60] un grand pays endormi et sauvage, profond et mystérieux avec ses hautes silhouettes noires, ses échappées de clarté,[61] ses points rouges, verts, orange, et soudain, pour longtemps, une obscurité totale, insondable,[62] abyssale, la nuit absolue.

[46]*grocery stores* [47]*foot bridge* [48]*chasm* [49]*tropical vines* [50]*ravalé... reduced to a Sunday stroll* [51]*dans... behind every bush* [52]*vendors* [53]*transformé... made into a throw rug* [54]*overwhelmed* [55]*rocked* [56]*hooting noises* [57]*feel* [58]*gliding* [59]*side* [60]*cheek* [61]*échappées... glimpses of light* [62]*fathomless*

Sur les traces d'une rivière en Colombie-Britannique.

Mais dès 6 heures du matin, c'est un enchantement. Nous rampons[63]—avec des pointes de 80 à l'heure!—dans les gorges rocheuses. Le ciel est bleu, la neige est blanche, le train est rouge, nous sommes prisonniers d'une photo en technicolor du *National Geographic Magazine.*

Dimanche, 1er octobre

17 heures. Nous décollons d'Ottawa.

20 heures. Nous transitons à grand-peine à travers l'aérogare de Montréal[64] parce qu'une foule hurlante[65] s'y entasse[66] pour accueillir en triomphe l'équipe canadienne de hockey sur glace qui vient de battre les Soviétiques d'extrême justesse,[67] mais enfin sur leur propre terrain. Comme chaque fois que j'ai à surmonter une complication ou un contretemps en voyage, je pense à Phileas Fogg.[68] Eh bien oui, ce n'est pas saint Christophe, le héros phorique par excellence de l'imagerie chrétienne que j'évoque à mon secours, il faut en convenir,[69] c'est le riche Anglais, rompu à toutes les malignités du sort, armé d'une patience et d'un courage exemplaires pour surmonter toutes les faiblesses du train, toutes les trahisons de la diligence,[70] toutes les défaillances[71] du steamer. C'est vraiment lui le grand patron des voyageurs d'aujourd'hui, lui qui possède à un point suprême cette science si particulière et si délicate, cette vertu si rare et si longue à acquérir: savoir voyager.

ORLY. Amputée des sept heures de décalage qui séparent Montréal de Paris, la nuit a été terriblement courte et à peine avions-nous sommeillé[72] quelques

---

[63] *are crawling* [64] *Nous... It is very difficult for us to pass through the Montreal airport* [65] *screaming* [66] *s'y... piles up* [67] *d'extrême... just barely* [68] le héros d'*Autour du Monde en 80 jours* [69] *en... l'admettre* [70] *stage coach* [71] *failings* [72] *à... we had hardly fallen asleep*

minutes après le film qu'on ouvrait les hublots[73] sur le soleil levant—un soleil jaillissant[74] de l'horizon à une vitesse de fin du monde[75]—et qu'on servait le petit déjeuner.

L'atterrissage[76] de l'énorme 747 se fait si bien, si majestueusement à Orly que les 360 passagers éclatent[77] en applaudissements. C'est la première fois depuis que je voyage en avion que j'assiste à ce genre de manifestation. Peut-être fallait-il la foule du 747 pour qu'elle se produisît,[78] peut-être ces applaudissements saluent-ils simplement la réussite de notre découverte du Canada.

tiré du Journal de voyage au Canada

[73]*shades*   [74]*springing*   [75]*à... at breakneck speed*   [76]*landing*   [77]*burst*   [78]*pour... to get such a demonstration*

A. Réactions. Complétez le tableau pour résumer l'attitude de l'auteur face aux choses suivantes.

	POSITIVE	NEGATIVE	NEUTRE
1. l'avion	☐	☐	☐
2. dire adieu à un(e) ami(e)	☐	☐	☐
3. la police et le clergé	☐	☐	☐
4. la mobilité des Canadiens	☐	☐	☐
5. la francophonie au Canada	☐	☐	☐
6. les voyages en train	☐	☐	☐
7. la traversée des montagnes Rocheuses	☐	☐	☐
8. l'équipe de hockey canadienne	☐	☐	☐
9. l'art de voyager	☐	☐	☐
10. le Canada	☐	☐	☐

B. Analyse. Répondez aux questions suivantes.

1. Quand Michel Tournier était enfant, qu'est-ce que le Canada représentait pour lui?
2. Quel rapport voit-il entre les grands espaces au Canada et la mobilité des gens?
3. Qu'est-ce qu'il reproche à la société française?
4. Est-ce que tout le territoire canadien est habité? Par qui?
5. Au Canada, les anglophones n'apprennent pas toujours le français, et les francophones pas toujours l'anglais. Pourquoi, selon Tournier?
6. Qu'est-ce que Tournier trouve intéressant dans la réaction des gens quand il parle de son intention de visiter Vancouver?
7. Décrivez Capilano Canyon. Quelles sont les critiques de l'auteur?
8. Apprécie-t-il la traversée des montagnes Rocheuses en train? Quelles sont ses réactions?
9. Selon l'auteur, qui est le patron des voyageurs d'aujourd'hui? Pourquoi?

A. Associations. A quoi pensez-vous quand on mentionne le mot «vacances»? Avec un(e) partenaire, notez rapidement les premières expressions qui vous viennent à l'esprit quand vous réfléchissez aux sujets suivants. La moitié de la classe va se consacrer aux «voyages dans ce pays» et l'autre moitié aux «voyages à l'étranger». Les deux groupes compareront ensuite leurs réponses.

LES VOYAGES DANS CE PAYS   LES VOYAGES À L'ÉTRANGER

1. un endroit qu'il faut absolument visiter et un endroit à voir si l'on a le temps:

   a. _____   a. _____

   b. _____   b. _____

2. pourquoi visiter les deux endroits mentionnés au numéro un:

   a. _____   a. _____

   b. _____   b. _____

3. les compagnons de voyage idéaux:

   a. _____   a. _____

   b. _____   b. _____

4. moyens de transport:

   a. _____   a. _____

   b. _____   b. _____

5. des difficultés éventuelles au cours de ces deux voyages:

   a. _____   a. _____

   b. _____   b. _____

Décrivez le voyage dont vous gardez le meilleur souvenir. Qu'est-ce que vous avez découvert en voyageant? Quels problèmes (matériels, personnels, etc.) se sont présentés? Selon vous, pour quelles raisons voyage-t-on?

> *Les yeux de l'étranger voient plus clair.*
>
> Proverbe anglais

B. Un voyage imaginaire. Si vous vous transformiez soudain en voyageur intrépide, prêt à faire le voyage de votre vie, quel(s) pays visiteriez-vous et que feriez-vous là-bas? Donnez plusieurs détails sur votre voyage. Suivez le modèle.*

MODELE: **Si je pouvais** aller n'importe où, **j'irais** en Suisse.
Si j'allais en Suisse, **je me promènerais** dans les Alpes.
Si je me promenais dans les Alpes, **je rencontrerais** d'autres touristes francophones.

ECHOS

A. Qu'en pensez-vous? Traitez par oral ou par écrit de l'un des sujets suivants.

1. **Deux voyages différents.** Beaucoup de Français profitent des voyages pour se reposer et se changer les idées. D'autres préfèrent faire des voyages plus actifs pour enrichir leur expérience culturelle. Que recherchent les gens que vous connaissez (parents, amis, professeurs, etc.), le repos ou la découverte? Ou est-ce que ces deux motivations coexistent? Expliquez. Si vous deviez choisir entre deux semaines ensoleillées sur les plages françaises ou deux semaines culturelles dans les monuments parisiens les plus célèbres, que feriez-vous et pourquoi? Croyez-vous que vous prendriez la même décision dans dix ans? Pourquoi (pas)?

2. **Le Canada.** Quand vous pensez au Canada, quels sont les premiers noms qui vous viennent à l'esprit dans les catégories suivantes: ville francophone? ville anglophone? université? personnage ou parti politique? endroit à visiter? sport à pratiquer? Commentez vos réponses. Qu'est-ce qui vous séduit au Canada? Son multiculturalisme? Ses villes? Ses grands espaces inhabités? Sa police montée? Autre chose? En général, est-ce que la coexistence de deux langues enrichit ou complique la vie d'une région ou d'un pays? Pourquoi?

B. Etes-vous d'accord? Discutez le pour et le contre des phrases ci-dessous avec un(e) partenaire.

1. Pour vraiment voir un pays, il faut voyager en train.
2. Tout le monde devrait visiter un pays étranger.
3. Une société mobile où les gens déménagent régulièrement et changent souvent de travail est une société forte.
4. Si on n'apprend pas une langue étrangère, c'est parce qu'on est paresseux.
5. Aujourd'hui, on peut connaître une autre culture sans voyager.

---

*For a review of conditional verbs, see **Structures 2** in this chapter.

Structures 2

The Conditional

Definition The conditional expresses an action or state that would take place if a certain condition were met.

Si je n'avais pas de voiture, je **prendrais** le train.	*If I didn't have a car, I would take the train.*
Nous ne **pourrions** pas partir si la voiture était en panne.	*We would not be able to leave if the car were broken down.*

Formation

1. To form the present conditional, add the endings of the **imparfait, -ais, -ais, -ait, -ions, -iez,** and **-aient,** to the infinitive. The final **e** of infinitives ending in **-re** is dropped before adding the conditional endings.

parler				
je	parler**ais**	nous	parler**ions**
tu	parler**ais**	vous	parler**iez**
il/elle/on	parler**ait**	ils/elles	parler**aient**

finir				
je	finir**ais**	nous	finir**ions**
tu	finir**ais**	vous	finir**iez**
il/elle/on	finir**ait**	ils/elles	finir**aient**

rendre				
je	rendr**ais**	nous	rendr**ions**
tu	rendr**ais**	vous	rendr**iez**
il/elle/on	rendr**ait**	ils/elles	rendr**aient**

Si j'avais plus de courage, je **doublerais** cette voiture.	*If I were braver, I would pass this car.*
Nous **ralentirions** s'il commençait à pleuvoir.	*We would slow down if it started to rain.*
Ils nous **attendraient** en route s'ils avaient le temps.	*They would wait for us on the way if they had time.*

2. Verbs that have spelling changes in their stem in the future have the same changes in the present conditional.

Il se **lèverait** si tu l'appelais.	*He would get up if you called him.*
Nous **appellerions** Paul s'il était chez lui.	*We would call Paul if he were home.*
J'**essaierais** cette route si je savais où elle menait.	*I would try this road if I knew where it led.*
Nous **répéterions** la question si vous nous écoutiez.	*We would repeat the question if you were listening to us.*

e → è:	acheter, lever, promener
l → ll:	appeler
y → i:	employer, ennuyer, essayer, payer
é = é:	espérer préférer, répéter, célébrer

3. Verbs that have irregular stems in the future use the same stem in the present conditional.

Si j'avais des vacances, je **serais** très content; j'**irais** en France et je **ferais** du ski.	*If I had a vacation, I would be very happy; I would go to France and I would ski.*

Uses

1. The conditional is used to express a polite question, statement, wish, or desire. Three of the verbs used most often in these contexts are **devoir, pouvoir,** and **vouloir.**

Monsieur, je **voudrais** bien vous parler.	*Sir, I would like to speak to you.*
Madame, est-ce que je **pourrais** venir dans votre bureau?	*Madam, may I come into your office?*
Vous **devriez** vous adresser à la police.	*You should go and see the police.*

2. The present conditional is used to indicate a possible consequence that would occur if a precise condition were met. The condition is introduced by **si** + a verb in the **imparfait** and may either precede or follow the consequence.

Nous **irions** dans une station balnéaire si l'océan **était** plus près.	*We would go to a seaside resort if the ocean were closer.*
S'il **pleuvait,** il **faudrait** partir assez tôt.	*If it were raining, it would be necessary to leave fairly early.*

3. The conditional is used to express ideas that have not been confirmed.

Il y **aurait** un accident sur l'autoroute du sud.	*It appears that there is an accident on the southbound freeway.*
Marie n'est pas encore arrivée. **Serait**-elle malade?	*Marie hasn't arrived yet. Could she be ill?*

	Condition	Result
après que **aussitôt que** **dès que** **lorsque** **quand** +	*present* *future* +	*present* *future*

Quand le moteur **est** en panne, j'**appelle** un mécanicien.	*When the engine breaks down, I call a mechanic.*
Lorsque j'**aurai** des vacances, je **voyagerai.**	*When I have a vacation, I will travel.*

si +	*present* +	*present* *immediate future* *future* *imperative*

Si tous les vols **sont** complets, nous **prendrons** le TGV.	*If all the flights are full, we will take the TGV.*

si +	*imparfait* +	*conditional*

Si tu **ralentissais,** je **pourrais** lire les panneaux sans problème.	*If you slowed down, I would be able to read the roadsigns without any trouble.*

MISE AU POINT **A.** **La politesse.** Avec un(e) camarade de classe, exprimez poliment les idées suivantes, à l'aide du conditionnel présent.

1. Je veux aller à la mer.
2. Peux-tu m'aider? Je suis en panne.
3. Vous ne devez pas doubler à droite.
4. Nous voulons faire le plein à la prochaine station-service.
5. Pouvez-vous garer votre voiture là-bas?

B. **Si...** Interviewez un(e) camarade de classe pour savoir ce qu'il/elle ferait si sa vie était un peu différente.

MODELE: avoir de l'argent / que / faire →

  VOUS: Si tu avais de l'argent, que ferais-tu?
  LUI/ELLE: Si j'avais de l'argent, je partirais en Europe.

Remember: The verb that follows **si** is never in the conditional.

1. prendre des vacances / où / aller
2. acheter une voiture / quelle marque / choisir
3. recevoir une bourse (*scholarship*) / comment / se sentir (*to feel*)
4. gagner à la loterie / que / vouloir faire
5. être en panne / à qui / téléphoner
6. étudier beaucoup / quelles notes / avoir
7. faire des progrès en français / être heureux/heureuse
8. envoyer des fleurs à ton ami(e) / où / les acheter

MISE EN PRATIQUE

A. **Nos rêves.** Mettez-vous à trois et complétez les phrases ci-dessous à votre façon en utilisant le conditionnel présent ou le futur simple.

1. Si j'ai un peu de temps libre ce week-end,...
2. Si un(e) ami(e) m'invite à dîner ce soir,...
3. Si j'ai assez d'argent à la fin du mois,...
4. Si mes parents m'offraient le voyage pour aller en France,...
5. Si je trouvais 1 000 francs en passant devant un magasin à Paris,...
6. Si je rencontrais le grand amour de ma vie en France,...

B. **Itinéraire de voyage.** Vous êtes en France et vous préparez un voyage avec des copains. Consultez ensemble la carte de France à la page suivante. Suggérez un moyen de transport en justifiant votre sélection. Enfin, choisissez votre destination en indiquant ce que vous voulez y faire ou y voir.

VOCABULAIRE UTILE

l'avion, le cidre, une course de taureaux, les crêpes, les forêts, les fruits de
  mer, la porcelaine, le TGV, des vélos, les volcans...
découvrir, essayer, explorer, faire du camping, goûter, jouer aux boules,
  louer, se reposer, visiter, voir...

MODELE: VOUS: Louons des vélos pour le voyage. Cela ne coûterait pas
            trop cher et nous pourrions aller où nous voulons, quand
            nous voulons...
       LUI/ELLE: C'est une bonne idée. Moi, j'aimerais visiter l'Auvergne
            pour voir les volcans et les belles forêts. S'il faisait assez
            chaud, on pourrait faire du camping, non?

Paris, gare de Lyon: Ces étudiants sont venus à Paris en train avec leurs vélos.

Reprise

A. JEU D'EQUIPE: **Mais où est-ce que j'ai déjà entendu cela?**
Divisez la classe en deux équipes formées de groupes de deux. Avec un(e) partenaire, proposez des phrases à l'impératif que l'on pourrait entendre dans la vie courante (en cours de français, à la maison, dans la voiture, à la douane, etc.). Donnez autant de détails que possible. A tour de rôle, les groupes de l'équipe A lisent leurs phrases aux membres de l'équipe B qui essaient d'identifier l'endroit en question. C'est alors aux groupes de l'équipe B de lire leurs phrases. L'équipe qui a reconnu le plus d'endroits a gagné.

MODELE: N'attendons plus! Ta sœur ne viendra pas.
Asseyons-nous devant. J'ai oublié mes lunettes.
Parlez plus bas, s'il vous plaît. Nous n'entendons pas le film. →
On est au cinéma!

B. **Quand je serai grand(e)...** Deux enfants discutent de leur avenir. Jouez les deux rôles avec un(e) partenaire en mettant leur conversation au futur.

MODELE: quand / être grand(e) / quitter la campagne →
VOUS: Quand tu seras grand(e), quitteras-tu la campagne?
VOTRE COPAIN/COPINE: Oui, je quitterai la campagne quand je serai grand(e).

1. dès que / avoir dix-huit ans / aller en ville
2. aussitôt que / trouver un appartement / déménager
3. quand / avoir de l'argent / acheter une voiture
4. quand / connaître bien la ville / sortir souvent
5. dès que / finir tes études / être content(e)

C. **Conditions.** Faites des phrases d'après le modèle.

MODELE: si / il / avoir son permis de conduire / il / être heureux →
S'il avait son permis de conduire, il serait heureux.

1. si / je / être riche / je / voyager dans le monde entier
2. si / nous / aller à la montagne / nous / passer la nuit dans une auberge
3. si / vous / se dépêcher / vous / arriver à l'heure
4. si / elles / avoir le temps / elles / passer chez nous
5. si / il / vouloir venir / il / acheter des chèques de voyage

D. Voyage au Canada. Mettez chaque verbe au temps et au mode appropriés.

1. Quand je _____ (*voyager*) au Canada, je prendrai l'avion jusqu'à Toronto. Je visiterai un peu la ville si j'_____ (*avoir*) le temps, mais si je suis pressé(e), je _____ (*rester*) à l'aéroport et j'_____ (*attendre*) mon avion pour Québec.

2. Au fait, si je n'allais pas à Québec, je _____ (*passer*) certainement quelques jours dans le Canada anglophone.

3. Si j'avais le temps, je _____ (*visiter*) tout le pays et je _____ (*faire*) des tas de choses intéressantes.

4. Mais je serai content(e) quand je _____ (*être*) à Québec, car les gens _____ (*parler*) français. Quand j'_____ (*arriver*) à l'hôtel, je _____ (*mettre*) mes valises dans ma chambre et je _____ (*chercher*) un guide qui me _____ (*faire*) voir la ville.

Réalités quotidiennes

Le Minitel: La SNCF

Le Minitel peut fournir beaucoup de renseignements utiles aux voyageurs. Étudiez les informations données ci-dessous, puis répondez aux questions avec un(e) partenaire.

```
PRIX D'UN BILLET
Le prix du billet varie en fonction de
  la distance à parcourir,
  la classe choisie (1° ou 2° classe).

Distances                    | P.K. | P.C.

-   6   à 249 km: 1° classe |0,8649| 18,30
                  2°        |0,5766| 12,28
-250    à 449 km: 1°        |0,5805| 89,34
                  2°        |0,3870| 59,56
-450km et plus: 1°          |0,5079|122,04
                  2°        |0,3386| 81,36

P.K.= Prix Kilométriquesª
P.C.= Part Complémentaireᵇ

    liste des reductions  ▓ * ▓ Suite ▓
           autre choix    * ▓ Retour ▓
```

ªPrix... *Price per kilometer* ᵇPart... *Surcharge*

A vous la parole

1. Quels facteurs déterminent le prix d'un billet de train en France?

2. Si vous alliez de Bordeaux à Paris, une distance de 600 kilomètres à peu près, quel serait le prix d'un aller de 2e classe en francs? en dollars? (P.K. × nombre de km + P.C. = prix total)

3. Comparez le voyage en train, en avion, en voiture et à vélo. Quels sont les avantages de chaque moyen de transport? et les inconvénients? Quel moyen de transport préférez-vous? Pourquoi?

LES MEDIAS

Est-ce que je peux allumer la guerre?

Mots et expressions

L'ERE DE L'INFORMATION

accéder à to access
le courrier électronique e-mail
l'écran (*m.*) screen
en ligne on-line (*via computer*)
l'imprimante (*f.*) (*computer*) printer
la messagerie computerized discussion group, bulletin board
le Minitel French information terminal (*offers over 22,000 services: telephone directories, banking, travel, etc.*)
l'ordinateur (*m.*) **(portatif / de bureau)** (laptop/desktop) computer
le(s) renseignement(s) (*m.*) information
répandre to spread
le réseau network
se tenir au courant to stay informed
le traitement de texte word processing
transmettre des informations to convey information, data

LES MEDIAS

censurer to censor
la couverture par les médias media coverage
diffuser to broadcast

en différé prerecorded
en direct live
l'enquête (*f.*) investigation
enregistrer to record, to tape
faire pression (sur) to put pressure (on)
faire un reportage to do a story
l'hebdomadaire (*m.*) weekly publication
le journal de 20 heures the evening news
le magnétoscope videocassette recorder
le mensuel monthly publication
le quotidien daily paper
la rubrique column; heading
à sensation sensational(ized)

A. Ressemblances. Trouvez le terme qui complète chaque analogie présentée.

APPLICATIONS

MODELE: *hebdomadaire*: le mensuel
          la semaine: le mois

1. _____ : une émission (de radio, de télévision)
   publier: un livre
2. _____ : une rumeur
   diffuser: une nouvelle
3. _____ : un film
   photocopier: un document, un texte

4. _____ : un(e) journaliste
   faire du commerce: un homme / une femme d'affaires
5. _____ : le journal de 20 heures
   en différé: la publicité télévisée
6. _____ : communiquer à l'aide de l'ordinateur
   le fax: communiquer des textes imprimés à l'aide du téléphone
7. _____ : les médias
   rester en forme: l'exercice

B. Familles de mots. Trouvez les deux expressions dans chaque série qui sont dans la même famille de mots.

MODÈLE: le mesurage, le messager, la messagerie

1. le couvent, la couverture, couvrir
2. imprimer, opprimant, imprimante
3. le mensuel, le mois, le moi
4. accéder, l'accès (*m.*), l'accident (*m.*)
5. traitement, tartelette, traiter
6. la censure, censurer, être censé

C. Synonymes. Trouvez l'équivalent des expressions suivantes.

1. communiquer, fournir des renseignements
2. l'ensemble des lignes de communication
3. l'étude d'une question, une recherche méthodique
4. dans un journal, une catégorie d'articles
5. une machine électronique capable de traiter un grand nombre d'informations
6. forcer, obliger quelqu'un à faire quelque chose
7. la surface sur laquelle se reproduit une image
8. le bulletin d'information télévisé le soir
9. connecté(e) à un service d'information, etc. à l'aide d'un ordinateur
10. un forum de discussion électronique
11. un terminal français permettant d'appeler des services d'informations, de réservations, etc.
12. l'information

DISCUTONS...

Quels journaux connaissez-vous? Quelles rubriques du journal lisez-vous régulièrement? Pourquoi? Suivez-vous le journal de 20 heures? Pourquoi? Pourquoi pas? Que pensez-vous des reportages concernant les événements dans votre pays? et à l'étranger? Expliquez votre point de vue.

Microsoft Mouse 2 est aussi confortable qu'une pantoufle, même si elle n'est pas fourrée[a] à l'intérieur.

[a]*lined*

EN PASSANT...

1. A qui s'adresse cette publicité?
   a. aux gens qui aiment leurs pantoufles
   b. aux étudiants
   c. aux gens intimidés par un ordinateur

2. Selon cette publicité, quel est l'avantage de cette souris?
   a. ses dimensions
   b. son confort d'utilisation
   c. son prix

3. En général, qui a peur des ordinateurs? des magnétoscopes? Pourquoi? Etes-vous angoissé(e) par les nouvelles technologies? Expliquez.

Structures 1

The Subjunctive

Definition The *indicative* expresses objective reality. The *subjunctive* is the mood that indicates subjectivity. The subjunctive is always introduced by **que.** Compare the following sentences.

INDICATIVE (OBJECTIVITY)	SUBJUNCTIVE (SUBJECTIVITY)
Nous **regardons** le journal de 20 heures tous les soirs. *We watch the evening news every night.*	Il est important **que** nous **regardions** le journal de 20 heures tous les soirs. *It is important that we watch the evening news every night.*

Formation

Endings

To form the present subjunctive of verbs, the endings **-e, -es, -e, -ions, -iez,** and **-ent** are added to the stem. (Exceptions: **avoir** and **être.**)

One-stem verbs

To form the subjunctive present of most verbs, the third person plural (**ils/elles**) stem of the present indicative is used.

	parler: *parl*	finir: *finiss-*	rendre: *rend-*
...que je	**parl**e	**finiss**e	**rend**e
...que tu	**parl**es	**finiss**es	**rend**es
...qu'il/elle/on	**parl**e	**finiss**e	**rend**e
...que nous	**parl**ions	**finiss**ions	**rend**ions
...que vous	**parl**iez	**finiss**iez	**rend**iez
...qu'ils/elles	**parl**ent	**finiss**ent	**rend**ent

Two-stem verbs

For some verbs, the stem of the first person plural (**nous**) of the present indicative is used for **nous** and **vous** in the subjunctive.

	boire: *boiv-* *buv-*
...que je	**boiv**e
...que tu	**boiv**es
...qu'il/elle/on	**boiv**e
...que nous	**buv**ions
...que vous	**buv**iez
...qu'ils/elles	**boiv**ent

Here are some other verbs with two stems in the subjunctive.

acheter	que j'**achèt**e	que nous **achet**ions
appeler	que j'**appell**e	que nous **appel**ions
croire	que je **croi**e	que nous **croy**ions
devoir	que je **doiv**e	que nous **dev**ions
envoyer	que j' **envoi**e	que nous **envoy**ions
jeter	que je **jett**e	que nous **jet**ions
mourir	que je **meur**e	que nous **mour**ions
payer	que je **pai**e	que nous **pay**ions
préférer	que je **préfèr**e	que nous **préfér**ions
prendre	que je **prenn**e	que nous **pren**ions
recevoir	que je **reçoiv**e	que nous **recev**ions
venir	que je **vienn**e	que nous **ven**ions
voir	que je **voi**e	que nous **voy**ions

Irregular Verbs in the Subjunctive

Three irregular verbs have a single stem in the subjunctive.

	faire: *fass-*	pouvoir: *puiss-*	savoir: *sach-*
...que je	**fass**e	**puiss**e	**sach**e
...que tu	**fass**es	**puiss**es	**sach**es
...qu'il/elle/on	**fass**e	**puiss**e	**sach**e
...que nous	**fass**ions	**puiss**ions	**sach**ions
...que vous	**fass**iez	**puiss**iez	**sach**iez
...qu'ils/elles	**fass**ent	**puiss**ent	**sach**ent

Three impersonal verbs have a single form in the subjunctive.

falloir	pleuvoir	valoir
...qu'il **faille**	...qu'il **pleuve**	...qu'il **vaille**

Four irregular verbs have two stems in the subjunctive.

	aill- aller: *all-*	*ai-* avoir: *ay-*	*soi-* être: *soy-*	*veuill-* vouloir: *voul-*
...que je (j')	**aill**e	**ai**e	**soi**s	**veuill**e
...que tu	**aill**es	**ai**es	**soi**s	**veuill**es
...qu'il/elle/on	**aill**e	**ai**t	**soi**t	**veuill**e
...que nous	**all**ions	**ay**ons	**soy**ons	**voul**ions
...que vous	**all**iez	**ay**ez	**soy**ez	**voul**iez
...qu'ils/elles	**aill**ent	**ai**ent	**soi**ent	**veuill**ent

Note: The *endings* of **avoir** and **être** are irregular.

MISE AU POINT

A. **Etre branché** ("*with it*"). Que faut-il faire pour être à la mode aujourd'hui? Expliquez à tour de rôle ce qui est de rigueur. Commencez chaque réponse avec **il faut que** ou **il n'est pas nécessaire que.**

MODELE: avoir une belle voiture neuve →
Il faut que tu aies une belle voiture neuve.
ou Il n'est pas nécessaire que tu aies une belle voiture neuve.

1. connaître les meilleurs restaurants
2. savoir utiliser un disque optique compact

3. avoir un ordinateur à la maison
4. suivre des feuilletons (*soap operas*)
5. étudier dans une université renommée
6. se tenir au courant des scandales
7. lire la rubrique sportive tous les jours
8. répondre tout de suite au courrier électronique
9. ?

B. Suggestions. Un employé / Une employée de la poste prépare une liste de recommandations pour les étudiants étrangers. Mettez les phrases au subjonctif d'après le modèle.

MODELE: Vous venez tôt le matin. (Il vaut mieux que) →
Il vaut mieux que vous veniez tôt le matin.

1. Vos paquets sont bien emballés (*wrapped*). (Je suggère que)
2. Vous mettez de la ficelle (*string*). (Il vaut mieux que)
3. Vous n'utilisez pas de ruban adhésif. (Il est important que)
4. Vous écrivez l'adresse en rouge. (Je préfère que)
5. Vous arrivez à la poste avant six heures du soir. (Il faut que)
6. Tout le monde comprend les règles. (Il est nécessaire que)
7. Vous payez au guichet. (Je préfère que)

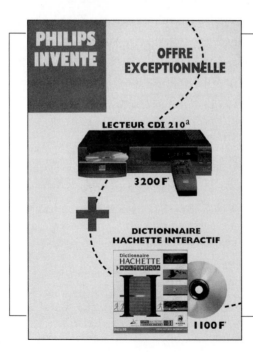

PHILIPS INVENTE

OFFRE EXCEPTIONNELLE

LECTEUR CDI 210[a]

3200 F

DICTIONNAIRE HACHETTE INTERACTIF

Dictionnaire HACHETTE MULTIMEDIA

1100 F

EN PASSANT...

1. Quelle sorte de dictionnaire utilisez-vous? Dans quelles circonstances?

2. Est-ce que ce dictionnaire interactif vous intéresse? Combien faut-il que vous payiez pour cet ensemble?

3. Qui pourrait profiter le mieux de cette sorte d'appareil?

[a]*CD-ROM player*

Required Uses of the Subjunctive

1. The subjunctive is used when there are two different subjects as well as an expression

a. of **doubt**

douter que
il est douteux que
il est improbable que
il est (im)possible que
il semble que

Je **doute que** *cette correspondante* **ait** raison.	*I doubt that this correspondent is right.*
Il **ne semble pas qu'***elle* **dise** la vérité.	*She doesn't seem to be telling the truth.*

b. of **opinion**

il est bizarre/bon/important/(in)utile/juste/normal/ridicule/temps, etc. que
il vaut mieux que

Il **est important que** *les journalistes* **soient** libres de tout filmer.	*It is important that reporters be free to film everything.*
Il **est regrettable que** *la télévision* **rende** les crimes spectaculaires.	*It is regrettable that television makes crimes spectacular.*

> In spoken French, **c'est** is often used instead of **il est:**
>
> **C'est bon que...**

c. of **desires**

demander que   suggérer que
désirer que   vouloir que
préférer que

Je **veux que** *nous* **ayons** un modem connecté à notre ordinateur.	*I want us to have a modem connected to our computer.*
La technicienne **suggère que** *nous* **achetions** un ordinateur avec un écran de seize pouces.	*The technician suggests that we buy a computer with a 16-inch screen.*

d. of **necessity**

il est nécessaire que   il est important que
il faut que   il est indispensable que

Il **est nécessaire que** *Paul* **finisse** ce rapport ce soir.	*Paul has to finish this report tonight.*
Il **faut que** *j'***achète** une imprimante laser.	*I have to buy a laser printer.*

e. of **emotion**

avoir peur que*... (ne)
être désolé/furieux/heureux/ravi/surpris/triste, etc. que
il est dommage que
regretter que

Ce journaliste **est surpris que** *les gens* ne **puissent** pas toujours distinguer le vrai du faux à la télévision.	*This journalist is surprised that people can't always distinguish the true from the false on television.*
Il **regrette que** *le public* ne **sache** plus que croire.	*He regrets that the public no longer knows what to believe.*

2. The subjunctive is used when the sentence contains one of the following conjunctions and has two different subjects.

à condition que	*provided that*
à moins que... (ne)†	*unless*
avant que... (ne)†	*before*
pour que	*in order that, so that*
sans que	*without*

J'achèterai cette vidéocassette, **à moins que** *tu* ne l'**aies** déjà.	*I'll buy this videocassette, unless you already have it.*

3. The following conjunctions always require the subjunctive, whether the subjects of the two clauses are the same or different.

bien que	*although*
jusqu'à ce que	*until*

Nathalie est en Roumanie **jusqu'à ce qu'***elle* **finisse** son reportage sur la crise économique.	*Nathalie is in Romania until she finishes her report on the economic crisis.*

> These three conjunctions always require the indicative.
>
> **après que**
> **parce que**
> **puisque**
>
> Je vais écouter ce CD **parce que** tout le monde **dit** qu'il est génial.

MISE AU POINT **A.** **Hésitations.** Avec un(e) partenaire, exprimez vos opinions en ce qui concerne le rôle des médias. Utilisez une expression de doute ou d'opinion, puis commentez votre réponse en suivant le modèle.

MODELE: Il y a trop d'images choquantes à la télé. →
Il est regrettable qu'il y ait tellement d'images choquantes à la télé. Les enfants sont très impressionnables.

---

*In written French, a pleonastic (redundant) **ne** is used with the expression **avoir peur.** It does not make the sentence negative. **J'ai peur que mon ami** *ne* **soit malade.** *I'm afraid that my friend is sick.* In spoken French, the pleonastic **ne** is optional.
†The pleonastic **ne** is used with **à moins que** and **avant que.** It does not make the sentence negative.

Bien qu'il cumule les fonctions, Alcatel 2592 a su rester très simple.

Alcatel 2592.

Jamais un téléphone n'en a fait autant pour vous.

| Répondeur avec horodatage | Affichage de la durée de communication | Répertoire de 150 noms et numéros | Rappel de vos rendez-vous | Fonctionne sur 2 lignes |

EN PASSANT...

Quelles fonctions de l'Alcatel peuvent aider à résoudre les problèmes suivants?

1. J'oublie souvent d'aller à mes réunions.
2. Je parle trop longtemps avec mes amis en France.
3. Je ne retrouve pas le numéro de téléphone de ma patronne.
4. J'ai parfois deux appels en même temps.

---

1. La télévision ment.
2. Le public fait toujours confiance aux journalistes.
3. Un article est toujours moins impressionnant qu'une image télévisée.
4. Les médias veulent toujours renseigner le public de façon responsable.
5. La presse a le droit de manipuler les images télévisées pour influencer le public.
6. La télévision est responsable de la montée du sensationnalisme dans les médias.

B. **Pour se tenir au courant.** Que faut-il faire pour se tenir au courant des affaires nationales et internationales? Avec un(e) partenaire, complétez les phrases suivantes à votre façon.

1. Il est important que nous...
2. Il est utile que l'on...
3. Il est essentiel que je...
4. Il vaut mieux que nous...
5. Il est indispensable que je...

C. **Demandes.** Imaginez qui (professeur, parent, ami[e], médecin, etc.) vous adresse les demandes suivantes. Avec un(e) partenaire, jouez le rôle de cette personne en suivant le modèle.

MODELE: faire un exposé oral demain →
  LE PROFESSEUR DE FRANÇAIS: Je veux que vous fassiez un exposé oral demain.

1. apprendre à accéder aux services Minitel
2. se souvenir de mon anniversaire cette année
3. boire plus d'eau et moins de boissons sucrées
4. faire des économies ce semestre
5. venir me parler si vous ne comprenez pas les devoirs
6. prendre deux aspirines et me téléphoner demain matin
7. utiliser une imprimante laser

Maintenant, ajoutez trois autres demandes que l'on vous adresse régulièrement.

D. **Au cinéma.** Avec un(e) partenaire, complétez les phrases suivantes en choisissant une des expressions proposées. (N'oubliez pas d'utiliser le subjonctif.)

MODELE: Je ne suis pas surpris(e): il n'y a pas beaucoup de place pour les femmes dans les films d'action / il y a toujours des voitures qui explosent dans les films d'action →
  Je ne suis pas surpris(e) qu'il n'y ait pas beaucoup de place pour les femmes dans les films d'action.

1. Je déplore que: deux tiers des films américains sont des films d'action / beaucoup de films sont ultra-violents
2. Il est dommage que: le héros des films se bat au lieu de discuter / l'héroïne des films doit faire du karaté au lieu de discuter
3. Je suis ravi(e) que: le héros hollywoodien se bat parfois pour une cause noble / la qualité de certains scénarios est si bonne
4. J'ai peur que (qu'): il faut être beau et musclé pour réussir à Hollywood / le prix d'une place au cinéma devient exorbitant à cause des salaires exagérés des vedettes
5. Je regrette que: l'atmosphère d'Hollywood est souvent beaucoup plus intéressante que ses films / il n'y a pas assez de rôles sérieux pour les femmes

....

MISE EN PRATIQUE   **Interactions.** Comment réagir aux situations suivantes? Discutez-en avec vos camarades de classe en utilisant le subjonctif.

1. Vous voulez organiser une soirée avec vos copains. Dites ce que vous devez faire pour vous préparer.

MODELE: Il faut que nous achetions des boissons, et que...

2. Le médecin vient de vous dire que vous êtes en mauvaise santé et vous conseille de faire certaines choses et d'en éviter d'autres pour améliorer votre santé.

MODELE: Je suggère que vous fassiez de longues promenades, et que...

3. Un étudiant a manqué deux semaines de cours. Son ami(e) lui donne des conseils pour rattraper son retard (*catch up*).

MODELE: Il est important que tu ailles voir ton prof, et que...

4. Réfléchissez à certaines choses qui vous préoccupent et, avec vos camarades de classe, essayez de trouver des solutions.

MODELE: Comme je n'ai jamais assez d'argent, il est nécessaire que je trouve un job, et que...

Paris: Certains Français n'aiment pas qu'il y ait tant de films américains en France.

The Subjunctive versus the Infinitive

1. The subjunctive is used after an expression of doubt, opinion, desire, necessity, or emotion if there are two different subjects in the sentence.
  If there is only one subject, the second verb is in the infinitive.

SUBJUNCTIVE (TWO SUBJECTS)	INFINITIVE (ONE SUBJECT)
Elle voulait que **tu fasses** ce reportage pour le journal de 20 heures.	**Elle** voulait **faire** ce reportage pour le journal de 20 heures.
She wanted you to do this report for the evening news.	*She wanted to do this report for the evening news.*
Il est important que **nous lisions** des mensuels étrangers.	**Il** est important **de lire** des mensuels étrangers.
It is important that we read foreign monthlies.	*It is important to read foreign monthlies.*

> After an expression of opinion or emotion, use **de**.
>
> Je suis triste **de** partir.
>
> With **il faut** and **il vaut mieux**, the infinitive follows the verb (without **de**).
>
> **Il faut limiter** le nombre de jeux télévisés le soir.

2. The subjunctive is used after the following conjunctions if the sentence has two subjects.
  If there is only one subject, the second verb is in the infinitive.

TWO SUBJECTS	ONE SUBJECT
pour que **sans que** **à condition que** **à moins que (ne)** **avant que (ne)** } + *subjunctive*	**pour** **sans** **à condition de** **à moins de** **avant de** } + *infinitive*
*J'*ai reçu cette somme **à condition que** *nous* **partions** demain.	*J'*ai reçu cette somme **à condition de partir** demain.
I received this sum on the condition that we leave tomorrow.	*I received this sum on the condition that I leave tomorrow.*
Le producteur téléphonera **avant que** *vous* **ne quittiez** le studio.	*Le producteur* téléphonera **avant de quitter** le studio.
The producer will call before you've left the studio.	*The producer will call before leaving the studio.*

....

MISE AU POINT **A.** **Suggestions.** Mettez-vous à quatre et dites ce qu'il faut ou ce qu'il ne faut pas faire dans chaque situation en utilisant un infinitif.

MODELE: Si l'on veut courir un marathon? →
On doit courir régulièrement.
Il est essentiel d'acheter des chaussures convenables.
Il ne faut pas s'entraîner tous les jours.
Il serait utile d'étudier les vidéos de coureurs célèbres.

1. Si l'on veut être en bonne santé?
2. Si l'on veut choisir ses cours pour l'année prochaine?
3. Si l'on veut voyager à l'étranger l'été prochain?
4. Si l'on veut trouver un(e) camarade de chambre?
5. Si l'on veut voir un nouveau film passionnant?

B. **Les adieux.** Roméo et Juliette doivent se séparer pendant un certain temps. Avec un(e) partenaire, jouez les deux rôles en vous basant sur le modèle.

MODELE: J: devoir partir
R: ne pas... vouloir / partir →
JULIETTE: Je dois partir.
ROMEO: Je ne veux pas que tu partes.

1. J: dire au revoir
R: ne pas... aimer / dire au revoir
2. J: aller chez ma cousine ce soir
R: ne pas... vouloir / aller chez elle ce soir
3. R: aller voir ton père ce soir
J: préférer / ne pas... voir mon père ce soir
4. J: devoir m'en aller
R: ne pas... vouloir / t'en aller
5. R: aller désobéir à mon père
J: ne pas... aimer / désobéir à ton père
6. R: ?
J: ?

A. TROUVEZ QUELQU'UN QUI... **Rapports médiatiques.**

Cherchez dans votre classe des camarades pouvant répondre aux questions suivantes. La même personne peut répondre à plusieurs questions. Puis, inscrivez son nom à côté de la description donnée et précisez les faits pertinents.

MISE EN
PRATIQUE

Quel(le) étudiant(e)...

1. aime regarder les mêmes émissions à la télévision que vous?

   Nom: _____ Quelles émissions? _____

2. voudrait avoir une carrière dans les médias un jour?

   Nom: _____ Quelle profession? _____

3. ne sait pas se servir du magnétoscope pour enregistrer une émission?

   Nom: _____ Pourquoi? _____

4. doute que la télévision soit la meilleure façon de se tenir informé(e)?

   Nom: _____ Pourquoi? _____

5. peut nommer deux journaux français?

   Nom: _____ Quels journaux? _____

6. utilise l'ordinateur pour faire les mêmes choses que vous?

   Nom: _____ Quelles activités? _____

7. n'aime pas qu'il y ait tant de sport à la télé?

   Nom: _____ Pourquoi? _____

B. **Nécessités.** Discutez avec des camarades de classe de ce que vous devriez faire dans les circonstances suivantes. Ensuite, comparez vos réponses avec celles des autres groupes.

1. Si l'on vous demandait de créer une série télévisée,

   a. il serait amusant de... **b.** il faudrait que...

2. Si un(e) Martien(ne) vous invitait chez lui/elle,

   a. il serait intéressant de... **b.** il vaudrait mieux que...

3. Si un(e) terroriste vous prenait en otage dans un avion,

   a. il ne faudrait pas que... **b.** il serait utile de...

4. Si je vivais le même jour sans fin,

   a. il serait douteux que... **b.** je regretterais de...

The present subjunctive is also used after the present conditional.

Si tu voulais acheter un ordinateur, **il faudrait que tu fasses** des recherches.

The Subjunctive versus the Indicative

Certain verbs relating to thought processes can be followed by either the indicative or the subjunctive. In an affirmative sentence, the indicative is used to indicate certainty. When the sentence is either negative or a question, an element of doubt is introduced with these verbs, and the subjunctive is often used. The verb **espérer,** which expresses wishes, follows the same rules.

il me (te, lui, nous, vous, leur) semble que
il est certain/évident/probable/sûr/vrai, etc. que
je suis (etc.) certain(e)(s) / sûr(e)(s) que
croire que
espérer que
penser que
trouver que

SUBJUNCTIVE (DOUBT)	INDICATIVE (CERTAINTY)
Crois-tu que cette émission **soit** en direct? *Do you think this broadcast is live?*	**Je crois qu'**elle **est** en différé. *I believe it's a recording.*
Est-il sûr que l'écran graphique **soit** réservé au Macintosh? *Is it certain that the graphic screen is exclusive to Macintosh?*	**Nous sommes certains qu'**IBM **a** les mêmes capacités. *We are sure that IBM has the same capabilities.*

id="1"
MISE AU POINT

A. **Un entretien.** Une journaliste interroge le candidat socialiste aux prochaines élections. Il répond toujours à l'affirmative. Jouez les deux rôles.

MODELE: LA JOURNALISTE: Est-il certain que vous *ayez* l'appui de la majorité?
LE CANDIDAT: Oui, il est certain que j'*ai* l'appui de la majorité.

1. Pensez-vous que les électeurs veuillent un changement radical?
2. Est-il sûr que votre parti sache défendre les intérêts de tous?
3. Croyez-vous que les mouvements ouvriers doivent être soutenus?
4. Trouvez-vous que le chômage soit notre plus gros problème?
5. Est-il vrai que votre programme puisse mettre fin à la crise économique?

B. **L'ordinateur.** Que pensez-vous des usages de l'ordinateur? Complétez les questions suivantes et posez-les à un(e) partenaire qui vous donnera son opinion à ce sujet.

VOCABULAIRE UTILE

devoir: savoir se servir d'un ordinateur / censurer certaines messageries à thème adulte
être: indispensable / facile à utiliser / accessible à tout le monde
pouvoir: apprendre une langue / mieux faire ses devoirs à l'aide de l'ordinateur
transmettre/fournir: des informations essentielles/inutiles

1. Est-ce que tes parents pensent que les ordinateurs... ?
2. Crois-tu que les réseaux... ?
3. Est-il vrai que l'Internet... ?
4. Penses-tu que l'on... ?
5. Trouves-tu que... ?

MISE EN PRATIQUE

 SONDAGE: L'influence des médias. Posez les questions ci-dessous à trois camarades de classe et notez leurs réponses. Ensuite mettez-vous à cinq et commentez les résultats. Quelles réponses vous intéressent le plus? Pourquoi?

	REPONSES		
	A	B	C
1. Penses-tu que certains médias soient indispensables? Lesquels?	_____	_____	_____
2. Crois-tu que le rôle de la télévision soit d'informer? Si non, quel est son rôle?	_____	_____	_____
3. Trouves-tu que les journalistes soient assez objectifs?	_____	_____	_____
4. Est-il probable que la presse à sensation disparaisse un jour? Dans quels médias?	_____	_____	_____
5. Es-tu sûr(e) que les médias aient une bonne influence sur la langue de ton pays?	_____	_____	_____
6. Penses-tu que la censure puisse jouer un rôle positif dans certains médias? Explique ta réponse.	_____	_____	_____

La parole à l'écrivain

What would life be like in the modern world without the media? Newspapers, magazines, radio, and television truly make us citizens of the world. They can make us aware, sometimes instantaneously, of important events in our own neighborhoods as well as halfway around the globe. We take access to such information for granted now, so much so that many of us forget to pay attention to its psychological impact on our lives and worldview.

This reading, excerpted from *Les Belles Images* by Simone de Beauvoir, asks readers to consider the effect of the televised news on children and young people.

Pour mieux lire

Visiting Literary Worlds

Literature can take you on a kind of voyage; it opens up new worlds, with foreign perspectives and exotic sensations. Like any world traveler, a reader of literature needs to be open to new ideas and ready to accept differences in the ways people perceive and represent reality.

The worlds we encounter through poetry, plays, novels, and short stories sometimes resemble our own, with inhabitants who are more or less like us. Their experiences are fairly easy to understand, and we come to like or dislike these characters as though they were next-door neighbors. In other literary works, however, the created reality can seem so strange that it becomes far-fetched, and we are tempted to abandon the journey.

At this point you need to remind yourself that traveling—even through literature—often entails risk, like any new experience. Leap into the jarring new reality, and wait until afterward to look for the meaning in it. You might find that it expresses a truth impossible to find in more familiar, conventional representations of reality.

Image 1
Antoine Gros: *Le Champ de bataille d'Eylau (1808)*.

Image 2
Pablo Picasso: *Guernica (1938).*

Image 3
Bataille d'Arnhem (Hollande), septembre 1944.

I. Regardez les trois images. Sur les échelles suivantes, indiquez par une croix avec quel réalisme ces images représentent l'expérience de la guerre.

SERIE A

Image 1   très réaliste · peu réaliste

Image 2   très réaliste · peu réaliste

Image 3   très réaliste · peu réaliste

Maintenant, regardez-les différemment et indiquez par une croix avec quelle précision sont illustrées les horreurs de la guerre sur chacune d'entre elles.

SERIE B

Image 1   très clairement · peu clairement

Image 2   très clairement · peu clairement

Image 3   très clairement · peu clairement

Avec votre partenaire, discutez de vos réponses. Quel est l'effet de chaque image? Est-ce qu'elles vous touchent toutes de la même manière? Ensuite, comparez vos évaluations des séries A et B. Est-ce que l'image qui représente la guerre de la façon la plus réaliste représente aussi le plus clairement l'horreur de la guerre? Par exemple, si l'on accepte de rentrer dans le monde de Picasso, le tableau 2, peu réaliste, peut nous mettre face aux horreurs de la guerre. Etes-vous d'accord? Analysez ensemble votre façon de percevoir chaque illustration.

II. Maintenant, lisez les situations littéraires suivantes. Ces situations sont-elles faciles à accepter ou difficiles à accepter?

SITUATION 1

Une jeune femme rêveuse se marie avec un homme très ennuyeux et incompétent. Elle a des amants et, à la fin, se suicide.

difficile · facile

SITUATION 2

Trois personnes sont enfermées pour l'éternité dans un salon bourgeois. Ce salon est en fait l'Enfer, et le rôle des prisonniers est de se torturer mutuellement, rien qu'en parlant.

difficile · facile

SITUATION 3

Un homme, le narrateur, part à la chasse aux loups avec ses compagnons. Le loup, par ses actions et par sa mort noble, enseigne l'honneur au narrateur.

difficile · facile

(La situation 1 vient de *Madame Bovary,* de Gustave Flaubert, 2 vient de *Huis clos,* une pièce de Jean-Paul Sartre, et 3 de «La Mort du Loup», un poème d'Alfred de Vigny.)

Quels aspects rendent les trois situations plus ou moins faciles à accepter? Parlez-en avec votre partenaire. Vous ne serez pas forcément d'accord, mais essayez de justifier vos opinions. Connaissez-vous d'autres œuvres littéraires ou films qui vous poussent à vous ouvrir à des situations incroyables ou à des mondes irréels? Faites-en une petite liste.

1. _____

2. _____

3. _____

Ainsi, pour pénétrer ces mondes et mieux apprécier la littérature, il faut parfois accepter le monde créé par l'auteur. C'est le seul moyen de découvrir les sens profonds de ces œuvres.

Mise en route

A votre avis, lesquelles des émissions suivantes ne sont pas appropriées pour un enfant de douze ans? Ecrivez *oui* ou *non* pour indiquer si vous permettriez à votre enfant de regarder ces émissions. Comparez vos réponses avec celles des autres étudiants en expliquant vos raisons. Etes-vous tous d'accord? Pourquoi? Pourquoi pas?

20.30

AVENTURES. FILM DE JOHN G. AVILDSEN (E.-U., 1989) — 1 H 48

KARATÉ KID III

SIPA

Daniel .... **Ralph Macchio**
Miyagi .... **Noriyuki « Pat » Morita**
Jessica .... **Robyn Lively**
Pour adultes et adolescents.

De retour du Japon, Daniel et Miyagi découvrent que leur immeuble a été démoli. Pour s'en sortir, les deux amis décident de se recycler dans la vente de bonsaïs. Mais Terry Silver, l'homme d'affaires de Kreese — un professeur de karaté humilié par Miyagi et son élève —, leur envoie bientôt Mike, un karateka qui défie Daniel. Le jeune champion se voit obligé de remettre son titre en jeu.

Ralph Macchio, «Pat» Morita.

1. _____

2. _____

22.30

COMÉDIE DRAMATIQUE. FILM DE J.-CH. TACHELLA (FR., 1987) — 1 H 50

TRAVELLING AVANT★

KIPA

Barbara . . . . **Ann-Gisel Glass**
Nino . . . . **Thierry Frémont**
Donald . . . . **Simon de La Brosse**
Pour adultes et adolescents.
Paris, 1948. Nino et Donald se rencontrent dans une salle de cinéma. Ils se lient d'amitié et évoquent leur rêve commun de faire carrière dans le septième art. Nino fait la connaissance de Barbara, une autre passionnée de cinéma qui l'héberge chez elle. Lorsque les deux amis découvrent que Barbara possède chez elle de nombreuses bobines de films, ils décident de créer leur propre ciné-club.

S. de La Brosse, A.-G. Glass.

3. _____

LA BALLADE DES DALTON. Lundi, 13.35, La 5.

4. _____

5. _____

20.40

DRAME. FILM D'OLIVER STONE (ÉTATS-UNIS, 1985) — DURÉE : 1 H 57

SALVADOR★★

SCÉNARIO : RICHARD BOYLE ET OLIVER STONE — MUSIQUE : GEORGES DELERUE

Richard Boyle	**James Woods**	L'ambassadeur	**Michael Murphy**
Le docteur Rock	**Jim Belushi**	Maria	**Elpedia Carillo**
John Cassidy	**John Savage**	Le major Max	**Tony Plana**

Pour adultes et adolescents. Déjà diffusé en octobre 1987.

GAMMA

Le journaliste Richard Boyle, qui eut son heure de gloire, s'est effondré dans l'alcoolisme. A bout de ressources, il part en compagnie d'un disc-jockey, épave comme lui, depuis San Francisco vers le Salvador, où sévit une guerre civile. Ils comptent ensemble faire un reportage fructueux. Boyle, ancien du Cambodge et du Vietnam, connaît ce genre de situation. Il comprend vite que les horreurs qu'il filme sont le fait des autorités gouvernementales. En rejoignant la guérilla en compagnie de Maria, une amie qu'il a retrouvée sur place, et un photographe, il va, retrouvant son métier et les engagements qu'il a déjà connus, reprendre peu à peu goût à la vie.

Le Salvador en pleine guerre civile.

Un film dur, inspiré par la mort du journaliste américain John Hoagland, disparu au Salvador ; aucune des scènes de violence extrême auxquelles il eut à faire face dans son métier de reporter ne sont épargnées aux spectateurs.

22.45 BOXE : TIOZZO-WATTS

En direct du Palm Beach de Cannes.
Commentaires : Jean-Philippe Lustik, Thierry Roland.
Réalisation : Jean-Claude Hechinger.
Pour son premier combat après la perte du titre mondial, Tiozzo devait rencontrer initialement Doug De Witt. Ce dernier étant blessé, le champion français affronte ce soir **Kevin Watts**, 29 ans, ancien champion des Etats-Unis puis d'Amérique du Nord des poids moyens. Un puncheur (vingt-deux victoires dont dix par K.-O.) qui offrira un test intéressant à Tiozzo, lancé à la reconquête de sa couronne mondiale.

TEMPSPORT

6. _____

Christophe Tiozzo.

Mots et expressions

la bagarre fight
le cauchemar nightmare
déplorer to regret deeply
l'émission (*f.*) television show
se fier (à) to trust
insensible insensitive
se prolonger to go on and on, to continue

saisissant(e) startling, striking
se sentir en faute to feel guilty
se soucier (de) to worry (about)
supportable bearable

Complétez l'histoire avec les mots qui conviennent.

A la télévision, il y a souvent des _____[1] avec beaucoup de violence. Je pense que les gens qui écrivent les scénarios ne _____[2] pas de l'effet de ces images _____[3] sur les enfants. Ces gens sont _____[4] aux problèmes psychologiques causés par les scènes horribles qui _____[5] et les _____[6] violentes que nous voyons chaque fois qu'on allume la télé.

Et de plus, les gens qui présentent les nouvelles télévisées ne se sentent pas _____[7] quand les jeunes suivent l'exemple de ce qu'ils voient ou quand ils ont des _____[8] la nuit. Moi, je ne _____[9] pas aux gens qui travaillent pour la télévision. Je _____[10] leur décision de mettre des histoires terribles à la portée des jeunes. Vraiment, ce n'est pas _____.[11]

bagarre
émission
insensible
se prolonger
saisissant
se soucier

cauchemar
déplorer
en faute
se fier
supportable

Les Belles Images

SIMONE DE BEAUVOIR

En 1929, alors qu'elle n'avait que vingt et un ans, Simone de Beauvoir (1908–1986) a été reçue à l'agrégation de philosophie, un concours extrêmement difficile qui assure un poste dans l'enseignement secondaire ou universitaire. Elle a été professeur jusqu'en 1943, année où elle a décidé de se consacrer à l'écriture. Elle est reconnue comme l'une des fondatrices de la pensée féministe grâce à ses essais, comme *Le Deuxième Sexe*, ses récits autobiographiques, comme *Les Mémoires d'une jeune fille rangée*, et *La Force de l'âge*, et également ses romans comme *Le Sang des autres*, *Une Mort très douce* et *Les Belles Images*. A travers ces œuvres très diverses, on peut suivre certaines idées clés, entre autres celle de l'aliénation féminine dans un monde dominé par les hommes.

Dans cet extrait, Simone de Beauvoir démontre à travers le personnage principal, Laurence, comment une femme est victime des influences de l'éducation et de la formation imposées par la société. Elle se rend compte petit à petit qu'elle existe essentiellement pour les autres: son mari, sa mère, ses enfants, son amant. Dans le passage qui suit, Laurence cherche à être une bonne mère pour sa fille de dix ans, Catherine, en la protégeant du monde. Elle discute avec une amie de Catherine, Brigitte, et lui explique qu'il ne faut pas qu'elle parle avec Catherine des nouvelles tristes qu'elle voit à la télévision.

Laurence hésite:
　—Brigitte, ne racontez pas de choses tristes à Catherine.
　Tout le visage s'est empourpré° et même le cou.　　　　　　　　　　　s'est... a rougi
　—Qu'est-ce que j'ai dit qu'il ne fallait pas?
5　　—Rien de spécial. —Laurence sourit de manière rassurante: —Seulement Catherine est encore très petite; elle pleure souvent la nuit; beaucoup de choses lui font peur.
　—Ah! bon!
　Brigitte a l'air plus désarçonnée° que contrite.　　　　　　　　　　　*nonplussed*
10　　—Mais si elle me pose des questions, je dirai que vous me défendez° de　　interdisez
répondre?
　C'est Laurence maintenant qui est embarrassée: je me sens en faute de la mettre en faute, alors qu'au fond...
　—Quelles questions?
15　　—Je ne sais pas. Sur ce que j'ai vu à la télévision.
　Ah! oui; il y a ça aussi: la télévision. Jean-Charles° rêve souvent à ce qu'elle　　son mari
pourrait être, mais il déplore ce qu'elle est; il ne prend guère que les Actualités télévisées et «Cinq colonnes à la une»* que Laurence regarde aussi, de loin en loin. On y montre parfois des scènes peu supportables; et, pour une enfant, les
20　images sont plus saisissantes que les mots.
　—Qu'avez-vous vu à la télévision, ces jours-ci?
　—Oh! beaucoup de choses.

----

*Une émission qui donne des actualités pour la semaine.

—Des choses tristes?

Brigitte regarde Laurence dans les yeux:

25 —Il y a beaucoup de choses que je trouve tristes. Pas vous?

—Si, bien sûr.

Qu'est-ce qu'ils ont montré ces jours-ci? J'aurais dû regarder. La famine aux Indes? Des massacres au Viêtnam? Des bagarres racistes aux U.S.A.?

—Mais je n'ai pas vu les dernières émissions, reprend Laurence. Qu'est-ce 30 qui vous a frappée°? *impressionnée*

—Les jeunes filles qui mettent des ronds° de carotte sur des filets de *slices* hareng,°* dit Brigitte avec élan.° *herring* / énergie

—Comment ça?

—Eh bien, oui. Elles racontaient que toute la journée elles mettent des ronds 35 de carotte sur des filets de hareng. Elles ne sont pas beaucoup plus vieilles que moi. J'aimerais mieux mourir que de vivre comme ça!

—Ça ne doit pas être tout à fait pareil pour elles.

—Pourquoi?

—On les a élevées° autrement.° *raised* / de façon différente

40 —Elles n'avaient pas l'air bien contentes, dit Brigitte.

Des métiers stupides, qui disparaîtront bientôt avec l'automation; en attendant, évidemment... Le silence se prolonge.

—Bon. Allez faire votre version.° Et merci pour les fleurs, dit Laurence. *un devoir écrit*

Brigitte ne bouge pas.

45 —Je ne dois pas en parler à Catherine?

—De quoi?

—De ces jeunes filles.

—Mais si, dit Laurence. C'est seulement quand quelque chose vous paraît vraiment horrible qu'il vaut mieux le garder pour vous. J'ai peur que Catherine 50 n'ait des cauchemars.

Brigitte tortille° sa ceinture; elle qui est d'ordinaire si simple, si directe, elle a *twists* l'air désorientée. «Je m'y suis mal prise»,° pense Laurence; elle n'est pas contente *Je... I didn't go about that right* d'elle; mais comment fallait-il s'y prendre?° «Enfin, je me fie à vous. Faites un *comment... how should I have gone about it?* peu attention, c'est tout», conclut-elle gauchement.° *de façon maladroite*

55 Suis-je devenue insensible ou Brigitte est-elle particulièrement vulnérable? se demande-t-elle, quand la porte s'est refermée. «Toute la journée des ronds de carotte.» Sans doute, les jeunes filles qui font un pareil métier, c'est qu'elles ne sont pas capables d'un travail plus intéressant. Mais ça ne rend pas les choses plus drôles pour elles. Voilà encore de ces «incidences humaines» qui sont regret-60 tables. Ai-je raison, ai-je tort de si peu m'en soucier? ▧

---

*En France on trouve parfois un rond de carotte dans une boîte de conserve qui contient du poisson.

VEZ-VOUS COMPRIS?

1. Qu'est-ce que Laurence demande à Brigitte? Quelle explication est-ce qu'elle donne pour sa demande?
2. Dans la ligne 3, un des personnages rougit. Lequel? Comment le savez-vous? Pourquoi est-ce que cette personne rougit?
3. Catherine, la fille de Laurence, pose des questions à Brigitte. A quel sujet?
4. Qu'est-ce que Jean-Charles pense de la télévision? Et Laurence, la regarde-t-elle? Pourquoi (pas)?
5. Qu'est-ce qui a impressionné Brigitte dans l'émission sur les jeunes ouvrières? Pourquoi? Laurence a-t-elle la même réaction que Brigitte? Pourquoi (pas)?
6. Pourquoi est-ce que Laurence remercie Brigitte? Qu'est-ce que Brigitte va faire?
7. De quoi Laurence a-t-elle toujours peur? Qu'est-ce qu'elle redemande à Brigitte?
8. A qui est-ce que Laurence parle après le départ de Brigitte? Quelles questions est-ce qu'elle pose? Comment justifie-t-elle la situation des jeunes filles?

COMMENTAIRE DU TEXTE

1. Comment est-ce que Laurence parle à Brigitte? Comme à une petite fille? Comme à une adulte? Trouvez des passages qui justifient votre réponse.
2. Qu'est-ce que nous apprenons sur Catherine dans ce passage? sur Brigitte? sur Laurence? Faites une petite liste d'adjectifs pour décrire chacune (sûre d'elle, nerveuse, maladroite, gênée, triste).
3. Quel rôle la télévision joue-t-elle dans ce texte? Est-ce que cette situation vous semble réaliste? impossible? Pourquoi?
4. Comparez les détails qui, d'après Laurence, auraient impressionné Brigitte et ceux qui l'ont réellement impressionnée. Comparez également leurs réactions. Et votre réaction à vous, ressemble-t-elle plus à celle de Brigitte ou à celle de Laurence? Pourquoi?
5. Répondez à la question posée par Laurence à la fin du passage.
6. Imaginez que vous discutez avec Laurence et qu'elle vous demande si elle a bien fait de parler avec Brigitte. Qu'est-ce que vous lui diriez?

DE LA LITTERATURE A LA VIE

1. Faudrait-il que le gouvernement intervienne dans la programmation de la télévision? Si oui, quel serait son rôle? Si non, pourquoi pas?
2. Que pensez-vous des journaux télévisés? Est-ce qu'ils présentent assez d'informations sur ce qui se passe dans le monde? Est-ce qu'ils parlent trop de certaines choses et pas assez d'autres? Est-ce qu'il y a des images

que l'on devrait éviter de montrer? Lesquelles? Pourquoi? Regardez la photo à la première page de ce chapitre, et commentez.

3. Est-ce une bonne idée de protéger les enfants du monde qui les entoure en leur interdisant certaines émissions? Quels sont les effets d'une liberté totale? d'une oppression sévère?

4. Regardez la couverture de ce magazine. Que veut dire la question posée dans le gros titre? Répondez à cette question.

Structures 2

The Past Subjunctive

Formation

The past subjunctive is formed using the present subjunctive of the auxiliary verb **avoir** or **être** and the past participle of the verb.

	parler	venir	se lever
...que je/j'	aie parlé	sois venu(e)	me sois levé(e)
...que tu	aies parlé	sois venu(e)	te sois levé(e)
...qu'il/elle/on	ait parlé	soit venu(e)	se soit levé(e)
...que nous	ayons parlé	soyons venu(e)s	nous soyons levé(e)s
...que vous	ayez parlé	soyez venu(e)(s)	vous soyez levé(e)(s)
...qu'ils/elles	aient parlé	soient venu(e)s	se soient levé(e)s

Est-il certain qu'elle **ait** déjà **parlé** avec la speakerine?

Is he certain that she has already spoken to the announcer?

Je ne crois pas qu'elles **soient parties** hier.

I don't think they left yesterday.

Est-il vrai qu'elle **se soit levée** plus tôt que les autres?

Is it true that she got up earlier than the others?

Use

Use the present subjunctive if the two actions are simultaneous.

Hier soir, il a fallu que **j'enregistre** mon émission préférée.

The past subjunctive is used if the action of the verb in the subordinate clause took place before that of the main clause.

Je suis contente que vous **soyez venus** hier soir.

I am happy that you came last night.

J'avais peur que tu **n'aies oublié** de sauver le document.

I was afraid that you had forgotten to save the document.

MISE AU POINT **A.** **Un journal à scandales.** Dans *le Nouveau Détective,* il y a beaucoup d'articles bizarres. Commentez les titres suivants, d'après le modèle, en utilisant le subjonctif passé et les expressions suggérées.

EXPRESSIONS UTILES

Il est bizarre que...
Il est peu probable que...
J'ai peur que...

Je doute que...
Je ne crois pas que...
Je ne pense pas que...

le nouveau
DETECTIVE
magazine d'enquêtes

DENVER: PRIS AU PIÈGE COMME UN ANIMAL, LE PÊCHEUR SE TRANCHE LA JAMBE AVEC SON COUTEAU

MODELE: «Des extraterrestres ont kidnappé mon fils hier soir!» →
Je doute que des extraterrestres aient kidnappé son fils.

1. «Une dame de 95 ans a épousé mon frère de 15 ans!»
2. «Hier matin mon chien m'a parlé en chinois!»
3. «Nous avons découvert un crocodile dans notre salle de bains!»
4. «L'actrice millionnaire a perdu tout son argent à Las Vegas!»
5. «Les dinosaures ont construit des maisons!»
6. «L'espèce humaine est venue de l'espace!»

B. **Pas de chance?** Votre ami(e) vous explique les malheurs qui lui sont arrivés, et vous réagissez. Jouez les deux rôles avec un(e) camarade de classe. Ensuite, inversez les rôles.

MODELE: VOTRE AMI(E): Samedi, je me suis cassé la jambe!
VOUS: Oh, je suis désolé(e) que tu te sois cassé la jambe!

1. Hier soir, j'ai manqué la réunion.
2. Ce matin, mon ordinateur est tombé en panne.
3. Le week-end dernier, un voleur a pris mon magnétoscope.
4. Cet après-midi, je me suis fait mal au bras.
5. Aujourd'hui, ma camarade et moi, nous nous sommes disputé(e)s.

C. **Propos entendus au café.** Mettez les verbes entre parenthèses au temps (présent ou passé) du subjonctif qui s'impose.

1. J'aimerais que tu _____ (*lire*) cet article tout de suite.
2. Il est normal qu'ils ne _____ (*se marier*) pas encore.
3. Je suggère que vous _____ (*aller*) à la banque cet après-midi.
4. Il est bon qu'elle _____ (*rentrer*) à l'heure hier.
5. C'est dommage qu'il _____ (*se casser*) le bras.
6. J'avais peur que vous ne _____ (*être*) malade.
7. Nous étions étonnés qu'il _____ (*partir*) si tôt.
8. Il serait préférable qu'ils _____ (*s'en aller*) demain.

Intrigue. Vous donnez un résumé de ce qui s'est passé cette semaine dans votre feuilleton télévisé préféré. Avec un(e) partenaire, refaites les phrases affirmatives et négatives en utilisant une expression d'émotion et le subjonctif passé. Refaites les phrases interrogatives en utilisant une expression de doute et le subjonctif passé.

MODELES: Eric a passé une semaine dans un coma. →
Il est triste qu'Eric ait passé une semaine dans un coma.

Véronique est tombée amoureuse de son beau-père? →
Pensez-vous que Véronique soit tombée amoureuse de son beau-père?

1. Véronique a eu une petite fille lundi.
2. Eric n'a pas encore repris connaissance.
3. Vanessa est allée à New York sans son mari?
4. Vanessa et son mari se sont disputés au téléphone mercredi.
5. Un passager qui se trouvait dans un taxi avec Vanessa a mis un paquet sous le siège avant de descendre.
6. La paquet contient une bombe?
7. Le mari de Vanessa veut la tuer?
8. Véronique peut élever cette enfant toute seule?

Maintenant, avec votre camarade, créez et racontez des épisodes d'une autre émission ou d'une bande dessinée. Les autres étudiants réagissent à votre histoire.

Reprise

A. Débat. Les membres d'un comité sur la violence à la télévision discutent de certains problèmes. Transformez les phrases suivantes en utilisant les mots entre parenthèses.

MODELE: Le gouvernement prend des mesures pour améliorer la situation. (Nous voulons que...) →
Nous voulons que le gouvernement prenne des mesures pour améliorer la situation.

1. Il y a une dose ininterrompue de violence à la télévision. (Nous regrettons que...)
2. Il faut censurer le contenu des émissions violentes. (Pensez-vous que...)
3. Les consommateurs font pression sur l'industrie pour changer le contenu des émissions. (Il est urgent que...)
4. Les adultes veulent des émissions sans sexe ni meurtres. (Croyez-vous que...)
5. Tout le monde lit des articles sur les effets de la télévision. (Nous voulons que...)
6. Nous pouvons censurer le langage vulgaire de certaines émissions. (Il est temps que...)

B. Jugements. Votre famille voudrait acheter un ordinateur. Avec un(e) partenaire, résumez les sentiments de tout le monde en ce qui concerne cet achat. Terminez les phrases de façon logique.

1. Il faut faire des économies pour que...
2. Les enfants voudraient acheter un ordinateur portatif parce que...
3. Les parents ne sont pas sûrs que...

4. Il est important que...
5. Tout le monde est content que...

6. 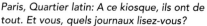 **Les journaux.** Comment sont les quotidiens chez vous? Ont-ils le sens des responsabilités? Ont-ils tendance à couvrir des nouvelles à sensation ou cherchent-ils à informer?

Posez trois questions sur la presse écrite à votre partenaire. Utilisez un élément de chaque colonne à la page suivante et mettez les verbes de la colonne C au subjonctif. Votre partenaire répondra à vos questions en utilisant le subjonctif ou l'indicatif selon le cas. Changez ensuite de rôles.

MODELE: Penses-tu que les journaux soient assez sérieux? →
           Oui, je pense qu'ils sont très sérieux.
   ou   Non, je ne pense pas qu'ils soient assez sérieux. Il y a souvent trop d'articles superficiels et sensationnels.

A	B	C
Est-il possible que	les sports	être trop violent(e)(s)
Penses-tu que	les dessins animés	divertir
Est-il normal que	la météo	fournir des renseigne-
Est-il bon que	les mots croisés	ments utiles
Crois-tu que	la presse écrite	être la rubrique la plus lue
Est-il vrai que	les journalistes	vouloir influencer ou
Trouves-tu que	les journaux	informer
?	?	servir le public
		être assez sérieux/
		sérieuse
		?

D. **Recommandations.** En groupes, transformez ces généralités en conseils spécifiques. Donnez un contexte précis à chaque situation en vous basant sur le modèle. Employez des expressions de doute, d'opinion, de volonté ou d'émotion.

MODELE: Il est important de lire. →
Il est important que vous lisiez les instructions avant d'utiliser cette machine.

Il est important que tout le monde lise plusieurs mensuels régulièrement.

Il est important qu'un médecin lise les résultats de recherches récentes dans sa spécialité.

Il est important qu'un(e) journaliste à la télévision lise son texte correctement et naturellement.

1. Il est nécessaire de finir.
2. Il est essentiel d'écrire.
3. Il faut être patient.
4. Il ne faut pas avoir peur.
5. Il vaut mieux boire.
6. Il vaut mieux répondre tout de suite.

E. **Interview.** Vous interviewez une célébrité. Complétez les questions suivantes et posez-les à votre partenaire qui répondra. Utilisez le subjonctif ou l'infinitif selon le cas.

1. Croyez-vous que la presse... ?
2. Est-il vrai que vous... ?
3. Etes-vous content(e) de... ?
4. Travaillez-vous à condition de... ?
5. Avez-vous demandé cette interview pour... ?
6. Etes-vous surpris(e) que votre public... ?
7. Voudriez-vous continuer à travailler jusqu'à ce que... ?

Réalités quotidiennes

Le Minitel: Se tenir au courant

Beaucoup de Français se tiennent au courant des actualités nationales et internationales à l'aide du Minitel. Avec un(e) partenaire, étudiez l'écran Minitel ci-dessous, puis répondez aux questions suivantes.

```
QUESTIONS ET REPONSES SUR LE SIDA
        QUELLES SONT LES REGIONS DE FRANCE
LES PLUS TOUCHEES PAR LE SIDA ?
REPONSE-
        L'ILE DE FRANCE AVEC 9926 CAS
        DE SIDA CUMULES DEPUIS 1978.
LA PROVENCE-ALPES-COTE D'AZUR AVEC 2007
CAS CUMULES DEPUIS 1978.
RHONE-ALPES AVEC 895 CAS CUMULES.
AQUITAINE AVEC 876 CAS CUMULES.
ANTILLES-GUYANE AVEC 763 CAS CUMULES.
LANGUEDOC-ROUSSILLON AVEC 666 CAS
CUMULES.
MIDI-PYRENEES 599 CAS CUMULES DEPUIS
1978.
PASSEZ D'UNE INFORMATION A UNE AUTRE
EN TAPANT SUITE OU RETOUR
```

A vous la parole

1. Quel est le thème des renseignements qui se trouvent sur cet écran?

2. D'après ces renseignements, quelle région est la plus touchée par cette maladie? Pourquoi?

3. Si vous vouliez avoir les mêmes renseignements concernant votre pays, comment vous renseigneriez-vous?

4. A votre avis, dans votre pays, quelle est la meilleure façon de vous informer sur les actualités nationales? internationales? Expliquez.

SPECTACLES

CHAPITRE 8

A Québec: Deux
baladins qui jonglent
à monocycle.

Mots et expressions
Structures 1
   Relative Pronouns
Tranches de vie: *Malcolm X* **en Afrique**

Structures 2
   Indefinite Relative Pronouns
Reprise
Réalités quotidiennes: Le Minitel: Pariscope

228 ■

Mots et expressions

CINEMA, THEATRE, MUSIQUE

assister à une représentation to attend, go to a performance
attirer to attract
avoir du succès to be a hit
la bande sonore soundtrack
le billet ticket
le compositeur / la compositrice composer
le dénouement (heureux) (happy) ending
le dessin animé (film) cartoon
les effets (*m.*) **spéciaux** special effects
l'entracte (*m.*) intermission
faire du théâtre to act; to be an actor
le film d'action (d'amour, d'animation, d'horreur) action (romantic, animated, horror) film; **le film policier** detective movie, mystery
le générique (film) credits
le héros hero; **l'héroïne** (*f.*) heroine
l'intrigue (*f.*) plot
jouer dans un film to act in a film

le metteur en scène stage director
passer un film to show a film
le personnage character
la pièce (de théâtre) play
le prix price; prize
le producteur / la productrice producer
le public audience, public
le réalisateur / la réalisatrice film director
la répétition rehearsal
réserver une place to reserve a seat
la scène stage; scene; **sur scène** on stage
les sous-titres (*m.*) subtitles
le spectacle (*live*) performance
la suite sequel
tourner/réaliser un film to shoot/make a film
la vedette star; **en vedette** starring, featuring
la version (doublée, originale) (dubbed, original) version

A. Analogies. Complétez chaque analogie avec le terme approprié.

MODELE: <u>Metteur en scène</u>: une pièce   le réalisateur: un film

1. _____: les acteurs (*deux possibilités*)
   chanter: les chanteurs
2. _____: le compositeur
   les dialogues: l'écrivain
3. _____: un spectacle
   les spectateurs: un match de football
4. _____: un film ou une pièce
   l'éditeur (*publisher*): un livre

B. Définitions. Trouvez l'équivalent des termes ci-dessous.

1. où sont indiqués les noms des collaborateurs, producteurs, etc. d'un film
2. le coût; une récompense qui honore une personne
3. l'intervalle qui sépare un acte du suivant

4. des procédés techniques qui attirent l'attention du spectateur
5. faire un film
6. mettre une place de côté pour quelqu'un
7. les sons qui accompagnent l'image dans un film
8. l'ensemble des événements dans un film, une pièce, etc.
9. aller à une représentation

C. Antonymes. Trouvez le contraire des termes ci-dessous.

1. le début
2. l'échec, le fiasco
3. un personnage secondaire (*deux possibilités*)
4. ce qui précède

D. Familles de mots. Trouvez dans chaque groupe les termes qui appartiennent à la même famille de mots.

MODELE: <u>la répétition</u>   <u>répéter</u>   réparer

1. le son   sonore   le songe
2. la suite   suisse   suivre
3. la jouissance   jouer   le jeu
4. l'attitude   attirer   l'attirance
5. le spectacle   la spéculation   spectaculaire
6. le placard   le placement   la place

Discutons...

Qu'est-ce qui vous attire au cinéma? Les effets spéciaux? L'intrigue? Les bons acteurs? Les décors et les costumes? La bande sonore? Expliquez. En général, qu'est-ce que vous aimez le mieux? Un film original? Un remake? Une suite?

Structures 1

Relative Pronouns

Definition A relative pronoun connects two related sentences.

La réalisatrice est bien connue. Elle tourne ce film.	*The director is well known. She is making this film.*
La réalistrice **qui** tourne ce film est bien connue.	*The director who is making this film is well known.*
Le film était bon. Nous avons vu le film hier soir.	*The movie was good. We saw the movie last night.*
Le film **que** nous avons vu hier soir était bon.	*The movie (that) we saw last night was good.*

Forms

SUBJECT (PERSON OR THING)	qui
OBJECT (PERSON OR THING)	que, qu'
OBJECT OF **de** (PERSON OR THING)	dont
A PLACE, A TIME	où

> Only one pronoun has two forms:
>
> que, qu'

Uses of the Relative Pronouns **qui** and **que**

1. Qui is a subject pronoun and refers to both people and things.

> La chanteuse **qui** est en scène
> s'appelle Vanessa Paradis.
> Les films **qui** passent à Paris
> coûtent 45 francs.

> *The singer who is on stage is named*
> *Vanessa Paradis.*
> *The films that play in Paris cost*
> *45 FF.*

> After **qui**, the verb can be singular or plural.

2. Que is a direct object pronoun and refers to both people and things.

> La chanteuse **que** tu regardes
> s'appelle Vanessa Paradis.
> Les films **qu'**il a **loués*** ne coûtaient
> pas cher.

> *The singer (whom) you are watching*
> *is named Vanessa Paradis.*
> *The films (that) he rented were not*
> *expensive.*

> After **que (qu')**, there must be a subject and verb.

Les 10.000 films qui ont fait fureur
dans l'histoire
du cinéma mondial.

Dictionnaire
des films,
la référence
des cinéphiles

Larousse

EN PASSANT...

1. Combien de films voyez-vous par mois? par an? Combien en verrez-vous durant votre vie?

2. Nommez quelques films qui passent maintenant dans votre ville. Lesquels font fureur parmi les étudiants? Lesquels voudriez-vous voir? Pourquoi?

3. Préférez-vous les films classiques ou les films contemporains? Expliquez en donnant des exemples.

4. Y a-t-il un film que vous n'oublierez jamais? Commentez.

---

*In the **passé composé,** the past participle agrees in number and gender with a direct object (**que**) placed before the verb: **La pièce** *qu'il a écrite* **était amusante. Que** represents **la pièce**, which is feminine and singular; therefore **écrite** = *fem., sing.*

MISE AU POINT **A. A mon avis.** Voici quelques opinions sur les spectacles. Complétez les phrases avec le pronom relatif **qui** ou **que,** et puis, donnez votre opinion sur ces sujets.

1. Les pièces de théâtre _____ ont un message politique sont les meilleures. —A mon avis, ...
2. Les musiciens _____ jouent dans la rue ont souvent beaucoup de talent. —A mon avis, ...
3. Le ballet est une forme d'art _____ les jeunes trouvent ennuyeuse. —A mon avis, ...
4. C'est le prix des places _____ empêche (*prevents*) les étudiants d'aller plus souvent à des concerts de rock. —A mon avis, ...
5. Le cirque est un spectacle _____ est réservé aux enfants. —A mon avis, ...

B. Au cinéma. Carine parle du dernier film qu'elle a vu avec un copain. Reliez les deux phrases avec le pronom relatif **qui** ou **que.**

MODELE: Samedi, je suis sortie avec un ami. Il adore le cinéma. →
Samedi, je suis sorti avec un ami qui adore le cinéma.

1. Nous avons vu un film français. Il était trop violent pour moi.
2. Un homme voulait transformer l'héroïne en assassin. Cet homme travaillait pour le gouvernement.
3. L'héroïne devait tuer plusieurs personnes. Elle ne connaissait pas ces personnes.
4. Un soir, elle a rencontré un garçon au supermarché. Elle trouvait ce garçon très sympathique.
5. Ce garçon a protégé l'héroïne contre son employeur. Son employeur était amoral et dangereux.
6. Le dénouement était surprenant. J'ai beaucoup aimé le dénouement.

MISE EN
PRATIQUE

A. **La musique.** Avec un(e) partenaire, terminez les phrases suivantes d'une façon originale en utilisant **qui** ou **que** selon les modèles.

MODELES: Billy Joel est un artiste qui attire un grand public.
Le jazz est une musique que peu de jeunes écoutent.

1. Le rock est une musique qui...
2. Le rock est une musique que...
3. Céline Dion est une chanteuse qui...
4. Céline Dion est une chanteuse que...
5. «Frère Jacques» est une chanson d'enfant qui...
6. Mozart est un compositeur que...

7. La musique est une chose qui...
8. Un baladeur *Walkman* est une chose que...

B. **Descriptions.** Mettez-vous à quatre. Les membres de chaque groupe complètent à tour de rôle les descriptions données. Ensuite, comparez vos réponses avec celles des autres groupes.

MODÈLE: *Hoop Dreams* est un film que tu devrais voir. C'est un film qui met en scène des athlètes extrêmement courageux qui sont une source d'inspiration pour nous tous.

1. _____ est un film que je revois toujours avec plaisir. C'est un film qui/que...
2. Le dernier film que j'ai vu était _____. Dans ce film il y avait un homme qui/que...
3. _____ est une actrice que tout le monde aime voir. C'est une personne qui/que...
4. Un film que je refuse de voir est _____. C'est un film qui/que...
5. _____ est un des meilleurs films du siècle. C'est un film qui/que...

Uses of the Relative Pronoun **dont**, Object of the Preposition **de**

The relative pronoun **dont** refers to both people and things and is used to replace the preposition **de** + *a noun*. **Dont** replaces

1. de + *a noun* and means *about which, about whom*. These expressions are often used with **dont.**

avoir besoin de	*to need*
avoir envie de	*to want*
avoir peur de	*to be afraid of*
entendre parler de	*to hear about*
être content(e)/ravi(e), etc., de	*to be happy/thrilled, etc., with*
parler de	*to talk about*
rêver de	*to dream about*
se souvenir de	*to remember*

Le film est canadien. Nous parlons **du film.**	*The film is Canadian. We're talking about the film.*
Le film **dont nous parlons** est canadien.	*The film we're talking about is Canadian.*
La maison a une très belle vue. Je rêve **de la maison.**	*The house has a beautiful view. I dream about the house.*
La maison **dont je rêve** a une très belle vue.	*The house I dream about has a beautiful view.*

2. de + *a noun* and means *whose*

Note the order:

noun + **dont** +
subject + verb

L'acteur **dont les films sont très populaires en France** s'appelle Sylvester Stallone.
La réalisatrice **dont j'admire les films** est Colline Serreau.

The actor *whose films are very popular in France* is Sylvester Stallone.
The director *whose films I admire* is Colline Serreau.

Cannes, 1994: Le président (Clint Eastwood) et la vice-présidente (Catherine Deneuve) du jury du Festival de Cannes, en compagnie de l'actrice Frances Fisher.

MISE AU POINT **A. Au festival de Cannes.** On présente les gagnant(e)s des prix au public. Suivez le modèle.

MODELE: la vedette du film d'horreur / tous les enfants / avoir peur →
Voici la vedette du film d'horreur dont tous les enfants ont peur!

dont + subject + verb

1. la chanteuse / tout le monde / parler
2. le comédien / le public / être si fier
3. le producteur / toute vedette / avoir besoin
4. le metteur en scène / vous / entendre parler
5. l'actrice française / vous / se souvenir certainement

B. **Familles d'acteurs.** Avec un(e) partenaire, identifiez les parents (*relatives*) des acteurs suivants qui ont aussi une carrière dans le cinéma. Utilisez le pronom relatif **dont**.

MODELE: Tom Cruise / la femme; Nicole Kidman →
Tom Cruise est un acteur dont la femme est aussi une vedette de cinéma. Elle s'appelle Nicole Kidman.

1. Charlie Sheen / le frère
2. Demi Moore / le mari
3. Warren Beatty / la sœur
4. Bridget Fonda / la tante
5. Alec Baldwin / la femme
6. ?

a. Jane Fonda
b. Shirley MacLaine
c. Kim Basinger
d. Emilio Estevez
e. Bruce Willis
f. ?

MISE EN PRATIQUE

JEU D'EQUIPE: Identifications. Divisez la classe en deux équipes formées de plusieurs groupes de deux. Avec un(e) partenaire, choisissez un acteur / une actrice, un réalisateur / une réalisatrice, un film ou une pièce de théâtre renommé(e), puis décrivez à tour de rôle cette personne ou cette œuvre à l'équipe opposée, en utilisant **qui, que** ou **dont.** Les membres de chaque équipe essaient alors d'identifier la célébrité, le film ou la pièce en question. L'équipe qui a trouvé le plus de réponses correctes a gagné.

MODELES: Je pense à un acteur américain qui joue dans des films comiques comme *Mrs. Doubtfire* et dans des films plus sérieux comme *Dead Poets Society.* →
C'est Robin Williams.

Il s'agit d'un acteur dont le père est aussi célèbre. Lui, il a joué dans *A Toute Allure* et son père a joué dans *Apocalypse Now.* →
C'est Charlie Sheen.

Use of the Relative Pronoun où

The relative pronoun **où** means *when* or *where* and refers to a period of time or a place mentioned earlier in the sentence.

Le village **où** il habitait figurait dans ce documentaire.

The village where he lived was in this documentary.

L'année **où** il a tourné ce film il a eu des ennuis.

The year he made this film he had some trouble.

MISE AU POINT

A. Au cinéma. Employez le pronom relatif (**qui, que, dont, où**) qui s'impose.

1. La place _____ j'ai choisie était confortable.
2. Les metteurs en scène européens _____ tournent des westerns font surtout des parodies.
3. Les producteurs _____ vous parlez sont assez connus.
4. Le compositeur _____ ils ont envie n'est pas disponible en ce moment.

5. L'année _____ j'étais en France, Clint Eastwood a présidé le jury au festival de Cannes.
6. La salle _____ ce film passe est peu fréquentée.
7. Le comique _____ les spectacles sont si drôles travaille dur.

B. *L'Enfant sauvage.* Racontez l'intrigue de ce film de François Truffaut, l'un des réalisateurs français les plus aimés. Remplacez les mots en italique par des pronoms relatifs, et reliez les deux phrases.

1. *L'Enfant sauvage* est un film. François Truffaut a réalisé *ce film* en 1971.
2. C'est une histoire véritable. *Cette histoire* se passe en 1797.
3. Dans la forêt oen trouve un enfant. *L'enfant* vit comme un animal sauvage.
4. On emmène l'enfant sauvage à l'Institut des Sourds-Muets. Le docteur Jean Itard le découvre *à l'Institut.*
5. Le docteur emmène chez lui l'enfant. Il s'occupe *de l'enfant.*
6. L'enfant, Victor, apprend le français. Il trouve *le français* difficile au début.
7. Le docteur regarde le visage de Victor. *Sur son visage,* il voit des larmes de frustration.
8. Victor fait des progrès. Le docteur est fier *de ses progrès.*

Maintenant, terminez l'histoire de façon imaginative.

MISE EN PRATIQUE

 Les films que je connais. Mettez sur le tableau ci-dessous le nom d'un film qui correspond, à votre avis, à chaque catégorie—même si vous ne l'avez pas vu. Ensuite, parlez de ces films avec votre partenaire et demandez-lui son avis sur leur qualité.

               Bien

Nul   Pas super   Moyen   Bien   Génial

Exprimez vos opinions en utilisant les propositions suivantes.

C'est un film
  { qui...
    que...
    dont le réalisateur / la réalisatrice...
    où... }

MODELE:

Pas super

VOUS: *Jurassic Park* est un film que je n'ai pas beaucoup aimé. C'est un film où l'on voit...

Génial

LUI/ELLE: Moi, je l'ai beaucoup aimé. Est-ce que tu te souviens de la scène où...?

JURASSIC PARK EST ENFIN DISPONIBLE EN VIDEO.

Tranches de vie

The cinema is an important industry, form of entertainment, and means of artistic expression in France. While the French today tend to prefer films which allow them to escape from the stress of everyday life, there is also a long tradition of French films which deal with serious social issues. Committed artists who express their political or philosophical beliefs in their work are well respected in France. The following text presents an interview with a filmmaker whose social agenda is well known and closely followed by filmgoers around the world.

Pour mieux lire

Prefixes and Suffixes

Another way to figure out the meaning of an unfamiliar word is to look for prefixes and suffixes, and separate them from the root of the word. A prefix or suffix helps you understand a general aspect of a word; the root provides the rest. In **octogone,** for exmpale, **octo-** is the prefix that tells how many sides (eight) the polygon has. If you know that the suffix **-logue** means "one who studies," you can guess the meaning of **astrologue, psychologue,** and similar words. Common prefixes and suffixes appear in many dictionaries.

The Negative

En français, certains préfixes expriment une négation: **anti-, dé, dés-, dis-, im-, in-, ir-, non.** Faites correspondre les définitions de gauche et les expressions de droite qui contiennent toutes un préfixe négatif.

1. _____ qui n'a pas d'espoir
2. _____ qui ne semble pas vrai
3. _____ incompatible, opposé
4. _____ qui ne cause pas de désir
5. _____ cessent d'être visible
6. _____ hostile au communisme
7. _____ détruire, se débarrasser de
8. _____ qui ne reçoit pas de punition
9. _____ tendance à condamner
10. _____ manque de respect

a. non désiré
b. irrévérence
c. intolérance
d. impuni
e. se défaire de
f. désespéré
g. invraisemblable
h. inconciliable
i. disparaissent
j. anticommuniste

Mots et expressions

d'actualité relevant (*today*)
ajouter to add
commun(e) common
le discours speech
l'écran (*m.*) screen

entendre parler de to hear (*something*) being talked about
le lien link, tie
le soutien support

APPLICATIONS **A. Analogies.** Complétez les paires de façon logique.

1. multiplier: diviser
   _____: soustraire
2. compositeur: musique
   _____: film
3. haut-parleur: radio
   _____: télévision
4. démodé: hier
   _____: aujourd'hui
5. attacher: détacher
   _____: une barrière

B. Synonymes. Trouvez l'équivalent des expressions suivantes.

1. proclamation, conférence
2. entendre dire
3. partagé
4. ce qui aide

Malcolm X en Afrique

Cinéma. Spike Lee sur tous les écrans du monde

Le cinéma est un moyen d'expression de plus en plus international. Les meilleurs films passent d'habitude partout dans le monde, notamment en Amérique du Nord, en Europe, en Afrique et en Asie. Les dix films les plus populaires en France en 1991, par exemple, étaient tous américains. Les films européens, bien que moins nombreux, se voient dans beaucoup de grandes villes américaines et canadiennes. Le public français est très bien informé en ce qui concerne les nouveaux films venant d'autres pays ainsi que les acteurs et les réalisateurs étrangers les plus appréciés. L'interview suivante avec le réalisateur américain Spike Lee a paru dans la publication française Jeune Afrique *qui est lue dans les pays francophones d'Afrique et d'Europe.*

Avec *Malcolm X* (voir J. A. n° 1664), sorti en Afrique et en France le 24 février, Spike Lee, 36 ans, signe son sixième film, le plus élaboré, le plus long (3 heures 20 minutes), le plus controversé. C'est également sa première œuvre distribuée en Afrique.

De passage à Paris, le réalisateur répond aux questions de *Jeune Afrique.* Non sans avoir rappelé que le militant Africain-Américain avait été refoulé de[1] la capitale française, où il devait prendre la parole lors d'un meeting, le 9 février 1965, soit précisément douze jours avant son assassinat.

JEUNE AFRIQUE: Venir à Paris te pose-t-il des problèmes, disons, de conscience?

SPIKE LEE: Malcolm X n'était pas non plus accepté à New York. Cela ne m'empêche pas d'y vivre. De toute façon, j'adore Paris...

Quand as-tu entendu parler pour la première fois de Malcolm X? Tu avais à peine 8 ans lorsqu'il a été assassiné le 21 février 1965 à Harlem... J'ai entendu parler de lui au lycée. Par la suite, j'ai lu ses ouvrages, ainsi que ceux qui lui ont été consacrés.

Pourquoi un film sur Malcolm X, et pas sur Martin Luther King? Malcolm X demeure,[2] à mes yeux, le plus grand, celui qui a

Spike Lee, réalisateur.

le plus marqué toute une génération d'Africains-Américains. Il a plus influencé ma vie que Martin Luther King.

Avec le recul,[3] penses-tu que les deux hommes, par leur style et leurs idées, soient

---

[1]avait... *had been refused entry into*   [2]reste   [3]Avec... *Now that we have some perspective*

Malcolm X, un des leaders du mouvement des droits civiques aux Etats-Unis dans les années 60.

refaire toute l'enquête sur l'assassinat de Malcolm X ou d'essayer d'identifier son ou ses véritables meurtriers. Je me suis attaché à retracer les différentes étapes de sa vie. Dans le film, j'ai reconstitué son assassinat, exactement comme cela s'est passé dans la réalité.

Qui, selon toi, l'a assassiné?

Nation of Islam [secte musulmane dirigée par Elijah Mohamed, dont Malcolm X fut le porte-parole jusqu'en mars 1964, NDLR].

En es-tu sûr?

Il n'y a pas l'ombre d'un doute!

Et la thèse de la liquidation ourdie[10] par le FBI et la CIA?

Il a été assassiné par Nation of Islam.

Il y a quelques mois, Warner Brothers, le producteur, trouvait ton film trop long. Hollywood a-t-il changé d'avis depuis?

Il n'y a plus de problème entre nous... depuis qu'ils ont vu le film.

Combien y a-t-il eu d'entrées depuis la sortie du film aux Etats-Unis, le 18 novembre 1992?

Aux Etats-Unis, on ne raisonne pas en terme d'entrées, mais en chiffre d'affaires. Pour les deux premiers mois, on a fait 50 millions de dollars de recettes.

complémentaires ou inconciliables?

Malcolm X et Martin Luther King avaient, chacun en ce qui le concerne, beaucoup d'autorité au sein[4] de la communauté noire. Pour tout dire, ils se complétaient, d'autant plus que l'objectif final, libérer notre peuple, leur était commun.

Quel est, selon toi, le principal legs[5] de Malcolm X à sa communauté?

Son message sur la nécessité, pour les opprimés du monde entier, de se défaire de leurs chaînes demeure plus que jamais d'actualité.

Vingt-huit ans après sa

mort, Malcolm X est devenu une véritable légende pour beaucoup d'Africains-Américains. Simple mode ou phénomène plus profond?

Ceux qui considèrent cette résurrection comme une mode ou un phénomène passager[6] se trompent. La majorité des Africains-Américains se reconnaissent dans son message et dans son action.

Venons-en à ton film! Tu n'y abordes[7] pas le procès des meurtriers de Malcolm X, ni les invraisemblances[8] qui émaillent[9] la version officielle de l'assassinat...

Mon ambition n'était pas de

---

[4]cœur [5]héritage [6]temporaire [7]*tackle* [8]*improbabilities* [9]*punctuate* [10]*plotted*

En deux mois d'exploitation, Warner Brothers a donc pratiquement récupéré son investissement?

Pas encore, mais je ne me fais pas de soucis pour eux. Ils récupéreront vite leurs sous[11] avec les *royalties* provenant de l'exploitation du film en salles, sur les réseaux câblés et avec la vente des cassettes vidéos.

Pour mener ton projet à terme, tu as lancé un SOS à plusieurs célébrités de la communauté noire. Qui, exactement, parmi les Africains-Américains, a répondu?

Bill Cosby, Oprah Winfrey, «Magic» Johnson, Michael Jordan, Prince, Tracy Chapman et Janet Jackson.

Pas son frère, Michael Jackson?:

Hélas, non.

Pourquoi?

...Ne m'ont aidé que ceux qui le désiraient.

Bette Shabazz, la veuve de Malcolm X, a-t-elle aimé le film?

Elle l'a adoré. Elle a d'ailleurs collaboré à sa réalisation.

Connais-tu ce mec[12] (je lui montre l'interview de Kwame Touré publiée dans *Jeune Afrique* n° 1960)?

Bien sûr, c'est Kwame Touré...

Voici ce qu'il dit de toi:

1957: une des neuf étudiants qui ont mis fin à la ségrégation à *Central High School* dans la ville de *Little Rock.*

«Spike Lee est un petit-bourgeois[13] qui a fait le choix de vendre son peuple pour une poignée de dollars. Il ne peut filmer un révolutionnaire comme Malcolm X... »

A-t-il au moins vu mon film? Je suis persuadé que non. Je regrette qu'il profère des propos aussi sentencieux,[14] d'autant plus que je ne vois aucune relation entre le fait d'être un petit-bourgeois et celui de bien raconter la vie de Malcolm X.

Te considères-tu comme un révolutionnaire... ?

C'est facile de mettre des étiquettes. Je fais des films. Rien de plus.

Assumes-tu,[15] malgré tout, le combat de Kwame Touré pour la libération des Africains-Américains?

Bien sûr, mais il est devenu, depuis longtemps, un ancien combattant.[16]

Il est retourné à ses racines...

(Dubitatif) C'est vrai! Chacun a sa façon d'aider la mère patrie.

Tu connais l'Afrique?

J'y ai été à deux reprises. Une

[11] (*fam.*) argent [12] (*pop.*) homme [13] est... *comes from the middle class* [14] dogmatiques [15] Assumes... *Are you taking upon yourself* [16] il... *it's a long time since he's been an active fighter*

Un dernier adieu à Malcolm X, assassiné en février, 1965, à Harlem.

C'est pour établir un lien entre Harlem et Soweto, entre les idées que défendait Malcolm X et le combat que mènent les Sud-Africains contre l'apartheid.

Il paraît que Mandela a refusé de lire un texte comme vous le lui demandiez...

Cela n'est pas tout à fait exact. Il a accepté de lire dans le film un texte tiré de *Malcolm Speeches,* les discours de Malcolm X, mais il y avait quatre mots qu'il n'a pas voulu prononcer: *By any means necessary* (par tous les moyens nécessaires). Vu le contexte de son pays il avait peur que ce soit mal pris.

Y a-t-il, au sein de la communauté noire, un leader que tu admires plus que tout autre?

Ils sont nombreux, de Jesse Jackson à Louis Farrakhan, mais aucun d'eux n'a la stature de Malcolm X. ◾

extrait de Jeune Afrique

fois, au Sénégal, pour apporter ma collaboration à Youssou Ndour. Je l'avais entendu pour la première fois, il y a quelques années, au cours d'une tournée mondiale organisée par Amnesty International avec Peter Gabriel, Sting, Tracy Chapman. Je suis retourné en Afrique, en Egypte et en Afrique du Sud, l'année dernière, pour y tourner certaines séquences de *Malcolm X.*

A la fin du film, on voit Nelson Mandela en instituteur dans une école de Soweto. Pourquoi avoir ajouté cette séquence, alors que Malcolm X n'a jamais mis les pieds en Afrique du Sud?

AVEZ-VOUS COMPRIS?

A. **Vrai ou faux?** Si la phrase est fausse, corrigez-la. (A noter: Malcolm X = l'homme, *Malcolm X* = le film.)

1. Malcolm X a donné une conférence à Paris douze jours avant sa mort.
2. Selon Spike Lee, Malcolm X s'intéressait seulement à la libération des Africains-Américains.
3. Spike Lee a voyagé avec Malcolm X.

4. Martin Luther King, Jr. et Malcolm X avaient le même objectif global, d'après Spike Lee.
5. Selon Spike Lee, Malcolm X est un héros aux yeux de la plupart des Africains-Américains aujourd'hui.
6. Le but du film de Spike Lee était de nommer les assassins de Malcolm X.
7. *Malcolm X* a été bien reçu aux Etats-Unis.

B. Analyse. Répondez brièvement aux questions suivantes.

1. Qui est Spike Lee? En quoi est-ce que *Malcolm X* est différent de ses autres œuvres?
2. Selon Spike Lee, quel est le message de Malcolm X?
3. Selon Kwame Touré, pourquoi est-ce que Lee a tourné ce film? Qu'en dit Spike Lee?
4. Qui est Nelson Mandela? Pourquoi est-ce que Spike Lee lui a demandé de jouer un rôle dans son film?
5. Parmi toutes les réponses de Spike Lee, y en a-t-il qui vous surprennent? Pourquoi (pas)?
6. Si vous pouviez parler avec ce réalisateur, quelle(s) question(s) voudriez-vous lui poser?

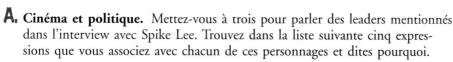

A DISCUTER

A. Cinéma et politique. Mettez-vous à trois pour parler des leaders mentionnés dans l'interview avec Spike Lee. Trouvez dans la liste suivante cinq expressions que vous associez avec chacun de ces personnages et dites pourquoi.

l'apartheid (*m.*)	l'islam / le christianisme
l'autodétermination (*f.*)	la (non-)violence
changer le cours de l'histoire	le prix Nobel de la paix
le communisme	les qualités de chef
la déségrégation	le racisme
la désobéissance civile	le rêve
des discours inspirants	la révolution
les droits civils	le succès
l'égalité (*f.*)	?

B. Un film à thèse. Vous faites des préparatifs pour tourner un film sur des personnages ou des événements politiques. Faites un résumé de l'intrigue en mentionnant quels acteurs ou actrices vous imaginez dans les rôles principaux, puis lisez-le au reste de la classe sans dévoiler le nom des personnages concernés. Vos partenaires vont essayer de deviner le thème de votre film.

A votre avis, quel est le meilleur préambule pour une discussion sur la politique? Un film? Un roman? Un reportage à la télévision? Justifiez votre réponse.

6. Sondage. Le sondage suivant révèle les opinions des Français en ce qui concerne les films américains et français. Lisez les résultats, puis répondez aux questions suivantes.

Cinéma français: réflexion, rire, émotion

86% des Français estiment que le cinéma français réussit mieux dans la réflexion que le cinéma américain (9% de l'avis contraire).

74% estiment qu'il réussit mieux dans le rire (23% de l'avis contraire), 68% dans l'émotion (28% de l'avis contraire).

85% pensent que le cinéma américain réussit mieux dans l'action que le cinéma français (14% de l'avis contraire), 85% dans le suspense (18% de l'avis contraire).

Enfin, les avis sont partagés en ce qui concerne la séduction (50% pour le cinéma français, 45% pour le cinéma américain) et le rêve (46% contre 48%).

---

1. Selon le sondage, dans quel(s) domaine(s) est-ce que le cinéma français réussit le mieux? Et le cinéma américain?
2. Pour quelles sortes de film le cinéma américain et le cinéma français ont-ils approximativement le même succès?
3. Ecrivez les noms de trois ou quatre bons films que vous avez vus récemment. Puis comparez vos choix avec ceux de trois autres étudiants. Aimez-vous les mêmes genres de film? Expliquez.
4. Pourquoi allez-vous au cinéma? Quand choisissez-vous des films qui vous font réfléchir? qui vous divertissent? Comparez vos réponses avec celles de vos partenaires.

ECHOS

A. Qu'en pensez-vous? Traitez par oral ou par écrit de l'un des sujets suivants.

1. **Influences.** Connaissez-vous l'orientation politique des célébrités ou des artistes que vous admirez? Pourquoi (pas)? Quelles vedettes de votre pays apportent leur soutien à un parti ou à une cause? Nommez-en deux ou trois. Est-ce que vos valeurs, vos choix politiques ou votre mode de vie pourraient être influencés par une célébrité? Expliquez.
2. **Le cinéma et vous.** Selon les Français, la personne la plus importante d'un film est le réalisateur ou la réalisatrice. Sa vision du monde ou de son pays dans le film compte beaucoup plus que le talent de l'acteur principal. Qu'est-ce qui vous intéresse le plus au cinéma? Les vedettes? L'intrigue? Les rôles féminins? La technologie? Les réalisateurs? Expliquez. Quel est l'aspect le plus négatif de l'industrie du cinéma? La violence? Les salaires exagérés? La superficialité? Commentez.

B. Etes-vous d'accord? Discutez les opinions ci-dessous avec un(e) partenaire. Justifiez vos réponses.

1. On va au cinéma pour se détendre et non pour réfléchir.
2. En ce qui concerne les loisirs dans mon pays, le sport est plus apprécié que les sorties culturelles.
3. La plupart des films à grand succès sont faits pour les jeunes.
4. La télévision doit diffuser des émissions culturelles accessibles aux enfants.
5. La plupart des films de Hollywood sont de qualité médiocre.
6. D'habitude, deux générations successives n'aiment pas les mêmes films.

Structures 2

Indefinite Relative Pronouns

Definition Indefinite relative pronouns refer to ideas.

Elle ne dit pas **ce qui** l'intéresse.	*She doesn't say what interests her.*
Le producteur fera **ce qu'**il voudra.	*The producer will do what he wants.*
Il a acheté **ce dont** il avait besoin.	*He bought what he needed.*
Je ne sais pas **à quoi** tu penses.	*I don't know what you're thinking about.*

Forms

SUBJECT	**ce qui**
DIRECT OBJECT	**ce que, ce qu'**
OBJECT OF THE PREPOSITION **de**	**ce dont**
OBJECT OF ANOTHER PREPOSITION	**à** (etc.) **quoi**

Uses

Indefinite relative pronouns refer to ideas and mean *what* or *which*.

1. Ce qui is a subject and is always used with a singular verb.

Ce qui m'amuse, c'est le cinéma.　　*What I enjoy is the cinema.*

> **What in questions =**
>
> quel(le)(s),
> que (qu'),
> qu'est-ce que (qu')
> **Quelle** actrice?
> **Que** fait-elle?
> **Qu'est-ce qu'**elle fait?

2. Ce que is a direct object. It is always followed by a subject and verb that can be singular or plural.

> Je n'ai pas compris **ce qu'**ils disaient.
>
> *I didn't understand what they were saying.*

3. Ce dont is used with verbs that take the preposition **de.***

> Elle sait toujours **ce dont** j'ai envie. (avoir envie de)
>
> *She always knows what I want.*

4. Quoi is used after prepositions other than **de.**

> Achète les billets, **après quoi** nous chercherons nos places.
>
> *Buy the tickets, after which we will look for our seats.*

MISE AU POINT

A. Proverbes. Avec un(e) partenaire, complétez les proverbes suivants avec **ce qui** ou **ce que.** Ensuite, choisissez deux proverbes et, à l'aide d'un exemple, dites pourquoi vous êtes d'accord ou n'êtes pas d'accord avec ces idées.

1. _____ doit être sera.
2. Sur _____ je n'ai pas dit, j'ai plus de puissance que sur _____ j'ai dit.
3. _____ vaut la peine d'être fait vaut la peine d'être bien fait.
4. Que l'homme ne sépare pas _____ Dieu a uni.
5. _____ est difficile peut être vite fait et _____ est impossible demande du temps.
6. Le plus dur, en politique, c'est de vouloir les conséquences de _____ on veut.

B. Interview. Vous parlez à une actrice très célèbre. Posez vos questions. Votre partenaire va y répondre. Suivez le modèle.

MODELE: avoir envie / être seule →

> VOUS: De quoi avez-vous envie?
> ELLE: Ce dont j'ai envie, c'est d'être seule.

1. être contente / mon succès
2. être fière / mon Oscar

---

*See list of verbs, page 231.

3. se souvenir / mon premier rôle important
4. avoir besoin / un réalisateur
5. avoir peur / ne pas avoir de succès

6. 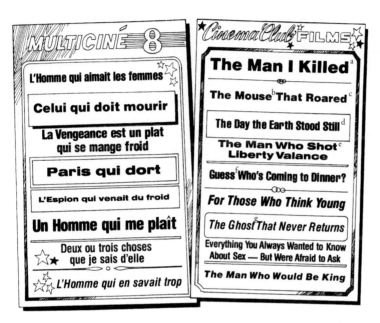 **Jeu de traduction.** Voici la liste des films prévus cette semaine dans des ciné-clubs du Quartier latin. Avec deux camarades de classe, traduisez chaque titre en anglais ou en français, selon le cas. Ensuite, comparez vos traductions avec celles des autres groupes et choisissez les meilleures.

MULTICINÉ 8

- L'Homme qui aimait les femmes
- Celui qui doit mourir
- La Vengeance est un plat qui se mange froid
- Paris qui dort
- L'Espion qui venait du froid
- Un Homme qui me plaît
- Deux ou trois choses que je sais d'elle
- L'Homme qui en savait trop

Cinema Club FILMS

- The Man I Killed [a]
- The Mouse [b] That Roared [c]
- The Day the Earth Stood Still [d]
- The Man Who Shot [e] Liberty Valance
- Guess [f] Who's Coming to Dinner?
- For Those Who Think Young
- The Ghost [g] That Never Returns
- Everything You Always Wanted to Know About Sex — But Were Afraid to Ask
- The Man Who Would Be King

[a] *to kill* = tuer
[b] *mouse* = souris (*f.*)
[c] *to roar* = rugir
[d] *to stand still* = s'arrêter de tourner
[e] *to shoot* = tirer sur
[f] *to guess* = deviner
[g] *ghost* = fantôme (*m.*)

DU FRANÇAIS EN ANGLAIS	DE L'ANGLAIS EN FRANÇAIS
1. _____	9. _____
2. _____	10. _____
3. _____	11. _____
4. _____	12. _____
5. _____	13. _____
6. _____	14. _____
7. _____	15. _____
8. _____	16. _____
	17. _____

D. Préférences. Qu'est-ce que vous aimez au cinéma? Complétez les phrases avec les pronoms relatifs indéfinis ou définis appropriés.

1. _____ me plaît à Paris, ce sont les cinémas.
2. Au cinéma, vous achetez votre billet, après _____ vous entrez dans la salle.
3. _____ j'aime voir au cinéma, ce sont les dessins animés _____ l'on passe avant le grand film.
4. A l'entracte, _____ j'ai envie, c'est d'acheter les bonbons _____ l'on montre sur l'écran pendant les publicités.
5. Je vois tout _____ je veux voir.
6. _____ mon ami préfère, ce sont les films étrangers en version originale.

MISE EN PRATIQUE

Au cinéma. Avec un(e) partenaire, dites ce qui vous plaît et ce qui vous déplaît au cinéma. Répondez à tour de rôle aux questions ci-dessous en utilisant **ce qui.**

MODELE: VOUS: Qu'est-ce qui te fatigue au cinéma?
LUI/ELLE: Ce qui me fatigue au cinéma, ce sont les suites interminables des films d'action. Je les trouve très ennuyeuses. Et toi?
VOUS: Ce qui me fatigue au cinéma, ce sont les films qui durent trois heures et demie. C'est vraiment trop long, je trouve.

1. Qu'est-ce qui t'amuse?
2. Qu'est-ce qui t'intéresse?
3. Qu'est-ce qui t'ennuie?
4. Qu'est-ce qui te gêne (*bothers*)?

Maintenant, répondez aux questions ci-dessous à tour de rôle en utilisant **ce que** dans vos réponses.

MODELE: VOUS: Qu'est-ce que tu aimes ou qu'est-ce que tu n'aimes pas dans un film historique?
LUI/ELLE: Ce que j'aime dans un film historique, ce sont les décors et les costumes. Et toi?
VOUS: Ce que je n'aime pas, moi, ce sont les stéréotypes— Napoléon, Cléopâtre, etc.

1. Qu'est-ce que tu (n')aimes (pas) dans un film d'action?
2. Qu'est-ce que tu (n')aimes (pas) dans un film d'horreur?
3. Qu'est-ce que tu (ne) voudrais (pas) voir dans un dessin animé?
4. Qu'est-ce que tu (ne) voudrais (pas) voir dans un film d'amour?

EN PASSANT...

1. Comment s'appellent les artistes qui vont jouer ou chanter?

2. Dans combien de villes différentes auront lieu ces concerts? Lesquelles de ces villes connaissez-vous? Où se trouvent-elles?

3. Qu' est-ce que vous préférez dans un concert? les effets spéciaux? la musique? les chanteurs? les décors et les costumes? le public? Pourquoi?

Reprise

A. Savoir-faire au théâtre. Si vous voulez aller au théâtre en France, il vaut mieux connaître certains détails. Reliez les deux phrases en employant les formes correctes des pronoms relatifs.

1. Les gens doivent réserver leurs places à l'avance. Les gens veulent aller au théâtre à Paris.
2. Les pièces se terminent avant le dernier métro. Les pièces commencent à 21 heures.
3. Le prix égale le prix d'un repas dans un bon restaurant. On paie ce prix pour aller au théâtre.
4. Il faut payer le vestiaire (*coatroom*). On laisse son manteau au vestiaire.
5. Les acteurs et les actrices sont souvent célèbres. On les voit à Paris.
6. La Comédie-Française a un répertoire de grandes pièces classiques. Les Français sont très fiers de la Comédie-Française.

Le Pariscope: Une mine de renseignements pour vos loisirs.

B. Un obstiné. Denise essaie de faire des projets pour la soirée. Complétez sa conversation avec Alain en utilisant les pronoms relatifs définis ou indéfinis qui s'imposent.

DENISE: Tu veux aller au ciné? Le film _____[1] passe au Cinéma Rivoli est très bien.

ALAIN: Quelle sorte de film est-ce? Tu sais qu'on passe rarement des films _____[2] j'aime.

DENISE: Le film _____[3] je parle est américain. C'est un western, *L'Impitoyable*.

ALAIN: _____[4] je préfère, c'est regarder la télé.

DENISE: _____[5] je veux faire, c'est aller au cinéma! Veux-tu vraiment rester à la maison?

ALAIN: _____[6] j'ai besoin, c'est de me coucher tôt ce soir.

DENISE: _____[7] me gêne, c'est de sortir toute seule... Alors, fais _____[8] tu veux, je vais passer un coup de téléphone à Solange.

6. **SONDAGE: Et toi...** Interviewez trois camarades afin de mieux les connaître. Utilisez des pronoms relatifs indéfinis, et notez les réponses qu'on vous donne. A la fin, chaque membre de la classe raconte ce qu'il a appris de remarquable.

MODELE: Qu'est-ce qui t'intéresse? →
Ce qui m'intéresse, c'est le jazz.

	REPONSES		
	A	B	C
1. Qu'est-ce qui t'amuse?	_____	_____	_____
	_____	_____	_____
2. Qu'est-ce que tu détestes?	_____	_____	_____
	_____	_____	_____
3. De quoi as-tu envie?	_____	_____	_____
	_____	_____	_____
4. Qu'est-ce qui te plaît particulièrement à l'université?	_____	_____	_____
	_____	_____	_____
5. Est-ce que ce qui se passe dans ta ville te semble généralement intéressant? Donne des précisions.	_____	_____	_____
6. ?	_____	_____	_____
	_____	_____	_____

Réalités quotidiennes

Le Minitel: Pariscope

A l'aide du Minitel, le service «Pariscope» est souvent consulté pour trouver un spectacle à voir dans la région parisienne. Avec un(e) partenaire, répondez aux questions suivantes, puis comparez vos réponses avec celles des autres groupes.

```
P A R I S C O P E    F I L M S
                     POUR LES JEUNES

L'arche[a] et les déluges[b]

1993 100mn, documentaire français en
couleurs de François Bel, texte de
Pierre Moinot dit par Claude Rich.

Images magnifiques pour évoquer la
naissance du monde et le pouvoir de
l'eau. Lyrique et poétique.

    Où est projeté ce film ? → ENVOIE
Autres films      :          SUITE
Liste des films : ▮        SOMMAIRE
```

[a] ark
[b] floods

A vous la parole

1. Pour quel public est ce spectacle?

2. Quel en est le thème?

3. Quels renseignements sont donnés à propos de ce spectacle?

   □ le prix du billet   □ le titre   □ l'actrice principale
   □ le genre du film   □ la durée   □ la scénariste (screenwriter)

4. Quels autres renseignements fournit ce service Minitel?

5. En général, comment vous informez-vous quand vous voudriez voir un film?

6. En sortant du cinéma, êtes-vous toujours content(e) de votre choix? Expliquez.

SPORTS ET SANTE

CHAPITRE **9**

Henri Rousseau:
**Les Joueurs de
football** *(1908).*

Mots et expressions

LES SPORTS

se blesser to hurt, injure oneself
(se) casser to break (part of one's body)
le coureur / la coureuse runner
courir to run
la course race
l'entraînement (*m.*) training, workout
s'entraîner to train, work out
l'entraîneur / l'entraîneuse trainer
l'équipe (*f.*) team; **l'équipier / l'équipière** team member
être au mieux de sa forme to be in top shape
faire match nul to tie
faire une randonnée à pied (à vélo) to go hiking (biking)
la médaille medal
mener to lead; to be winning; **mener deux à zéro** to lead two to nothing
le moniteur / la monitrice (d'aérobic) (aerobics) instructor
organiser les Jeux olympiques to hold the Olympic games
le patin (patins à roulettes, patins en ligne) skate (roller skates, roller blades)
le patinage skating; **faire du patinage** to skate
les sports (*m.*) **(d'hiver, en plein air, nautiques)** (winter, outdoor, water) sports

EN BONNE (MAUVAISE) SANTE

attraper (une maladie, un rhume, un virus) to catch (a disease, a cold, a virus)
l'avenir (*m.*) future
cancérigène cancer-causing, carcinogenic
déçu(e) disappointed
être de bonne (mauvaise) humeur to be in good (low) spirits
faire de l'exercice (régulièrement) to exercise (regularly)
la forme (être en forme, se mettre en forme) fitness (to be in good shape, to get in shape)
la fumée smoke
gêner to bother
manger sainement to eat right; **manger léger** to eat light (*foods*)
non fumeur nonsmoking
le régime (équilibré, intensif, allégé) (balanced, crash, low-fat) diet
le remède remedy
se remettre to recover
rendre malade to make (*one*) sick

APPLICATIONS

A. Ressemblances. Trouvez le terme qui complète chaque analogie.

MODELE: <u>la médaille</u>: les athlètes
l'Oscar: les acteurs

1. _____: courir
le patineur / la patineuse: faire du patinage

2. _____: physique
   le professeur: mental
3. _____: être de mauvaise humeur
   content(e): être de bonne humeur
4. _____: se remettre
   une maladie: être malade

B. **Associations.** Quels termes de **Mots et expressions** associez-vous avec les personnes et les situations suivantes?

1. les cigarettes
2. être en bonne santé
3. se mettre au régime
4. les athlètes olympiques
5. tomber malade
6. gagner

C. **Synonymes.** Trouvez l'équivalent des termes ci-dessous.

1. une personne qui enseigne certains sports
2. le temps à venir
3. se faire mal, se faire une blessure
4. où les deux adversaires terminent à égalité
5. faire une promenade à la campagne ou dans la forêt
6. recouvrer la santé
7. se rompre, être mis en morceaux
8. une chaussure destinée à glisser (*glide*)

DISCUTONS...

Quel rôle le sport joue-t-il dans la vie actuelle? dans votre vie?

Paris, dimanche matin au jardin du Luxembourg: L'exercice leur procure santé et bien-être.

Structures 1

The Future Perfect

Definition The future perfect describes an action that will be finished at a future time or before another future action.

J'**aurai fini** mon entraînement à midi.	*I will have finished my workout at noon.*
Quand on **aura gagné** le match, on ira ensemble fêter la victoire.	*When we have won the game, we'll go celebrate the win together.*

Formation

The future perfect is formed using the simple future of the auxiliary **avoir** or **être** and the past participle of the verb.

	jouer	partir	se lever
je (j')	aurai joué	serai parti(e)	me serai levé(e)
tu	auras joué	seras parti(e)	te seras levé(e)
il/elle/on	aura joué	sera parti(e)	se sera levé(e)
nous	aurons joué	serons parti(e)s	nous serons levé(e)s
vous	aurez joué	serez parti(e)(s)	vous serez levé(e)(s)
ils/elles	auront joué	seront parti(e)s	se seront levé(e)s

Lorsque nous **aurons joué,** nous irons dîner ensemble.	*After we have played, we'll go have dinner together.*
Quand le médecin **sera parti,** l'infirmier s'occupera du malade.	*When the doctor has gone, the nurse will take care of the patient.*
Elle **se sera levée** avant notre arrivée.	*She'll have gotten up before our arrival.*

Uses

The future perfect is used

1. to indicate an action that will be finished at a precise time in the future

Il **aura fini** le travail à six heures.	*He will have finished the work by six o'clock.*
Dans un mois ils **auront terminé** leur voyage.	*In a month they will have completed their trip.*

2. in subordinate clauses that begin with **après que, aussitôt que** (*as soon as*), **dès que** (*as soon as*), **lorsque** (*when*), **quand,** and **une fois que** (*once*). The future perfect indicates a future action that will be completed *before* the action of the main clause. The action of the main clause is in the simple future.

Aussitôt que nous **aurons fini** le match, nous ferons la fête.
Paul sera heureux quand il **aura terminé** la course.

As soon as we've played the game, we'll have a party.
Paul will be happy after (when) he's finished the race.

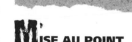

A. L'heure du rendez-vous. Plusieurs étudiants vont au gymnase ce soir. Mettez les phrases suivantes au futur antérieur, puis, décidez à quelle heure ils devront se retrouver s'ils veulent partir ensemble.

MODELE: Monique / finir ses devoirs vers six heures et demie →
Monique aura fini ses devoirs vers six heures et demie.

1. Jean-Pierre / terminer sa répétition à sept heures
2. Gilles / faire ses courses vers cinq heures
3. Claudine / achever sa rédaction vers sept heures moins le quart
4. Didier et Diane / revenir de leur répétition à sept heures et quart
5. Marie-Madeleine / finir de faire le ménage à cinq heures et quart
6. Colin / rentrer de son travail à cinq heures et demie
7. Les copains pourront donc tous partir ensemble à _____.

B. Mesures à prendre. La santé est une chose fragile. Il faut donc la soigner. Complétez ces remarques en mettant les verbes au futur simple ou au futur antérieur.

1. Tu _____ (*tousser: to cough*) moins quand tu _____ (*s'arrêter*) de fumer.
2. Quand les gens _____ (*comprendre*) que trop de soleil peut être dangereux, ils _____ (*mettre*) plus de crème solaire.
3. Lorsque nous _____ (*éliminer*) le SIDA, les gens n'en _____ (*mourir*) plus.
4. Je _____ (*se sentir*) mieux dès que je _____ (*faire*) un peu de gymnastique.
5. Ma sœur _____ (*appeler*) ton kiné (*massage therapist*) dès que tu lui _____ (*donner*) son numéro de téléphone.
6. Une fois que Patrick _____ (*se remettre*) de son opération, il _____ (*reprendre*) son entraînement.

Projets d'avenir. Avec un(e) partenaire, posez-vous les questions suivantes sur votre vie future. Ensuite, comparez vos réponses avec celles des autres étudiants. Quelles idées aimez-vous le mieux?

M'ISE AU POINT

MISE EN PRATIQUE

MODELE:　aussitôt que / finir ce cours →

　　　　　VOUS: Qu'est-ce que tu feras aussitôt que tu auras fini ce cours?
　　　　LUI/ELLE: Aussitôt que j'aurai fini ce cours, j'en suivrai un autre.
　　　　　　ou Aussitôt que j'aurai fini ce cours, j'écrirai mes mémoires...
　　　　　　　　en français!

1. aussitôt que / finir ce semestre (trimestre)
2. quand / terminer tes études
3. une fois que / obtenir une carte de crédit
4. lorsque / trouver un appartement
5. dès que / se marier
6. quand / revenir de vacances
7. ?

The Past Perfect

Definition　The past perfect indicates a past action that *preceded* another past action.

Quand il **avait fait** deux heures de patinage, Luc a quitté le centre des sports.	*When he had skated for two hours, Luc left the sports center.*

Formation

The past perfect is formed using the **imparfait** of the auxiliary **avoir** or **être** and the past participle of the verb.

	jouer	partir	se lever
je (j')	avais joué	étais parti(e)	m'étais levé(e)
tu	avais joué	étais parti(e)	t'étais levé(e)
il/elle/on	avait joué	était parti(e)	s'était levé(e)
nous	avions joué	étions parti(e)s	nous étions levé(e)s
vous	aviez joué	étiez parti(e)(s)	vous étiez levé(e)(s)
ils/elles	avaient joué	étaient parti(e)s	s'étaient levé(e)s

Véronique **était allée** à la piscine avant nous. Nous **nous étions donné** rendez-vous pour 7 h, mais il était presque 8 h quand nous sommes arrivés. Nous étions en retard parce que nous **avions manqué** notre bus.	*Véronique had gone to the pool before us. We had planned to meet at 7:00, but it was almost 8:00 when we arrived. We were late because we had missed our bus.*

Uses

1. The past perfect is used to express an action that was completed prior to another past action.

Après une période où ils **avaient pratiqué** un hockey de rêve, les Canadiens menaient 4–2.	*After one period during which they had played the hockey of their lives, the Canadians were leading 4–2.*
Je voulais savoir le résultat parce que je **n'avais pas vu** le match à la télé.	*I wanted to know the outcome because I hadn't seen the game on TV.*

2. The past perfect is used with *if* clauses. The verb in the main clause can be in either the present or the past conditional, depending on the meaning.

Si j'**avais pris** le petit déjeuner ce matin, je n'aurais pas faim maintenant.	*If I had eaten breakfast this morning, I wouldn't be hungry now.*
Si j'**avais pris** le petit déjeuner ce matin, j'aurais manqué mon bus.	*If I had eaten breakfast this morning, I would have missed my bus.*

ᵃwheels
ᵇhemlock

EN PASSANT...

1. De quel problème le monsieur couché se plaint-il?

2. Généralement, dans quel contexte est-ce que l'on entend parler du «système Socrate»?
   a. à l'aéroport
   b. en train
   c. à l'université

3. Quelle est l'idée principale de ce dessin humoristique?
   a. Dans chaque train français, un passager doit boire du poison.
   b. La vie n'est pas juste.
   c. Ne demandez jamais la couchette au milieu du wagon.

MISE AU POINT **A.** 👥 **Un couple sportif.** Chris Evert et son mari Andy Mill ont eu tous deux une carrière extraordinaire. Avec un(e) partenaire, décrivez leur vie en mettant les verbes en italique au plus-que-parfait.

Voici l'histoire d'un couple d'athlètes célèbres qui ont arrêté la compétition sportive relativement tôt dans leur carrière. Leurs admirateurs ont beaucoup regretté leur décision...

1. Chris Evert / *commencer* très tôt / à jouer au tennis.
2. Le jeune Andy / *décider* / de se consacrer au ski.
3. Elle / *être* / une des plus jeunes participantes au championnat de Wimbledon.
4. Lui, il / *se classer* / parmi les meilleurs espoirs olympiques de ski.
5. Elle / *revenir* / plusieurs fois / gagner le titre à Wimbledon.
6. Tous les deux, ils / *devenir* / célèbres / avant de prendre la retraite (*to retire*) dans les années 80.

B. 👥 **Un accident de ski.** Pendant un slalom, un skieur est tombé. Avec un(e) partenaire, terminez les phrases à votre façon en utilisant le plus-que-parfait.

VOCABULAIRE UTILE

se casser la jambe	ne pas pouvoir finir la course
descendre trop vite	skier le haut (*top*) de la
s'entraîner assez dur	montagne le plus vite
être au mieux de sa forme	ne jamais tomber avant

MODELE: L'auxiliaire médical pensait que ce skieur... →
L'auxiliaire médical pensait que ce skieur s'était cassé la jambe.

1. Ce skieur est tombé parce que...
2. Il était très déçu parce que...
3. L'entraîneur était déçu parce que...
4. Son équipe n'a pas gagné parce que..
5. La presse a dit que ce skieur...

MISE EN PRATIQUE **A.** 👥 **Hier.** Tout irait mieux maintenant si certaines choses s'étaient passées hier. Mettez-vous à trois et complétez les phrases suivantes avec un verbe au plus-que-parfait.

MODELE: Je ne serais pas fatigué(e) si... hier soir. →
Je ne serais pas fatigué(e) si je n'avais pas travaillé hier soir.

ou Je ne serais pas fatigué(e) si nous étions rentrés plus tôt hier soir.

ou Je ne serais pas fatigué(e) si je m'étais couché(e) à une heure raisonnable hier soir.

1. Aujourd'hui serait parfait si... hier soir.
2. Tu aurais plus d'argent si... hier.
3. Notre équipe jouerait mieux aujourd'hui si... hier.
4. Mon copain / Ma copine serait plus content(e) maintenant si... hier.
5. Je n'aurais pas mal à l'estomac maintenant si... hier soir.

B. **TROUVEZ QUELQU'UN QUI...** **Le passé des autres.**
Cherchez dans la classe des camarades pouvant répondre aux questions suivantes. (La même personne peut répondre à plusieurs questions.) Puis, inscrivez son nom à côté de la description donnée et précisez les faits pertinents.

Quel(le) étudiant(e)...

1. avait commencé à faire du français avant d'aller au lycée?

   Nom: _____ A quel âge? _____

2. avait vécu dans un autre état avant d'aller à cette université?

   Nom: _____ Où? _____

3. n'avait pas visité ce campus avant de venir faire ses études ici?

   Nom: _____ Pourquoi? _____

4. a un parent qui avait étudié ou voyagé à l'étranger avant de se marier?

   Nom: _____ Où? _____

5. avait visité autant de pays étrangers que vous au début de l'année?

   Nom: _____ Combien? _____

The Past Conditional

Definition The past conditional expresses a possible result of a past condition.

Nous **serions allés** aux Jeux olympiques si un pays nord-américain les avaient organisés.

We would have gone to the Olympics if a North American country had hosted them.

Humour

Vous n'auriez pas vu passer mon chat?

Formation

The past conditional is formed using the present conditional of the auxiliary **avoir** or **être** and the past participle of the verb.

	jouer	partir	se lever
je (j')	aurais joué	serais parti(e)	me serais levé(e)
tu	aurais joué	serais parti(e)	te serais levé(e)
il/elle/on	aurait joué	serait parti(e)	se serait levé(e)
nous	aurions joué	serions parti(e)s	nous serions levé(e)s
vous	auriez joué	seriez parti(e)(s)	vous seriez levé(e)(s)
ils/elles	auraient joué	seraient parti(e)s	se seraient levé(e)s

Si vous aviez vu Paul, vous **auriez été** fier de lui.

If you had seen Paul, you would have been proud of him.

S'il avait plu, elle **serait restée** à la maison.

If it had rained, she would have stayed home.

Si j'étais allé avec eux au match, je **me serais** beaucoup **amusé.**

If I had gone to the game with them, I would have had a lot of fun.

Uses

1. The past conditional is used to refer to *an action* or *a situation* that did not take place in the past. It can be used in the result clause when an *if* clause contains the past perfect.

Si j'**avais gagné** le match, je **serais devenu** champion.

If I had won the match, I would have become champion.

Nous **aurions vu** le championnat si nous **étions allés** au gymnase.

We would have seen the championship if we had gone to the gymnasium.

2. The past conditional is used to discuss something that was *planned* but did not take place in the past.

J'**aurais** bien **voulu** vous rejoindre, mais j'ai dû rester au bureau.

I would have liked to join you, but I had to stay at the office.

Elle **aurait dû** finir son travail, mais elle ne l'a pas fait.

She should have finished her work, but she didn't.

3. The past conditional is used to report an unverified fact, especially in the media.

Il y **aurait eu** un accident au stade. Deux athlètes **se seraient** légèrement **blessés.** Un autre **se serait cassé** la jambe.

There's been an accident reported at the stadium. Apparently, two athletes were slightly injured. Another is said to have broken a leg.

Et si nous avions suivi la mauvaise route ?

Jimmy Goldsmith

Le piège

Entretiens avec Yves Messarovich sur quelques idées reçues

FIXOT

180 pages
99 f

EN PASSANT...

Dans ce livre, cet homme d'affaires anglais parle du secteur de la santé et de l'économie.

1. Qui a conçu le système de sécurité sociale (*health care*) chez vous? Les médecins? Le gouvernement? Les compagnies d'assurances? Expliquez.

2. Quel système auriez-vous adopté si vous aviez fait partie de ce groupe? Pourquoi?

A. Du temps perdu? Alex pense au temps qu'il a passé en France. Il comprend ce qu'il *aurait pu faire*. Mettez l'infinitif approprié au conditionnel passé.

C'est vrai, j'habitais assez loin du gymnase, mais j'_____¹ prendre l'autobus pour y aller. J'avais des copains qui jouaient tous les jours au volley-ball. Ils m'_____² à jouer avec eux si je leur en avais parlé, mais j'étais trop timide.

MISE AU POINT

inviter
pouvoir

Il y avait aussi quelques étudiants qui allaient au centre des sports jouer au ping-pong. J'y _____³ si je n'avais pas été si paresseux. Et puis, je sais qu'il y avait des matchs de rugby le samedi; si je n'étais pas resté au lit jusqu'à midi, j'_____⁴ la connaissance des membres de l'équipe. J'_____⁵ un ballon, un sac de sport et un short si je n'avais pas dépensé tout mon argent de poche bêtement.

acheter
faire
aller

Et je _____⁶ tous les jours si j'avais eu de bonnes chaussures confortables. Je _____⁷ plus souvent de la ville si j'avais loué un vélomoteur, mais je n'avais jamais assez de temps. Si je n'avais pas autant perdu mon temps, je _____⁸!

se promener
s'amuser
sortir

Maintenant, décrivez une époque où vous avez vous aussi perdu votre temps.

B. **Résultats incertains.** Vous travaillez aux Jeux olympiques et on vous pose des questions sur les résultats d'hier. Vous n'avez pas encore de nouvelles définitives, et vous répondez en employant le conditionnel passé. Changez de rôles après trois questions.

MODELE: Qui est arrivé en tête de ces Jeux hier? → L'Allemagne serait arrivée en tête des Jeux avec une médaille en luge.

Marie-José Pérec (1968–), née en Guadeloupe, championne du monde de 400 mètres.

QUESTIONS	REPONSES SUGGEREES

1. Qui a gagné en patinage artistique?
2. Qui a fini première dans le Super-G dames?
3. Combien de spectateurs ont vu la finale du combiné alpin messieurs?
4. Quelle équipe est arrivée trop tard pour sa compétition?
5. Qui s'est contenté du bronze en basket?
6. ?

a. 40 000
b. les Américains
c. une Canadienne
d. un couple anglais
e. les Français
f. l'Allemagne
g. la Russie
h. l'Italie
i. ?

A. 📝 **SONDAGE: Ile déserte.** Imaginez une belle île dans l'océan Pacifique... ensoleillée, tropicale, pittoresque et déserte! Demandez à trois camarades de classe ce qu'ils auraient fait s'ils avaient appris qu'ils allaient se retrouver sur cette île pour une période indéterminée. Qu'auraient-ils pris avec eux? Comment se seraient-ils préparés?

Ensuite, comparez les réponses. Qu'est-ce qui leur aurait semblé le plus pénible? et le plus intéressant?

MODELE: que / étudier / avant d'arriver sur cette île? →

VOUS: Si tu avais pu, qu'est-ce que tu aurais étudié avant d'arriver sur cette île?

LUI/ELLE: Si j'avais pu, j'aurais étudié la botanique pour savoir quelles plantes sauvages je pouvais manger.

	REPONSES		
Si tu avais pu...	A	B	C
1. quels objets / apporter?	_____	_____	_____
2. qui / inviter?	_____	_____	_____
3. que / apprendre / à faire avant de te retrouver sur cette île?	_____	_____	_____
4. combien de temps / consentir de rester sur cette île?	_____	_____	_____
5. ?	_____	_____	_____

B. 🎴 **JEU D'EQUIPE: A sa place...** Divisez la classe en deux équipes formées de plusieurs groupes de deux. Les deux partenaires choisissent un personnage réel ou fictif et disent quels aspects de sa vie ils auraient vécu différemment.

A tour de rôle, chacun des groupes de l'équipe A lit ses suggestions à l'équipe B qui essaie de deviner le nom des personnages en question. Puis, c'est aux groupes de l'équipe B de lire et à l'équipe A de deviner. C'est l'équipe qui a reconnu le plus de personnages qui gagne.

SUGGESTIONS

le comte Dracula   Marie-Antoinette
Elvis   Marilyn Monroe
René Lévesque*   ?

MODELE: A sa place, je serais restée en Autriche. Je ne serais pas venue à Paris. Je ne me serais pas mariée avec Louis. J'aurais donné du pain aux pauvres. Je n'aurais pas dit «Qu'ils mangent de la brioche.» Je n'aurais pas perdu la tête! Qui suis-je?

La parole à l'écrivain

Whether as spectators or participants, many French-speaking people set aside time for sports. Soccer is a major sport throughout the world, France has the Tour de France bicycle race, and ice hockey is often the center of attention in Quebec.

For those who wish to play, there is ample opportunity in many countries, as most cities and towns have sports programs in which young people can practice and dream of future glory. And for those who desire only to watch, television presents a vast array of programs. Of course there is always the thrill of sitting in a stadium with a roaring crowd.

Thus people can all be sports-lovers in their own way. The reading in this chapter, «Une abominable feuille d'érable sur la glace» by Roch Carrier, is a Canadian short story that lets us see ice hockey through the eyes of a young boy whose life revolves around the rink, his team, and his favorite professional player. The reading invites us to explore issues important to the world of sports: competition, team spirit, and the social role of sports in North America today.

Pour mieux lire

Characterization

What is a character (**un personnage**) in fiction? Even if the "person" in question is an historical figure (like Joan of Arc in *L'Alouette* by Jean Anouilh and Caligula in the play by Albert Camus), each is a literary creation. It is the

---

*****René Lévesque** (1922–1987), founder of the **parti québécois,** became the prime minister of Quebec in 1976. Abandoning his efforts to make Quebec independent, he left the government in 1985.

author who gives life to these individuals made of ink and paper, through the narrator's descriptions of body, face, clothing, and even psychological traits, and through more subtle means such as recounting their actions, words, and thoughts or letting slip what others think of them. Fiction usually calls on the reader to make inferences about a character, very much as we do when getting to know a new acquaintance.

Read the following passage taken from «Une abominable feuille d'érable sur la glace». We know, from the preceding introduction, that the narrator is telling about an incident that occurred when he was a boy. As we read how his mother went about purchasing a new sweater for him, we learn much more than simply what happened. We meet a character.

> Ma mère était fière. Elle n'a jamais voulu nous habiller au
> magasin général; seule pouvait nous convenir° la dernière   aller bien
> mode du catalogue Eaton. Ma mère n'aimait pas les for-
> mules de commande incluses dans le catalogue; elles
> étaient écrites en anglais et elle n'y comprenait rien. Pour
> commander mon chandail° de hockey, elle fit ce qu'elle   sweater
> faisait d'habitude; elle prit son papier à lettres et elle
> écrivit de sa douce calligraphie d'institutrice: «Cher Mon-
> sieur Eaton, auriez-vous l'amabilité de m'envoyer un
> chandail de hockey des Canadiens pour mon garçon qui
> a dix ans et qui est un peu trop grand pour son âge, et
> que le docteur Robitaille trouve un peu trop maigre? Je
> vous envoie trois piastres° et retournez-moi le reste s'il en   dollars
> reste. J'espère que votre emballage° va être mieux fait que   paquet
> la dernière fois.»

What do we learn about the mother in this passage? In each category below, write a short description of what you know, or write "Don't know" if the information wasn't presented.

attitude about family _____

_____

appearance _____

language spoken _____

age _____

profession _____

level of education _____

sophistication or worldliness _____

_____

What in the passage suggested these characteristics to you? Do you like this character so far? Why or why not?

In order to analyze a character, you have to look closely, as you just did, at many aspects of the text. The way the mother in the passage you just read describes her son's clothing size, for example, speaks volumes about her personality, her own upbringing, and the kind of world she lives in. In analyzing character, you may find it useful to list your general impressions first, then jot down the line numbers of the text sections that lead you to those conclusions.

Mise en route

Plusieurs villes et universités en Amérique du Nord ont des équipes sportives. Le football américain, ainsi que le baseball, le basket et le hockey, ont beaucoup de succès. Mais parfois les opinions sont partagées en ce qui concerne la valeur de ces sports. Voici quelques attitudes envers les sports. Indiquez par OUI ou NON si vous êtes d'accord avec ces phrases. Soyez prêt(e) à justifier votre réponse.

1. _____ Les athlètes sont de bons exemples pour les jeunes.

2. _____ Une équipe qui gagne au championnat donne du prestige à sa ville ou à son université.

3. _____ Les joueurs de football américain gagnent trop d'argent.

4. _____ Les universités ne devraient pas avoir d'équipes sportives.

5. _____ Le tennis, le ski et le golf sont des sports pour les riches.

6. _____ C'est normal que les sports pratiqués par les femmes reçoivent moins d'attention que ceux pratiqués par les hommes.

7. _____ Les hommes et les femmes sont physiquement égaux et devraient former ensemble des équipes sportives.

Comparez vos réponses avec celles d'un(e) partenaire.

Mots et expressions

l'arbitre (*m.*) referee
le bâton stick, pole
le chandail sweater
la déception disappointment
déchiré(e) torn
étroit(e) narrow, tight
la feuille d'érable maple leaf
la glace ice

le patin ice skate
la patinoire ice rink
peser (sur) to weigh (heavily on)
prier to pray
le sifflet whistle
donner un coup de sifflet to blow the whistle

APPLICATIONS **A.** Identifiez en français les éléments indiqués sur les photos suivantes.

1. _____

2. _____

3. _____

4. _____

5. _____

B. Répondez aux questions.

1. On joue au hockey sur glace à la _____.
2. Si un joueur fait quelque chose d'illégal, l'_____ va _____ pour arrêter l'action.

C. Complétez le paragraphe avec les mots qui conviennent.

Les vêtements du jeune homme étaient trop petits pour lui. Sa chemise était trop _____,[1] car il avait beaucoup grossi l'année précédente. Son pantalon était trop court,

déception

déchiré

étroit

et _____² au genou. Tout cela _____³ sur lui, car il
voulait s'habiller comme les autres. A sa grande _____,⁴
sa mère ne pouvait pas lui offrir de nouveaux vêtements.
Chaque soir, il _____⁵ pour demander à Dieu de lui en
donner.

peser
prier

Une abominable feuille d'érable sur la glace

ROCH CARRIER

Ce romancier et conteur québécois est né en 1937 dans la région de la Beauce,
au sud-est de la ville de Québec. Il commence à écrire de la poésie très jeune,
et il fait des études littéraires, y compris un doctorat grâce auquel il devient
professeur à l'université. Il continue à écrire des œuvres de fiction, développant
son style simple, clair et poétique, et il reçoit plusieurs prix dont le Grand prix
littéraire de la ville de Montréal en 1980 pour le recueil de contes *Les enfants
du bonhomme dans la lune*. C'est dans ce recueil plein d'amour pour son pays
que l'on trouve le conte présenté dans ce chapitre, «Une abominable feuille
d'érable sur la glace». Comme dans beaucoup de ses œuvres, nous y décou-
vrons un thème qui lui est cher: l'importance de son héritage culturel québécois
et la distinction entre les Québécois et les Canadiens anglophones.

Les hivers de mon enfance étaient des saisons longues, longues. Nous vivions en trois lieux: l'école, l'église et la patinoire; mais la vraie vie était sur la patinoire. Les vrais combats se gagnaient sur la patinoire. La vraie force apparaissait sur la patinoire. Les vrais chefs se manifestaient sur la patinoire. L'école était une
5 sorte de punition. Les parents ont toujours envie de punir les enfants et l'école était leur façon la plus naturelle de nous punir. De plus, l'école était un endroit tranquille où l'on pouvait préparer les prochaines parties° de hockey, dessiner° les   *matches / draw up* prochaines stratégies. Quant à l'église, nous trouvions là le repos de Dieu: on y oubliait l'école et l'on rêvait à la prochaine partie de hockey. A travers nos rêver-
10 ies, il nous arrivait de réciter une prière: c'était pour demander à Dieu de nous aider à jouer aussi bien que Maurice Richard.

Tous, nous portions le même costume que lui, ce costume rouge, blanc, bleu des Canadiens de Montréal, la meilleure équipe de hockey au monde; tous, nous peignions nos cheveux à la manière de Maurice Richard et, pour les tenir en
15 place, nous utilisions une sorte de colle,° beaucoup de colle. Nous lacions° nos   *sticky hair cream / laced* *up* patins à la manière de Maurice Richard, nous mettions le ruban gommé° sur nos   le... *tape*

Maurice Richard.

bâtons à la manière de Maurice Richard. Nous découpions° dans les journaux
toutes ses photographies. Vraiment nous savions tout à son sujet.

    Sur la glace, au coup de sifflet de l'arbitre, les deux équipes s'élançaient sur le
20 disque de caoutchouc;° nous étions cinq Maurice Richard contre cinq autres
Maurice Richard à qui nous arrachions° le disque; nous étions dix joueurs qui
portions, avec le même brûlant enthousiasme, l'uniforme des Canadiens de
Montréal. Tous nous arborions° au dos le très célèbre numéro 9.

    Un jour, mon chandail des Canadiens de Montréal était devenu trop étroit;
25 puis il était déchiré ici et là, troué.° Ma mère me dit: «Avec ce vieux chandail, tu
vas nous faire passer pour pauvres°!» Elle fit* ce qu'elle faisait chaque fois que
nous avions besoin de vêtements. Elle commença de feuilleter° le catalogue que
la compagnie Eaton nous envoyait par la poste chaque année. Ma mère était
fière. Elle n'a jamais voulu nous habiller au magasin général; seule pouvait nous
30 convenir° la dernière mode du catalogue Eaton. Ma mère n'aimait pas les for-
mules de commande incluses dans le catalogue; elles étaient écrites en anglais et
elle n'y comprenait rien. Pour commander mon chandail de hockey, elle fit ce
qu'elle faisait d'habitude; elle prit son papier à lettres et elle écrivit de sa douce
calligraphie d'institutrice: «Cher Monsieur Eaton, auriez-vous l'amabilité de
35 m'envoyer un chandail de hockey des Canadiens pour mon garçon qui a dix ans
et qui est un peu trop grand pour son âge, et que le docteur Robitaille trouve
un peu trop maigre? Je vous envoie trois piastres° et retournez-moi le reste s'il en
reste. J'espère que votre emballage° va être mieux fait que la dernière fois.»

    Monsieur Eaton répondit rapidement à la lettre de ma mère. Deux semaines
40 plus tard, nous recevions le chandail. Ce jour-là, j'eus l'une des plus grandes
déceptions de ma vie! Je puis dire que j'ai, ce jour-là, connu une très grande
tristesse. Au lieu du chandail bleu, blanc, rouge des Canadiens de Montréal, M.
Eaton nous avait envoyé un chandail bleu et blanc, avec la feuille d'érable au
devant, le chandail des Maple Leafs de Toronto. J'avais toujours porté le chandail
45 bleu, blanc, rouge des Canadiens de Montréal; tous mes amis portaient le
chandail bleu, blanc, rouge; jamais, dans mon village, quelqu'un n'avait porté le
chandail de Toronto, jamais on n'y avait vu un chandail des Maple Leafs de
Toronto. De plus, l'équipe de Toronto se faisait terrasser° régulièrement par les
triomphants Canadiens. Les larmes aux yeux, je trouvai assez de force pour dire:
50   —J'porterai jamais cet uniforme-là.

    —Mon garçon, tu vas d'abord l'essayer! Si tu te fais une idée sur les choses°
avant de les essayer, mon garçon, tu n'iras pas loin dans la vie...

    —Ma mère m'avait enfoncé° sur les épaules le chandail bleu et blanc des
Maple Leafs de Toronto et, déjà, j'avais les bras enfilés dans les manches.° Elle
55 tira le chandail sur moi et s'appliqua à aplatir tous les plis° de cette abominable
feuille d'érable sur laquelle, en pleine poitrine,° étaient écrits les mots Toronto
Maple Leafs. Je pleurais.

---

*See chapter 3, **Pour mieux lire,** for an explanation of the **passé simple.**

(marginal glosses)

cut out

le disque... *the rubber hockey puck would tear away*

portions

full of holes

tu... tu vas donner l'impression que nous sommes pauvres
tourner les pages

aller bien

dollars
paquet

se... était battue

Si... *If you decide how things are*

avait... *had pushed*

sleeves

s'appliqua... *worked hard to flatten the wrinkles*
en... *in the middle of my chest* (voir la photo à la page 267)

—J'pourrai jamais porter ça.

—Pourquoi? Ce chandail-là te va bien... Comme un gant...° *glove*

60 —Maurice Richard se mettrait jamais ça sur le dos...

—T'es pas Maurice Richard. Puis, c'est pas ce qu'on se met sur le dos qui compte, c'est ce qu'on se met dans la tête...

—Vous me mettrez pas dans la tête de porter le chandail des Maple Leafs de Toronto.

65 Ma mère eut un gros soupir désespéré et elle m'expliqua:

—Si tu gardes pas ce chandail qui te fait bien, il va falloir que j'écrive à M. Eaton pour lui expliquer que tu veux pas porter le chandail de Toronto. M. Eaton, c'est un Anglais; il va être insulté parce que lui, il aime les Maple Leafs de Toronto. S'il est insulté, penses-tu qu'il va nous répondre très vite? Le prin-

70 temps va arriver et tu auras pas joué une seule partie parce que tu auras pas voulu porter le beau chandail bleu que tu as sur le dos.

Je fus donc obligé de porter le chandail des Maple Leafs. Quand j'arrivai à la patinoire avec ce chandail, tous les Maurice Richard en bleu, blanc, rouge s'ap-prochèrent un à un pour regarder ça. Au coup de sifflet de l'arbitre, je partis

75 prendre mon poste° habituel. Le chef d'équipe vint me prévenir que je ferais *mon... ma position* plutôt partie de la deuxième ligne d'attaque.° Quelques minutes plus tard, la *la... second string offense* deuxième ligne fut appelée; je sautai sur la glace. Le chandail des Maple Leafs pesait sur mes épaules comme une montagne. Le chef d'équipe vint me dire d'attendre; il aurait besoin de moi à la défense, plus tard. A la troisième période,

80 je n'avais pas encore joué; un des joueurs de défense reçut un coup de bâton sur le nez, il saignait;° je sautai sur la glace: mon heure était venue! L'arbitre siffla; il *was bleeding* m'infligea une punition. Il prétendait° que j'avais sauté sur la glace quand il y *claimed* avait encore cinq joueurs. C'en était trop!° C'était trop injuste! *C'en... It was too much!*

C'est de la persécution! C'est à cause de mon chandail bleu! Je frappai mon

85 bâton sur la glace si fort qu'il se brisa.° Soulagé,° je me penchai pour ramasser *se... cassa / Calmed down* les débris. Me relevant, je vis le jeune vicaire,° en patins, devant moi: *prêtre*

—Mon enfant, ce n'est pas parce que tu as un petit chandail neuf des Maple Leafs de Toronto, au contraire des autres, que tu vas nous faire la loi.° Un bon *faire... faire ce que tu* jeune homme ne se met pas en colère. Enlève tes patins et va à l'église demander *veux*

90 pardon à Dieu.

Avec mon chandail des Maple Leafs de Toronto, je me rendis à l'église, je priai Dieu; je lui demandai qu'il envoie au plus vite des mites° qui viendraient *moths* dévorer mon chandail des Maple Leafs de Toronto. 🍁

1. Où les enfants du village passaient-ils l'hiver? Quels endroits représen-taient une punition? Quel était leur lieu préféré? Pourquoi?

2. Qu'est-ce que les jeunes faisaient à l'église? Quelle était leur prière?

3. Qui est-ce que les jeunes voulaient imiter? Que faisaient-ils pour l'imiter? Quelle autre activité marque leur admiration pour cette personne?

4. Comment s'appelait l'équipe de Maurice Richard? Pour quelle ville jouaient-ils?

5. Pourquoi fallait-il que la mère du garçon (le narrateur) lui achète un nouveau chandail? Où l'a-t-elle acheté?

6. Qu'est-ce qui a provoqué la grande déception du garçon?

7. Expliquez à votre façon le raisonnement de la mère lorsqu'elle refuse d'échanger le chandail. Trouvez au moins trois arguments différents.

8. Que s'est-il passé quand le garçon est arrivé à la patinoire? Quelle a été la réaction de ses amis? du chef d'équipe?

9. Pourquoi est-ce que l'arbitre a sifflé quand le garçon a sauté sur la glace pour jouer? Comment est-ce que le narrateur a réagi?

10. Après la colère du garçon, qui est intervenu? Qu'est-ce que cette personne lui a dit?

11. Quand le narrateur a prié à la fin de l'histoire, qu'a-t-il demandé?

COMMENTAIRE DU TEXTE

1. Analysez le personnage qui raconte l'histoire. Faites une liste d'adjectifs qui le décrivent (A) tel qu'il est au moment d'écrire l'histoire et (B) tel qu'il était au moment où l'histoire se passait.

A	B
adulte	enfant
_____	_____
_____	_____

2. Est-ce que les personnages d'«Une abominable feuille d'érable sur la glace» vous semblent réels? Qu'est-ce qui les rend réalistes ou pas réalistes? Citez des passages pour soutenir votre opinion.

3. Quand la mère du narrateur a acheté le nouveau chandail, elle l'a commandé dans le catalogue Eaton. Trouvez dans le texte des détails qui laissent penser que la mère est à la fois un peu snob et un peu naïve.

4. Les personnages réagissent différemment au chandail des Maple Leafs. Indiquez quels personnages de la colonne A ont les réactions de la colonne B. Ensuite discutez des raisons qui pourraient expliquer différentes attitudes.

A	B
_____ le narrateur	a. pense que le narrateur se trouve supérieur à cause du chandail

_____ la mère

_____ les co-équipiers du narrateur

_____ le chef d'équipe

_____ le vicaire

b. ne laisse pas jouer le narrateur à cause du chandail

c. trouve le chandail abominable

d. ne comprend pas l'importance du chandail

e. trouvent étrange que le narrateur porte ce chandail

5. Quand le vicaire intervient à la fin de l'histoire, le garçon fait ce qu'il lui demande. Qu'est-ce que cela indique à propos du rôle de l'Eglise au Québec pendant les années 50?

DE LA LITTERATURE A LA VIE

1. Au Québec la population est divisée entre francophones, comme la mère du narrateur, et anglophones, comme M. Eaton le vendeur de chandails. Le conflit entre les deux groupes soulève parfois des questions. Y a-t-il de telles questions dans votre pays? dans votre région? Parlez-en, et expliquez ce que vous voyez comme solutions.

2. Pendant sa carrière, Maurice Richard était parfois très violent lors des matchs de hockey. Il était également un des meilleurs joueurs de notre temps. Y a-t-il des athlètes que l'on peut appeler «héros»? Quels athlètes méritent l'attention du public? Qu'est-ce qu'ils font pour la mériter? Y en a-t-il d'autres qui reçoivent de l'attention sans en mériter? Pourquoi?

3. Décrivez une ou plusieurs équipes de votre ville ou de votre université. Quel est le nom de l'équipe (des équipes)? Quelles sont leurs couleurs? Gagnent-elles souvent? Y a-t-il un ou plusieurs joueurs importants? Que pensez-vous du rôle du sport dans votre université ou dans votre ville?

4. Quels sports pratiquez-vous? Est-ce que vous aimeriez en pratiquer d'autres? Lesquels? Que faudrait-il que vous fassiez pour commencer?

Structures 2

The Sequence of Tenses

All conditional sentences have two clauses: the *subordinate* clause, introduced by **si** (*if*), which expresses a possibility or a condition, and the *main* clause or *result* clause.

THE SEQUENCE OF TENSES	
Subordinate Clause with si	**Main (Result) Clause**
si + the present +	the present the near future the future the imperative
si + the **imparfait** +	the present conditional
si + the **plus-que-parfait** +	the present conditional the past conditional

Si la monitrice **est** d'accord, nous **faisons** une randonnée quand il fait beau.

If it's OK with the instructor, we go for a hike when it's nice out.

Si la monitrice **est** d'accord, nous **allons faire** une randonnée cet après-midi.

If it's OK with the instructor, we are going to go for a hike this afternoon.

Si la monitrice **est** d'accord, nous **ferons** une randonnée demain.

If it's OK with the instructor, we will go for a hike tomorrow.

Si la monitrice **est** d'accord, **faisons** une randonnée maintenant.

If it's OK with the instructor, let's go for a hike now.

Si la monitrice **était** d'accord, nous **ferions** une randonnée aujourd'hui.

If it were OK with the instructor, we would go for a hike today.

Si la monitrice **avait été** d'accord, nous **aurions fait** une randonnée hier.

If it had been OK with the instructor, we would have gone for a hike yesterday.

Note that the verb after si is never in the future or the conditional

MISE AU POINT **A.** **A mon avis.** Trouvez dans la colonne B la fin logique des phrases de la colonne A, et dites qui aurait pu dire ces phrases (ami[e], professeur, parent, patron[ne], etc.).

A

1. Si vous voulez augmenter votre salaire,...
2. Si vous écriviez un peu plus clairement,...
3. Si ton oncle avait fait un petit effort,...
4. Si ces deux filles avaient fait du sport,...

B

a. tu n'aurais pas besoin d'emprunter de l'argent à tes amis.
b. travaillez davantage.
c. je te dirais ce que je pense de toi.
d. elles auraient été plus en forme à la fin de l'année.
e. vos devoirs seraient plus faciles à lire.

5. Si j'avais un peu plus de courage,...
6. Si tu n'avais pas dépensé tant d'argent le mois dernier,...
7. Si nous n'avons pas trop d'impôts à payer,...

f. nous pourrons partir en vacances cet été.
g. ta tante Mathilde ne l'aurait pas quitté.

B. Le marathon de Paris. Vos ami(e)s et vous voudriez participer au marathon cette année. Dites comment vous allez vous y préparer. Parlez de vos résolutions et de leurs conséquences. Suivez le modèle.

MODELE: Si j'arrive en ville de bonne heure, je serai plus détendu(e) avant la course.

A	B
arriver de bonne heure	être prêt(e)
s'entraîner	entendre des conseils utiles
courir quarante kilomètres par semaine	faire des progrès considérables
se reposer assez	être plus sûr(e) de soi
étudier des vidéos de coureurs célèbres	être en forme
parler à d'autres coureurs	connaître la route
participer à d'autres courses pendant l'année	pouvoir se débrouiller
?	être plus détendu(e)
	?

C. La rentrée. Vous rencontrez un(e) camarade à la rentrée des classes. Vous avez tous/toutes les deux passé des vacances difficiles. Commentez vos vacances en utilisant les éléments donnés. Suivez le modèle.

MODELE: LUI/ELLE: Si je n'avais pas décidé de faire de l'alpinisme, je ne me serais pas tellement fatigué(e).

VOUS: S'il n'avait pas fait mauvais en Normandie, j'aurais pu nager tous les jours.

> Si + **past perfect**
> + **past conditional**

A	B
ne pas amener ma petite sœur	pouvoir...
apporter plus d'argent	ne pas se fatiguer
ne pas faire mauvais	ne pas s'ennuyer
ne pas se perdre	aller dans les discos
ne pas tomber malade	manger dans un restaurant trois étoiles
ne pas décider de...	rencontrer l'homme / la femme de mes rêves
aller...	voir...
?	?

 **Avez-vous de la compassion?** Chaque membre du groupe réagit aux phrases suivantes en utilisant **si** + *le présent*, **si** + *l'imparfait* ou **si** + *le plus-que-parfait*.

MODELE: Oh! J'ai mal au ventre! →
Si tu manges moins, tu ne seras pas aussi souvent malade.

ou Si tu n'avais pas mangé tout le gâteau, tu ne serais pas malade.

ou Si j'avais su que tu étais allergique au chocolat, je n'en aurais pas mis dans le gâteau.

1. Zut! J'ai raté mon examen.
2. Je ne suis plus en forme.
3. J'ai faim.
4. J'ai attrapé un rhume.
5. Je ne peux pas m'arrêter de fumer.
6. J'ai oublié mes patins.
7. ?

Reprise

A. **On ne s'ennuiera pas!** Vos camarades et vous avez l'intention d'aller à la Guadeloupe. Qu'est-ce que vous ferez aussitôt que vous serez arrivés? Suivez le modèle.

MODELE: lorsque / je / acheter de la crème solaire / nous / pouvoir / se promener →
Lorsque j'aurai acheté de la crème solaire, nous pourrons nous promener.

1. quand / nous / arriver / à Point-à-Pitre / nous / trouver un magasin d'équipement sportif
2. dès que / nous / trouver / un magasin / d'équipement sportif / nous / louer / des planches à voile (*sailboards*)
3. lorsque / on / louer / des planches à voile / on / chercher / une belle plage
4. aussitôt que / je / monter / sur la planche / je / être renversé(e) / par une grosse vague
5. quand / je / tomber / pour la quinzième fois / je / sortir / de l'eau et je / se mettre / tranquillement au soleil

B. **Histoires traditionnelles.** Avec un(e) partenaire, décrivez de nouvelles circonstances pour les histoires suivantes. Complétez chaque phrase avec un verbe au plus-que-parfait et un dénouement original.

1. Le Petit Chaperon rouge n'aurait jamais rencontré le loup (*wolf*) si... et puis...
2. Blanche Neige n'aurait pas perdu connaissance (*consciousness*) si... et puis...
3. Juliette ne se serait pas suicidée si Roméo... et puis...
4. La Belle au bois dormant ne se serait jamais réveillée si... et puis...
5. Cendrillon et le Prince Charmant ne se seraient pas connus si... et puis...
6. ?

6. **Hypothèses.** Demandez à un(e) camarade de compléter les phrases suivantes avec un verbe au conditionnel passé. Indiquez ensuite la réponse de votre camarade qui vous a le plus étonné(e). Changez alors de rôles.

1. Si je n'étais pas venu(e) dans cette université,...
2. Si mes parents avaient eu neuf enfants,...
3. Si j'avais trouvé un petit génie (dans une bouteille),...
4. Si j'avais vécu au dix-huitième siècle,...
5. Si j'avais décidé de chercher du travail au lieu de faire des études,...
6. ?

A Arcachon sur l'Atlantique: La planche à voile est très populaire. Pratiquez-vous aussi des sports nautiques?

Une randonnée de ski de fond dans une vallée alpine: Quels sports d'hiver avez-vous pratiqués? Lesquels préférez-vous?

D. Un crime. Un journaliste annonce qu'un club sportif a été cambriolé (*robbed*), mais il n'est pas encore certain des faits. Jouez le rôle du journaliste en vous basant sur le modèle.

MODELE: deux voleurs / entrer dans le club hier soir →
          Deux voleurs seraient entrés dans le club hier soir.

1. ils / entrer par la porte arrière
2. ils / blesser un gardien
3. ils / prendre de l'argent et de l'équipement
4. ils / faire des exercices avant de partir
5. ils / s'échapper dans un gros camion

E. **Conditions et conséquences.** Interrogez un(e) camarade de classe en vous servant des suggestions ci-dessous. Attention aux temps des verbes.

MODELE: si tu vas à Chamonix →

          VOUS: Si tu vas à Chamonix, profiteras-tu de la montagne?
          LUI/ELLE: Bien sûr, je ferai une randonnée à la montagne si je vais à Chamonix.

1. si tu gagnes un voyage gratuit
2. si tu finis tes études cette année
3. si tu travaillais dans un hôpital
4. si tu avais beaucoup de temps libre
5. si tu avais été plus en forme l'été dernier
6. si tu étais sorti(e) hier soir
7. si tu étais tombé(e) amoureux/amoureuse
8. si tu pouvais changer le monde

Prenez note des réponses intéressantes et mentionnez-les à la classe. Les autres étudiants sont libres de commenter.

Réalités quotidiennes

Le Minitel: On vend

ON VEND est un service qui aide les Minitélistes désirant acheter ou vendre quelque chose. Avec un(e) partenaire, répondez aux questions à la page suivante à l'aide de l'écran qui suit.

```
ON VEND                      11 Annonces
Réf. : 943402
5 KM BRIANÇON (05) 05000      1.200.000F
Château, B.D. de 390 m2

1400 m d'altitude-Propriété 23 pièces
divisible en 3 ou 4 appartements-390
m2 habitables-Ski:Serre Chevalier 5 km,
Montgenèvre 8 km, ski fond devant la
porte:vallée classée Clarée-Alpinisme,
kayak, cheval, soleil, calme.

Nom       :
Téléphone :

              Déplacements SUITE/RETOUR
          Nouvelle sélection CORRECTION
          Retour a la préliste *RETOUR
```

A vous la parole

1. Faites correspondre les abréviations de gauche avec les termes de droite.

   _____ KM   **a.** belle demeure
   _____ F   **b.** français
   _____ BD   **c.** mètres carrés
   _____ m2   **d.** kilomètres
                 e. francs
                 f. bonne demande

2. Qu'est-ce que l'on vend ici? A quel prix (en francs et en dollars)?

3. A quelle altitude se trouve cette propriété (en mètres et en pieds)?

4. Serre Chevalier et Montgenèvre se situent tout près de cette demeure. Est-ce que ce sont...

   a. des villes voisines?
   b. des stations de ski?
   c. des cafés?

5. Quelles autres activités pourrait-on pratiquer dans cette vallée en plus du ski alpin?

6. Quel serait l'acheteur idéal pour cette belle demeure? Est-ce que vous seriez intéressé(e)? Pourquoi? Pourquoi pas?

LE FRANÇAIS DANS LE MONDE

CHAPITRE 10

Travail en plein air au Québec: les premières phases de la préparation du sirop d'érable.

Mots et expressions

LA FRANCOPHONIE

acquérir la nationalité (par la naissance, par naturalisation) to acquire citizenship (through birth, through naturalization)
alphabète literate
analphabète illiterate
anglophone English-speaking
bilingue bilingual
céder to give up, give away
le choc de deux cultures clash of two cultures
le droit (d'asile) right (to asylum)
émigrer to emigrate
envers toward; with respect to
en voie de développement developing
(s')établir (dans) to establish (to settle) (in)
être ciblé(e) to be targeted

francophone French-speaking
immigrer to immigrate
s'installer (dans) to settle (in)
s'intégrer (à) to integrate oneself (into)
le Maghreb region of North Africa that includes Morocco, Algeria, and Tunisia
maghrébin(e) from **le Maghreb**
occidental(e) western
oriental(e) eastern
pluriculturel(le), pluriethnique multicultural
le réfugié / la réfugiée refugee
renoncer à ses coutumes to abandon one's customs
répandre to spread
le soutien support
le tiers monde third world

APPLICATIONS **A.** **Familles de mots.** Trouvez les deux termes dans chaque série qui sont dans la même famille de mots.

1. l'immigré(e)   immerger   immigrer
2. souterrain   soutenir   le soutien
3. céder   la cédille   concéder
4. le chocolat   le choc   choquer
5. la renonciation   reconnaître   renoncer
6. répandu   répondre   répandre
7. l'acquiescement   acquérir   l'acquisition

B. **Associations.** Ecrivez les termes de **Mots et expressions** que vous associez avec les concepts suivants.

1. être bilingue
2. le tiers monde
3. l'immigration
4. les étrangers

C. **Synonymes.** Trouvez l'équivalent des expressions suivantes.

1. le refuge, l'abri
2. se mettre à un endroit déterminé, en général pour longtemps

3. abandonner ses habitudes, ses traditions
4. être le but, l'objectif
5. en ce qui concerne quelqu'un, à l'égard de quelqu'un

Discutons...

Quelles sont les raisons pour lesquelles certaines personnes choisissent d'émigrer? Quels obstacles les émigrants doivent-ils confronter? Est-il possible que vous quittiez votre pays d'origine pour vous établir dans un autre pays un jour? Expliquez.

Structures 1

Geographical Names

Generally, geographical locations ending in **-e** are feminine. Those ending in a consonant or any other vowel are masculine.

FEMININE	MASCULINE
la France	le Québec
l'Allemagne	le Canada
l'Asie	les Etats-Unis

Note: Le Cambodge, le Mexique, le Maine, and **le Zaïre** are masculine.

Use of the Definite Article before Geographical Names

1. When speaking about continents, countries, provinces, and states in general terms, and especially when using the verbs **adorer, aimer, détester, être, préférer,** and **visiter,** the definite article must be used.

On a visité **l'**Amérique du Sud.	*We visited South America.*
J'aime beaucoup **le** Québec.	*I like Quebec (province) a lot.*
La Louisiane est belle.	*Louisiana is beautiful.*
Il préfère **les** Etats-Unis.	*He prefers the United States.*

2. In general, no definite article is used with cities and islands. There are a few exceptions.

Nous adorons **Paris.**	*We adore Paris.*
Allez-vous visiter **Tahiti?**	*Are you going to visit Tahiti?*
Le Havre et **La Rochelle** sont des villes françaises.	*Le Havre and La Rochelle are French cities.*

Other exceptions:

Cities:
La Nouvelle-
Orléans
La Havane

Islands:
la Guadeloupe
la Martinique

MISE AU POINT **Voyager.** Complétez les phrases suivantes avec un article *si nécessaire.*

1. J'aime beaucoup _____ Europe, surtout _____ France, _____ Pays-Bas et _____ Luxembourg.
2. Nous allons visiter plusieurs villes françaises: _____ Paris, _____ Lyon, _____ Bordeaux, _____ Rochelle et _____ Havre.
3. Les touristes adorent les pays européens tels que _____ Angleterre, _____ Portugal et _____ Italie ainsi que les grandes villes comme _____ Madrid et _____ Lisbonne.
4. Mon amie parle arabe et elle veut visiter _____ Egypte et _____ Maroc.
5. Mes amis français visitent _____ Etats-Unis, _____ Canada et _____ Mexique cet été.

Prepositions with Geographical Names

	IN/TO/AT	FROM
Feminine singular countries, provinces, and states (= ending in **-e**) Je suis né **en** Bretagne. Mes cousins viennent **d'**Autriche.	**en**	**de/d'**
Masculine singular countries, provinces, and states beginning with a consonant (= ending in consonant or **-a, -i, -o, -u**) Tu vas travailler **au** Canada? David arrive **du** Texas.	**au**	**du**
Masculine singular countries, provinces, and states beginning with a vowel (= ending in consonant or **-a, -i, -o, -u**) Ils habitent **en** Irak. Je reviens **d'**Ontario.	**en**	**d'**
Plural countries Les Hollandais habitent **aux** Pays-Bas. Nous venons **des** Etats-Unis.	**aux**	**des**
Cities and islands Elle va **d'**Hawaï **à** San Francisco. Nous voyageons **de** Sydney **à** Tahiti. On va **à** La Nouvelle-Orléans pour le Mardi Gras.	**à**	**de/d'**

Je vais à Québec = dans la ville de Québec

Je vais au Québec = dans la province

A. Le monde francophone. Complétez les phrases avec les prépositions appropriées.

1. Les Français se sont installés _____ Afrique. Ils ont établi des colonies _____ Maroc, _____ Tunisie, _____ Zaïre, _____ Tchad, _____ Sénégal et _____ Mauritanie.
2. Beaucoup de produits exotiques viennent _____ Asie.
3. Les voyageurs français sont partis _____ Louisiane et ont remonté le Mississippi. _____ St. Louis, on trouve encore des traces de l'influence française.

4. Des Canadiens de langue française vivent _____ Québec et _____ Nouveau-Brunswick.
5. J'aimerais aller _____ Hawaï pendant les vacances de Noël et _____ La Nouvelle-Orléans pendant les vacances de Pâques.

Une célébration des arts plastiques et de la scène.

EN PASSANT...

1. Où a lieu ce festival? Quels aspects de la culture francophone vous intéressent? La musique? Le cinéma? La cuisine? La danse? L'architecture? D'autres domaines? Pourquoi?
2. Quels autres festivals ethniques connaissez-vous? Quelles langues et quelles cultures sont célébrées lors de ces festivals?

B. L'Afrique francophone. Lisez ces détails concernant certains pays africains. Terminez chaque phrase en vous aidant de la carte.

1. Le pays où je veux aller a deux frontières politiques, l'une avec la Libye et l'autre avec l'Algérie. —Tu vas...
2. Je passerai mes prochaines vacances dans un pays nord-africain tout près de l'Espagne. —Tu les passeras...
3. Je suis ivoirien. J'habite...

4. Nous allons acheter des statuettes en bois dans ce grand pays à l'est du Congo. Nous allons en acheter...
5. Nous nous trouvons dans une île à l'est du continent africain. Nous sommes...
6. Nous sommes au Mali. Nous arrivons d'un pays voisin sur la côte occidentale. Nous venons... (*quatre possibilités*)

Présence de la langue française sur le continent africain.

MISE EN PRATIQUE

A. TROUVEZ QUELQU'UN QUI... **Les pays anglophones et francophones.** Dans chacun des cas suivants, trouvez dans la classe de français quelqu'un correspondant au profil suggéré. Ensuite, comparez les résultats avec ceux de vos camarades.

Quel(le) étudiant(e)...

1. a visité autant de pays francophones que vous? _____

   Pays: _____

2. peut nommer deux pays francophones africains? _____

   Pays: _____

3. peut nommer cinq pays anglophones? _____

   Pays: _____

4. peut identifier une île anglophone et une île francophone des Caraïbes? _____

   Iles: _____

5. peut nommer les régions francophones où se trouvent les villes suivantes? _____

   Berne: _____   Saigon: _____

   Tunis: _____   Port-au-Prince: _____

6. sait où se trouve le siège de la Croix-Rouge? _____

   Pays/ville: _____

7. peut nommer les langues officielles de la Suisse? _____

   Langues: _____

8. sait comment s'appellent les habitants des pays ou des provinces suivants? _____

   la Belgique, les _____   le Viêt-nam, les _____

   le Québec, les _____   la Côte-d'Ivoire, les _____

B. **Voyage autour de monde.** Air France vous a offert un voyage gratuit autour du monde. D'où partez-vous? Où allez-vous? Combien de temps voulez-vous passer dans chaque pays? Laissez votre imagination parcourir le monde! Projetez votre voyage et écrivez-en l'itinéraire détaillé avec un(e) camarade de classe.

More on Negation

NEGATIVE ADVERBS			
ne... pas	*not*	**ne... plus**	*no longer, not . . . any*
ne... toujours pas	*still not*		*longer, not . . . any more*
ne... pas encore	*not yet*	**ne... jamais**	*never*
ne... pas du tout	*not at all*	**ne... guère**	*hardly, scarcely, barely*
		ne... que	*nothing but, only*

Order of Words in Negative Sentences

1. In simple tenses, the two elements of negation surround the verb. In compound tenses, the negative elements surround only the auxiliary verb.

Je **ne** parle **pas** danois.	*I don't speak Danish.*
Je **n'**ai **jamais** étudié le danois.	*I never studied Danish.*

2. Both elements precede an infinitive to make it negative.

Ne pas aller au-delà de cette porte.	*Don't go beyond that door.*
Il nous a dit de **ne jamais** renoncer à nos coutumes.	*He told us never to abandon our customs.*
Elle a promis de **ne plus** parler d'immigration.	*She promised not to talk about immigration anymore.*

3. Ne... que indicates a limitation rather than a complete negation. **Ne** precedes the verb and **que** precedes the item that is limited.

Le monde est un livre dont on **n'**a lu **que** la première page si on **n'**a vu **que** son propre pays.	*The world is like a book. Those who have seen only their own country have read only its first page.*

MISE AU POINT **A.** **Franchise.** Travaillez avec un(e) camarade de classe. Répondez chacun(e) à quatre questions... honnêtement.

1. As-tu déjà un diplôme universitaire?
2. Vas-tu souvent au casino?
3. As-tu beaucoup de temps libre?
4. Fais-tu parfois de l'alpinisme au Népal?
5. As-tu toujours tes dents de sagesse?
6. Etudies-tu encore la géographie?
7. Est-ce que tu as toujours envie d'étudier?
8. Est-ce que tu ne suis que quatre cours ce semestre?

Qu'avez-vous appris d'intéressant au sujet de votre camarade?

Le futur n'existe pas encore, mais rien ne vous empêche d'y aller.

B. **Conseils.** Avec un(e) camarade de classe, composez des phrases logiques selon le modèle suivant.

MODELE: ma sœur / ne... jamais / être en retard →
Ma sœur me dit de ne jamais être en retard.

PERSONNES	NEGATIONS	ACTIONS
mes parents	ne... pas	prendre leur auto
mon ami(e)	ne... jamais	emprunter sa radio
mon prof	ne... plus	manquer son cours
mon petit ami / ma petite amie	?	grignoter
mon médecin		me surmener (*overwork*)

C. **Malentendus.** Votre camarade est nul(le) en géographie et fait beaucoup d'erreurs. Corrigez-le/la selon le modèle.*

MODELE: LUI/ELLE: La France est *en Amérique.* →
VOUS: Non, la France n'est pas en Amérique. La France est en Europe.

1. *Le français* est la langue officielle du Maroc.
2. Le Maroc est *un département français.*
3. En Algérie la religion officielle a toujours été *le catholicisme.*
4. La Tunisie a un climat très *froid.*
5. Le Sénégal se trouve *en Europe.*
6. Il y a toujours eu beaucoup *d'Américains* au Bénin.
7. La plupart de la population du Tchad est *alphabète.*
8. Les Arabes boivent *de l'alcool.*
9. Les Maliens ont toujours eu un niveau de vie *assez élevé.*
10. Les Nord-Africains apprennent *le français* comme première langue.

MISE EN PRATIQUE

Manque d'expérience. Mettez-vous à trois et énumérez à tour de rôle six choses que vous *n'avez jamais* faites et dites pourquoi. Comparez vos réponses avec celles des autres groupes. Quelles réponses sont surprenantes? amusantes?

SUGGESTIONS

obtenir un passeport	voyager...
monter sur un éléphant	étudier...
voir un œuf d'autruche (*ostrich*)	visiter...
piloter un avion	aller...
se casser la jambe	faire...
?	?

*Réponses à l'exercice C: 1. l'arabe 2. un pays nord-africain 3. la religion musulmane 4. chaud 5. en Afrique 6. de Français 7. analphabète 8. du thé 9. assez bas 10. l'arabe

Tranches de vie

At the beginning of World War II, France was the second most important colonial power in the world. Its empire fell apart after the war, but French is still spoken in many former colonies, including those in North Africa. France continues to play an important economic role in these countries, and many North Africans have emigrated to France. The following text describes an award-winning film by a Moroccan filmmaker about a touching moment in the life of a young Moroccan growing up in France today.

Pour mieux lire

Simplifying Complex Sentences

Here are steps to keep in mind when reading complex sentences.

1. Identify the main parts of the sentence. Look for verbs, then find the subject of each one.
2. One way to find the main parts of a sentence (subject, verb, object) is to eliminate the nonessential parts. Prepositional phrases and subordinate clauses are easy to recognize.

Prepositional phrases are always introduced by a preposition—such as **à côté de, dans,** and **pour**—followed by a noun or pronoun, which is the object (**complément**) of the preposition.

> à côté de moi
> dans la classe de français
> pour trois personnes

Subordinate clauses begin with markers such as **à laquelle, dont, duquel, où, quand, que,** and **qui.** These clauses contain a subject and a verb, but are *subordinate* because they don't express the main idea(s) of the sentence.

> l'hôtel dont tu m'as parlé
> le monsieur qui habite en France

In the following sentence from the chapter reading, we have put the dependent clause (**proposition subordonnée**) in italics, and underlined the prepositional phrases. What is the main clause (**proposition principale**) in this sentence?

> *Au moment où,* <u>en France</u>, *le débat* <u>autour de l'immigration</u> *prend une tournure déplaisante,* «L'exposé» dit la fierté d'être différent.

Propositions. Soulignez la proposition subordonnée des phrases suivantes et mettez en cercle autour de chaque préposition et son complément. Quelle est la proposition principale de chaque phrase? (Les phrases sont tirées de la lecture.)

1. Désespéré, [Réda] est au bord des larmes quand, déboulant dans la cuisine, il voit avec surprise sa mère préparer des cartons de gâteaux marocains...
2. Mieux que nul autre, [Ferroukhi] a su évoquer, avec la plus grande simplicité, cette réalité qu'il connaît bien.

Mots et expressions

le citoyen / la citoyenne citizen
le décalage difference, gap
désespéré(e) without hope
les données (*f.*) data
énerver quelqu'un to irritate someone
l'exigence (*f.*) demand, requirement
l'exposé (*m.*) oral report
la fierté pride
la formation instruction, training

la fraîcheur freshness
le manque lack
occupé(e) busy

A. Synonymes. Trouvez l'équivalent des expressions suivantes.

1. un bref discours sur un sujet précis
2. les études
3. la nouveauté, la pureté
4. absorbé(e) par ses activités
5. irriter
6. les faits, les renseignements
7. une demande, une nécessité

B. Antonymes. Trouvez le contraire des expressions suivantes.

1. la honte
2. confiant(e), optimiste
3. l'abondance, l'excès
4. un étranger / une etrangère qui vient d'un autre pays
5. la correspondance, la conformité

1914–18   Les premiers immigrés marocains arrivent en France (40 000 recrues).

1960–74   La grande vague des arrivées. L'expansion économique engendre un grand nombre de nouveaux emplois.

AUJOURD'HUI   Plus de 700 000 Marocains vivent en France en situation régulière.

La France a essayé d'aider les Maghrébins à s'intégrer et il y a aujourd'hui une forte proportion de cadres supérieurs d'origine marocaine, mais comme les étrangers sont souvent considérés indésirables en période de crise économique, les Maghrébins sont depuis les années 1980 présentés par l'extrême-droite comme menaçant «l'identité française».

Fraîcheur et authenticité

L'exposé, court métrage d'Ismaël Ferroukhi

Réda, neuf ans, fils d'immigrés marocains, doit faire un exposé sur le pays de ses parents. Lui qui ne rêve que du Canada n'est guère enthousiasmé.

D'autant plus que chez lui, personne ne peut l'aider, ni son frère aîné, vadrouilleur[1] incorrigible, ni son père, quasi-absent, et encore moins sa mère qui ne comprend rien aux exigences de l'institutrice de Réda: chiffres[2] et données humaines, géographiques... La mère de Réda promet de l'aider, mais elle ne parle ni n'écrit le français. Le

---

[1] une personne qui se promène sans raison   [2] *numbers*

jour de l'exposé arrive, et Réda n'a toujours rien fait. Désespéré, il est au bord des larmes[3] quand, déboulant[4] dans la cuisine, il voit avec surprise sa mère préparer des cartons de gâteaux marocains avec l'attirail[5] nécessaire pour... le plus traditionnel des thés à la menthe.

Avec *L'exposé,* Ismaël Ferroukhi signe à trente ans son premier court métrage.[6] Originaire de Kénitra,[7] Ismaël est arrivé en France à l'âge de deux ans. Ses parents s'installent à Crest, dans la Drôme[8]—c'est d'ailleurs là qu'il a choisi de situer l'action de son film.

Ni école de cinéma, ni formation sur les tas,[9] cet autodidacte[10] (et rares sont, aujourd'hui, les autodidactes dans ce domaine) a plutôt bien réussi son coup d'essai.[11]

L'originalité, la fraîcheur, l'authenticité de son film ont séduit[12] plus d'un jury. Depuis février *L'exposé* a été sélectionné[13] dans six festivals en France, dont le prestigieux Festival international du film de Cannes, et a raflé[14] pas moins de huit prix, dont la Grenouille d'or[15] des Rencontres cinématographiques d'Argelès-sur-mer, organisées cette année autour du thème de «L'autre[16]».

Au moment où, en France, le débat autour de l'immigration prend une tournure déplaisante,[17] *L'exposé* dit la fierté d'être différent. *«Je ne voulais pas donner l'image d'une famille intégrée, parce que ça m'énerve. Pour moi, s'intégrer équivaut à se suicider»,* s'insurge Ismaël, qui ajoute: *«Je ne me sens ni intégré, ni non intégré. Je suis normal».* D'aucuns[18] lui reprochent de souligner[19] justement cette différence, en particulier en ces temps-ci. Mais Ismaël a tenu à[20] montrer jusque dans les moindres détails cette réalité autre (la vieille bouilloire[21] à côté du cabinet de toilette) avec la tendresse, l'affection et la compréhension qui viennent du cœur. Mieux que nul autre, il a su

---

[3]au... *on the verge of tears*   [4]*bolting*   [5]l'équipement   [6]court... *short (film)*   [7]ville et port du Maroc, entre Rabat et Tanger   [8]département français entre les Alpes et le Rhône   [9]formation... *on-the-job training*   [10]*self-taught man*   [11]coup... *first attempt (at filmmaking)*   [12]charmé   [13]*chosen to be featured*   [14]*carried off*   [15]Grenouille... *Golden Frog*   [16]*the Outsider*   [17]désagréable   [18]Certains   [19]accentuer   [20]a... a voulu absolument   [21]*kettle*

évoquer, avec la plus grande simplicité, cette réalité qu'il connaît bien. *«Il y a des gens qui vivent simplement, qui ne se cassent pas la tête*[22]... *Et il y en a qui ont toujours besoin de repères,*[23] *de classification, c'est ce qui fait le choc. Moi je trouve qu'il est plus intelligent d'être simple pour dire des choses graves: les décalages entre deux cultures, deux mentalités, deux modes de vie, le manque de communication et d'effort de compréhension de part et d'autre.*[24]*»*

Deux personnages-clé, la mère et l'institutrice. La première, toujours fourrée[25] dans sa cuisine, répète à Réda, chaque fois qu'il la sollicite: *«Tu vois bien que je suis occupée. Va-t-en, laisse-moi tranquille».* C'est elle qui pourtant sauvera[26] la situation et fera, à sa manière, l'exposé de son fils. Sans y avoir vraiment réfléchi, elle donnera une belle leçon de différence à l'institutrice. Celle-ci, derrière sa carapace[27] de Madame-je-sais-tout, est finalement capable de compréhension et de tolérance, pour peu qu'elle y mette de la bonne volonté[28] et daigne[29] descendre du haut de son estrade.[30] C'est d'une oreille attentive qu'elle écoute le petit Réda déclamer: *«Madame, le Maroc, ce n'est ni une capitale, ni des chiffres, ni des mètres carrés,*[31] *mais du soleil, des parfums et surtout une façon de vivre.»* ◾

FATIMA BEKKAR
tiré de *Rivages: Le magazine des Marocains dans le monde*

---

[22]ne... ne se tourmentent pas pour trouver une solution   [23]*points of reference*   [24]de... *on both sides*   [25]toujours... *ever-present*   [26]*will save*   [27]*armor*   [28]pour... *even if she shows very little good will*   [29]*seldom deigns*   [30]*platform*   [31]mètres... *square meters*

A. Résumé. Complétez les phrases suivantes pour faire un résumé du film d'Ismaël Ferroukhi.

1. Dans le film *L'exposé,* le petit Réda a un problème: il est obligé de...
2. L'institutrice de Réda exige un devoir qui contient des...
3. La mère de Réda a du mal à aider son fils parce que...
4. A la dernière minute, la mère de Réda l'aide à faire son exposé; elle...
5. L'institutrice trouve l'exposé de Réda...

B. Identifications. Indiquez quel personnage du texte a fait chacune des remarques suivantes, en précisant le contexte et l'interlocuteur.

1. «Tu vois bien que je suis occupée. Va-t-en, laisse-moi tranquille.»
2. «Madame, le Maroc, ce n'est ni une capitale, ni des chiffres, ni des mètres carrés, mais du soleil, des parfums et surtout une façon de vivre.»
3. «Je ne voulais pas donner l'image d'une famille intégrée... Pour moi, s'intégrer équivaut à se suicider.»

C. Analyse. Répondez brièvement.

1. Décrivez le héros de *L'exposé:* son âge, ses origines, où il vit actuellement. Au début du film, est-ce un garçon typique ou exceptionnel? Expliquez.
2. Comment Ismaël Ferroukhi a-t-il appris le métier de réalisateur? D'habitude comment apprend-on ce métier?
3. Quelle est l'idée essentielle de *L'exposé*? Qu'est-ce qu'Ismaël Ferroukhi a voulu illustrer dans son film? D'après cet article, a-t-il atteint son but?
4. Décrivez la mère de Réda. Comment sont les rapports entre mère et fils? Pourquoi a-t-elle du mal à comprendre le devoir de son fils? Comment est-ce qu'elle finit par l'aider à faire son exposé?
5. Comment l'institutrice se comporte-t-elle en classe? Quel effet a l'exposé sur l'institutrice de Réda? Est-elle sympathique ou antipathique?
6. Quel personnage enseigne la leçon la plus importante du film? A qui? Comment? Qui admirez-vous le plus? Pourquoi?

A DISCUTER

A. Solutions. Dans beaucoup de films, comme dans *L'exposé,* l'intrigue tourne autour d'un conflit entre deux cultures, deux mentalités ou deux modes de vie différents. Décrivez en groupes de quatre un film traitant d'un type de discrimination. Précisez de quel genre de conflit il s'agit, en donnant des exemples (classe, race, secte, sexe, etc.). Puis discutez la solution suggérée dans le film. Est-ce une bonne solution? En avez-vous d'autres? Le vocabulaire à la page suivante pourrait vous être utile.

condamner; faire une manifestation; harceler (*to harass*) quelqu'un; lutter contre le racisme; d'origine ethnique minoritaire (africain[e], asiatique, hispanique, juif/juive, musulman[e]...); priver quelqu'un de ses droits (*rights*)

FILMS POSSIBLES

West Side Story   *Au revoir les enfants*
Hiroshima mon amour   *Malcolm X*
The Color Purple   *Schindler's List*
9 to 5   *Philadelphia*
Jean de Florette / Manon des sources ?

B. **Votre exposé à vous.** Comme Réda, faites un exposé de deux ou trois minutes sur le pays ou la région d'origine de vos parents ou de vos grands-parents. Expliquez à l'aide de supports visuels (tirés de magazines, de journaux, de photos de famille, etc.) ou audiovisuels ce que ce pays représente et ne représente pas pour vous.

ECHOS

A. **Qu'en pensez-vous?** Traitez par oral ou par écrit de l'un des sujets suivants.

1. **Immigration.** D'où viennent les immigrés qui veulent s'installer dans votre pays? Qu'est-ce qui rend la coexistence de deux modes de vie difficile? D'autres coutumes? Une autre religion? Une langue différente? Le chômage? La peur de perdre son identité en s'intégrant dans une autre société? Selon les habitants de votre pays, est-ce que l'immigration présente plus d'avantages ou d'inconvénients? Pourquoi?

2. **Communication.** Si vous étiez conscient(e) d'un problème de communication entre deux groupes d'étudiants dans votre université, que feriez-vous pour améliorer la situation? Accepteriez-vous de participer à une manifestation? d'écrire aux journaux? de devenir membre d'un parti politique? Seriez-vous prêt(e) à prendre d'autres mesures? Expliquez. De quelles causes vous sentez-vous le plus proche? A qui vous sentez-vous obligé(e) de porter assistance? Pourquoi?

B. **Etes-vous d'accord?** Dites si vous êtes d'accord avec les phrases suivantes. Justifiez vos réponses.

1. Pour être citoyen(ne) d'un pays, il faut y être né(e).
2. Il ne faut pas mélanger la politique et la religion.
3. Le terrorisme international est un des problèmes actuels les plus importants.
4. Le racisme naît de la peur et de l'ignorance.

5. En général, les gens préfèrent s'associer avec ceux qui partagent leur langue et leur culture.
6. C'est notre devoir d'accepter les immigrés qui arrivent dans notre pays.
7. Les religions sont une source de conflit.

Structures 2

Indefinite Adjectives

Definition Indefinite adjectives modify nouns in a general way without referring to specific people or things.

Les **autres** pays sont plus grands.	*The other countries are bigger.*
Chaque gouvernement doit s'occuper de ses citoyens.	*Each government must take care of its citizens.*
Je **n'**en ai **aucune** idée!	*I haven't the slightest idea!*

Forms

autre(s)	*other*	**ne... aucun(e)**	*none, not any*
certain(e)(s)	*certain, some*	**plusieurs**	*several*
chaque	*each, every*	**quelque(s)**	*a little, a few*

1. **Aucun, autre, certain,** and **quelque** agree in number and gender with the nouns they modify.

Quelques pays envoient des représentants au congrès.	*A few countries are sending representatives to the congress.*
Certaines personnes n'ont pas répondu à l'invitation.	*Some people haven't responded to the invitation.*

2. **Aucun(e)** is the only negative indefinite adjective. It is always accompanied by **ne,** which is placed in front of the conjugated verb. **Aucun(e)** precedes the noun it negates.

Aucun avion n'est en retard.	*No plane is late.*
Ce touriste **ne** parle **aucune langue** étrangère.	*This tourist doesn't speak any foreign languages.*

3. **Chaque** is always singular.

Chaque pays a ses traditions particulières.	*Each country has its special traditions.*

> **NOUVEAU FILM KODAK ELITE.**
>
> **AUCUN SUPPORT PAPIER NE POURRA DÉMONTRER SA SUPÉRIORITÉ.**

4. Plusieurs is always plural.

Il y a **plusieurs familles**
analphabètes dans cette région.

*There are several illiterate families
in this region.*

Propos entendus à la gare. Complétez les phrases avec les adjectifs indéfinis qui s'imposent.

1. Je reviendrai une _____ fois.
2. Je veux acheter _____ chose.
3. _____ matin nous prenons le train.
4. Dans _____ circonstances, il vaut mieux être bilingue.
5. Il y avait _____ étrangers dans le wagon.
6. Le gouvernement ne fait _____ effort pour améliorer la situation.
7. J'aime bien rencontrer des gens qui ont visité un _____ pays.
8. Je n'en ai _____ idée!

MISE EN
PRATIQUE

 **Proverbes.** Avec un(e) partenaire, trouvez les thèmes de la colonne B qui se réfèrent aux maximes de la colonne A. Dites si ces pensées vous semblent justes.

A	B
1. Certaines gens échangent l'honneur contre les honneurs.	a. la supériorité
2. Chaque chose pour un temps, mais le mariage pour la vie et Dieu pour l'éternité.	b. le malheur
3. Si le soleil n'existait pas, il ferait nuit malgré la présence des autres étoiles.	c. l'honneur
4. A quelque chose sert malheur.	d. la certitude
5. Aujourd'hui, c'est le monde; demain, c'est l'autre monde.	e. le temps
6. Rien n'est certain que la mort et les impôts.	f. aujourd'hui et demain

Maintenant, traduisez en français un proverbe anglais qui vous plaît, et dites pourquoi il vous semble juste. Comparez votre choix avec ceux des autres étudiants.

Indefinite Pronouns

Definition Indefinite pronouns designate people and things in a general, vague way.

Tout le monde veut visiter les plages d'Afrique.

Everyone wants to visit African beaches.

J'en ai visité **plusieurs** sur la côte est.

I visited several of them on the east coast.

Forms

AFFIRMATIVE	NEGATIVE
un(e) autre *another one;* **d'autres** *others* **quelqu'un** *someone;* **quelques-un(e)s** *a few* **chacun(e)** *each one, every one* **tout le monde** *everyone, everybody* **certain(e)s** *certain ones, some* **plusieurs** *several* **quelque chose** *something*	**ne... aucun(e)** **aucun(e) ne...** } *none, not any* **ne... personne** **personne ne...** } *no one* **ne... rien** **rien ne...** } *nothing*

Quelqu'un devrait faire **quelque chose** bientôt, mais moi, je **ne** veux **rien** faire.

Someone should do something soon, but I don't want to do anything.

—Connaissez-vous d'autres personnes bilingues?

Do you know other people who are bilingual?

—Oui, j'en connais **d'autres,** mais **aucune ne** parle thaï.

Yes, I know others, but none of them speaks Thai.

Special Uses

1. Indefinite pronouns are used as subjects, direct objects, and objects of prepositions.

Tu as raté ton train? **Un autre** arrive dans vingt minutes.

You missed your train? Another one arrives in twenty minutes.

Des pays du tiers monde? Oui, je peux en nommer **quelques-uns.**

Third-world countries? Yes, I can name a few of them.

—Tu écris à **quelqu'un**?

Are you writing to someone?

—Non, **personne ne** me répond.

No, no one answers me.

> Note the placement of ne... rien, ne... personne and ne... aucun(e) in compound tenses:
>
> Je n'avais **rien** vu.
> Je n'ai vu **personne.**
> Des souvenirs?
> Je n'en ai vu **aucun.**

2. **Un(e) autre, d'autres, certain(e)s, quelques-un(e)s, plusieurs,** and **aucun(e)** describe quantities. When used as direct objects, they must be accompanied by the pronoun **en** (*of it, of them*). **En** precedes the verb; the indefinite pronoun follows it.

—As-tu choisi un autre voyage organisé? — *Did you choose another guided tour?*
—Oui, j'**en** ai choisi **un autre.** — *Yes, I chose another one.*

—Avez-vous des valises? — *Do you have bags?*
—Oui, j'**en** ai **quelques-unes.** — *Yes, I have a few.*

—Vois-tu ces oiseaux? — *Do you see those birds?*
—Non, je **n'en** vois **aucun.** — *No, I don't see any.*

3. When **chacun(e), tout le monde, quelqu'un, quelque chose, personne... ne,** and **rien... ne** are used as subjects, the verb is always singular.

Tout le monde cherche à établir des rapports amicaux. — *Everyone is trying to establish friendly relations.*
Quelqu'un est venu quand nous étions sortis. — *Someone came while we were out.*
Personne n'a compris la question. — *No one understood the question.*

4. Four of these pronouns can be modified by adjectives: **quelqu'un, personne, quelque chose,** and **rien.** The adjective is preceded by **de (d')** and is always masculine.

Etre bilingue, c'est **quelque chose d'impressionnant,** non? — *Being bilingual is an impressive thing, isn't it?*

—Qu'est-ce que vous ferez cet été? — *What are you going to do this summer?*

—**Rien d'intéressant.** — *Nothing interesting.*

A. A Montréal. Complétez les phrases avec les pronoms indéfinis qui s'imposent.

1. On trouve beaucoup de distractions à Montréal—des cinémas, des discothèques, des théâtres. _____ coûtent cher; mais _____ sont bon marché.

2. _____ adore la Terre des Hommes construite lors de l'Exposition Internationale de Montréal en 1967. _____ ne trouve la Terre des Hommes ennuyeuse.

3. Beaucoup d'étudiants vont à l'Université McGill. _____ fréquentent les cafés près de l'université.

4. Faisons _____ de nouveau ce week-end, allons au Théâtre International de Montréal. De toute façon, il n'y a _____ à la télé.

5. Je connais _____ qui travaille dans le Vieux Montréal.

6. _____ trouvera ce qu'il veut à Montréal, il y a du chic parisien et du «jet-set» américain.

7. A Montréal il y a près de cinq mille restaurants; _____ sont spécialisés dans la haute cuisine, _____ servent de simples sandwichs. _____ n'est de mauvaise qualité.

B. **Négativisme.** Avec un(e) camarade de classe, répondez de façon négative à chaque question, à tour de rôle, en utilisant des pronoms négatifs.

MODELE: VOUS: Que pensez-vous de la situation politique en Afrique du Nord?

    LUI/ELLE: Je n'ai aucune opinion.

    VOUS: Qui a pris les magazines africains de mon bureau?

    LUI/ELLE: Je n'ai vu personne.

1. Est-ce que la plupart des touristes déclarent des objets à la douane?
2. Qui a eu des problèmes à la douane?
3. Combien d'étudiants ivoiriens étudient aux Etats-Unis cette année?
4. Connais-tu quelques étudiants étrangers?
5. Que savez-vous du Sénégal?
6. Sortez-vous avec un étudiant étranger / une étudiante étrangère?

C. Observations. Regardez la photo à la page suivante et dites ce que vous y voyez. Suivez le modèle.

MODELE: des chaises →
    Des chaises? Je n'en vois aucune.

1. des gens
2. des lampes
3. des chaussures
4. des meubles
5. des livres
6. des drapeaux
7. ?

Les portes de la mosquée de Lyon s'ouvrent en 1994 pour accueillir les pratiquants de la deuxième religion de France, l'Islam.

D. **Deux conférences.** Vous avez assisté à une conférence ennuyeuse; votre ami(e) a assisté à une conférence intéressante. Parlez de vos expériences en vous basant sur le modèle.

MODELE: quelqu'un / drôle / parler
entendre / personne / amusant →

LUI/ELLE: Quelqu'un de drôle a parlé.
VOUS: Je n'ai entendu personne d'amusant.

1. quelque chose / essentiel / être souligné
découvrir / rien / nouveau
2. quelqu'un / intelligent / poser des questions
entendre / personne / remarquable

3. personne / ennuyeux / parler
   devoir écouter / quelqu'un / ridicule
4. rien / trivial / être discuté
   entendre / quelque chose / idiot

JEU D'EQUIPE: **La géographie.** Divisez la classe en deux équipes formées de plusieurs groupes de deux. Avec votre partenaire, préparez des phrases contenant des renseignements géographiques. Utilisez des expressions indéfinies positives ou négatives.

Les groupes de l'équipe A lisent leurs phrases à tour de rôle jusqu'à ce qu'un des groupes se trompe. C'est alors au tour des membres de l'équipe B de jouer. Chaque équipe reçoit un point par phrase et l'équipe qui a le plus de points gagne.

MODELES: EQUIPE A: Il y a quelques pays anglophones en Afrique.
Aucun touriste ne visite l'Oklahoma pour ses plages.
Paris a plusieurs millions d'habitants.
Certains Californiens sont bilingues.
Venise est une ville italienne. D'autres villes italiennes sont Florence et Naples.
Chaque pays européen fait partie de l'Union Européenne.

EQUIPE B: C'est faux. La Suisse ne fait pas partie de l'Union.

Conjunctions

Definition Conjunctions connect words, phrases, or sentences.

Dans vingt ans, je vivrai en France **et** je viendrai passer mes étés aux Etats-Unis.	*In twenty years, I'll live in France and I will spend my summers in the United States.*
Au Canada, on **ne** cultive **ni** les bananes **ni** la canne à sucre.	*In Canada, they grow neither bananas nor sugarcane.*
Je voudrais aller en France **ou** en Tunisie.	*I would like to go to France or Tunisia.*
Marie veut enseigner **soit** en Tunisie **soit** au Maroc.	*Marie wants to teach either in Tunisia or in Morocco.*

Uses

1. The conjunction **et** connects two words or ideas of equal value.

Le Sénégal **et** la Mauritanie sont des pays africains.	*Senegal and Mauritania are African countries.*
Je vais acheter un ticket **et** je vais partir.	*I'm going to buy a ticket and I'm going to leave.*

2. To stress the importance of each of two elements, use **et... et...** (*both . . . and . . .*) before each.

Nous le disons **et** en français **et** en créole.	*We say it both in French and in Creole.*
Et mon père **et** ma mère sont francophones.	*Both my mother and my father are French speakers.*

3. Alternatives are expressed by **ou** (*or*) and **soit... soit...** (*either . . . or . . .*).

Je vais à l'île Maurice **ou** à la Réunion.	*I'm going to Mauritius or to Réunion.*
Elle passe les vacances **soit** en Corse **soit** aux Baléares.	*She spends her vacations either in Corsica or in the Balearic Islands.*

4. Negation is expressed by **ni** (*nor*). **Ni... ni... ne** (*neither . . . nor . . .*) + *verb* negates the subject of the sentence. The verb is plural in French.

<table>
<tr><td>After ne... ni... ni..., omit the indefinite and partitive article.

Il n'a ni frère ni sœur.

Je n'achète ni vin ni eau minérale.</td><td>

Ni le Cameroun **ni** la Guinée **ne** sont en Amérique.
Ni la géographie **ni** l'anthropologie **ne** l'intéressent.</td><td>*Neither Cameroun nor Guinea is in America.*
Neither geography nor anthropology interests him.</td></tr>
</table>

To negate other words in the sentence, use **ne... ni... ni...** (*neither . . . nor . . .*). **Ne** precedes the verb; **ni** precedes each element that is negated.

Je **ne** parle **ni** au directeur **ni** à la secrétaire.	*I speak neither to the director nor to the secretary.*
Ils **n'**ont **ni** vu **ni** entendu la publicité.	*They neither saw nor heard the ad.*
Elle **ne** veut **ni** rester **ni** partir.	*She wants neither to stay nor to leave.*
Je **ne** connais **ni** la Martinique **ni** la Guadeloupe.	*I know neither Martinique nor Guadeloupe.*

··

MISE AU POINT **A.** Conjonctions. Mettez les conjonctions qui s'imposent.

1. Mon père _____ ma mère viennent d'Algérie.
2. _____ le Mali _____ le Tchad sont des pays francophones.
3. Les étudiants francophones étudient _____ à l'université Laval _____ à la Sorbonne.
4. Je ne sais pas où aller, à la Martinique _____ à la Guadeloupe?
5. Je crois qu'il apprend _____ l'anglais _____ le français.

B. **Visitons le Canada.** Transformez en phrases affirmatives.

MODELE: Je n'ai visité ni Trois-Rivières ni Saint-Pierre. →
J'ai visité Trois-Rivières et Saint-Pierre.

1. Ni mes amis ni mes parents n'avaient besoin de guide pour visiter le Canada.
2. Je n'ai ni dollars américains ni dollars canadiens.
3. Ni Montréal ni Toronto ne sont faciles à visiter à pied.
4. Nous n'allons passer nos vacances ni dans une ferme ni dans un hôtel.
5. René n'aime ni le sucre ni le sirop d'érable.
6. On ne va visiter ni le Manitoba ni l'Ontario.

Reprise

A. **Des vacances de rêve.** Utilisez des prépositions ou des articles, s'il y a lieu.

Le voyage a commencé _____ ¹ New York. Nous sommes partis _____ ² Etats-Unis en avion et nous sommes allés _____ ³ Londres où nous avons tout visité. Ensuite, nous avons quitté _____ ⁴ Londres pour aller _____ ⁵ Paris. Nous avons passé deux semaines _____ ⁶ France, puis nous sommes allés _____ ⁷ Pays-Bas et _____ ⁸ Belgique. J'ai beaucoup aimé _____ ⁹ Pays-Bas et _____ ¹⁰ Belgique, mais j'adore _____ ¹¹ France. Je vais y retourner l'année prochaine. Nous sommes revenus _____ ¹² Europe après quatre semaines merveilleuses.

B. **Propos à compléter.**

1. Utilisez les *adjectifs* indéfinis (**autre, chaque, certain,** etc.) appropriés.

   a. Nous irons en Suisse une _____ fois.
   b. _____ jours je travaille bien, _____ jours je suis un peu fatigué.
   c. _____ matin, nous lisons le journal.
   d. On a visité _____ musées à Genève cet été.
   e. Avez-vous _____ minutes de libre?

2. Utilisez les *pronoms* indéfinis (**quelqu'un, quelque chose, tout le monde,** etc.) appropriés.

   a. _____ aime bien le samedi soir.
   b. _____ de mes amis vont en Afrique.
   c. J'aperçois _____ qui arrive.
   d. Rapporte-moi _____ de Dakar.
   e. Des Maliennes? J'en connais _____.
   f. _____ de nous a bon goût.
   g. Les pays francophones? _____ sont grands, _____ sont petits.

h. _____ d'intéressant a écrit ce livre sur le Québec.

i. J'ai photographié _____ de drôle.

C. **Goûts.** En utilisant les mots des deux colonnes, posez des questions à un(e) camarade qui y répondra. Puis, changez de rôle. Suivez le modèle.

MODELE: VOUS: Est-ce que tu prends du sucre et de la crème dans ton café?

LUI/ELLE: Non, je ne prends ni sucre ni crème.

ou Non, je n'aime ni le sucre ni la crème.

A	B
acheter	les bananes et les noix de coco
aimer	le café et le thé
aller	les films d'horreur et les films d'amour
aller voir	les matchs de football et les matchs de basket
boire	les pantalons et les shorts
manger	Port-au-Prince et La Havane
porter	le Sénégal et l'Algérie
prendre	le sucre et la crème
visiter	la viande et le fromage

D. **SONDAGE: Identifications.** Demandez à trois camarades de classe de dire ce qui leur vient à l'esprit dans les catégories suivantes. Ensuite, comparez les réponses que vous avez obtenues avec celles des autres étudiants.

	REPONSES		
Nommez:	A	B	C
1. quelqu'un d'important	_____	_____	_____
2. quelque chose de surprenant qui s'est passé récemment	_____	_____	_____
3. un problème auquel chaque immigrant doit faire face	_____	_____	_____
4. une chose que personne n'aime faire	_____	_____	_____
5. quelque chose de spécial que vous avez fait dans votre vie	_____	_____	_____
6. une chose que vous n'avez aucune intention de faire	_____	_____	_____

Réalités quotidiennes

De qui s'agit-il?

Pour chacune des photos présentées trouvez dans la colonne A le nom correspondant. Puis, cherchez la description de cette personne dans la colonne B et comparez vos résultats avec ceux de votre partenaire.

A

—— Jacques Chirac

—— Marie Curie

—— Mary Pierce

—— Yves Montand

—— Léopold Sédar Senghor

—— Céline Dion

1.

2.

B

(1867–1934) Première femme qui reçoit le prix Nobel: 1904, en physique (avec son mari et H. Becquerel); 1912, en chimie. Enterrée au Panthéon (1995).

(1921–1991) Chanteur et acteur inoubliable, Français d'origine italienne. Films: *Jean de Florette* et *Manon des sources* (1986); artiste engagé.

(1906–) Grand poète et président du Sénégal (1960–1980). A formulé le concept de «négritude». Premier noir élu à l'Académie française (1984).

(1968–) Chanteuse bilingue du Québec, de réputation internationale; a gagné beaucoup de prix (par ex.: le Grammy, 1992, «La Belle et la bête»).

(1932–) Maire de Paris (élu en 1977); Premier ministre sous les présidents Valéry Giscard d'Estaing et François Mitterrand; président de la République française (1995–).

(1975–) Née à Montréal, nationalité française de par sa mère; Championne de tennis (Internationaux d'Australie, 1995).

LE COURAGE

4.

3.

5.

6.

A vous la parole

Discutez entre vous des questions suivantes.

1. A votre avis... Quels individus ont marqué le vingtième siècle?

>   les hommes / les femmes politiques?
>   les scientifiques, les médecins, les psychologues?
>   les artistes, les compositeurs, les musiciens?
>   les militaires?
>   les écrivains, les philosophes, les poètes?
>   les acteurs / les actrices?
>   les hommes / les femmes d'affaires?
>   les membres du clergé?
>   les avocats, les juges?
>   les athlètes?
>   d'autres personnes?

2. Maintenant, faites une liste de dix personnes qui, selon vous, ont eu une influence sur l'histoire de notre siècle. Parlez de leurs origines et de ce qu'elles ont apporté au monde.

3. Justifiez vos choix devant le reste de la classe. Quelles différences possibles envisagez-vous entre le vingtième et le vingt et unième siècles? Expliquez.

LES BEAUX-ARTS

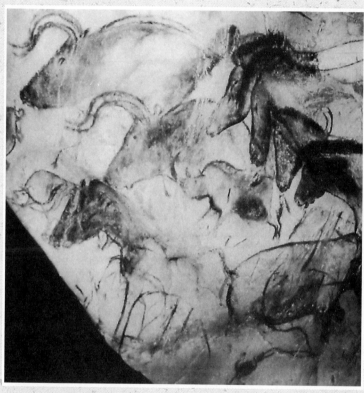

Découverte en décembre 1994, cette grotte en Ardèche (France) révèle les talents artistiques des habitants préhistoriques.

Mots et expressions

LES ARTS, LA MUSIQUE, LA DANSE

l'amateur (*m.*) connoisseur; **être amateur de** to be fond of

l'ambiance (*f.*) atmosphere

l'appareil-photo (*m.*) (still) camera

l'aquarelle (*f.*) watercolor

la ballerine ballerina

le bijou jewel; **les bijoux** jewelry

la bijouterie jewelry making; jewelry store

le chef-d'œuvre masterpiece

collectionner to collect

le collectionneur / la collectionneuse collector

le danseur / la danseuse (étoile) (lead) dancer

le dessin drawing

dessiner (au crayon / à la plume) to draw (in pencil / in pen)

ému(e) moved, touched

l'exposition (*f.*) exhibition, art show

faire de la danse classique to do ballet

le bon (mauvais) goût good (bad) taste

jouer de to play (*an instrument*)

la musique (classique) (de chambre) (classical) (chamber) music

l'œuvre (*f.*) **d'art** work of art

peindre to paint

le peintre painter, artist

la peinture (à l'huile) paint; (oil) painting; **faire de la peinture** to paint

le/la photographe photographer

la photographie photography; photograph; **la photo** photo

le pinceau (paint)brush

la poterie pottery

ravi(e) (de) thrilled (with)

sculpter to sculpt

le sculpteur sculptor

la symphonie symphony

le tableau painting, picture

la toile canvas; painting

APPLICATIONS

A. Analogies. Complétez les analogies présentées ci-dessous.

MODELE: la ballerine: faire de la danse classique
l'acteur: faire du théâtre

1. _____ : peindre
le sculpteur: sculpter
2. _____ : le chef d'orchestre
la pièce: le metteur en scène
3. _____ : le photographe
l'instrument: le musicien
4. _____ : les beaux-arts
le gourmet: la cuisine
5. _____ : le dessin
faire de la peinture: la peinture

B. Définitions. Trouvez l'équivalent de chaque expression.

1. la céramique, la terre cuite
2. l'atmosphère
3. très content(e)
4. objet utilisé pour appliquer des couleurs
5. peinture faite avec de couleurs à l'eau
6. personne qui accumule un grand nombre d'objets de valeur

C. Antonymes. Donnez le contraire des expressions suivantes.

1. le danseur le moins important   2. le bon goût   3. un tableau médiocre
4. froid(e), indifférent(e)

D. Associations. Trouvez les termes de **Mots et expressions** que vous associez avec les expressions suivantes.

1. le musée   2. la musique   3. des objets précieux   4. décorer son appartement

DISCUTONS...

Préférez-vous les tableaux modernes ou l'art plus ancien? Pourquoi? Utilisez les tableaux dans ce chapitre pour vous aider à justifier votre opinion.

Votre tableau me plairait assez.... mais décidément il a une demi canne de moins que ce qu'il me faut !....

EN PASSANT...

1. Qu'est-ce qui trouble l'acheteur de cette peinture?

2. Pourquoi voudrait-il avoir une peinture?

3. Nommez trois ou quatre raisons pour lesquelles on achèterait une œuvre d'art. Selon vous, ces raisons sont-elles toutes valables? Expliquez.

Une lithographie d'Honoré Daumier: «Votre tableau me plairait assez... mais décidément il a une demi-canne de moins que ce qu'il me faut!... » (1846)

Structures 1

The Present Infinitive

Definition The infinitive is the verb in its unconjugated form.

Penser ne suffit pas; il faut **penser** à quelque chose. —*Jules Renard.*	*To think is not enough; it is necessary to think about something.*
Comprendre, c'est **pardonner.** —*Madame de Staël*	*To understand is to forgive.*

Uses

1. The infinitive is used instead of the imperative to give impersonal commands and in recipes.

<table>
<tr><td>

Object pronouns go before the infinitive.

Mélanger les ingrédients. **Les** mélanger.

</td><td>

Ne pas **se pencher** dehors.	*Don't lean out (the window).*
Ajouter la sauce. **Saler. Poivrer.**	*Add the sauce. Salt. Pepper.*

</td></tr>
</table>

2. The infinitive can be used as a subject.

Vivre est une chanson dont **mourir** est le refrain. —*Victor Hugo*	*Living is a song of which dying is the refrain.*
Oublier est le grand secret des existences fortes et créatrices. —*Honoré de Balzac*	*Forgetting is the great secret of strong and creative lives.*

3. Where there are two successive verbs, the second is in the infinitive.*

    a. Some verbs are followed directly by an infinitive.

VERBS FOLLOWED DIRECTLY BY THE INFINITIVE (WITHOUT A PREPOSITION)		
MOVEMENT	WISHES	OPINION
aller	aimer	compter
partir	désirer	croire
rentrer	espérer	détester
revenir	préférer	penser
venir	vouloir	savoir

---

*See appendix A for a more complete list of verbs + *the infinitive.*

VERBS FOLLOWED DIRECTLY BY THE INFINITIVE (WITHOUT A PREPOSITION)	
PERCEPTION	OTHER VERBS
écouter entendre regarder voir	devoir *to have to (do something)* falloir *to be necessary to (do something)* pouvoir *to be able to (do something)*

Elle **compte visiter** le musée Picasso demain.	*She is planning to visit the Picasso museum tomorrow.*
Il **faut arriver** de bonne heure pour éviter la foule.	*One must arrive early to avoid the crowd.*

b. Some verbs must be followed by the preposition **à** before an infinitive.

aider à	encourager à	inviter à
s'amuser à	s'habituer à	se mettre à
apprendre à	hésiter à	réussir à

Les musiciens **se sont mis à jouer.**	*The musicians began to play.*
Le chef d'orchestre les **encourageait à jouer** plus fort.	*The conductor encouraged them to play louder.*

c. Other verbs are followed by the preposition **de** before an infinitive.

s'arrêter de	être content(e),	se presser de
avoir besoin de	ravi(e), *etc.* de	promettre de
avoir envie de	s'excuser de	refuser de
conseiller de	finir de	rêver de
décider de	mériter de	se souvenir de
essayer de	oublier de	

A quarante ans, la danseuse étoile **s'est arrêtée de danser.**	*At forty, the lead dancer stopped dancing.*
Elle **refusait d'accepter** des rôles secondaires.	*She refused to accept supporting roles.*

MISE AU POINT

A. Transformations. Donnez l'infinitif correspondant aux noms suivants.

1. la peinture
2. le dessin
3. la collection
4. l'exposition
5. la sculpture
6. le savant
7. le fait
8. la décision
9. la mise
10. la permission

B. Observations. Utilisez un infinitif comme un nom sujet de la phrase. Suivez le modèle.

MODELE: Ils vivent sans amour, ce qui est triste. →
            Vivre sans amour est triste.

1. Ils font une promenade à pied, ce qui est agréable.
2. Ils chantent juste, ce qui est formidable.
3. Ils font de la poterie, ce qui est intéressant.
4. Ils écoutent seulement de la musique classique, ce qui est étonnant.
5. Elles étudient à la bibliothèque tout le week-end, ce qui est remarquable.
6. ?

C. Que faire? Inventez des conséquences logiques en utilisant les mots donnés et une préposition si nécessaire.

MODELE: se disputer avec des copains / promettre →
            Quand on se dispute avec des copains, on promet de ne plus le faire à l'avenir.

1. vouloir maigrir avant l'été / essayer
2. être en retard à un rendez-vous / devoir
3. prendre quatre semaines de vacances / pouvoir
4. oublier un rendez-vous / promettre
5. réussir à ses examens / mériter

D. **Maximes.** Avec un(e) partenaire, expliquez le sens des expressions suivantes en suivant le modèle.

MODELE: Partir, c'est mourir un peu. →
            Quand on doit se séparer d'une personne aimée, on a l'impression de perdre une partie de soi-même.

1. Aimer, c'est comprendre.
2. Chercher à comprendre, c'est apprendre à douter.
3. Ne pas agiter ce qui est tranquille.
4. Plutôt mourir que se déshonorer.
5. User, ne pas abuser.
6. Vouloir, c'est pouvoir.
7. ?

MISE EN PRATIQUE

A. **Ma vie.** Parlez un peu de vous-même en complétant les phrases suivantes. Utilisez un infinitif (et une préposition si nécessaire).

MODELE: Après mes études, j'espère... →
            Après mes études, j'espère faire un long voyage.

1. Maintenant que j'ai gagné de l'argent, je m'habitue...
2. Plusieurs de mes ami(e)s rêvent...
3. Mes parents me conseillent souvent...
4. Mes ami(e)s m'encouragent...
5. Récemment, je me suis arrêté(e)...
6. Parfois j'hésite...
7. L'année dernière, je me suis mis(e)...
8. Pour le Nouvel An, j'ai décidé...
9. Quand je vais en vacances, je préfère...
10. A mon avis, moi, je mérite...

B. **Le marketing.** En vous inspirant de cette publicité, créez avec vos camarades deux publicités pour un produit de votre choix. N'oubliez pas d'utiliser deux infinitifs différents. Comparez vos chefs-d'œuvre avec ceux des autres équipes. Quelle est la pub la plus frappante?

The Past Infinitive

Definition The past infinitive indicates an action that is completed before the action indicated by the main verb.

Maintenant, elle regrette d'**être allée** à l'exposition sans toi.	*Now she is sorry to have gone to the exhibition without you.*
Après **avoir assisté** à cette représentation, nous étions très émus.	*After having attended that performance, we were quite moved.*

Forms

	AFFIRMATIVE	NEGATIVE
voir	avoir vu	ne pas avoir vu
aller	être allé(e)(s)	ne pas être allé(e)(s)
se lever	s'être levé(e)(s)	ne pas s'être levé(e)(s)

Sandrine est très contente d'**avoir vu** le Penseur au musée Rodin.	*Sandrine was very happy to have seen the* Thinker *at the Rodin museum.*
Excusez-moi de **ne pas être venue** hier.	*Forgive me for not having come yesterday.*
Après **s'être reposés** à la campagne, ils sont rentrés à Paris.	*After having rested up in the country, they returned to Paris.*

Uses

The past infinitive is used to indicate an action completed before the action of the conjugated verb. The past infinitive can follow

1. the conjugated verb (and the preposition, if needed)

Victor **se rappelle avoir parlé** à ce collectionneur de timbres.	*Victor remembers having spoken to that stamp collector.*
Nathalie **était ravie d'avoir trouvé** cette photo.	*Nathalie was thrilled to have found this photo.*

2. the preposition **après** to explain two successive actions

Après avoir dîné en ville, nous écouterons un concert de musique de chambre.	*After dining in town, we'll listen to a chamber music concert.*
Après être allée à Notre-Dame, elle a visité le Louvre.	*After going to Notre Dame, she visited the Louvre.*

MISE AU POINT **A.** **Le monde de l'art.** Plusieurs individus pensent à leur carrière artistique. Inventez des phrases utilisant l'infinitif passé et un élément de chacune des listes suivantes.

MODELE: La jeune artiste regrette d'avoir oublié l'exposition de son amie.

A	B	C
la jeune artiste	s'excuser de	être influencé(e) par...
les peintres	regretter de	oublier l'exposition de...
les sculpteurs	être content(e) de	(ne jamais) terminer leurs œuvres
le critique	se plaindre (*to complain*) de	(ne pas) gagner un prix
la vieille artiste	se rappeler	(ne pas) étudier en Europe
?	être triste de	(ne pas) vendre des tableaux
	?	être pris(e) au sérieux
		?

B. Regrets et satisfactions. Avec des camarades de classe, réfléchissez à l'année passée. Complétez chacune des phrases suivantes avec un infinitif passé.

MODELES: Je suis heureux/heureuse d'avoir appris à jouer de la guitare.

Je suis triste de ne pas avoir écrit plus souvent à mes amis.

1. Je suis content(e)...
2. Je suis surpris(e)...
3. Je regrette...
4. J'ai peur...
5. Mais je suis ravi(e)...
6. En somme, je pense...

C. La suite des événements. Qu'a fait cette artiste après avoir terminé les tableaux qu'elle voulait exposer? Suivez les modèles.

MODELES: Elle a terminé les tableaux. Elle s'est reposée. →
Après avoir terminé les tableaux, elle s'est reposée.

Elle a téléphoné à son agent. →
Après s'être reposée, elle a téléphoné à son agent.

1. Elle a appelé un taxi.
2. Elle est allée au musée.
3. Elle s'est présentée à l'exposition.
4. Elle est devenue célèbre.
5. Elle a vendu beaucoup de tableaux.
6. ?

Le cadavre exquis: un jeu surréaliste. Ecrivez les phrases suivantes sur une feuille de papier.

MISE EN PRATIQUE

J'ai passé une journée formidable hier. Après m'être réveillé(e), je...

Ecrivez alors une suite à cette deuxième phrase et pliez (*fold*) votre papier de façon à ce que la personne suivante puisse lire uniquement la dernière ligne de l'histoire. Passez votre papier à gauche. Continuez le même procédé une dizaine de fois, en utilisant des infinitifs passés. Sur le dernier papier que vous recevrez vous écrirez la dernière ligne d'une histoire développée par dix autres étudiants.

Mettez-vous alors par cinq et lisez les histoires que vous avez en main. Parmi ces cinq histoires, laquelle est la meilleure? Lisez-la aux autres groupes et choisissez celle qui est la plus intéressante, la plus amusante, etc.

The Present Participle and the Gerund

Definition The present participle expresses an action that is simultaneous with the action of the main verb.

Un artiste, **peignant** un portrait,
étudiait son sujet attentivement.
La musicienne chante **en jouant**
du piano.

An artist, painting a portrait,
studied his subject attentively.
The musician sings while playing
the piano.

Formation

1. The present participle is formed using the first person plural stem (**nous**) of the present indicative and the ending **-ant**.

parler: nous parl~~ons~~ → **parlant**
finir: nous finiss~~ons~~ → **finissant**
rendre: nous rend~~ons~~ → **rendant**

Note: Three verbs have an irregular present participle.

avoir → **ayant**   être → **étant**   savoir → **sachant**

Cette femme, **sachant** qu'elle
dansait mal, a renoncé à la
danse.

That woman, knowing she danced
badly, gave up dancing.

2. The gerund consists of the present participle preceded by **en.**

en parlant   **en** finissant
en rendant   **en** se reposant

C'est **en forgeant** que l'on devient
forgeron.

Experience is the best teacher.
(Lit. It's by working the forge
that one becomes a blacksmith.)

Uses

1. The present participle can replace **qui** + a *conjugated verb* and indicates that the two actions are simultaneous.

Les jeunes filles, { **murmurant,**
qui murmuraient, } se promenaient dans le parc.

The girls, whispering, were walking in the park.

Le danseur, { **s'habillant** vite,
qui s'habillait vite, } discutait de son succès.

The dancer, dressing quickly, discussed his success.

2. The gerund corresponds to the English words *while, upon, by,* followed by the present participle.

Il ne faut pas parler **en mangeant.**
En relisant la lettre de son amie,
  elle s'est sentie mieux.

You mustn't talk while eating.
Upon rereading her friend's letter,
  she felt better.

Note: The present participle is tied to the *noun*. The gerund is tied to the main *verb*.

J'ai vu **le photographe sortant** de l'église. (= le photographe qui sortait)

I saw the photographer coming out of the church. (= the photographer who was coming out)

J'ai vu le photographe **en sortant** du café. (= je l'ai vu quand moi je sortais)

I saw the photographer while coming out of the café. (= I saw him when I was coming out)

MISE AU POINT

A. Transformations. Donnez la forme correcte du participe présent des infinitifs ci-dessous.

1. aller
2. avoir
3. voyager
4. attendre
5. voir
6. réfléchir
7. être
8. s'amuser
9. lire
10. prendre
11. s'apercevoir
12. savoir
13. s'asseoir
14. remplacer
15. revenir
16. peindre

B. Inspirations. Le quotidien inspire les artistes. Complétez les phrases suivantes à votre façon en utilisant des participes présents. Suivez le modèle.

VOCABULAIRE UTILE

un café, le ciel, son frère, le jardin, le lac, sa maman, la montagne, la nuit, le parc, la plage, le quai, la rivière, la rue...

MODELE: L'artiste peint l'enfant (sourire à)... →
  L'artiste peint l'enfant souriant à sa maman.

1. Le sculpteur crée un couple (danser dans)...
2. Le jeune garçon dessine des enfants (jouer dans)...
3. Le peintre apprécie les étoiles (briller dans)...
4. La touriste photographie un vieux moulin (*mill*) (se refléter dans)...
5. Le poète se souvient du soleil (se coucher derrière)...

C. Comment devient-on expert(e) en... ? Faites des phrases selon le modèle.

MODELE: forger / forgeron →
  C'est en forgeant que l'on devient forgeron (*proverbe*).

1. peindre / peintre
2. composer / compositeur

3. danser / danseur
4. dessiner / dessinateur
5. prendre des photos / photographe
6. collectionner / collectionneur
7. ?

Inauguré en 1994, le musée de Grenoble (France) est l'un des trois musées les plus fréquentés de province.

 MISE EN PRATIQUE

A. **Conseils.** Avec un(e) partenaire, donnez des conseils aux nouveaux étudiants de votre université en combinant les éléments des deux colonnes.

MODELES: Ne faites pas de bruit en rentrant le soir.

Faites attention en traversant la rue.

A	B
boire	s'endormir
dépenser tout votre argent	faire de l'exercice
étudier	conduire
penser à vos problèmes	acheter des bêtises (*stupid things*)
faire attention / du bruit	téléphoner à vos amis
s'épuiser (*to exhaust oneself*)	rentrer le soir
?	?

B. **SONDAGE: En même temps.** Posez les questions suivantes à trois camarades de classe pour savoir quelles activités ils/elles font en même temps. Ensuite, comparez vos réponses. Quelles réponses identiques avez-vous trouvées?

	REPONSES		
Qu'est-ce que tu aimes faire...	A	B	C
1. en mangeant?	_____	_____	_____
2. en faisant tes devoirs?	_____	_____	_____
3. en conduisant?	_____	_____	_____
4. en te promenant?	_____	_____	_____
5. en regardant le journal de 20 heures?	_____	_____	_____
6. en écoutant de la musique?	_____	_____	_____

a parole à l'écrivain

The reading in this chapter is about a painter who confronts a problem for which he finds both the cause and the solution in his art.

This beautiful tale, Marguerite Yourcenar's «Comment Wang-Fô fut sauvé», takes place in imperial China. In it you will discover that the notion of artistic creation takes on an unexpected meaning.

Pour mieux lire

Tone

One definition of tone (**le ton**) in music is "the quality and character of a sound." In everyday life, tone of voice lets us know a great deal about how the speaker feels about something. In literature, the tone indicates, either directly or indirectly, authors' attitudes toward their subjects. The tone of a work or a passage can be, for example, light, serious, ironic, mocking, tragic, or even more or less neutral, and it is the reader's job to "hear" it. Like a composer choosing notes, instruments, and rhythms, an author chooses words, arrangements of sentences, and levels of language to communicate a certain tone.

Read the following passage and select the tone(s) conveyed by the author.

> Au fond, je suis un sportif, le sportif au lit. Comprenez-moi bien, à peine ai-je les yeux fermés que me voilà en action.
>
> Ce que je réalise comme personne, c'est le plongeon. [...]
>
> —Henri Michaux, «Le Sportif au lit»

The tone is:

        A. serious **B.** angry **C.** ironic **D.** light

Both **C** and **D** can be justified, but in different ways. The passage can be seen as ironic because the author presents a character quite proud of himself for doing something rather silly. The lightness comes from the type of sentences; the effect is almost like a conversation («Comprenez-moi bien... »). One might add that although the tone is light, it is not familiar, because of the use of the more formal **vous** and the inversion with **je.** Michaux likes his character, but pokes fun at him nonetheless.

Look for the tone in the following passage from Zola's *Voyage circulaire*. How does the author feel about the character or situation he is presenting?

> Il y a huit jours que Lucien Bérard et Hortense Larivière sont mariés. Mme veuve Larivière, la mère, tient, depuis trente ans, un commerce de bimbeloterie, rue de la Chaussée-D'Antin. C'est une femme sèche et pointue, de caractère despotique, qui n'a pu refuser sa fille à Lucien, le fils unique d'un quincaillier du quartier, mais qui entend surveiller de près le jeune ménage.

What tone(s) is (are) created here? _____

_____

How does the author create it (them)? _____

_____

Mise en route

Les Chinois considèrent l'art comme très important. La calligraphie chinoise, par exemple, est non seulement un moyen de communication, mais aussi une forme d'art. Groupez-vous par quatre et discutez du rôle de l'art pour votre génération. Quelle importance l'art a-t-il pour les jeunes d'aujourd'hui? Quelles sont les formes d'art les plus appréciées? La peinture? La sculpture? La musique? Le cinéma? La photographie?... Pourquoi, à votre avis? Notez vos conclusions et partagez-les avec les autres étudiants.

Mots et expressions

apercevoir to see, perceive;
  s'apercevoir (de, que) to notice,
  become aware (of, that)
le canot rowboat
le crépuscule dusk, twilight
effacer to erase, obliterate; **s'effacer** to
  fade, disappear
l'esquisse (*f.*) sketch
étendre to spread; **s'étendre** to stretch
  (*out*)

la grotte cave
(in)achevé(e) (un)finished
(se) pencher to bend, lean over
le pinceau paintbrush
le premier plan (d'un tableau)
  foreground (of a painting)
la tache spot, stain
la tâche task
la toile canvas, painting

A. Trouvez l'équivalent de chaque expression.

1. un petit bateau
2. l'outil principal d'un peintre
3. fini, terminé
4. disparaître
5. un tableau
6. appliquer sur une surface
7. remarquer
8. s'incliner, se baisser
9. la première forme d'un dessin ou d'un tableau
10. la lumière qui suit le soleil couchant
11. devenir plus long
12. une caverne
13. quelque chose qu'il faut accomplir

B. Complétez les phrases avec les mots qui conviennent.

1. Connaissez-vous la Symphonie _____ de Schubert? On ne sait pas pourquoi il ne l'a pas terminée.
2. Cette table est sale; il y a des _____ partout.
3. Il _____ sa tête vers le petit garçon, qui parlait tout bas.
4. Le peintre a peint un visage au _____ du tableau. Derrière, il n'y a que des arbres et un lac.
5. Je ne vois pas très clair, mais j'_____ au loin une montagne.
6. _____ ce qui est écrit au tableau, s'il vous plaît.

Comment Wang-Fô fut sauvé

MARGUERITE YOURCENAR

Marguerite Yourcenar (1903–1988) est née à Bruxelles, mais elle grandit en France. Elle reçoit une solide formation intellectuelle enrichie par de nombreux voyages.

La vocation littéraire de Marguerite Yourcenar s'affirme de bonne heure: à l'âge de dix-neuf ans, elle a déjà produit deux volumes en vers. Entre 1929 et 1939, elle publie neuf livres, parmi lesquels il faut signaler *Nouvelles orientales* (1938). Lorsque la guerre éclate en 1939, elle se trouve aux Etats-Unis, où elle finit par s'établir définitivement, dans Mount Desert Island au large du Maine, devenant citoyenne américaine en 1947. De 1940 à 1950, elle enseigne la littérature française et l'histoire de l'art, mais à partir de 1951, elle se consacre entièrement à la littérature, en multipliant les honneurs. Elle est élue à l'Académie royale belge de langue et de littérature françaises en 1970 et, en 1980, à l'Académie française, la première femme à y être reçue.

L'œuvre de Marguerite Yourcenar est remarquable par son originalité et sa diversité. Romancière, conteuse, essayiste, poète et dramaturge, cette grande dame des lettres françaises nous laisse aussi plusieurs traductions, dont des œuvres de Henry James et de Virginia Woolf, des poèmes grecs et un recueil de Negro-spirituals.

«Comment Wang-Fô fut sauvé» (*Nouvelles orientales*) s'inspire d'un apologue taôiste de la vieille Chine. Dans l'extrait suivant, tiré de la fin du conte, on trouve deux thèmes qui reviennent souvent chez Marguerite Yourcenar: la coexistence du réel et de l'imaginaire et le pouvoir créateur de l'art.*

Partie I

Le vieux peintre Wang-Fô et son disciple Ling vagabondent sur les routes du royaume de Han. Wang-Fô, dont les tableaux sont très demandés, refuse de se faire payer ou de s'encombrer de biens matériels, car il aime «l'image des choses, et non les choses elles-mêmes». Son esprit artiste transforme tout ce qu'il voit en beauté, voire° la — même
mort. Ling, jeune homme riche qui a tout sacrifié pour suivre son maître, mendie° — demande de l'argent aux passants
pour subvenir à° leurs besoins, heureux de le faire, car Wang-Fô lui a fait cadeau — subvenir... *provide for*
«d'une âme° et d'une perception neuves». C'est grâce au peintre que Ling a connu la — soul
beauté des objets les plus communs.

Un soir, les deux vagabonds arrivent à la ville impériale. Le lendemain matin, ils sont arrêtés par des soldats qui les conduisent au palais jusque dans la salle du trône. Wang-Fô, innocent de tout crime, s'adresse à l'Empereur.

—Dragon Céleste, dit Wang-Fô prosterné,° je suis vieux, je suis pauvre, je — *bowing low*
suis faible. Tu es comme l'été; je suis comme l'hiver. Tu as Dix Mille
Vies;† je n'en ai qu'une, et qui va finir. Que t'ai-je fait? On a lié mes mains, qui
ne t'ont jamais nui.° — fait de mal

5   —Tu me demandes ce que tu m'as fait, vieux Wang-Fô? dit l'Empereur.
Sa voix était si mélodieuse qu'elle donnait envie de pleurer. Il leva sa main
droite, que les reflets du pavement° de jade faisaient paraître glauque° comme — *tiles / sea-green*
une plante sous-marine, et Wang-Fô, émerveillé par la longueur de ces doigts
minces, chercha dans ses souvenirs s'il n'avait pas fait de l'Empereur, ou de ses
10 ascendants,° un portrait médiocre qui mériterait la mort. — ancêtres

    Tu me demandes ce que tu m'as fait, vieux Wang-Fô? reprit l'Empereur en
penchant son cou grêle° vers le vieil homme qui l'écoutait. Je vais te le dire. — maigre
Mais, comme le venin d'autrui ne peut se glisser° en nous que par nos neuf — se... pénétrer
ouvertures,° pour te mettre en présence de tes torts, je dois te promener le long — nos... les ouvertures du corps
15 des corridors de ma mémoire, et te raconter toute ma vie. Mon père avait
rassemblé une collection de tes peintures dans la chambre la plus secrète du

---

*Les divisions du texte sont celles de l'éditeur.
†Cette formule est l'équivalent de l'expression «Vive l'Empereur!».

palais, car il était d'avis que les personnages des tableaux doivent être soustraits° à la vue des profanes,° en présence de qui ils° ne peuvent baisser les yeux. C'est dans ces salles que j'ai été élevé, vieux Wang-Fô, car on avait organisé autour

20 de moi la solitude pour me permettre d'y grandir. Pour éviter à ma candeur° l'éclaboussure° des âmes humaines, on avait éloigné de moi le flot° agité de mes sujets futurs, et il n'était permis à personne de passer devant mon seuil,° de peur que l'ombre de cet homme ou de cette femme ne s'étendît° jusqu'à moi. Les quelques vieux serviteurs qu'on m'avait octroyés° se montraient le moins possible;

25 les heures tournaient en cercle; les couleurs de tes peintures s'avivaient° avec l'aube° et pâlissaient avec le crépuscule. La nuit, quand je ne parvenais° pas à dormir, je les regardais, et, pendant près de dix ans, je les ai regardées toutes les nuits. Le jour, assis sur un tapis dont je savais par cœur le dessin, reposant mes paumes vides sur mes genoux de soie jaune,* je rêvais aux joies que me procure-

30 rait l'avenir. Je me représentais le monde, le pays de Han au milieu, pareil à la plaine monotone et creuse de la main que sillonnent° les lignes fatales des Cinq

cachés

gens ordinaires / les personnages des tableaux
innocence

stain, blot / foule, multitude
threshold
s'étendre (imparfait subj.)
donnés
devenaient plus intenses / heure du lever du soleil / réussissais

pareil... *lined, like the palm of one's hand, with*

_____

*La couleur jaune est la couleur impériale en Chine.

Fleuves. Tout autour, la mer où naissent les monstres, et, plus loin encore, les montagnes qui supportent le ciel. Et, pour m'aider à me représenter toutes ces choses, je me servais de tes peintures. Tu m'as fait croire que la mer ressemblait à
35 la vaste nappe° d'eau étalée° sur tes toiles, si bleue qu'une pierre en y tombant   *sheet / étendue*
ne peut que se changer en saphir, que les femmes s'ouvraient et se refermaient comme des fleurs, pareilles aux créatures qui s'avancent, poussées par le vent, dans les allées° de tes jardins, et que les jeunes guerriers à la taille mince qui   *petits chemins*
veillent° dans les forteresses des frontières étaient eux-mêmes des flèches qui pou-   *stand guard*
40 vaient vous transpercer le cœur. A seize ans, j'ai vu se rouvrir les portes qui me séparaient du monde: je suis monté sur la terrasse du palais pour regarder les nuages, mais ils étaient moins beaux que ceux de tes crépuscules. J'ai commandé
ma litière:° secoué sur des routes dont je ne prévoyais ni la boue ni les pierres,   *litter*
j'ai parcouru les provinces de l'Empire sans trouver tes jardins pleins de femmes
45 semblables à des lucioles,° tes femmes dont le corps est lui-même un jardin. Les   *fireflies*
cailloux des rivages° m'ont dégoûté des océans; le sang des suppliciés° est moins   *plages / gens torturés*
rouge que la grenade° figurée sur tes toiles; la vermine des villages m'empêche de   *pomegranate*
voir la beauté des rizières;° la chair des femmes vivantes me répugne comme la   *champs de riz*
viande morte qui pend aux crocs° des bouchers, et le rire épais° de mes soldats   *hooks / coarse*
50 me soulève le cœur. Tu m'as menti, Wang-Fô, vieil imposteur: le monde n'est
qu'un amas° de taches confuses, jetées sur le vide par un peintre insensé,° sans   *masse / fou*
cesse effacées par nos larmes.° Le royaume de Han n'est pas le plus beau des   *tears*
royaumes, et je ne suis pas l'Empereur. Le seul empire sur lequel il vaille la peine de régner est celui où tu pénètres, vieux Wang, par le chemin des Mille Courbes
55 et des Dix Mille Couleurs. Toi seul règnes en paix sur des montagnes couvertes d'une neige qui ne peut fondre, et sur des champs de narcisses qui ne peuvent pas mourir. Et c'est pourquoi, Wang-Fô, j'ai cherché quel supplice te serait
réservé, à toi dont les sortilèges° m'ont dégoûté de ce que je possède, et donné le   *enchantements*
désir de ce que je ne posséderai pas. Et pour t'enfermer dans le seul cachot°   *(prison) cell*
60 dont tu ne puisses sortir, j'ai décidé qu'on te brûlerait les yeux, puisque tes yeux, Wang-Fô, sont les deux portes magiques qui t'ouvrent ton royaume. Et puisque
tes mains sont les deux routes aux dix embranchements° qui te mènent au cœur   *branch roads*
de ton empire, j'ai décidé qu'on te couperait les mains. M'as-tu compris, vieux Wang-Fô?
65 En entendant cette sentence, le disciple Ling arracha de sa ceinture un couteau ébréché et se précipita sur l'Empereur. Deux gardes le saisirent. Le Fils du Ciel sourit et ajouta dans un soupir:
—Et je te hais aussi, vieux Wang-Fô, parce que tu as su te faire aimer. Tuez ce chien.
70 Ling fit un bond en avant pour éviter que son sang ne vînt° tacher la robe   *venir (imparfait subj.)*
du maître. Un des soldats leva son sabre, et la tête de Ling se détacha de sa nuque, pareille à une fleur coupée. Les serviteurs emportèrent ses restes,° et   *ses... son cadavre*
Wang-Fô, désespéré, admira la belle tache écarlate° que le sang de son disciple   *rouge*
faisait sur le pavement de pierre verte.
75 L'Empereur fit un signe, et deux eunuques essuyèrent les yeux de Wang-Fô. ◪

1. Quels genres de tableaux Wang-Fô peint-il? Quelle sorte de personne est-ce?

2. Pourquoi l'Empereur a-t-il fait arrêter Wang-Fô? Qu'est-ce qu'il lui reproche?

3. Décrivez l'enfance de l'Empereur. Où et comment a-t-il été élevé? Qu'est-ce qu'il avait à la place des compagnons? Comment se représentait-il le monde?

4. Qu'est-il arrivé à l'Empereur à l'âge de seize ans? Qu'a-t-il vu et fait qui lui a ouvert les yeux sur le monde réel? Comment a-t-il réagi? Quelles déceptions a-t-il éprouvées? Selon lui, quel est le seul empire sur lequel il voudrait régner? Pourquoi?

5. Comment Wang-Fô sera-t-il puni? Pourquoi l'Empereur a-t-il choisi de le punir de cette manière? Quel est le royaume ou l'empire de Wang-Fô? En quoi ses yeux sont-ils les portes qui lui ouvrent son royaume? A quelles parties du corps les dix embranchements correspondent-ils?

6. Comment Ling réagit-il à la sentence prononcée par l'Empereur? Pourquoi ce dernier fait-il tuer le disciple du peintre?

7. Racontez la mort de Ling. Comment prouve-t-il son affection pour son maître? Qu'y a-t-il de poétique dans la description de sa mort? Précisez les sentiments de Wang-Fô.

Comment Wang-Fô fut sauvé

Partie II

L'Empereur dit à Wang-Fô de sécher ses larmes. Il doit garder les yeux clairs pour accomplir une dernière tâche. L'Empereur a dans sa collection des œuvres du peintre une toile inachevée où l'on voit tracés la mer, le ciel et des rochers. Avant de se soumettre à l'aveuglement, Wang-Fô doit terminer le tableau, sinon l'Empereur fera brûler toutes ses œuvres, laissant Wang-Fô «pareil à un père dont on a massacré les fils et détruit les espérances de postérité».

Sur un signe du petit doigt de l'Empereur, deux eunuques apportèrent respectueusement la peinture inachevée où Wang-Fô avait tracé l'image de la mer et du ciel. Wang-Fô sécha ses larmes et sourit, car cette petite esquisse lui rappelait sa jeunesse. Tout y attestait° une fraîcheur d'âme à laquelle Wang-Fô ne

montrait

pouvait plus prétendre, mais il y manquait cependant quelque chose, car à l'époque où Wang l'avait peinte, il n'avait pas encore assez contemplé de montagnes, ni de rochers baignant dans la mer leurs flancs nus, et ne s'était pas assez pénétré de la tristesse du crépuscule. Wang-Fô choisit un des pinceaux que lui présentait un esclave et se mit à étendre sur la mer inachevée de larges coulées° *strokes*
bleues.

• • •

Wang commença par teinter de rose le bout de l'aile d'un nuage posé sur une montagne. Puis il ajouta à la surface de la mer de petites rides° qui ne fai- *ripples*
saient que rendre plus profond le sentiment de sa sérénité. Le pavement de jade devenait singulièrement humide, mais Wang-Fô, absorbé dans sa peinture, ne s'apercevait pas qu'il travaillait les pieds dans l'eau.

Le frêle° canot grossi sous les coups de pinceau du peintre occupait main- fragile
tenant tout le premier plan du rouleau de soie.° Le bruit cadencé° des rames° rouleau... tableau / rythmique / *oars*
s'éleva soudain dans la distance, rapide et vif comme un battement d'aile. Le bruit se rapprocha, emplit doucement toute la salle, puis cessa, et des gouttes tremblaient, immobiles, suspendues aux avirons du batelier.° Depuis longtemps, avirons... *boatman's oars*

le fer rouge destiné aux yeux de Wang s'était éteint sur le brasier du bourreau.° *brasier... executioner's coals*
Dans l'eau jusqu'aux épaules, les courtisans, immobilisés par l'étiquette,° se soule- *par... as etiquette required*
vaient sur la pointe des pieds. L'eau atteignit enfin au niveau du cœur impérial.
Le silence était si profond qu'on eût entendu tomber des larmes.

25   C'était bien Ling. Il avait sa vieille robe de tous les jours, et sa manche
droite portait encore les traces d'un accroc° qu'il n'avait pas eu le temps de *tear*
réparer, le matin, avant l'arrivée des soldats. Mais il avait autour du cou une
étrange écharpe° rouge. *scarf*

    Wang-Fô lui dit doucement en continuant à peindre:

30   —Je te croyais mort.

    —Vous vivant, dit respectueusement Ling, comment aurais-je pu mourir?
Et il aida le maître à monter en barque.° Le plafond de jade se reflétait sur l'eau, *canot*
de sorte que Ling paraissait naviguer à l'intérieur d'une grotte. Les tresses° des *braids*
courtisans submergés ondulaient à la surface comme des serpents, et la tête pâle
35 de l'Empereur flottait comme un lotus.

    —Regarde, mon disciple, dit mélancoliquement Wang-Fô. Ces malheureux
vont périr, si ce n'est déjà fait. Je ne me doutais pas° qu'il y avait assez d'eau *Je... Je ne croyais pas*
dans la mer pour noyer un Empereur. Que faire?

    —Ne crains rien, Maître, murmura le disciple. Bientôt, ils se trouveront à
40 sec et ne se souviendront même pas que leur manche ait jamais été mouillée.° *wet*
Seul, l'Empereur gardera au cœur un peu d'amertume marine. Ces gens ne sont
pas faits pour se perdre à l'intérieur d'une peinture.

    Et il ajouta:

    —La mer est belle, le vent bon, les oiseaux marins font leur nid. Partons,
45 mon Maître, pour le pays au-delà des flots.° *au-delà... beyond the waves*

    —Partons, dit le vieux peintre.

    Wang-Fô se saisit du gouvernail,° et Ling se pencha sur les rames. La cadence *rudder*
des avirons emplit de nouveau toute la salle, ferme et régulière comme le bruit

d'un cœur. Le niveau de l'eau diminuait insensiblement autour des grands
50 rochers verticaux qui redevenaient des colonnes. Bientôt, quelques rares flaques°   *puddles*
brillèrent seules dans les dépressions du pavement de jade. Les robes des cour-
tisans étaient sèches, mais l'Empereur gardait quelques flocons d'écume° dans la   flocons... *wisps of foam*
frange° de son manteau.   *fringe*

Le rouleau achevé par Wang-Fô restait posé sur la table basse. Une barque en
55 occupait tout le premier plan. Elle s'éloignait peu à peu, laissant derrière elle un
mince sillage° qui se refermait sur la mer immobile. Déjà, on ne distinguait plus   *(boat's) wake*
le visage des deux hommes assis dans le canot. Mais on apercevait encore
l'écharpe rouge de Ling, et la barbe de Wang-Fô flottait au vent.

La pulsation des rames s'affaiblit, puis cessa, oblitérée par la distance. L'Em-
60 pereur, penché en avant, la main sur les yeux, regardait s'éloigner la barque de
Wang qui n'était déjà plus qu'une tache imperceptible dans la pâleur du crépus-
cule. Une buée° d'or s'éleva et se déploya° sur la mer. Enfin, la barque vira   *mist* / se... *spread*
autour d'un rocher qui fermait l'entrée du large;° l'ombre d'une falaise tomba   *open sea*
sur elle; le sillage s'effaça de la surface déserte, et le peintre Wang-Fô et son dis-
65 ciple Ling disparurent à jamais sur cette mer de jade bleu que Wang-Fô venait
d'inventer.

AVEZ-VOUS COMPRIS?

1. Quelle est la dernière tâche que l'Empereur impose à Wang-Fô? Com-ment Wang-Fô réagit-il en voyant sa peinture inachevée?
2. Quel objet est-ce que Wang-Fô ajoute au premier plan du tableau? Quel sentiment éprouve-t-il en peignant?
3. Pendant que Wang-Fô peint, qu'est-ce qui se passe dans la salle du trône de l'Empereur?
4. Qui est dans le canot? De quoi parle-t-il avec Wang-Fô? Que font les deux hommes ensuite?
5. Qu'est-ce qui arrive à l'Empereur et ses courtisans?
6. Wang-Fô pense que les courtisans vont mourir, mais selon Ling, il n'y a rien à craindre. Pourquoi? Comment interprétez-vous ce qu'il dit?
7. Qu'est-ce que Ling propose à Wang-Fô? Quel effet le départ des deux hommes a-t-il sur le niveau de l'eau?
8. Racontez la fin du conte. Où est le tableau? Où se trouvent Wang-Fô et Ling par rapport à l'Empereur et aux courtisans? Que deviennent le pein-tre et son disciple?

9. En décrivant les tableaux de Wang-Fô, l'Empereur parle des sortilèges (ligne 58, page 328). En quel sens la fin du conte donne-t-elle raison à l'Empereur?

1. Dans la deuxième partie du texte, le réel et l'imaginaire se confondent. Expliquez comment les personnages font partie tantôt du monde réel, tantôt du tableau. A votre avis, que suggère la coexistence du réel et de l'imaginaire?

2. Dans son Post-scriptum à *Nouvelles orientales,* Marguerite Yourcenar décrit Wang-Fô comme «perdu et sauvé à l'intérieur de son œuvre». A votre avis, que veut-elle dire?

3. Comment Marguerite Yourcenar évoque-t-elle la Chine ancienne dans ce conte? Qu'y a-t-il dans ce passage qui permet d'y reconnaître sa source orientale? Réfléchissez à ce qu'il y a dans le texte qui est étranger à la culture occidentale; par exemple, la manière dont le jeune Empereur est élevé. Pourquoi l'Empereur est-il appelé Dragon Céleste? Que suggère ce nom quant à l'attitude du peuple chinois envers l'Empereur? (Pour les Chinois, le dragon représente une présence positive et bienfaisante; il symbolise la bonne fortune.)

4. Quel est le ton de ce texte? Trouvez des passages qui soutiennent votre opinion.

1. C'est grâce à son art que Wang-Fô échappe à son destin: il invente une mer sur laquelle il disparaît. Faut-il être artiste pour trouver dans l'art un moyen d'échapper à la réalité? Oubliez-vous vos préoccupations en regardant un bon film ou en écoutant de la musique? Qu'est-ce qui vous aide à échapper aux soucis de tous les jours?

2. L'Empereur reproche à Wang-Fô de lui avoir menti. Le monde, dit-il, n'est pas une série de beaux tableaux, il «n'est qu'un amas de taches confuses... sans cesse effacées par nos larmes». Qu'en pensez-vous? Comment concevez-vous le monde? Croyez-vous que tout mène à une fin logique et juste? que tout se fait pour une raison? Trouvez-vous de la beauté partout, comme Wang-Fô? Ou êtes-vous plutôt de l'avis de l'Empereur, que le monde est sans ordre et que la vie est triste?

3. Ling se dévoue entièrement pour Wang-Fô, lui sacrifiant même sa vie. Un tel geste de dévouement serait-il admiré dans la culture occidentale? Commentez. Citez des exemples tirés de la littérature ou des films.

4. Quel commentaire ce conte fait-il sur le rôle de l'art et de la littérature dans la vie?

Structures 2

Interrogative Pronouns

Definition An interrogative pronoun introduces a question concerning a person, an object, or an idea.

Qui a écrit cette symphonie?	*Who wrote this symphony?*
De quoi parle-t-il?	*What is he talking about?*
Qu'est-ce que c'est que ça?	*What is that?*

Interrogative Pronouns Without a Specific Antecedent

Interrogative pronouns that do not have an antecedent have neither gender nor number. They are invariable.

	GETTING INFORMATION ABOUT PEOPLE	
	SHORT FORM	LONG FORM (FOR EMPHASIS)
SUBJECT	**Qui** vient ce soir? —C'est **Marc.** *Who is coming tonight?* *Marc is.*	Zut! **Qui est-ce qui** a pris mon vélo? —C'est **Paul.** *Rats! Who (in the world) took my bike?* *Paul did.*
DIRECT OBJECT	**Qui** admires-tu? —J'admire **Claude Monet.** *Whom do you admire?* *I admire Claude Monet.*	**Qui est-ce que** tu admires? —J'admire vraiment **Marie Laurencin.** *Who is it that you admire?* *I really admire Marie Laurencin.*
OBJECT OF A PREPOSITION	**De qui** parles-tu? —Je parle **de mon père.** *Whom are you talking about?* *I'm talking about my father.*	**De qui est-ce que** tu parles? —Je parle **de mon frère.** *Who is it that you are talking about?* *I'm talking about my brother.*

	GETTING INFORMATION ABOUT **THINGS AND IDEAS**	
	SHORT FORM	LONG FORM (FOR EMPHASIS)
SUBJECT	—	—**Qu'est-ce qui** t'intéresse? —**Le ballet** m'intéresse. *What interests you?* *Ballet interests me.*
DIRECT OBJECT	**Que** veux-tu? —Je veux **ce dessin.** *What do you want?* *I want this drawing.*	**Qu'est-ce que** tu veux? —Je veux **un million de dollars!** *What is it that you want?* *I want a million dollars!*
OBJECT OF A PREPOSITION	**A quoi** penses-tu? —Je pense **aux vacances.** *What are you thinking about?* *I'm thinking about vacation.*	**A quoi est-ce que** tu penses? —Je pense **à l'amitié.** *What is it that you're thinking about?* *I'm thinking about friendship.*

Interrogative Pronouns with a Specific Antecedent

When an interrogative pronoun has a specific antecedent, it agrees in gender and in number with the person or thing that it represents.

		MASCULINE	FEMININE
SINGULAR		**lequel** *which one*	**laquelle** *which one*
PLURAL		**lesquels** *which ones*	**lesquelles** *which ones*
WITH A PREPOSITION	(à)	**auquel** **auxquels**	**à laquelle** **auxquelles**
	(de)	**duquel** **desquels**	**de laquelle** **desquelles**

—Voici des tableaux impression-nistes.   *Here are some Impressionist paintings.*
—**Lesquels** préférez-vous?   *Which ones do you prefer?*

—Je pense à un compositeur français.   *I'm thinking of a French composer.*
—**Auquel** penses-tu?   *Which one are you thinking of?*

—Ses sculptures sont toutes belles.
—**De laquelle** parlez-vous?
—**Laquelle** de ces deux musiciennes préfères-tu?

Her/His sculptures are all beautiful.
Which one are you talking about?
Which of these musicians do you prefer?

Pablo Picasso:
La Femme qui pleure
(1937).

MISE AU POINT

A. Un artiste débutant. Pierre ne sait vraiment pas ce qui va se passer en cours d'art. Aidez-le à poser des questions à son professeur.

1. PIERRE: _____ nous allons faire le premier jour?
   LE PROF: Nous allons dessiner.
2. PIERRE: _____ vous avez invité à suivre ce cours?
   LE PROF: J'ai invité les étudiants de première année.
3. PIERRE: _____ font-ils?
   LE PROF: Ils apprennent à apprécier le travail d'un artiste.
4. PIERRE: _____ se passera quand on aura fini les dessins?
   LE PROF: Vous commencerez à faire des tableaux.
5. PIERRE: _____ sait déjà peindre?
   LE PROF: Claude sait déjà peindre.
6. PIERRE: _____ on peint?
   LE PROF: On peint avec un pinceau.

7. PIERRE: _____ achète les couleurs?
   LE PROF: Les étudiants achètent les couleurs.
8. PIERRE: _____ j'ai besoin pour le premier jour de classe?
   LE PROF: Vous avez besoin d'un crayon et du papier.

B. Réponses. Posez des questions en employant des pronoms interrogatifs.

MODELE: *Mon ami* arrive. →
          Qui arrive? (Qui est-ce qui arrive?)

1. *Rien ne* se passe.
2. Moi, *je* joue de la guitare.
3. Nous travaillons avec *un grand photographe.*
4. Je viens d'acheter *des bijoux.*
5. J'aime travailler *le marbre.*
6. Nous voyons *la ballerine.*
7. C'est *un cabaret.*
8. Je pense à *une symphonie.*

Auguste Renoir:
Le Moulin de la
Galette (1876).

6. Précisions. Complétez les phrases avec une forme de **lequel (auquel, duquel).**

1. Elle a trois nouvelles toiles. _____ est la plus jolie?
2. Je veux t'offrir une photo ou une aquarelle. _____ voudrais-tu?
3. _____ des artistes impressionnistes admirez-vous?
4. Quand vous pensez aux cubistes, _____ pensez-vous?
5. Il parle des écoles françaises. _____ parle-t-il?
6. Je parle d'un chef-d'œuvre de Renoir. _____ parlez-vous?
7. Nous pensons à la neuvième symphonie de Beethoven. _____ pensez-vous?
8. Je préfère sa cinquième symphonie. _____ préférez-vous?
9. Les compositeurs allemands sont fort connus. _____ vous intéressez-vous?

MISE EN **PRATIQUE**

 **Entretien.** Un artiste parisien visite votre université. Interviewez-le afin d'obtenir tous les renseignements possibles sur sa carrière et sur sa visite. Jouez les deux rôles en utilisant des pronoms interrogatifs.

MODELE: qui →

VOUS: Qui vous a invité?
LUI: C'est l'Alliance française qui m'a invité ici pour exposer mes tableaux, pour peindre des paysages et pour donner des cours.

1. qu'est-ce que
2. avec qui
3. que

4. qu'est-ce qui
5. qui
6. lequel/laquelle

Reprise

A. Les préférences personnelles. Groupez-vous par deux pour essayer de mieux vous connaître.

MODELE: préférer / écouter →

VOUS: Qu'est-ce que tu préfères écouter?
LUI/ELLE: Je préfère écouter de la musique de chambre.

1. aimer / voir au musée
2. devoir / faire aujourd'hui
3. rêver / devenir un jour

4. refuser / regarder à la télé
5. aller / étudier l'année prochaine

B. Résolutions et promesses. Regardez ces deux listes et déterminez les résolutions que vous voulez prendre pour la nouvelle année.

MODELE: essayer de / être toujours à l'heure →
Cette année je vais essayer d'être toujours à l'heure.

VERBES	RESOLUTIONS ET PROMESSES
s'arrêter de	dépenser moins d'argent
essayer de	manger plus sainement
refuser de	apprendre quelque chose de nouveau
se mettre à	fumer
s'habituer à	être toujours à l'heure
	ranger ma chambre tous les jours
	faire plus souvent du sport
	faire mes devoirs régulièrement
	ne pas me disputer avec mes parents

C. A Paris. En discutant avec un(e) partenaire, racontez ce que vous feriez si vous pouviez passer une semaine à Paris. Utilisez des éléments des trois listes et des infinitifs passés, en vous basant sur le modèle.

MODELE: VOUS: Que feras-tu après avoir atterri (*landed*) à Paris?
LUI/ELLE: Après avoir atterri, je descendrai dans mon hôtel.

A	B	C
atterrir	le Louvre	voir...
arriver	Paris	prendre des photos de...
quitter	le Centre Pompidou	aller à...
entrer	Montmartre	regarder...
te reposer	le musée Rodin	me promener (dans, sur, à)...
visiter	la tour Eiffel	descendre dans mon hôtel
explorer	la cathédrale de Notre-Dame	acheter...
déjeuner	le jardin du Luxembourg	faire une visite commentée de...

D. Répliques. Posez une ou des question(s) correspondante(s) en employant un pronom interrogatif.

1. Gauguin a peint ce tableau.
2. J'ai vu le chef-d'œuvre.
3. Un moteur fait du bruit.
4. Elle a étudié avec Balanchine.
5. Ces musiciens jouent des instruments orientaux.
6. Le surréalisme, c'est un mouvement artistique et littéraire.
7. Mary Cassatt a fait partie de l'école impressionniste.
8. Les artistes que je préfère sont Renoir et Morisot.

Réalités quotidiennes

La publicité

Imitez cette publicité en faisant l'éloge de votre pays. Dessinez ou trouvez des images qui illustrent la créativité artistique de votre pays. Ensuite, affichez les publicités dans la salle de classe et sélectionnez ensemble les trois meilleures.

" *c ' e s t   u n   p a y s   p o u r*

a i m e r   e t   p o u r   p e i n d r e "

— Léonard de Vinci

 Côte d'Azur

LA FRANCE ET L'AMÉRIQUE DU NORD

La liberté éclairant le monde: *Ce cadeau de la France au peuple américain en 1886 est devenu un symbole des Etats-Unis.*

Mots et expressions
Structures 1
    More on Demonstrative Pronouns
    Emphatic Pronouns
    Possessive Pronouns
Tranches de vie: Québec: Le piège de l'indépendance

Structures 2
    The Passive Voice
    Faire Plus Infinitive
Reprise
Réalités quotidiennes: L'Amérique du Nord

Mots et expressions

....

LES RAPPORTS

accueillir to welcome; to receive
l'amitié (*f.*) friendship
atteindre un but to achieve a goal, an objective
célébrer to celebrate; to observe
la communauté community
compréhensif/compréhensive understanding (*adjective*)
l'échange (*m.*) exchange
emprunter to borrow
s'entraider to help one another
être à l'aise to be comfortable, at ease
le lien tie, bond
le malentendu misunderstanding
la monnaie (*national*) currency
renforcer to reinforce
résoudre to solve, resolve
supporter to tolerate, put up with
l'Union (*f.*) **Européenne** European Union (*community of 15 European nations*)

LA VIE MODERNE

à la française in the French style
l'argot (*m.*) slang
le centre commercial shopping center; mall
le chercheur / la chercheuse scientist, researcher
le couturier fashion designer
être à la mode to be in fashion, in style
être démodé(e) to be out of fashion, out of style
l'expérience (*f.*) experience; experiment
faire des recherches (*f.*) to do research
la grande surface large discount store, superstore
la haute couture high fashion
les vêtements (*m.*) **de marque** designer clothes

....

APPLICATIONS

A. Associations. La France, le Canada, les Etats-Unis ou bien tous les trois? Dites quel(s) pays vous associez avec les termes suivants et donnez des exemples.

1. les grandes surfaces
2. l'amitié
3. la haute couture
4. l'entraide (commerciale, en temps de guerre, etc.)

B. Familles de mots. Dans chaque groupe, trouvez les deux éléments qui appartiennent à la même famille de mots.

1. célibataire   célèbre   célébrer
2. le lien   le lieu   lier
3. la mode   modérer   démodé
4. échapper   échanger   inchangeable
5. la résolution   la résonance   résoudre
6. cher   chercher   la recherche

C. Définitions. Trouvez l'équivalent des expressions ci-dessous.

1. obtenir pour un temps déterminé
2. recevoir quelqu'un quand il arrive
3. la communauté des pays européens
4. des mots et expressions non techniques d'un groupe social
5. comme les Français
6. la connaissance acquise par la pratique ou l'usage
7. le directeur / la directrice d'une maison de couture

D. Antonymes. Trouvez le contraire des expressions suivantes.

1. ne pas tolérer
2. manquer son objectif
3. intolérant(e)
4. détruire, affaiblir
5. la concorde, l'harmonie
6. être inquiet/inquiète

Discutons...

A votre avis, quels aspects de la vie quotidienne dans votre pays sont influencés par la France ou par une autre culture francophone? Serait-ce la mode? la langue? la cuisine? le cinéma? autre chose? En faites-vous l'expérience dans votre vie de tous les jours? Donnez-en un exemple.

Structures 1

More on Demonstrative Pronouns

Definition Demonstrative pronouns point out a specific person, thing, or idea.

Ce journal-là est français; **celui-ci** est canadien.

Cette chanson-là est américaine; **celle-ci** est française et **celles-là** sont québécoises.

That newspaper is French; this one is Canadian.

That song is American; this one is French and those are from Quebec.

> Remember the demonstrative adjectives:
>
> MASCULINE
> **ce** livre
> **cet** { homme
> { arbre
> **ces** livres
>
> FEMININE
> **cette** idée
> **ces** idées

Forms

The demonstrative pronouns shown on the next page agree in gender and number with the object or person they represent. They never stand alone; they are always followed by a modifier (**-ci, -là, qui, que, dont, où**).

	SINGULAR	PLURAL
MASCULINE	**celui...**	**ceux...**
FEMININE	**celle...**	**celles...**
	this one, that one, the one	*these, those, the ones*

Uses

1. The modifiers **-ci** and **-là** distinguish between two persons or things.

Cette voiture-ci est plus grande
que **celle-là.**

This car is larger than that one.

Cet article-ci pourrait provoquer
des malentendus. Utilisons
celui-là.

*This article could lead to
misunderstandings. Let's use that
one.*

2. Demonstrative pronouns are modified by the relative pronouns **qui, que,
dont,** and **où** to describe a specific characteristic of the noun to which they
refer.

SUBJECT	**celui/ceux/celle(s) qui** *the one(s) who/which/that*
DIRECT OBJECT	**celui/ceux/celle(s) que** *the one(s) whom/which/that*
OBJECT OF THE PREPOSITION DE	**celui/ceux/celle(s) dont** *the one(s) whose / of whom / which*
PREPOSITION + PLACE/TIME	**celui/ceux/celle(s) où** *the one(s) where/when*

—Veux-tu voir ce film?
—Non, je veux voir **celui qui** a
reçu la Palme d'or à Cannes.

Do you want to see this film?
*No, I want to see the one that won
the prize for the best film at
Cannes.*

Cette communauté est
francophone, mais **celle que**
nous avons visitée hier est
anglophone.

*This community is French-speaking,
but the one we visited yesterday is
English-speaking.*

J'admire ces couturiers-ci, mais
ceux dont vous avez parlé ne
sont pas très connus dans ce
pays.

*I admire these fashion designers, but
those you spoke about are not
well known in this country.*

Je n'aime pas ce restaurant. Je préfère **celui où** l'ambiance est plus chaleureuse.	*I don't like this restaurant. I prefer the one where the atmosphere is cozier.*

MISE AU POINT

....

Origines. Pour chacun des groupes ci-dessous et à la page suivante, indiquez à votre partenaire le pays d'origine d'un des objets. Celui-ci/Celle-ci vous donnera alors le pays d'origine de l'autre. Suivez le modèle.

MODELE:

VOUS: Cette pièce-ci est canadienne.
LUI/ELLE: Oui, mais celles-là sont françaises.

1.

2.

3.

4.

5.

6.

7.

MISE EN PRATIQUE

Opinions. Avec un(e) camarade de classe, donnez votre opinion sur les sujets suivants. Utilisez une forme de **celui** + *pronom relatif* dans vos réponses. Comparez ensuite vos réponses avec celles de votre camarade. Avez-vous quelque chose en commun?

> MODELE: VOUS: Aimes-tu bien les chanteurs français modernes?
> LUI/ELLE: Oui, j'aime ceux qui écrivent leurs paroles (*words*). Je n'aime pas ceux dont les clips sont violents.

1. Que penses-tu des films français? En général, quel genre de film aimes-tu?
2. Quels chanteurs et quelles chanteuses admires-tu le plus en ce moment?

3. En général, quelles sortes d'actrices préfères-tu voir au cinéma? Et quelles sortes d'acteurs?
4. Quel genre d'émissions télévisées regardes-tu souvent?
5. Quels types de romans te plaisent?
6. Quelles sortes de villes aimes-tu visiter?

Au Québec: Une rencontre de deux cultures.

Emphatic Pronouns

Definition Emphatic pronouns (**pronoms disjoints**) are personal pronouns that have no direct connection with the verb.

Forms

moi	nous
toi	vous
lui	eux
elle	elles
soi	

On travaille pour **soi.**	*People work for themselves.*
Ils ont lié entre **eux** une solide amitié.	*They developed a solid friendship between them.*
Toi et **moi,** nous ferons des voyages ensemble.	*You and I will take trips together.*

Uses

Emphatic pronouns represent people* and are used

1. after **c'est** and **ce sont**

$$C'est \begin{cases} moi. \\ toi. \\ lui. \\ elle. \\ nous. \\ vous. \end{cases} \qquad Ce\ sont \begin{cases} eux. \\ elles. \end{cases}$$

Ce sont **eux** qui **font** leurs achats en grande surface.	*It is they (They are the ones) who do their shopping at discount stores.*
C'est **moi** qui **ai parlé** avec ce couturier.	*It is I (I'm the one) who spoke with that fashion designer.*

2. in compound subjects

Sylvie et **moi,** nous avons appris à Katy des mots d'argot.	*Sylvie and I taught Katy some slang words.*

3. for emphasis

Eux, ils aiment bien voyager.	*They really like to travel.*

4. with the adjective **-même(s)** (*-self, -selves*)

Ils essaient de résoudre leurs problèmes **eux-mêmes.**	*They try to resolve their problems themselves.*

5. with **ni... ni... ne...**

Ni **lui** ni **elle** ne savent parler deux langues.	*Neither he nor she knows how to speak two languages.*

6. after prepositions (**de, avec, chez, derrière, devant, à côté de, à cause de, en face de, pour,** etc.)

J'étais content **de lui.**	*I was pleased with him.*
Vous ferez des recherches **avec moi.**	*You will do research with me.*

---

*You have already used emphatic pronouns in comparisons: **Tu es plus riche que *moi*.** *You are richer than me.*

Gallia 2

Le lait de bébé par excellence.

En pensant à lui,
nous avons pensé à tout.

EN PASSANT...

1. Qui est «lui»?

2. Comparez le texte de cette publicité avec les idées ci-dessous. Quelle formule préférez-vous? Pourquoi?

   > Achetez notre lait pour votre bébé.
   > Votre bébé, nous pensons à lui et nous faisons tout pour lui.
   > Vous avez un bébé et nous avons du lait.

3. Qu'est-ce qu'il faut pour réussir une publicité? Une bonne connaissance du produit? Une bonne grammaire? Une clientèle réceptive? Autre chose? Expliquez.

A. Individus. Donnez les formes du pronom disjoint avec l'adjectif **-même**.

1. je
2. tu
3. il
4. on
5. ils

MISE AU POINT

B. **Samedi soir.** On organise une soirée pour les étudiants francophones. Chacun a ses responsabilités. Suivez le modèle.

MODELE: je/Paul (inviter tout le monde) →

      VOUS: C'est moi qui invite tout le monde?
      LUI/ELLE: Non, ce n'est pas toi, c'est lui.

1. tu/Adèle (apporter des boissons)
2. Marc/moi (préparer des choses à manger)
3. nous/Christine (choisir de la musique sénégalaise)
4. tu/Jean-Pierre (ne pas boire d'alcool pendant la soirée)
5. vous/Charles et Patrick (nettoyer la salle après la fête)

 Rapports. Avec un(e) partenaire, décrivez le genre de rapports qui existe entre les gens mentionnés en utilisant des pronoms disjoints.

MISE EN
PRATIQUE

s'adresser à (*to speak with*)   s'habituer à   travailler avec
avoir confiance en   s'intéresser à   ?
être fier/fière de   parler de
faire attention à   penser à

MODELE: l'immigrant / ses voisins →
Il a confiance en eux.
Il s'adresse à eux quand il a des questions.

1. moi / mon meilleur ami (ma meilleure amie)
2. la cliente / le couturier
3. le champion / sa fiancée
4. nos parents / nous
5. le professeur / vous
6. les Canadiens / les Américains
7. ?

1944-1994

Merci, l'Amérique

Torigini, Normandie, 1944

EN PASSANT...

1. Nommez des pays alliés qui ont lutté ensemble contre l'Allemagne et le Japon (les puissances de l'Axe) pendant la Deuxième Guerre mondiale.

2. Pourquoi les pays alliés se sont-ils entraidés à cette époque-là?

3. Pensez à un traité ou à une organisation qui unit actuellement plusieurs pays du monde, tels que l'ALENA (= *NAFTA*), l'OTAN (= *NATO*), l'ONU (= *UN*), la Croix Rouge, Amnesty International, Médecins sans Frontières, etc.

   Quelle est la fonction de l'accord ou du groupe que vous avez choisi? Quels en sont les pays membres? A votre avis, les mesures prises jusqu'à présent ont-elles été efficaces? Pourquoi ou pourquoi pas?

Possessive Pronouns

Definition Possessive pronouns refer to people and to things and express ownership.

Forms

1. Possessive pronouns agree in number and gender with the word they replace and indicate the possessor.

POSSESSOR	PERSON/OBJECT POSSESSED		PEOPLE/OBJECTS POSSESSED		
	MASCULINE	FEMININE	MASCULINE	FEMININE	
je	le **mien**	la **mienne**	les **miens**	les **miennes**	*mine*
tu	le **tien**	la **tienne**	les **tiens**	les **tiennes**	*yours*
il/elle/on	le **sien**	la **sienne**	les **siens**	les **siennes**	*his, hers, its, one's*
nous	le **nôtre**	la **nôtre**		les **nôtres**	*ours*
vous	le **vôtre**	la **vôtre**		les **vôtres**	*yours*
ils/elles	le **leur**	la **leur**		les **leurs**	*theirs*

mon pantalon → **le mien**
ta sœur → **la tienne**
ses chaussures → **les siennes**

notre couturier → **le nôtre**
votre robe → **la vôtre**
leurs sandales → **les leurs**

Ta cravate est très à la mode. **La sienne** est un peu démodée.
Leurs balles de tennis sont vieilles. Pourraient-elles emprunter **les vôtres**?

Your tie is very fashionable. His is a bit out of style.
Their tennis balls are old. Could they borrow yours?

> **Note:**
>
> **notre** [nɔtr]
> **votre** [vɔtr]
>
> **nôtre** [notr]
> **vôtre** [notr]

2. Masculine and plural possessive pronouns contract with the prepositions **à** and **de**.

Tu parles à ton médecin; je vais aussi parler **au mien.**
Ils sont très fiers de leurs enfants et nous sommes fiers **des nôtres.**

You're speaking with your doctor; I'm going to talk to mine too.
They're very proud of their children and we're proud of ours.

Uses

1. Possessive pronouns are used to avoid repeating the noun referred to.

J'ai fait mon travail; est-ce qu'ils ont fait **le leur**?

I did my work; did they do theirs?

2. Possessive pronouns clarify ownership.

—Ce stylo... est-ce **le vôtre** ou **le mien**?
—C'est **le mien.**

This pen . . . is it yours or mine?

It's mine.

3. The expressions **A la tienne! A la vôtre!** are used to toast someone's health.

C'est ton anniversaire? **A la tienne!** (A ta santé!)
It's your birthday? Here's to you! (To your health!)

C'est votre fête! **A la vôtre!** (A votre santé!)
This party is for you! (Here's) To your health!

 **A.** **C'est la même chose.** Dites à qui appartiennent les choses suivantes. Suivez le modèle.

MODELE: Ces T-shirts sont à moi. →
Ce sont les miens.

1. Cet ordinateur est à Marie.
2. Cette table est à nous.
3. Cette veste est à toi.
4. Cette voiture est à eux.
5. Ces CD sont à vous.
6. Ces lunettes sont à Georges.

B. **Réciprocité.** Avec votre partenaire, complétez ces questions avec les pronoms possessifs appropriés, en ajoutant une préposition si nécessaire. Puis, à tour de rôle, répondez aux questions.

1. Je ferai mon devoir de français ce soir. Quand feras-tu _____?
2. Nous ne prêtons jamais notre voiture à nos amis. Prêtes-tu parfois _____ à tes amis? Pourquoi? Pourquoi pas?
3. Les adultes arrivent souvent à résoudre leurs problèmes. Est-ce que les adolescents peuvent résoudre _____ facilement? Pourquoi ou pourquoi pas?
4. Moi, je ressemble à ma mère (à mon père). Ressembles-tu _____?
5. Les enfants parlent souvent à leurs parents. Quand parles-tu _____?
6. Nous n'avons pas besoin de notre ordinateur aujourd'hui. As-tu besoin _____?
7. Les étudiants achètent leurs CD en grande surface. Et les célébrités? Où achètent-ils _____?

 Les biens—les miens et les tiens. Avec un(e) camarade de classe, posez-vous des questions et donnez des réponses en suivant le modèle.

MODELE: une voiture →
VOUS: As-tu une voiture?
LUI/ELLE: Oui. J'en ai une.

VOUS: La mienne est petite et bleue, c'est une Ford. Et la tienne?

LUI/ELLE: La mienne est vieille et usée, c'est une Volkswagen.

1. des disques
2. une radio
3. un vélo
4. un ordinateur
5. un téléviseur
6. un chien ou un chat

Tranches de vie

How would it feel if you lived in a place surrounded by millions of people whose language was different from yours and whose culture was based on historical events entirely different from your own? What do you want to have in common with those living around you? The following text raises these and many other questions in the context of French-speaking Canadians who live in a predominantly English-speaking country.

Pour mieux lire

Taking Notes and Summarizing

Techniques such as circling key words and phrases, putting a bracket in the margin around the thesis sentence of a paragraph, writing brief summaries in the margins or in a notebook, and putting a question mark next to passages you don't understand so you can go back to them later are all good ways to improve your understanding of a text. Many students, however, highlight 90% of a paragraph as they read. It is much more useful to locate the main idea and details that support it. After you have read a passage and marked important parts, answer as many of the **Avez-vous compris?** questions as you can. Even if you can't answer each question, this will help you identify the text's main ideas. Then, close the book and summarize the main idea of the passage in one or two sentences. If you can't, reread the text, repeat the above steps, and ask questions at the next class meeting until you fully understand.

La prise de notes

Lisez rapidement les deux premiers paragraphes du commentaire de Guy Joron à la page 358, puis étudiez le deuxième paragraphe. Mettez des crochets ([ ]) dans les marges à côté de la phrase qui contient l'idée principale. Puis mettez un cercle autour de quelques noms et verbes qui développent cette idée. Ensuite, résumez le paragraphe en une phrase. Avec un(e) partenaire, discutez de vos choix. Avez-vous compris le texte de la même manière? Pourquoi (pas)?

Mots et expressions

l'Amérindien(ne) American Indian
la l'échec (*m.*) failure
le fondateur / la fondatrice founder
l'hégémonie (*f.*) domination
s'identifier (avec) to identify (*with*)
intervenir to intervene
pluriculturel(le)/pluriethnique multicultural/multiethnic

se sentir to feel
soutenir to support (*a cause, a person*)
la souveraineté sovereignty, independence
surveiller to supervise
survivre to survive

APPLICATIONS **A. L'intrus.** Soulignez les deux mots dans chaque groupe liés l'un à l'autre.

1. l'Amérindien   l'Amérique   amère
2. la fondue   fondateur   fonder
3. sensé   se sentir   sensible
4. surveiller   sûr   veiller
5. intervenir   l'invention   l'intervention
6. souterrain   soutenir   soutenable

B. Synonymes. Trouvez l'équivalent des expressions suivantes.

1. la domination, la suprématie
2. l'insuccès d'un projet, d'une entreprise

3. l'indépendance
4. se déclarer similaire à autre chose
5. qui a plusieurs ethnies

A PROPOS... du Québec

Le français est la langue maternelle de 85% de la population du Québec mais c'est en 1974 seulement qu'il est devenu la langue officielle du Québec. Avant cette date, on utilisait l'anglais dans les écoles et pour les affaires. Cela a participé au ressentiment général et à la création d'un mouvement protestataire. Ce mouvement en faveur de la langue française était à la base des lois qui ont reconnu la francophonie au Québec. Cependant, la tension entre les Canadiens francophones et anglophones a continué d'augmenter. En 1994, de nombreux Québécois étaient en faveur de la séparation du Québec et du Canada.

Quelques dates...

1974 Le français devient la langue officielle du Québec.

1976 Le Parti québécois (PQ), un parti nationaliste en faveur de la **souveraineté**—c'est à dire de l'indépendance—du Québec, arrive au pouvoir pour la première fois quand son fondateur, René Lévesque, est élu Premier ministre.

1977 La Charte de la langue française fait du français «la langue de l'Etat et de la Loi aussi bien que la langue normale et habituelle du travail et de l'enseignement, des communications, du commerce et des affaires».

1985 Le parti de l'opposition, le Parti libéral du Québec (PLQ), revient au pouvoir. Les libéraux sont opposés à la séparation du Québec et du Canada.

1994 Le 12 septembre 1994, les Québécois élisent Jacques Parizeau du PQ au poste de Premier ministre. Jacques Parizeau croit qu'il est dans l'intérêt du Québec de se séparer de la fédération canadienne.

1995 Date du référendum lors duquel les Québécois expriment leur opinion sur la souveraineté du Québec (49,4% pour / 50,6% contre).

Québec: Le piège de l'indépendance

Citizen Peladeau

Le deuxième imprimeur[1] d'Amérique du Nord: «Je suis fier de la civilisation française.»

«Voilà vingt ans que je le répète: je n'ai pas peur de la souveraineté. Ni pour mon entreprise ni pour l'économie québécoise. Du reste, je n'ai peur de rien». Pierre Peladeau, président fondateur de Québécor, est un frêle[2] jeune homme de 70 ans. Son groupe comprend, outre[3] quatre quotidiens—dont le «Journal de Montréal»—47 hebdomadaires et magazines populaires. S'y ajoutent près de 70 imprimeries qui font de Québécor le deuxième imprimeur commercial d'Amérique du Nord. Chiffre d'affaires: 3 milliards de dollars canadiens. Bénéfice[4] net: 75 millions. La raison de son optimisme? «J'ai démarré[5] avec une claque et une bottine [des galoches]. L'affaire la plus dure que j'aie jamais eu à conclure a été d'emprunter 1 500 dollars à ma mère, en 1950, pour acheter le «Journal de Rosemont». Et regardez où j'en suis... Depuis vingt ans, le dynamisme des entreprises québécoises, comme Bourboudier, Desmarais, n'est plus à démontrer. Nous devons encore apprendre à contrôler l'immobilier,[6] la distribution,[7] mais ça viendra... » Un silence: «Ecoutez cet impromptu de Schubert.» On écoute. Peladeau est mélomane;[8] son bureau baigne en permanence dans la musique classique. Il préside l'Orchestre métropolitain de Montréal, mais patronne également des centres de réhabilitation pour alcooliques...

Revenons au Québec. «Le bilinguisme de Trudeau* était une farce. Pourquoi, à Vancouver, parlerait-on français? Il n'y a là-bas que des Chinois! En revanche,[9] je suis fier de la civilisation française et je veux la défendre au Québec. Dans ma vie, il n'a jamais été question de me laisser battre par les Anglais, même quand j'étais dans la marine[10] canadienne: les gradés[11] qui ont essayé de me dire «Speak white» («Parle blanc», donc anglais) s'en sont mordu les doigts.[12] J'estime que la souveraineté québécoise est inévitable. Ce référendum est, toutefois, prématuré. Le gouvernement va sûrement trouver un prétexte pour le différer.[13]»

tiré de l'Express, 1994

---

[1]*printer* [2]fragile, faible [3]en plus de [4]Profit [5]commencé [6]*real estate* [7]*delivery (of letters, goods, etc.)* [8]personne qui aime la musique avec passion [9]En... *On the other hand* [10]*Navy* [11]*petty officers* [12]s'en... *were sorry they asked* [13]remettre à un autre temps

---

*Pierre Elliott TRUDEAU: Chef du Parti libéral en 1968 et Premier ministre du Canada de 1968 à 1979, puis de 1980 à 1984. Partisan du bilinguisme et du fédéralisme (c'est-à-dire opposé à l'indépendance du Québec).

Un fils de Lévesque

Jean-François Pouliot, cinéaste: «Nous ne sommes ni complexés,[1] ni provinciaux.»

«Quand j'ai commencé à tourner des films publicitaires, j'avais une obsession: ne pas démarquer[2] les spots canadiens ou américains. Le jour où mes films ont été doublés[3] en anglais pour être diffusés sur tout le Canada, j'ai été rassuré.» Jean-François Pouliot, 36 ans, peut être tranquille. Ses spots «québécois» ramassent des brassées[4] de lauriers[5] dans les concours[6] internationaux. Et sa dernière trouvaille,[7] réalisée pour la compagnie de téléphone Bell, a un tel succès qu'il tourne actuellement le 22ᵉ épisode de la saga du prétentieux «M. B», flanqué de[8] son rustaud de[9] beau-frère et d'une envahissante[10] vieille maman, «qui embaume l'odeur de[11] dinde rôtie aux atakas[12]». Les répliques «Ah ben, le ver l'a mangé» ou «Vous appelez souvent votre mère? —Pas si souvent... » font florès[13] aujourd'hui dans les conversations et même dans les bulles[14] des dessinateurs satiriques.

La souveraineté? «Elle m'inquiète. Comme beaucoup de gens de ma génération, je suis un «fils de Lévesque». C'est lui, ce petit bonhomme pas vraiment beau, qui a convaincu les Québécois qu'ils n'étaient pas «nés pour un petit pain[15]» [pas des minables]. C'était, en quelque sorte, Astérix! C'est lui qui a lancé la guerre linguistique et économique. Avec raison. Maintenant, c'est fait; nous ne sommes ni complexés ni «provinciaux». Je ne crois plus que les artistes doivent dire des choses et surtout pas chanter la cause du Québec! Tous ont été comme moi nourris de[16] films français, italiens ou américains. Il faut faire des

René Lévesque, fondateur du Parti québécois.

films qui émeuvent[17] ou amusent les Brésiliens ou les Japonais. Les Américains trouvent mes spots très français. Les Européens les déclarent très américains. Tant mieux: je suis les deux, et fier de l'être! Alors, aujourd'hui, quand le gouvernement prétend que la souveraineté va résoudre tous les problèmes, y compris le chômage, j'ai l'impression qu'il se moque de moi et, surtout, qu'il a une guerre de retard. La souveraineté, c'est le rêve de Parizeau. Plus le mien.»

tiré de L'Express, 1994

---

[1]*neurotic* [2]*copier* [3]*dubbed* [4]*armfuls* [5]*prizes* [6]*competitions* [7]*creation* [8]flanqué... *flanked by* [9]rustaud... *meddling* [10]*intrusive* [11]embaume... *smells of* [12]dinde... *roast turkey with cranberry sauce* [13]font... sont à la mode [14]*speech bubbles* [15]un... en inspirer pitié [16]nourris... *brought up on* [17]*touchent*

Guy Joron

Ministre délégué à l'énergie: «Il n'y a nulle part au monde un foyer de culture française de l'importance du Québec.»

Comme la grande majorité des Québécois, j'ai reçu mon éducation en français et je fus[1] formé par les valeurs que porte la culture française et dont la langue se fait le véhicule. C'est cette appartenance,[2] plus encore que mon attachement à un coin de terre, qui m'a conduit à défendre l'indépendance politique du Québec.

J'ai aussi la conviction que la civilisation occidentale est menacée d'appauvrissement si l'hégémonie de la culture anglo-américaine devait s'établir. Les peuples d'Europe du Sud, héritiers culturels des Grecs et des Latins et marqués par le catholicisme, sont porteurs de valeurs humanistes qui constituent un contrepoids[3] essentiel au matérialisme outré[4] de l'Amérique anglophone. Un coin de cette Amérique au nord du Rio Grande a résisté, tant bien que mal, à l'uniformisation culturelle américaine: le Québec. Après un long cheminement[5] autonomiste,[6] cette petite Amérique, différente de l'autre, cherche, par les pouvoirs accrus[7] que lui procurerait[8] la souveraineté politique, à parachever[9] son identification et à démarquer[10] sa différence.

Ce n'est pas par chauvinisme que les Québécois veulent ainsi se différencier des Anglo-Américains: c'est parce qu'ils sont dépositaires de valeurs distinctes qu'ils veulent construire chez eux une société distincte. Il y va donc de[11] la richesse même de la civilisation occidentale que cet apport,[12] demeuré[13] précaire depuis la fondation de la Nouvelle-France, ne soit pas effacé par l'assimilation.

Il y va aussi de l'intérêt de[14] la France. Il n'y a nulle part au monde, hors d'Europe, un foyer de culture française de l'importance du Québec. Certes, d'autres régions du globe ont connu la présence française, et aujourd'hui la culture française y côtoie[15] et y influence, à divers degrés, les cultures autochtones.[16] Cependant, les cinq millions de Québécois français, principalement descendants de Normands et de Bretons, constituent la seule émanation importante de la nation française hors de France. Avant la fin du siècle, la culture française sera internationale ou continentale, selon que le Québec existera en tant que tel ou pas.

François-Marie Monnet, dans cet ouvrage remarquablement exact et percutant, a très bien compris et décrit le défi[17] que pose le Québec aux Etats-Unis. Les Américains accepteront-ils la diversité? Mais les Québécois posent également un défi à la France. A-t-elle la volonté de soutenir, hors de ses limites territoriales, la continuité des valeurs qui sont le fondement de sa culture? Veut-elle participer à la définition de ce qu'est l'homme d'Occident? Croit-elle encore que ces valeurs constituent un apport à notre civilisation? Nous sommes nombreux au Québec à y croire. Combien sont-ils en France? L'heure approche où il faudra les compter. 🌿

tiré du Défi Québécois

---

[1][passé simple d'*être*] [2]*identification (with French culture and language)* [3]*counterbalance* [4]*excessif* [5]*marche lente* [6]*séparatiste* [7]*added* [8]*would obtain* [9]*perfect* [10]démontrer [11]Il... *It therefore concerns* [12]*contribution* [13]*resté* [14]Il... *It also concerns the interest of* [15]y... *se trouve à côté de* [16]indigènes, natives [17]*challenge*

A. De qui s'agit-il? Donnez le nom des personnes auxquelles s'appliquent les idées suivantes. Certaines peuvent convenir à plus d'une personne.

1. _____ soutient la souveraineté du Québec.
2. _____ ne pense pas que la souveraineté soit très importante aujourd'hui.
3. _____ croit que le Québec finira par se séparer du Canada anglophone un jour.
4. _____ ne pense pas que le Canada soit vraiment un pays bilingue.
5. _____ ne voudrait pas que le Québec s'américanise.
6. _____ doute que la souveraineté puisse résoudre tous les problèmes actuels.
7. _____ aimerait préserver les valeurs de l'Europe du Sud en Amérique du Nord.

B. Analyse. Répondez brièvement, puis comparez vos réponses avec celles d'un(e) partenaire.

Pierre Peladeau

1. Quelle est sa profession?
2. Décrivez Québécor. Comment Peladeau a-t-il commencé cette entreprise?
3. Que pense-t-il de l'économie québécoise?
4. Quelle est son attitude envers un Canada bilingue?
5. A-t-il jamais ressenti qu'il était l'objet de discrimination parce qu'il était québécois? Commentez votre réponse.
6. Selon lui, qu'est-ce que l'avenir réserve au Québec?

Jean-François Pouliot

1. Quelle est sa profession? Pour qui travaille-t-il?
2. Qu'est-ce qui montre qu'il réussit dans sa profession?
3. Qui a beaucoup influencé la génération de Pouliot? Qu'est-ce qu'il admire chez cette personne?
4. Qui veut-il toucher à travers ses publicités et ses films? Que disent les autres de ses films? En est-il content? Pourquoi (pas)?
5. Que pense-t-il de la souveraineté? Pourquoi?

Guy Joron

1. Pourquoi soutient-il la souveraineté du Québec?
2. Quelles valeurs européennes respecte-t-il? A quelles valeurs de l'Amérique anglophone veut-il résister?
3. Selon Joron, pourquoi est-il important de cultiver la culture française au Québec?

4. Pourquoi est-il important que la France soutienne un Québec indépendant?

5. Combien de Québécois français y a-t-il? Qui sont leurs ancêtres? En quoi est-ce que le Québec est différent des autres pays francophones?

A DISCUTER

A. Une double description. Complétez le tableau suivant en répondant aux questions. Ensuite comparez vos réponses avec celles des autres étudiants.

	LE CANADA	LES ETATS-UNIS
1. Combien de provinces/d'états? de territoires?		
2. Quelles langues y sont parlées?		
3. Nommez une ancienne colonie anglaise dans chaque pays.		
4. Quelle était la religion des peuples colonisateurs?		
5. Nommez quelques valeurs humanistes de chaque pays.		

B. Les états. L'Amérique du Nord comprend trois pays, mais beaucoup de langues, de cultures et de gens variés. Mettez-vous par groupes de quatre et répondez aux questions suivantes, puis comparez vos réponses avec celles des autres groupes.

1. Selon vous, qu'est-ce qui rend votre province ou votre état différent des autres dans votre pays? Indiquez l'importance de chaque élément suivant à l'aide d'un nombre de 5 à 1: 5 = très important, 1 = peu important. Expliquez vos réponses.

a. _____ les gens
b. _____ la langue ou le dialecte
c. _____ le climat et la géographie

d. _____ les traditions et coutumes
e. _____ l'industrie et le commerce
f. _____ les villes

g. _____ les écoles
h. _____ la géographie
i. _____ les lois

j. _____ les sites historiques
k. _____ les distractions culturelles
l. _____ ?

2. Quel(s) autre(s) état(s) ou quelle(s) autre(s) province(s) de votre pays connaissez-vous? Décrivez-la/le(s).

3. Selon vous, quel est le meilleur endroit où vivre dans votre pays? Pourquoi?

4. Si un état ou une province voulait se séparer du reste de votre pays et devenir une nation indépendante, quelle serait votre réaction? Donnez un exemple.

6. Valeurs. Qu'est-ce qui influence les jugements de valeur dans votre culture? L'orientation politique des gens au pouvoir? La religion dominante? Les traditions familiales? Le succès financier? Par exemple, est-ce que les meilleurs films sont ceux qui gagnent le plus d'argent ou ceux que les critiques trouvent bons? Avec un(e) partenaire, donnez un exemple très précis d'une chose ou d'une personne contemporaine renommées dans votre culture, et cela pour chaque catégorie ci-dessous. Ensuite comparez vos réponses avec celles des autres étudiants. Etes-vous souvent d'accord avec les jugements dominants de votre culture? Pourquoi (pas)?

1. un film
2. un chanteur / une chanteuse
3. un roman
4. une université

5. une vedette des médias
6. un site touristique
7. une profession
8. un endroit où vivre

A. Qu'en pensez-vous? Traitez par oral ou par écrit de l'un des sujets suivants.

1. **Les langues.** Quelles langues connaissez-vous bien? Qu'est-ce qui rend l'acquisition d'une langue facile ou difficile? Le talent linguistique? La motivation? Les traditions familiales? Les écoles? L'attitude de la société? Expliquez. Combien de langues se parlent dans votre pays? Pourquoi? Combien de langues est-ce que vos parents parlent? vos grands-parents? Combien de langues apprendrez-vous durant votre vie? Commentez vos réponses. Peut-on connaître un pays ou une culture sans en parler la langue? Expliquez.

2. **L'Amérique du Nord.** Quand vous pensez à l'Amérique du Nord, quelle est la première image qui vous vient à l'esprit? Comment vous représentez-vous sa géographie? A quel pays pensez-vous en premier? Pensez-vous à certaines villes? Des gens en particulier? Expliquez. Selon vous, est-ce que le Canada et les Etats-Unis se ressemblent? En quel sens? Comment sont-ils différents? Aimeriez-vous habiter un autre pays d'Amérique du Nord? Commentez.

3. **Les pouvoirs nationaux et étatiques.** Un pays et un état ont des pouvoirs divers et complémentaires. Dans votre pays, qui a le pouvoir de signer un traité? de déclarer la guerre? de naturaliser les immigrés? Qui surveille les écoles? la sécurité sociale? les langues officielles? Est-ce que le gouvernement national intervient trop dans les questions qui concernent votre état? Donnez un exemple. Comment est-ce que votre état touche votre vie? Est-ce que vous servez votre état ou est-ce qu'il vous sert? Expliquez.

B. Etes-vous d'accord? Discutez les phrases ci-dessous avec un(e) partenaire. Justifiez vos réponses.

1. Le Canada n'est pas bilingue. C'est un pays anglais où survit une minorité d'origine française.
2. Pour l'immigrant(e) qui veut s'assimiler dans un pays étranger, seule la première période d'adaption est difficile. Après une (ou deux) génération(s), les descendants sont tout à fait intégrés à la nouvelle culture.
3. Ceux qui s'assimilent oublient leur identité et ne se sentent jamais vraiment à l'aise.
4. Il est important d'établir des écoles bilingues, même dans un pays unilingue.

Structures 2

The Passive Voice

Definition When the subject is acting, the verb is in the active voice. When the action of the verb is not performed by the subject of the sentence, the verb is in the passive voice.

ACTIVE VOICE

Ces médecins ont fait des recherches importantes.

These doctors have done important research.

PASSIVE VOICE

Des recherches importantes ont été faites par ces médecins.

Important research was done by these doctors.

Formation

The passive voice is formed by **être** in its various tenses + a past participle that agrees in gender and number with the subject of the sentence.

Substitutions for the Passive Voice

1. In English, the passive voice is used when it's not important to know who performed the action of the verb. In French, replace the passive voice by using the pronoun **on** + a verb in the active voice.

VOIX ACTIVE | VOIX PASSIVE

On a servi le dîner à huit heures.   Le dîner **a été servi** à huit heures.

Dinner was served at eight o'clock.

2. In English, generalizations are often expressed in the passive voice. In French, the passive voice is avoided in this context by using pronominal verbs.

Cela ne **se fait** pas.   *That just isn't done.*
Le vin blanc **se boit** frais.   *White wine is served chilled.*

Using the Passive Voice

The passive voice can be used in French to emphasize the fact that an action was performed by a certain individual.

VOIX ACTIVE | VOIX PASSIVE

Qui a créé cette robe?   Cette robe a été créée **par Dior.**
Who made this dress?   *This dress was made by Dior.*

MISE AU POINT

A. Un week-end de ski dans les Alpes. Mettez les phrases suivantes à la voix active au temps présent.

1. Le week-end de ski est organisé par Micheline Laval, du Centre Franco-Américain.
2. L'équipement est loué par les étudiants américains.
3. Le dîner est servi par l'aubergiste (*innkeeper*).
4. Le skieur perdu est retrouvé par le moniteur (*instructor*).
5. Les cartes postales sont écrites par un étudiant qui ne skie pas.

B. Qu'a-t-on fait? Transformez ces phrases passives en employant **on** comme sujet de la phrase active. Attention! Les réponses seront toutes au passé composé.

MODÈLE: Une question a été posée à la cliente. →
          On a posé une question à la cliente.

1. Le dessin a été donné à son assistant.
2. La lettre a été envoyée à la commerçante.
3. Une augmentation a été promise à la secrétaire.
4. Les vêtements ont été montrés à la cliente.
5. Le cadeau a été donné à l'enfant.
6. Un prix a été offert au gagnant.

C. Généralisations. Utilisez un verbe pronominal pour faire les généralisations suivantes, d'après le modèle.

MODÈLE: On parle français au Québec. →
          Le français se parle au Québec.

1. On diminue la pauvreté dans cette communauté.
2. On vend des journaux français dans les kiosques.
3. On comprend les coutumes facilement.
4. On base l'Union Européenne sur la coopération.
5. On voit des vêtements de marque dans chaque centre commercial.

MISE EN PRATIQUE

A. Comparaisons. Avec votre partenaire, comparez la vie à la campagne et en ville. Utilisez un élément de chaque colonne en suivant le modèle.

MODÈLE: VOUS: A la campagne, on porte rarement des vêtements élégants.
          LUI/ELLE: En ville, les vêtements élégants se portent tous les jours.

A	B	C
les légumes	utiliser	frais / en boîte
le dîner	vendre	au marché / au supermarché
l'ordinateur	servir	à midi / le soir
les fruits	consommer	tôt / tard
les étoiles	acheter	partout / difficilement
le repas le plus important	voir	rarement / tous les jours
les soirées	prendre	dehors / devant la télé
les vêtements élégants	passer	peu / beaucoup
	porter	

*Dans une rue à Paris:
Une invention
française qui va
bientôt rendre service
aux Américains.*

B. **TROUVEZ QUELQU'UN QUI... Renseignements.** Interrogez
vos camarades de classe. Quel(l)e étudiant(e) sait...

1. dans quel cinéma de cette ville on passe des films français?

Nom: _____ Dans quel cinéma? _____

2. à quelle heure on sert le dîner dans les résidences universitaires?

Nom: _____ A quelle heure? _____

3. où l'on vend les T-shirts les plus chers de la ville?

Nom: _____ Où? Leur prix? _____

4. où s'achète le meilleur café?

Nom: _____ Où? _____

5. où se parle le français dans votre pays?

Nom: _____ Où? _____

6. où se vendent les vêtements de marque?

Nom: _____ Où? _____

Faire Plus Infinitive

Definition In a sentence with **faire** + infinitive, the subject of the sentence causes something to be done.

La chaleur **fait fondre** la neige.	*The heat makes snow melt.*
Le chef **fait préparer** la sauce (par son apprenti).	*The chef has the sauce prepared (by his apprentice).*
L'université **fait accueillir** les étudiants étrangers.	*The university has foreign students welcomed.*

Uses

Faire + *infinitif* = *to cause something to happen, to make something happen.*

Le froid **fait geler** l'eau.	*The cold makes water freeze.*
L'hôtesse **fait asseoir** les clients.	*The hostess has the customers seated.*

The Position of Object Pronouns with Causative **faire**

Object pronouns always precede **faire** in the causative construction.

Elle fait laver la voiture. Elle **la** fait laver.	*She has it washed.*
Le film ne fait pas rire cet enfant. Il ne **le** fait pas rire.	*It doesn't make him laugh.*

Note: The expression **laisser** + *infinitive* means *to let something happen, to let someone do something.* Object pronouns precede **laisser** as they do causative **faire**.

Mme Legros laisse sortir son chien. Elle **le** laisse sortir.	*She lets it go out.*

MISE AU POINT **A. Au restaurant.** Chacun a sa place et son rôle. Faites des phrases avec **faire** + *infinitif* d'après le modèle.

MODELE: le maître d'hôtel / les clients entrent →
Le maître d'hôtel fait entrer les clients.

1. l'hôtesse / les invités sourient
2. le chef / le steak grille

3. le cuisinier / les pommes de terre cuisent (**cuire**)
4. le sommelier / le vin est servi

B. Une commémoration. Utilisez un élément de la colonne A et **faire** + un élément de la colonne B pour raconter ce que l'on fait en France pour commémorer un événement historique important.

MODELE: La cérémonie fait venir beaucoup de gens à la capitale.

A	B
le président de la République	chanter l'hymne national
les membres du clergé	venir beaucoup de gens à la capitale
la cérémonie	prier la foule
les généraux	honorer les familles de la nation
plusieurs comités	accueillir les anciens combattants
la chanteuse	décorer le tombeau du soldat inconnu

- -

SONDAGE: Habitudes. Posez les questions à la page suivante à trois camarades de classe. Puis comparez leurs réponses avec celles des autres étudiants.

MISE EN PRATIQUE

MODELES: faire les gâteaux →

VOUS: Fais-tu les gâteaux que tu sers ou est-ce que tu les fais faire?

LUI/ELLE: Je les fais moi-même. (Je fais faire les gâteaux. *ou* Je les fais faire.)

te couper les ongles (*nails*) →

VOUS: Te coupes-tu les ongles ou est-ce que tu te les fais couper?

LUI/ELLE: Je me coupe les ongles. (Je me fais couper les ongles. *ou* Je me les fais couper.)

	REPONSES		
	A	B	C
1. laver ta voiture	_____	_____	_____
2. faire le plein	_____	_____	_____
3. faire des photocopies	_____	_____	_____
4. te réveiller	_____	_____	_____
5. te couper les cheveux	_____	_____	_____
6. ?	_____	_____	_____

Pendant la Première Guerre mondiale (1914–1918), les Belges ont rendu aux Etats-Unis ces sacs décorés de broderies traditionnelles en signe de reconnaissance de l'aide que l'on leur fournissait.

Reprise

A. D'où viennent-ils? Faites des phrases où vous comparez l'origine des objets suivants. Suivez le modèle.

MODELE: montre / Suisse / Japon →
Cette montre-ci vient de Suisse, mais celle-là vient du Japon.

1. voiture / Etats-Unis / Corée
2. films / France / Algérie

3. vin / Italie / Californie
4. café / Kenya / Brésil
5. fleurs / Espagne / Hollande

B. Différences d'opinion. Dites que vous n'êtes pas d'accord avec l'opinion donnée en utilisant une forme de **celui** + *pronom relatif.* Suivez le modèle.

MODELE: Les films qui finissent mal (bien) sont intéressants. →
Non, ceux qui finissent bien sont plus intéressants.

1. Le livre dont le professeur parle est difficile (facile) à lire.
2. Les villes où on parle français (chinois) sont nombreuses.
3. La musique que nous trouvons en Europe est très homogène (variée).
4. Les revues qui parlent de sport sont fantastiques (ennuyeuses).
5. Les voyages dont mes amis parlent sont chers (bon marché).

C. Répétitions. Remplacez les noms propres avec le pronom disjoint qui convient. Suivez le modèle.

MODELE: Je travaille avec Pierre et Marc. →
Je travaille avec eux.

1. J'étais à côté de Pauline et Isabelle dans le bus.
2. Nous allons chez David ce soir.
3. Cet homme politique a travaillé pour Madame Veil.
4. C'est dommage que tu n'ailles pas à New York avec Marie et Anne.

D. Question de style. Mettez les phrases suivantes à la voix active.

1. L'année dernière, l'Amérique a été visitée par beaucoup de touristes français. Les voyages entre la France et les Etats-Unis ont été organisés par Air France.
2. En général, les hôtels sont choisis par l'agent de voyage. Les réservations sont faites avant le mois d'avril. L'itinéraire est mis en place pour plaire aux clients.

E. La vie de Jeanne d'Arc. Racontez les événements importants de la courte vie de Jeanne d'Arc. Faites des phrases en employant **faire** de sens causatif d'après modèle.

MODELE: Charles VII / faire donner une armée à Jeanne d'Arc. →
Charles VII a fait donner une armée à Jeanne d'Arc.

1. Jeanne d'Arc / faire libérer Orléans assiégé par les Anglais
2. elle / faire sacrer le roi à Reims
3. les Anglais / faire juger la jeune fille par un tribunal religieux
4. ils / faire brûler vive la Pucelle à Rouen
5. on / la faire canoniser en 1920

Réalités quotidiennes

L'Amérique du Nord

Avec un(e) partenaire, parlez de cette carte de l'Amérique du Nord et aussi de celle après la page 14. Ensuite, répondez aux questions suivantes.

A vous la parole

1. Quelles régions et quels territoires voyez-vous sur ces deux cartes? Quels autres endroits reconnaissez-vous?

2. Comparez une carte moderne de ce continent avec celles-ci. Nommez les régions ou états qui s'y trouvent de nos jours. Quelles différences de nom ou de configuration y voyez-vous?

3. Si rien n'avait changé depuis la création de ces vieilles cartes, comment est-ce que votre vie serait différente aujourd'hui? Voudriez-vous rester là où vous habitez? Expliquez.

Appendix A:
Verbs + *infinitives*

Verbs + à + *infinitive*

s'amuser à to have fun
apprendre à to learn (how) to;
    to teach to
s'attendre à to expect to
commencer à (ou **de**) to begin to
consister à to consist of
continuer à (ou **de**) to continue to
se décider à to make up one's mind to
encourager à to encourage to

enseigner à to teach to
s'habituer à to become accustomed to
hésiter à to hesitate to
s'intéresser à to be interested in
inviter à to invite, ask
se mettre à to begin to
obliger à to oblige to
penser à to think about
se plaire à to take pleasure in

prendre plaisir à to delight in
se préparer à to prepare to
recommencer à to begin again to
renoncer à to give up
réussir à to succeed in
servir à to be useful to/for
songer à to dream; to think; to intend
tenir à to be anxious, be desirous of
travailler à to work (hard) at

Verbs + de + *infinitive*

accepter de to agree to
s'arrêter de to stop
choisir de to choose to
commencer de (ou **à**) to begin to
continuer de (ou **à**) to continue to
décider de to decide to
défendre de to forbid, to prohibit
se dépêcher de to hurry to
s'efforcer de to strive to, endeavor to
essayer de to try to

éviter de to avoid
s'excuser de to excuse oneself for,
    apologize for
faire semblant de to pretend to
finir de to finish
mériter de to deserve to, merit
s'occuper de to occupy oneself;
    to handle
offrir de to offer to
oublier de to forget to

se plaindre de to complain
promettre de to promise to
refuser de to refuse to
regretter de to regret, be sorry for
reprocher de to blame for
se souvenir de to remember to
suggérer de to suggest
venir de (passé récent) to have just

Verbs followed directly by the infinitive

aimer to like
aimer mieux to prefer, like better
aller to go
compter to expect, intend
croire to think
descendre to come down,
    go downstairs
désirer to want
détester to dislike, hate
devoir to have to, be obliged to,
    be supposed to
écouter to listen to
entendre to hear

envoyer to send
espérer to hope
être censé to be supposed to
faire to cause
falloir (il faut) to be necessary
laisser to allow
monter to go up
paraître to appear
partir to leave
penser to think
pouvoir to be able
préférer to prefer
regarder to watch

rentrer to go home
retourner to return, go back
revenir to come back
savoir to know how
sembler to seem
sentir to feel
souhaiter to wish
valoir mieux (il vaut mieux) to be
    preferable
venir to come
voir to see
vouloir to want

Appendix B: Literary verb tenses

In written and literary French, certain verb tenses are used that are not used in the spoken language. You will not use these verbs in writing, but you must recognize them when reading. These are past tense verbs.

The *passé simple*

Définition The **passé simple** is a single-word past tense used for literary and historical narration. It is generally used to relate specific actions. In spoken French, the **passé composé** is used in its place.

Regular verbs

parler		finir	
je parl**ai**	nous parl**âmes**	je fin**is**	nous fin**îmes**
tu parl**as**	vous parl**âtes**	tu fin**is**	vous fin**îtes**
il/elle/on parl**a**	ils/elles parl**èrent**	il/elle/on fin**it**	ils/elles fin**irent**

rendre	
je rend**is**	nous rend**îmes**
tu rend**is**	vous rend**îtes**
il/elle/on rend**it**	ils/elles rend**irent**

La guerre **dura** cent ans.   *The war lasted a hundred years.*
Les révolutionnaires **rendirent** la *The revolutionaries freed the*
liberté aux prisonniers.   *prisoners.*

The *passé antérieur*

Définition The **passé antérieur** is a past past tense. It is generally used in a statement describing two past actions. The action that occurred first in the past is in the **passé antérieur**. It is formed by using a past participle and the **passé simple** of **avoir** or **être**.

Regular verbs

parler					
j'	eus	parlé	nous	eûmes	parlé
tu	eus	parlé	vous	eûtes	parlé
il/elle/on	eut	parlé	ils/elles	eurent	parlé

aller					
je	fus	allé(e)	nous	fûmes	allé(e)s
tu	fus	allé(e)	vous	fûtes	allé(e)(s)
il/elle/on	fut	allé(e)	ils/elles	furent	allé(e)s

se rendre							
je	me	fus	rendu(e)	nous	nous	fûmes	rendu(e)s
tu	te	fus	rendu(e)	vous	vous	fûtes	rendu(e)(s)
il/elle/on	se	fut	rendu(e)	ils/elles	se	furent	rendu(e)s

Lorsque les dames de la cour **furent arrivées** à leur destination, elles dînèrent.

After the ladies in waiting arrived at the castle, they dined.

Dès que le roi **eut parlé** à ses serviteurs, il se leva.

As soon as the king had spoken to his servants, he rose.

Appendix C: Verb conjugations

....

> *Note:* The left-hand column of each chart contains the infinitive, participles, and **être,** in parentheses (if the perfect tenses of the verb are normally conjugated with **être**). All other verbs are conjugated with **avoir.** Remember that any verb conjugated in its pronominal form is conjugated with **être.**
>
> Complete conjugations (including perfect tenses) are modeled for regular verbs, verbs conjugated with **être,** and pronominal verbs (Sections I, II, III, and IV). Irregular verb conjugations (Section V) do not include perfect tenses, since these can be generated from the models given in the previous sections and the past participles listed.

I. Regular verbs

Infinitive and participles	Indicatif — PRESENT	IMPARFAIT	FUTUR SIMPLE	Conditionnel — PRESENT	Impératif	Subjonctif — PRESENT	Passé simple
1st group **parler** parlé parlant	je parle tu parles il parle nous parlons vous parlez ils parlent	je parlais tu parlais il parlait nous parlions vous parliez ils parlaient	je parlerai tu parleras il parlera nous parlerons vous parlerez ils parleront	je parlerais tu parlerais il parlerait nous parlerions vous parleriez ils parleraient	 parle parlons parlez	que je parle que tu parles qu' il parle que nous parlions que vous parliez qu' ils parlent	je parlai tu parlas il parla nous parlâmes vous parlâtes ils parlèrent
2nd group **finir** fini finissant	je finis tu finis il finit nous finissons vous finissez ils finissent	je finissais tu finissais il finissait nous finissions vous finissiez ils finissaient	je finirai tu finiras il finira nous finirons vous finirez ils finiront	je finirais tu finirais il finirait nous finirions vous finiriez ils finiraient	 finis finissons finissez	que je finisse que tu finisses qu' il finisse que nous finissions que vous finissiez qu' ils finissent	je finis tu finis il finit nous finîmes vous finîtes ils finirent
3rd group **rendre** rendu rendant	je rends tu rends il rend nous rendons vous rendez ils rendent	je rendais tu rendais il rendait nous rendions vous rendiez ils rendaient	je rendrai tu rendras il rendra nous rendrons vous rendrez ils rendront	je rendrais tu rendrais il rendrait nous rendrions vous rendriez ils rendraient	 rends rendons rendez	que je rende que tu rendes qu' il rende que nous rendions que vous rendiez qu' ils rendent	je rendis tu rendis il rendit nous rendîmes vous rendîtes ils rendirent

II. Verbs conjugated with avoir in compound tenses

Indicatif

PASSE COMPOSE

j' ai	
tu as	
il a	parlé
nous avons	fini
vous avez	rendu
ils ont	

PLUS-QUE-PARFAIT

j' avais	
tu avais	
il avait	parlé
nous avions	fini
vous aviez	rendu
ils avaient	

FUTUR ANTERIEUR

j' aurai	
tu auras	
il aura	parlé
nous aurons	fini
vous aurez	rendu
ils auront	

Conditionnel

PASSE

j' aurais	
tu aurais	
il aurait	parlé
nous aurions	fini
vous auriez	rendu
ils auraient	

Subjonctif

PASSE

que j' aie	
que tu aies	
qu' il ait	parlé
que nous ayons	fini
que vous ayez	rendu
qu' ils aient	

Passé antérieur

j' eus	
tu eus	
il eut	parlé
nous eûmes	fini
vous eûtes	rendu
ils eurent	

III. Verbs conjugated with être in compound tenses

Indicatif

PASSE COMPOSE	PLUS-QUE-PARFAIT	FUTUR ANTERIEUR
suis entré(e)	étais entré(e)	serai entré(e)
es entré(e)	étais entré(e)	seras entré(e)
est entré(e)	était entré(e)	sera entré(e)
sommes entré(e)s	étions entré(e)s	serons entré(e)s
êtes entré(e)(s)	étiez entré(e)(s)	serez entré(e)(s)
sont entré(e)s	étaient entré(e)s	seront entré(e)s

Conditionnel	**Subjonctif**	**Passé antérieur**
PASSE	PASSE	
serais entré(e)	sois entré(e)	fus entré(e)
serais entré(e)	sois entré(e)	fus entré(e)
serait entré(e)	soit entré(e)	fut entré(e)
serions entré(e)s	soyons entré(e)s	fûmes entré(e)s
seriez entré(e)(s)	soyez entré(e)(s)	fûtes entré(e)(s)
seraient entré(e)s	soient entré(e)s	furent entré(e)s

IV. Pronominal verbs

Infinitive and participles	Indicatif		Conditionnel	Impératif	Subjonctif
se laver se lavant lavé (être)	PRESENT me lave te laves se lave nous lavons vous lavez se lavent PASSE COMPOSE me suis lavé(e) t'es lavé(e) s'est lavé(e) nous sommes lavé(e)s vous êtes lavé(e)(s) se sont lavé(e)s	IMPARFAIT me lavais te lavais se lavait nous lavions vous laviez se lavaient PLUS-QUE-PARFAIT m'étais lavé(e) t'étais lavé(e) s'était lavé(e) nous étions lavé(e)s vous étiez lavé(e)(s) s'étaient lavé(e)s	FUTUR SIMPLE me laverai te laveras se lavera nous laverons vous laverez se laveront FUTUR ANTERIEUR me serai lavé(e) te seras lavé(e) se sera lavé(e) nous serons lavé(e)s vous serez lavé(e)(s) se seront lavé(e)s	PRESENT me laverais te laverais se laverait nous laverions vous laveriez se laveraient PASSE me serais lavé(e) te serais lavé(e) se serait lavé(e) nous serions lavé(e)s vous seriez lavé(e)(s) se seraient lavé(e)s	 lave-toi lavons-nous lavez-vous	PRESENT me lave te laves se lave nous lavions vous laviez se lavent PASSE me sois lavé(e) te sois lavé(e) se soit lavé(e) nous soyons lavé(e)s vous soyez lavé(e)(s) se soient lavé(e)s

Literary tenses

PASSE SIMPLE	PASSE ANTERIEUR
me lavai	me fus lavé(e)
te lavas	te fus lavé(e)
se lava	se fut lavé(e)
nous lavâmes	nous fûmes lavé(e)s
vous lavâtes	vous fûtes lavé(e)(s)
se lavèrent	se furent lavé(e)s

V. Irregular verbs

Infinitive and participles	Indicatif	Imparfait	Futur Simple	Conditionnel	Impératif	Subjonctif	Passé simple
	PRESENT	IMPARFAIT	FUTUR SIMPLE	PRESENT		PRESENT	
accueillir	accueille	accueillais	accueillerai	accueillerais		accueille	accueillis
	accueilles	accueillais	accueilleras	accueillerais	accueille	accueilles	accueillis
accueilli	accueille	accueillait	accueillera	accueillerait		accueille	accueillit
accueillant	accueillons	accueillions	accueillerons	accueillerions	accueillons	accueillions	accueillîmes
	accueillez	accueilliez	accueillerez	accueilleriez	accueillez	accueilliez	accueillîtes
	accueillent	accueillaient	accueilleront	accueilleraient		accueillent	accueillirent
aller	vais	allais	irai	irais		aille	allai
	vas	allais	iras	irais	va	ailles	allas
allé	va	allait	ira	irait		aille	alla
allant	allons	allions	irons	irions	allons	allions	allâmes
(être)	allez	alliez	irez	iriez	allez	alliez	allâtes
	vont	allaient	iront	iraient		aillent	allèrent
s'asseoir	assieds	asseyais	assiérai	assiérais		asseye	assis
	assieds	asseyais	assiéras	assiérais	assieds-toi	asseyes	assis
assis	assied	asseyait	assiéra	assiérait		asseye	assit
asseyant	asseyons	asseyions	assiérons	assiérions	asseyons-nous	asseyions	assîmes
(être)	asseyez	asseyiez	assiérez	assiériez	asseyez-vous	asseyiez	assîtes
	asseyent	asseyaient	assiéront	assiéraient		asseyent	assirent
avoir	ai	avais	aurai	aurais		aie	eus
	as	avais	auras	aurais	aie	aies	eus
	a	avait	aura	aurait		ait	eut
eu	avons	avions	aurons	aurions	ayons	ayons	eûmes
ayant	avez	aviez	aurez	auriez	ayez	ayez	eûtes
	ont	avaient	auront	auraient		aient	eurent

Infinitive and participles	Indicatif			Conditionnel	Impératif	Subjonctif	Passé simple
	PRESENT	IMPARFAIT	FUTUR SIMPLE	PRESENT		PRESENT	
battre	bats	battais	battrai	battrais		batte	battis
	bats	battais	battras	battrais	bats	battes	battis
	bat	battait	battra	battrait		batte	battit
battu	battons	battions	battrons	battrions	battons	battions	battîmes
battant	battez	battiez	battrez	battriez	battez	battiez	battîtes
	battent	battaient	battront	battraient		battent	battirent
boire	bois	buvais	boirai	boirais		boive	bus
	bois	buvais	boiras	boirais	bois	boives	bus
	boit	buvait	boira	boirait		boive	but
bu	buvons	buvions	boirons	boirions	buvons	buvions	bûmes
buvant	buvez	buviez	boirez	boiriez	buvez	buviez	bûtes
	boivent	buvaient	boiront	boiraient		boivent	burent
conduire	conduis	conduisais	conduirai	conduirais		conduise	conduisis
	conduis	conduisais	conduiras	conduirais	conduis	conduises	conduisis
	conduit	conduisait	conduira	conduirait		conduise	conduisit
conduit	conduisons	conduisions	conduirons	conduirions	conduisons	conduisions	conduisîmes
conduisant	conduisez	conduisiez	conduirez	conduiriez	conduisez	conduisiez	conduisîtes
	conduisent	conduisaient	conduiront	conduiraient		conduisent	conduisirent
connaître	connais	connaissais	connaîtrai	connaîtrais		connaisse	connus
	connais	connaissais	connaîtras	connaîtrais	connais	connaisses	connus
	connaît	connaissait	connaîtra	connaîtrait		connaisse	connut
connu	connaissons	connaissions	connaîtrons	connaîtrions	connaissons	connaissions	connûmes
connaissant	connaissez	connaissiez	connaîtrez	connaîtriez	connaissez	connaissiez	connûtes
	connaissent	connaissaient	connaîtront	connaîtraient		connaissent	connurent
conquérir	conquiers	conquérais	conquerrai	conquerrais		conquière	conquis
	conquiers	conquérais	conquerras	conquerrais	conquiers	conquières	conquis
	conquiert	conquérait	conquerra	conquerrait		conquière	conquit
conquis	conquérons	conquérions	conquerrons	conquerrions	conquérons	conquérions	conquîmes
conquérant	conquérez	conquériez	conquerrez	conquerriez	conquérez	conquériez	conquîtes
	conquièrent	conquéraient	conquerront	conquerraient		conquièrent	conquirent

French verb conjugation chart.

Infinitif / Participes	Présent	Imparfait	Passé simple	Futur	Conditionnel	Subjonctif	Impératif
courir	cours	courais	courus	courrai	courrais	coure	
couru	cours	courais	courus	courras	courrais	coures	cours
courant	court	courait	courut	courra	courrait	coure	
	courons	courions	courûmes	courrons	courrions	courions	courons
	courez	couriez	courûtes	courrez	courriez	couriez	courez
	courent	couraient	coururent	courront	courraient	courent	
craindre	crains	craignais	craignis	craindrai	craindrais	craigne	
craint	crains	craignais	craignis	craindras	craindrais	craignes	crains
craignant	craint	craignait	craignit	craindra	craindrait	craigne	
	craignons	craignions	craignîmes	craindrons	craindrions	craignions	craignons
	craignez	craigniez	craignîtes	craindrez	craindriez	craigniez	craignez
	craignent	craignaient	craignirent	craindront	craindraient	craignent	
croire	crois	croyais	crus	croirai	croirais	croie	
cru	crois	croyais	crus	croiras	croirais	croies	crois
croyant	croit	croyait	crut	croira	croirait	croie	
	croyons	croyions	crûmes	croirons	croirions	croyions	croyons
	croyez	croyiez	crûtes	croirez	croiriez	croyiez	croyez
	croient	croyaient	crurent	croiront	croiraient	croient	
cueillir	cueille	cueillais	cueillis	cueillerai	cueillerais	cueille	
cueilli	cueilles	cueillais	cueillis	cueilleras	cueillerais	cueilles	cueille
cueillant	cueille	cueillait	cueillit	cueillera	cueillerait	cueille	
	cueillons	cueillions	cueillîmes	cueillerons	cueillerions	cueillions	cueillons
	cueillez	cueilliez	cueillîtes	cueillerez	cueilleriez	cueilliez	cueillez
	cueillent	cueillaient	cueillirent	cueilleront	cueilleraient	cueillent	
devoir	dois	devais	dus	devrai	devrais	doive	
dû	dois	devais	dus	devras	devrais	doives	
devant	doit	devait	dut	devra	devrait	doive	
	devons	devions	dûmes	devrons	devrions	devions	
	devez	deviez	dûtes	devrez	devriez	deviez	
	doivent	devaient	durent	devront	devraient	doivent	
dire	dis	disais	dis	dirai	dirais	dise	
dit	dis	disais	dis	diras	dirais	dises	dis
disant	dit	disait	dit	dira	dirait	dise	
	disons	disions	dîmes	dirons	dirions	disions	disons
	dites	disiez	dîtes	direz	diriez	disiez	dites
	disent	disaient	dirent	diront	diraient	disent	

Infinitive and participles	Indicatif PRESENT	IMPARFAIT	FUTUR SIMPLE	Conditionnel PRESENT	Impératif	Subjonctif PRESENT	Passé simple
dormir	dors	dormais	dormirai	dormirais		dorme	dormis
	dors	dormais	dormiras	dormirais	dors	dormes	dormis
	dort	dormait	dormira	dormirait		dorme	dormit
dormi	dormons	dormions	dormirons	dormirions	dormons	dormions	dormîmes
dormant	dormez	dormiez	dormirez	dormiriez	dormez	dormiez	dormîtes
	dorment	dormaient	dormiront	dormiraient		dorment	dormirent
écrire	écris	écrivais	écrirai	écrirais		écrive	écrivis
	écris	écrivais	écriras	écrirais	écris	écrives	écrivis
	écrit	écrivait	écrira	écrirait		écrive	écrivit
écrit	écrivons	écrivions	écrirons	écririons	écrivons	écrivions	écrivîmes
écrivant	écrivez	écriviez	écrirez	écririez	écrivez	écriviez	écrivîtes
	écrivent	écrivaient	écriront	écriraient		écrivent	écrivirent
envoyer	envoie	envoyais	enverrai	enverrais		envoie	envoyai
	envoies	envoyais	enverras	enverrais	envoie	envoies	envoyas
	envoie	envoyait	enverra	enverrait		envoie	envoya
envoyé	envoyons	envoyions	enverrons	enverrions	envoyons	envoyions	envoyâmes
envoyant	envoyez	envoyiez	enverrez	enverriez	envoyez	envoyiez	envoyâtes
	envoient	envoyaient	enverront	enverraient		envoient	envoyèrent
être	suis	étais	serai	serais		sois	fus
	es	étais	seras	serais	sois	sois	fus
	est	était	sera	serait		soit	fut
été	sommes	étions	serons	serions	soyons	soyons	fûmes
étant	êtes	étiez	serez	seriez	soyez	soyez	fûtes
	sont	étaient	seront	seraient		soient	furent
faire	fais	faisais	ferai	ferais		fasse	fis
	fais	faisais	feras	ferais	fais	fasses	fis
	fait	faisait	fera	ferait		fasse	fit
fait	faisons	faisions	ferons	ferions	faisons	fassions	fîmes
faisant	faites	faisiez	ferez	feriez	faites	fassiez	fîtes
	font	faisaient	feront	feraient		fassent	firent
falloir fallu	il faut	il fallait	il faudra	il faudrait		il faille	il fallut

Infinitif / Participes	Présent	Imparfait	Futur	Conditionnel	Impératif	Subjonctif	Passé simple
fuir	fuis	fuyais	fuirai	fuirais		fuie	fuis
	fuis	fuyais	fuiras	fuirais	fuis	fuies	fuis
fui	fuit	fuyait	fuira	fuirait		fuie	fuit
fuyant	fuyons	fuyions	fuirons	fuirions	fuyons	fuyions	fuîmes
	fuyez	fuyiez	fuirez	fuiriez	fuyez	fuyiez	fuîtes
	fuient	fuyaient	fuiront	fuiraient		fuient	fuirent
lire	lis	lisais	lirai	lirais		lise	lus
	lis	lisais	liras	lirais	lis	lises	lus
lu	lit	lisait	lira	lirait		lise	lut
lisant	lisons	lisions	lirons	lirions	lisons	lisions	lûmes
	lisez	lisiez	lirez	liriez	lisez	lisiez	lûtes
	lisent	lisaient	liront	liraient		lisent	lurent
mettre	mets	mettais	mettrai	mettrais		mette	mis
	mets	mettais	mettras	mettrais	mets	mettes	mis
mis	met	mettait	mettra	mettrait		mette	mit
mettant	mettons	mettions	mettrons	mettrions	mettons	mettions	mîmes
	mettez	mettiez	mettrez	mettriez	mettez	mettiez	mîtes
	mettent	mettaient	mettront	mettraient		mettent	mirent
mourir	meurs	mourais	mourrai	mourrais		meure	mourus
	meurs	mourais	mourras	mourrais	meurs	meures	mourus
mort	meurt	mourait	mourra	mourrait		meure	mourut
mourant	mourons	mourions	mourrons	mourrions	mourons	mourions	mourûmes
(être)	mourez	mouriez	mourrez	mourriez	mourez	mouriez	mourûtes
	meurent	mouraient	mourront	mourraient		meurent	moururent
ouvrir	ouvre	ouvrais	ouvrirai	ouvrirais		ouvre	ouvris
	ouvres	ouvrais	ouvriras	ouvrirais	ouvre	ouvres	ouvris
ouvert	ouvre	ouvrait	ouvrira	ouvrirait		ouvre	ouvrit
ouvrant	ouvrons	ouvrions	ouvrirons	ouvririons	ouvrons	ouvrions	ouvrîmes
	ouvrez	ouvriez	ouvrirez	ouvririez	ouvrez	ouvriez	ouvrîtes
	ouvrent	ouvraient	ouvriront	ouvriraient		ouvrent	ouvrirent
partir	pars	partais	partirai	partirais		parte	partis
	pars	partais	partiras	partirais	pars	partes	partis
parti	part	partait	partira	partirait		parte	partit
partant	partons	partions	partirons	partirions	partons	partions	partîmes
(être)	partez	partiez	partirez	partiriez	partez	partiez	partîtes
	partent	partaient	partiront	partiraient		partent	partirent

Infinitive and participles	Indicatif PRESENT	IMPARFAIT	FUTUR SIMPLE	Conditionnel PRESENT	Impératif	Subjonctif PRESENT	Passé simple
plaire	plais	plaisais	plairai	plairais		plaise	plus
	plais	plaisais	plairas	plairais	plais	plaises	plus
plu	plaît	plaisait	plaira	plairait		plaise	plut
plaisant	plaisons	plaisions	plairons	plairions	plaisons	plaisions	plûmes
	plaisez	plaisiez	plairez	plairiez	plaisez	plaisiez	plûtes
	plaisent	plaisaient	plairont	plairaient		plaisent	plurent
pleuvoir	il pleut	il pleuvait	il pleuvra	il pleuvrait		il pleuve	il plut
plu							
pleuvant							
pouvoir	peux, puis	pouvais	pourrai	pourrais		puisse	pus
	peux	pouvais	pourras	pourrais		puisses	pus
	peut	pouvait	pourra	pourrait		puisse	put
pu	pouvons	pouvions	pourrons	pourrions		puissions	pûmes
pouvant	pouvez	pouviez	pourrez	pourriez		puissiez	pûtes
	peuvent	pouvaient	pourront	pourraient		puissent	purent
prendre	prends	prenais	prendrai	prendrais		prenne	pris
	prends	prenais	prendras	prendrais	prends	prennes	pris
	prend	prenait	prendra	prendrait		prenne	prit
pris	prenons	prenions	prendrons	prendrions	prenons	prenions	prîmes
prenant	prenez	preniez	prendrez	prendriez	prenez	preniez	prîtes
	prennent	prenaient	prendront	prendraient		prennent	prirent
recevoir	reçois	recevais	recevrai	recevrais		reçoive	reçus
	reçois	recevais	recevras	recevrais	reçois	reçoives	reçus
	reçoit	recevait	recevra	recevrait		reçoive	reçut
reçu	recevons	recevions	recevrons	recevrions	recevons	recevions	reçûmes
recevant	recevez	receviez	recevrez	recevriez	recevez	receviez	reçûtes
	reçoivent	recevaient	recevront	recevraient		reçoivent	reçurent
résoudre	résous	résolvais	résoudrai	résoudrais		résolve	résolus
	résous	résolvais	résoudras	résoudrais	résous	résolves	résolus
	résout	résolvait	résoudra	résoudrait		résolve	résolut
résolu	résolvons	résolvions	résoudrons	résoudrions	résolvons	résolvions	résolûmes
résolvant	résolvez	résolviez	résoudrez	résoudriez	résolvez	résolviez	résolûtes
	résolvent	résolvaient	résoudront	résoudraient		résolvent	résolurent

rire (ri, riant)

Présent	Imparfait	Futur	Conditionnel	Passé simple	Subjonctif	Impératif
ris	riais	rirai	rirais	ris	rie	—
ris	riais	riras	rirais	ris	ries	ris
rit	riait	rira	rirait	rit	rie	—
rions	riions	rirons	ririons	rîmes	riions	rions
riez	riiez	rirez	ririez	rîtes	riiez	riez
rient	riaient	riront	riraient	rirent	rient	—

savoir (su, sachant)

Présent	Imparfait	Futur	Conditionnel	Passé simple	Subjonctif	Impératif
sais	savais	saurai	saurais	sus	sache	—
sais	savais	sauras	saurais	sus	saches	sache
sait	savait	saura	saurait	sut	sache	—
savons	savions	saurons	saurions	sûmes	sachions	sachons
savez	saviez	saurez	sauriez	sûtes	sachiez	sachez
savent	savaient	sauront	sauraient	surent	sachent	—

suivre (suivi, suivant)

Présent	Imparfait	Futur	Conditionnel	Passé simple	Subjonctif	Impératif
suis	suivais	suivrai	suivrais	suivis	suive	—
suis	suivais	suivras	suivrais	suivis	suives	suis
suit	suivait	suivra	suivrait	suivit	suive	—
suivons	suivions	suivrons	suivrions	suivîmes	suivions	suivons
suivez	suiviez	suivrez	suivriez	suivîtes	suiviez	suivez
suivent	suivaient	suivront	suivraient	suivirent	suivent	—

tenir (tenu, tenant)

Présent	Imparfait	Futur	Conditionnel	Passé simple	Subjonctif	Impératif
tiens	tenais	tiendrai	tiendrais	tins	tienne	—
tiens	tenais	tiendras	tiendrais	tins	tiennes	tiens
tient	tenait	tiendra	tiendrait	tint	tienne	—
tenons	tenions	tiendrons	tiendrions	tînmes	tenions	tenons
tenez	teniez	tiendrez	tiendriez	tîntes	teniez	tenez
tiennent	tenaient	tiendront	tiendraient	tinrent	tiennent	—

vaincre (vaincu, vainquant)

Présent	Imparfait	Futur	Conditionnel	Passé simple	Subjonctif	Impératif
vaincs	vainquais	vaincrai	vaincrais	vainquis	vainque	—
vaincs	vainquais	vaincras	vaincrais	vainquis	vainques	vaincs
vainc	vainquait	vaincra	vaincrait	vainquit	vainque	—
vainquons	vainquions	vaincrons	vaincrions	vainquîmes	vainquions	vainquons
vainquez	vainquiez	vaincrez	vaincriez	vainquîtes	vainquiez	vainquez
vainquent	vainquaient	vaincront	vaincraient	vainquirent	vainquent	—

valoir (valu, valant)

Présent	Imparfait	Futur	Conditionnel	Passé simple	Subjonctif	Impératif
vaux	valais	vaudrai	vaudrais	valus	vaille	—
vaux	valais	vaudras	vaudrais	valus	vailles	—
vaut	valait	vaudra	vaudrait	valut	vaille	—
valons	valions	vaudrons	vaudrions	valûmes	valions	—
valez	valiez	vaudrez	vaudriez	valûtes	valiez	—
valent	valaient	vaudront	vaudraient	valurent	vaillent	—

Infinitive and participles	Indicatif			Conditionnel	Impératif	Subjonctif	Passé simple
	PRESENT	IMPARFAIT	FUTUR SIMPLE	PRESENT		PRESENT	
venir	viens	venais	viendrai	viendrais		vienne	vins
	viens	venais	viendras	viendrais	viens	viennes	vins
venu	vient	venait	viendra	viendrait		vienne	vint
venant	venons	venions	viendrons	viendrions	venons	venions	vînmes
(être)	venez	veniez	viendrez	viendriez	venez	veniez	vîntes
	viennent	venaient	viendront	viendraient		viennent	vinrent
vivre	vis	vivais	vivrai	vivrais		vive	vécus
	vis	vivais	vivras	vivrais	vis	vives	vécus
vécu	vit	vivait	vivra	vivrait		vive	vécut
vivant	vivons	vivions	vivrons	vivrions	vivons	vivions	vécûmes
	vivez	viviez	vivrez	vivriez	vivez	viviez	vécûtes
	vivent	vivaient	vivront	vivraient		vivent	vécurent
voir	vois	voyais	verrai	verrais		voie	vis
	vois	voyais	verras	verrais	vois	voies	vis
vu	voit	voyait	verra	verrait		voie	vit
voyant	voyons	voyions	verrons	verrions	voyons	voyions	vîmes
	voyez	voyiez	verrez	verriez	voyez	voyiez	vîtes
	voient	voyaient	verront	verraient		voient	virent
vouloir	veux	voulais	voudrai	voudrais		veuille	voulus
	veux	voulais	voudras	voudrais		veuilles	voulus
voulu	veut	voulait	voudra	voudrait		veuille	voulut
voulant	voulons	voulions	voudrons	voudrions		voulions	voulûmes
	voulez	vouliez	voudrez	voudriez	veuillez	vouliez	voulûtes
	veulent	voulaient	voudront	voudraient		veuillent	voulurent

Lexique

This vocabulary provides contextual meanings of French words used in this text. It does *not* include proper nouns, abbreviations, exact cognates, most near cognates, regular past participles used as adjectives if the infinitive is listed, or regular adverbs formed from adjectives listed. Adjectives are listed in the masculine singular form; feminine forms are included when irregular. Irregular past participles are listed, as well as third-person forms of irregular verbs in the **passé simple**. Other verbs are listed in their infinitive forms only. An asterisk (*) indicates words beginning with an aspirate *h*.

Abbreviations

A.	archaic	*interj.*	interjection	*prep.*	preposition
adj.	adjective	*interr.*	interrogative	*pron.*	pronoun
adv.	adverb	*intrans.*	intransitive	*p.s.*	**passé simple**
art.	article	*inv.*	invariable	*Q.*	Quebec usage
conj.	conjunction	*irreg.*	irregular (verb)	*s.*	singular
contr.	contraction	*lit.*	literary	*s.o.*	someone
exc.	exception	*m.*	masculine noun	*s.th.*	something
f.	feminine noun	*n.*	noun	*subj.*	subjunctive
fam.	familiar or colloquial	*neu.*	neuter	*trans.*	transitive
gram.	grammatical term	*pl.*	plural	*tr. fam.*	very colloquial
indic.	indicative (mood)	*poss.*	possessive		
inf.	infinitive	*p.p.*	past participle		

A

à *prep.* to; at; in

abandonner to give up; to abandon; to desert; **s'abandonner (à)** to give oneself up (to)

abbaye *f.* abbey, monastery

abécédaire *m.* spelling book; alphabet book

s'abîmer to become damaged

abondance *f.* abundance

abondant *adj.* abundant

abonné(e) *m., f.* subscriber; *adj.* subscribed

abord: d'abord *adv.* first (of all)

aborder to approach; to accost; to address

abrégé *m.* summary, synopsis

abri *m.* shelter; **à l'abri de** sheltered from

abriter to shelter

absolu: nuit (*f.*) **absolue** total darkness

absorbé *adj.* absorbed

abstrait *adj.* abstract

absurdité *f.* absurdity

abuser de to misuse, abuse

abyssal *adj.* abyssal; unfathomable

académie *f.* academy

accaparer to completely absorb, claim all one's attention

accent *m.* accent; **prendre l'accent de** to take on (assume) the accent of

accentuer to emphasize, accentuate

accepter (de) to accept; to agree (to)

s'accommoder de to put up with (*s.th.*)

accompagner to accompany, go along with

accomplir to accomplish, fulfill, carry out

accord *m.* agreement; **être d'accord** to agree, be in agreement

accorder to grant, bestow, confer; **s'accorder** to give (grant) oneself

accroc *m.* rip, tear

accroché *adj.* hooked

accru (*p.p. of* **accroître**) increased, enhanced

accueil *m.* greeting, welcome

accueillir (*like* **cueillir**) *irreg.* to welcome; to greet

accueillirent *p.s. of* **accueillir**

accueillit *p.s. of* **accueillir**

accuser (de) to accuse (of)

achat *m.* purchasing, buying

s'acheminer (vers) to proceed, wend one's way (toward)

acheter (j'achète) to buy

acheteur/acheteuse *m., f.* buyer, customer

achever (j'achève) to complete, finish (*a task*); **s'achever** to close, end

acquérir (*pp.* **acquis**) *irreg.* to acquire

acquiescer (nous acquiesçons) to acquiesce, agree

acquis *adj.* acquired; *pp. of* **acquérir**

acteur/actrice *m., f.* actor, actress

actif/active *adj.* active; working

actualité *f.* piece of news; present day; *pl.* current events; news

actuel(le) *adj.* present, current

actuellement *adv.* now, at the present time

adieu *interj.* goodbye

adjectif *m., Gram.* adjective

admettre (*like* **mettre**) *irreg.* to admit, accept

admiratif/admirative *adj.* admiring

admirer to admire

admis *adj.* admitted, allowed; *p.p. of* **admettre**

adolescent(e) *m., f., adj.* adolescent, teenager

adopter to adopt; to embrace

adorer to love, adore

adresse *f.* address

s'adresser à to speak to; to appeal to

adulte *m., f., adj.* adult

aérien(ne) *adj.* aerial; by air

aérogare *m.* (air) terminal

s'affaiblir to weaken

affaire *f.* deal, bargain; business (matter); *pl.* affairs; belongings; business; **avoir affaire à** to deal with; **chiffre d'affaires** turnover (*financial*); **être à son affaire** to be in one's element; **femme** (*f.*) **d'affaires** businesswoman; **homme** (*m.*) **d'affaires** businessman; **une bonne affaire** a bargain

affecter to affect

affectif/affective *adj.* emotional

affiche *f.* poster; billboard; **être à l'affiche** to be on the bill, be showing (*film, theater*)

afficher to post; to stick up (*on a wall*)

s'affirmer to assert oneself

affluer to crowd into

affolé *adj.* panicked

affranchi *adj.* freed, liberated

affreusement *adv.* horribly, dreadfully

affronter to face, confront

afin de *prep.* to, in order to; **afin que** *conj.* so, so that

africain *adj.* African

africain-américain *adj.* African American

âge *m.* age; years; epoch; **quel âge avez-vous?** how old are you?

âgé *adj.* aged, old, elderly

agent *m.* agent; **agent de liaison** liaison officer; **agent de police** police officer

agir to act; **il s'agit de** it's a question (a matter) of

agité *adj.* agitated; restless

agiter to shake, agitate

agréable *adj.* agreeable, pleasant, nice

agrégation *f. competitive exam for teaching posts in France*

agricole *adj.* agricultural

agriculteur/agricultrice *m., f.* farmer, grower

ah bon? (ah oui?) *interj.* really?

ahurir to bewilder, confuse

aide *f.* help, assistance; *m., f.* helper, assistant

aider to help

aigre *adj.* sour; bitter

aile *f.* wing; fin; **battement** (*m.*) **d'aile** flutter(ing) (of wings)

ailleurs *adv.* elsewhere; **d'ailleurs** *adv.* moreover; anyway

aimable *adj.* nice; likable, friendly

aimer to like; to love; **aimer mieux** to prefer

aîné(e) *m., f.* oldest (*sibling*)

ainsi *conj.* thus, so; such as; **ainsi que** *conj.* as well as; in the same way as

air *m.* air; look; tune; **au grand air** in the open, fresh air; **avoir l'air (de)** to seem, look (like)

aise *f.* ease, comfort; **à son aise** comfortable; well-off; **être à l'aise** to be at ease (relaxed); **être (se sentir) mal à l'aise** to be ill at ease (uncomfortable); **mettre à l'aise** to put at ease; **se mettre à l'aise** to make oneself at home; to relax

aisé *adj.* comfortable; well-off; easy, effortless

ajouter to add

alcool *m.* alcohol

alcoolique *m., f.* alcoholic person

alcoolisme *m.* alcoholism

aliment(s) *m.* food (items); nourishment

alimenter to feed; to supply

allégresse *f.* gladness, cheerfulness

allemand *m.* German (*language*); *adj.* German

aller *irreg.* to go; **aller + inf.** to be going (*to do s.th.*); **allez-vous-en!** go away!; **se laisser aller** to let oneself go; **s'en aller** to go off, leave

s'allonger (nous nous allongeons) to stretch out, lie down

allumer to light (*a fire*); to turn on (*lights, TV*)

alors *adv.* so; then, in that case; **alors que** *conj.* while, whereas

alouette *f.* lark

alpiniste *m., f.* mountaineer; *adj.* mountain-climbing

alternativement *adv.* alternately, in turn

amabilité *f.* friendliness; kindness

amant(e) *m., f.* lover

amas *m.* mass; heap, pile

ambassadeur/ambassadrice *m., f.* ambassador

ambiance *f.* atmosphere, surroundings

ambitieux/ambitieuse *adj.* ambitious

âme *f.* soul; spirit

amener (j'amène) to bring (*a person*); to take

amer/amère *adj.* bitter

américain *adj.* American

s'américaniser to become american-
ized

amérindien/amérindienne *m., f.*
American Indian

amertume *f.* bitterness

ami(e) *m., f.* friend; **faux ami** *m.,*
Gram. false friend; false cognate;
petit(e) ami(e) *m., f.* boyfriend,
girlfriend

amical *adj.* friendly; amicable

amitié *f.* friendship

amorcer (nous amorçons) to start,
initiate

amour *m.* love

amoureux/amoureuse *adj.* loving, in
love; *m., f.* lover, sweetheart,
person in love

ampleur *f.* breadth, volume; **prendre**
de l'ampleur to expand,
broaden

amputé *adj.* (*p.p. of* **amputer**) cut
off, reduced drastically

amusant *adj.* funny; amusing, fun

amuser to entertain, amuse;
s'amuser (à) to have fun, have a
good time (*doing s.th.*)

an *m.* year; **avoir... ans** to be . . .
years old; **l'an dernier (passé)**
last year; **par an** per year, each
year

analyser to analyze

analytique *adj.* analytical

ancêtre *m., f.* ancestor

ancien(ne) *adj.* old, antique; former;
ancient

ange *m.* angel

angélus *m.* Angelus bell

anglais *adj.* English

anglophone *adj.* English-speaking;
m., f. English speaker

angoisse *f.* anguish; anxiety

animer to animate; to motivate

année *f.* year; **l'année dernière**
(passée) last year; **l'année**
scolaire academic (school) year;
les années (cinquante, soix-
ante) the decade (era) of the
(fifties, sixties)

anniversaire *m.* anniversary; birthday

annonce *f.* announcement; ad

annoncer (nous annonçons) to
announce, declare

antidépresseur *m.* antidepressant

antipathique *adj.* unlikable

août *m.* August

apaiser to calm, soothe

apercevoir (*like* **recevoir**) *irreg.* to
see, perceive; **s'apercevoir (de,**
que) to notice, become aware
(of, that)

aperçu *adj.* noticed; *p.p. of*
apercevoir

aperçurent *p.s. of* **apercevoir**

aperçut *p.s. of* **apercevoir**

apéritif *m.* before-dinner drink,
aperitif

aplatir to flatten

apologue *m.* apologue, fable

apothicaire *m., A.* apothecary, pharmacist

apparaître (*like* **connaître**) *irreg.* to
appear

apparence *f.* appearance

appartement *m.* apartment

appartenance *f.* membership;
belonging

appartenir (*like* **tenir**) **(à)** *irreg.* to
belong (to)

appartenu *p.p. of* **appartenir**

appartinrent *p.s. of* **appartenir**

appartint *p.s. of* **appartenir**

apparu *adj.* appeared; *p.p. of* **appa-**
raître

apparurent *p.s. of* **apparaître**

apparut *p.s. of* **apparaître**

appauvrissement *m.* impoverish-
ment; degeneration

appel *m.* call; **faire appel à** to call on,
appeal to

appeler (j'appelle) to call; to name;
s'appeler to be named (called)

appétissant *adj.* appetizing

applaudir to applaud

applaudissements *m. pl.* applause

application *f.* industriousness

appliquer to apply; **s'appliquer à** to
apply oneself to, work hard at;
to be applied to

apport *m.* contribution

apporter to bring, carry; to furnish

apprécier to appreciate; to value

apprendre (*like* **prendre**) *irreg.* to
learn; to teach; **apprendre à** to
learn (how) to

s'apprêter à to get ready to, prepare
oneself to

apprirent *p.s. of* **apprendre**

appris *adj.* learned; *p.p. of* **apprendre**

apprit *p.s. of* **apprendre**

approche *f.* advance, approach

approcher to approach; **s'approcher**
de to approach, draw near

approprié *adj.* appropriate, proper,
suitable

approuver to approve

approximatif/approximative *adj.*
approximate

appuyer (j'appuie) to push, lean
against; to press; to support;
s'appuyer (sur) to lean (on)

après *prep.* after; afterward; **après**
avoir (être)... after having . . . ;
d'après *prep.* according to

après-midi *m.* (or *f.*) afternoon

âpreté *f.* harshness, roughness

apte (à) *adj.* fit, apt, suited (to)

araignée *f.* spider; **toile** (*f.*)
d'araignée spider web

arbitre *m.* referee; umpire

arborer to wear, sport

arbre *m.* tree

arceau *m.* arch (*of vault*)

archange *m.* archangel

ardeur *f.* ardor, zeal

argent *m.* money; silver; **argent de**
poche allowance, pocket money

armé (de) *adj.* armed (with)

armoire *f.* wardrobe; closet

armure *m.* (*suit of*) armor

arracher to pull, tear (off, out)

s'arranger (nous nous arrangeons)
to manage, contrive; to settle

arrêt *m.* stop; stoppage; **sans arrêt(s)**
unceasingly; nonstop

arrêter (de) to stop; to arrest;
s'arrêter (de) to stop (oneself)

arrivée *f.* arrival

arriver to arrive, come; to happen; **arriver à** to manage to, succeed in

arrondir to round off (out)

art *m.* art; **exposition** (*f.*) **d'art** art exhibit; **galerie** (*f.*) **d'art** art gallery; **œuvre** (*f.*) **d'art** work of art

arthrite *f.* arthritis

artichaut *m.* artichoke

artifice *m.* artifice, scheme, strategy; **feu** (*m. s.*) **d'artifice** fireworks

ascendants *m. pl.* ancestors; ancestry

assaisonnement *m.* seasoning

assassinat *m.* assassination; murder

assassiner to murder, to assassinate

asseoir (*p.p.* **assis**) *irreg.* to seat; **s'asseoir** to sit down

assez *adv.* somewhat; rather, quite; **assez de** *adv.* enough; **en avoir assez** *fam.* to be fed up

assiette *f.* plate; bowl

assimiler to assimilate

s'assirent *p.s. of* **s'asseoir**

assis *adj.* seated; *p.p. of* **s'asseoir**; **être assis(e)** to be sitting down, be seated

assister to help, assist; **assister à** to attend, go to (*concert, etc.*)

s'assit *p.s. of* **s'asseoir**

associer to associate; **s'associer avec** to be associated with

assorti *adj.* matching; assorted

assourdissant *adj.* deafening

assumer to assume; to take on

assurance *f.* assurance; insurance; **assurance maladie** health insurance

assurer to insure; to assure

assureur *m.* insurer

astrologue *m.* astrologer

atelier *m.* workshop; (art) studio

athéisme *m.* atheism

athlétique *adj.* athletic

attacher to attach; to link

attaque *f.* attack; **ligne** (*f.*) **d'attaque** line of attack, offense (*sports*)

attaquer to attack; **s'attaquer à** to criticize; to tackle

atteignirent *p.s. of* **atteindre**

atteignit *p.s. of* **atteindre**

atteindre (*like* **craindre**) *irreg.* to attain, reach; to affect

atteint *adj.* stricken; affected; *p.p. of* **atteindre**

attendre to wait for

s'attendrir to be softened; to be moved (*to tears*)

attente *f.* waiting; expectation

attentif/attentive *adj.* attentive

attention *f.* attention; **faire attention à** to pay attention to, watch out for

atterré *adj.* crushed, stupefied

atterrissage *m.* landing

attester to attest, certify

attirail *m.* pomp, show

attirer to attract; to draw

attraper to catch

attribuer to attribute; to grant, give

au(x) *contr.* **à** + **le(s)**

aube *f.* dawn

auberge *f.* inn; hotel

aubergine *f.* eggplant

aucun(e) (**ne... aucun[e]**) *adj., pron.* none; no one, not one, not any; anyone; any

augmenter to increase

aujourd'hui *adv.* today; nowadays

auparavant *adv.* previously

auprès de *prep.* close to; with; for

auquel *See* **lequel**

auréolé *adj.* haloed, with a halo

aussi *adv.* also; so; as; consequently; **aussi bien que** as well as; **aussi... que** as . . . as

aussitôt *conj.* immediately, at once; right then

autant *adv.* as much, so much; as many, so many; just as soon; **autant (de)... que** as many (much) . . . as; **autant que** as far as; **d'autant plus que** all the more

auteur *m.* author

authenticité *f.* authenticity

autobus (*fam.* **bus**) *m.* bus

autodidacte *m., f.* self-taught person

automate *m.* automaton, robot

automatique *adj.* automatic; **laverie** (*f.*) **automatique** launderette

automne *m.* autumn, fall

autonomie *f.* autonomy; independence

autoriser to authorize; to permit

autoritaire *adj.* authoritarian; strict

autorité *f.* authority

autoroute *f.* highway, freeway

auto-stop *m.* hitchhiking; **faire de l'auto-stop** to hitchhike

autour de *prep.* around

autre *adj., pron.* other; another; *m., f.* (the) other; *pl.* others, the rest; **autre chose** something else; **autre part** somewhere else; **d'autre part** moreover; **de l'autre côté** on the other side; **l'un à l'autre** to each other; **de part et d'autre** on both sides, on either side

autrefois *adv.* formerly, in the past

autrement *adv.* otherwise

autrui *pron.* others, other people

aux *contr.* **à** + **les**

auxquel(le)s *See* **lequel**

avaler to swallow

avancer (**nous avançons**) to advance; **s'avancer (vers)** to approach, come upon

avant *adv.* before (*in time*); *prep.* before, in advance of; *m.* front; **avant de** (*prep.*) + *inf.* before; **avant que** (*conj.*) + *subj.* before

avantage *m.* advantage; benefit

avare *adj.* miserly, stingy; *m., f.* miser

avec *prep.* with

avenir *m.* future

aventure *f.* adventure; venture

aventureux/adventureuse *adj.* adventurous

aventurier/aventurière *m., f.* adventurer

averti *adj.* forewarned; experienced

aveuglement *m.* blinding; blindness (*moral*)

aveuglément *adv.* blindly; recklessly

avion *m.* airplane

aviron *m.* oar, paddle

avis *m.* opinion; **à mon (ton, votre) avis** in my (your) opinion

s'aviser (que) to notice

s'aviver to liven up, revive

avoine *m.* oat(s)

avoir (*p.p.* **eu**) *irreg.* to have; **avoir à** to have to, be obliged to; **avoir affaire à** to deal with; **avoir... ans** to be . . . years old; **avoir beau** + *inf.* to do (*s.th.*) in vain; **avoir besoin de** to need; **avoir confiance en** to have confidence in; **avoir de la chance** to be lucky; **avoir de la veine** *fam.* to be lucky; **avoir droit à** to have a right to, be entitled to; **avoir du mal à** to have trouble, difficulty (*doing s.th.*); **avoir envie de** to feel like; to want to; **avoir faim** to be hungry; **avoir froid** to be (feel) cold; **avoir hâte (de)** to be in a hurry, be eager (to); **avoir honte (de)** to be ashamed (of); **avoir l'air (de)** to look (like); **avoir le droit de** to have the right to; **avoir le nez partout** to be very curious; **avoir le sens de l'humour** to have a sense of humor; **avoir le temps (de)** to have the time (to); **avoir l'habitude (de)** to have the custom, have the habit (of); **avoir lieu** to take place; **avoir mal (à)** to have a pain, have an ache (in the); to hurt; **avoir peur (de)** to be afraid (of); **avoir pitié de** to have pity on; **avoir raison** to be right; **avoir recours à** to have recourse to; **avoir rendez-vous** to have a date (an appointment); **avoir soin de** to take care of; **avoir tort** to be wrong; **en avoir assez** *fam.* to be fed up with (sick of); **il y a** there is, there are; ago
avouer to confess, admit

B

baccalauréat (*fam.* **bac**) *m.* baccalaureate (*French secondary school degree*)
bachot *m., fam.* See **baccalauréat**
badaud(e) *m., f.* idler, rubberneck
bagages *m. pl.* luggage
bagarre *f., fam.* fight
bagout *m., fam.* glibness, eloquence

bague *f.* ring (*jewelry*)
baie *f.* bay
baigner to bathe
bain *m.* bath; swim; **prendre un bain** to take a bath; **salle (*f.*) de bains** bathroom
baiser *m.* kiss
baisser to lower; to go down in value; **se baisser** to bend down, crouch down
balade *f.* stroll
balbutier to stammer, mumble
balcon *m.* balcony
ballade *f.* ballad
balle *f.* (*small*) ball; tennis ball; bullet
ballon *m.* (*soccer, basket*) ball; balloon
banc *m.* bench
bande *f.* group; gang
banque *f.* bank
banquette *f.* seat, bench
baptiser to baptize; to name
baraque *f.* hut, shed
barbare *adj.* barbaric, barbarous; *m., f.* barbarian
barbe *f.* beard
barbu *adj.* bearded
barque *f.* boat, fishing boat
barrer to cross, stripe; to cross out
barrière *f.* barrier; fence; gate
bas *m.* lower part, bottom (edge); *m. pl.* stockings; **bas(se)** *adj.* low; bottom; *adv.* low, softly; **à voix basse** in a low voice; **bas de gamme** bottom of the line; **en bas de** at the foot of; **là-bas** *adv.* over there; **parler bas** to speak softly; **table (*f.*) basse** coffee table
base *f.* base; basis; **à la base de** at the source of
basé (sur) *adj.* based (on)
basket *m.* basketball (*game*)
bataille *f.* battle
bateau *m.* boat
batelier/batelière *m., f.* boatman, boatwoman
batifoler *fam.* to frolic, fool around
bâtiment *m.* building
bâtir to build
bâtisseur/bâtisseuse *m., f.* builder

bâton *m.* stick; pole
battement *m.* beat, beating; **battement d'aile** flutter(ing) (of wings)
battirent *p.s.* of **battre**
battit *p.s.* of **battre**
battre (*p.p.* **battu**) *irreg.* to beat; **se battre** to fight
battu *adj.* beaten; *p.p.* of **battre**
bavard *adj.* talkative
bavarder to chat; to talk
beau (bel, belle, beaux, belles) *adj.* handsome; beautiful; **avoir beau** + *inf.* to do (*s.th.*) in vain; **il fait beau** it is good weather
beaucoup (de) *adv.* very much, a lot; much, many
beau-frère *m.* brother-in-law
beau-père *m.* father-in-law; stepfather
beauté *f.* beauty
beaux-arts *m. pl.* fine arts
bec *m.* beak; spout
bégaiement *m.* stammering, stuttering
belge *adj.* Belgian
belle-fille *f.* stepdaughter; daughter-in-law
belle-mère *f.* mother-in-law; stepmother
bénéfice *m.* profit
bercé (*p.p.* of **bercer**) rocked; lulled
berlue: avoir la berlue *fam.* to hallucinate, see things wrong
besoin *m.* need; **avoir besoin de** to need; **en un besoin** *fam.* if necessary; **si besoin est** if necessary, if need be
bêta *m., tr. fam.* silly (stupid) person
bête *adj.* silly; stupid
bêtise *f.* foolishness; foolish thing
beurre *m.* butter
biais *m.* slant, bias; **de biais** indirectly, sideways
bibliothèque *f.* library
bien *m.* good; *pl.* goods, belongings; *adv.* well, good; quite; much; comfortable; **aller bien** to suit, fit; **aussi bien que** as well as; **bien des** many; **bien que** (*conj.*) + *subj.* although; **bien sûr** *interj.* of course; **eh bien** *interj.* well!;

bien (*continued*)

    se porter bien to be fine, be well; **si bien que** so that; and so; **tant et si bien que** so much so that

bienfaisant *adj.* beneficial, salutory

bientôt *adv.* soon

bière *f.* beer

bijou (*pl.* **bijoux**) *m.* jewel; piece of jewelry

bijoutier/bijoutière *m., f.* jeweler

bile *f.* bile, gall; **échauffer la bile à** to anger, annoy

bilingue *adj.* bilingual

bilinguisme *m.* bilingualism

billet *m.* bill (*currency*); ticket

bimbeloterie *f. s.* knickknacks, toys

biplan *m.* biplane

blague *f.* joke

blanc *m.* blank; **blanc(he)** *adj.* white

blanchi *adj.* bleached, whitened; **blanchi à la chaux** whitewashed

blé *m.* wheat; grain

blessé *adj.* wounded, injured

bleu *m.* bruise, contusion; *adj.* blue; **bleu marine** navy blue

blond(e) *m., f., adj.* blond

bloqué (*p.p. of* **bloquer**) blocked

blouse *f.* smock; overalls

bobine *f.* reel

bœuf *m.* beef; ox

boire (*p.p.* **bu**) *irreg.* to drink

bois *m.* wood; forest, woods; **coureur** (*m.*) **des bois** *Q.* trapper, scout, tracker

boîte *f.* box; can; nightclub; *fam.* workplace; **boîte de conserve** can of food

boiteux/boiteuse *adj.* lame

bon(ne) *adj.* good; right, correct; **à la bonne heure** *fam.* good for you! that's great!; **de bon cœur** willingly, gladly; **de bonne heure** early; **une bonne affaire** a bargain; **bonne volonté** good-will, willingness

bonbon *m.* (piece of) candy

bond *m.* jump, leap

bonheur *m.* happiness

bonhomme *m.* (little) fellow

bonjour *interj.* hello, good day

bonté *f.* goodness, kindness

bord *m.* board; edge; bank, shore; **au bord de** on the edge of; on the banks (shore) of; **sur ces bords** in this neighborhood (region)

bordé de *adj.* bordered by

bottine *f.* ankle boot

bouche *f.* mouth

bouchée *f.* mouthful

boucher/bouchère *m., f.* butcher

bouchon *m.* plug; stopper; cork

boucle *f.* curl; **boucle d'oreille** earring

bouder to pout

boue *f.* mud

bouffée *f.* puff, whiff

bougeotte *f.* fidgeting

bouger (nous bougeons) to move

bouilloire *f.* teakettle

boule *f.* ball; lump

boulette *f.* meatball

bouleverser to overwhelm; to upset

boulot *m. fam.* job; work; **métro-boulot-dodo** *fam.* the daily grind, the rat race

bourgeois *adj.* middle-class, bourgeois

bourgeoisie *f.* middle class, bourgeoisie; ***haute bourgeoisie** upper middle class; **petite bourgeoisie** lower middle class

bourreau *m.* executioner

bourse *f.* scholarship; grant

bout *m.* end; bit; morsel; **à bout de ressources** at the end of one's means; **au bout (de)** at the end (of); **savoir par quel bout commencer** to know how to begin

bouteille *f.* bottle

boutique *f.* shop, store; boutique

boutiquier/boutiquière *m., f.* shop-keeper

bouton *m.* button

boyau (*pl.* **boyaux**) *m.* pipe; gut

branche *f.* branch; sector

bras *m.* arm; **en bras de chemise** in shirtsleeves

brasier *m.* fire of live coals

brave *adj.* brave; good, worthy

bref/brève *adj.* short, brief

brièvement *adv.* briefly, concisely

briller to shine, gleam

briser to break; to smash, crush

brodé *adj.* embroidered

brosse *f.* brush

brouiller to blur, muddle

bruit *m.* noise

brûlant *adj.* burning; urgent

brûler to burn (up)

brume *f.* mist, fog

brumeux/brumeuse *adj.* foggy, misty

brun(e) *m., f.* dark-haired person, brunette; *adj.* brown

brusque *adj.* abrupt; blunt (*speech*); sudden

brutal *adj.* rough, ill-mannered

brute *f.* brute (*m. or f.*)

bu *p.p. of* **boire**

buée *f.* vapor, steam

bulle *f.* bubble

bureau *m.* desk; office

burent *p.s. of* **boire**

but *p.s. of* **boire**

but *m.* goal; objective; **sans but** aimlessly

se buter (contre) to stumble, knock (against)

C

ça *pron. neu.* this, that; it; **(comment) ça va?** how's it going?

cabane *f.* hut, cabin

cabinet: cabinet (*m.*) **de toilette** toilet

cabaret *m.* nightclub

cacher to hide; **se cacher (de)** to conceal one's feelings (from)

cachot *m.* dungeon

cadavre *m.* cadaver, corpse

cadeau *m.* present, gift; **faire (offrir) un cadeau à** to give a present to

cadence *f.* cadence, rhythm

cadencé *adj.* rhythmic

cadre *m.* frame; setting; executive manager

café *m.* café; (cup of) coffee

caféiné *adj.* caffeinated

caillou *m.* pebble, stone

caissier/caissière *m., f.* cashier

calebasse *f.* calabash, gourd

calligraphie *f.* calligraphy

calme *m., adj.* calm

calmer to calm (down); **se calmer** to quiet down

calotte *f.* skullcap

camarade *m., f.* friend, companion; **camarade de classe** classmate, schoolmate

camée *m.* cameo

campagnard *adj.* rural, country

campagne *f.* country(side); **à la campagne** in the country

canadien(ne) *adj.* Canadian

canaille *f.* rabble, riffraff

canapé *m.* sofa, couch

canard *m.* duck

candeur *f.* candor, artlessness

canot *m.* rowboat

canotier *m.* rower, oarsman

cantatrice *f.* singer

caoutchouc *m.* rubber

capable *adj.* capable, able; **être capable de** to be capable of

capacité *f.* ability; capacity

capiteux/capiteuse *adj.* heady; sensuous

capituler to capitulate

caquet *m.* cackle, gossip

car *conj.* for, because

caractère *m.* character

caractériser to characterize

caractéristique *f.* characteristic, trait

carapace *f.* armor

carotte *f.* carrot

carré *adj.* square

carrément *adv.* squarely, in a straightforward manner

carrier *m.* quarryman; quarry owner

carrière *f.* career; **faire carrière** to make one's career

carrosse *m., A.* coach, carriage

carte *f.* card; menu; map (*of region, country*); **carte postale** postcard

cas *m.* case; **en cas de** in case of, in the event of; **en tout (tous) cas** in any case

cascadeur/cascadeuse *m., f.* adventurer; stuntman, stuntwoman

case *f.* (*rural*) hut; locker

casser to break; **se casser la tête** to rack one's brains

casserole *f.* saucepan

castor *m.* beaver

cauchemar *m.* nightmare

cause *f.* cause; **à cause de** because of

causer to chat, converse; to cause, bring about

cauteleux/cauteleuse *adj.* cunning, sly; wary

caverne *f.* cave, cavern

ce (c') *pron. neu.* it, this, that

ce (cet, cette, ces) *adj.* this, that

ceci *pron.* this, that

céder (je cède) to give in; to give up; to give away

ceinture *f.* belt

cela (ça) *pron. neu.* this, that

célèbre *adj.* famous

célébré *adj.* celebrated

celle(s) *pron., f. See* **celui**

celui (ceux, celle, celles) *pron.* the one(s); this (that) one; these; those

cent *adj.* one hundred

centre *m.* center; **centre-ville** *m.* downtown

centrifuge *adj.* centrifugal (*moving or directed away from the center*)

centripète *adj.* centripetal (*moving or directed toward the center*)

cependant *adv.* in the meantime; meanwhile; *conj.* yet, still, however, nevertheless

cercle *m.* circle

cérémonie *f.* ceremony

certain *adj.* sure; particular; certain; **certain(e)s** *pron., pl.* certain ones, some people

certes *interj.* yes, indeed

certitude *f.* certainty

ces *adj., m., f. pl. See* **ce**

cesse *f.* ceasing; **sans cesse** unceasingly

cesser (de) to stop, cease

cet *adj., m. s. See* **ce**

cette *adj., f. s. See* **ce**

ceux *pron., m. pl. See* **celui**

chacun(e) *pron.* each, everyone; each (one)

chaîne *f.* television channel; network; chain; range (*mountain*); **à la chaîne** on the assembly line

chair *f.* flesh; meat; **chair à saucisse** sausage meat; **en avoir la chair de poule** to have goose bumps

chaire *f.* pulpit; throne

chaise *f.* chair

chaleur *f.* heat; warmth

chambre *f.* (bed)room; hotel room; **musique** (*f.*) **de chambre** chamber music; **robe** (*f.*) **de chambre** bathrobe

champ *m.* field

champion(ne) *m., f.* champion

championnat *m.* tournament; championship

chance *f.* luck; possibility; opportunity; **avoir de la chance** to be lucky

chandail *m.* sweater

changement *m.* change, alteration

changer (nous changeons) to change; to exchange (*currency*); **changer de nom** to change one's name; **(se) changer en** to change into

chanson *f.* song

chantant *adj.* melodious, tuneful

chanter to sing

chanteur/chanteuse *m., f.* singer

chapeau *m.* hat

chapitre *m.* chapter; subject, topic

chaque *adj.* each, every

charge *f.* responsibility; load; fee

chargé (de) *adj.* heavy, loaded, busy (with)

se charger de to take on (responsibility for)

charmant *adj.* charming

charme *m.* charm; appeal

charmer to charm, please

charpente *f.* framing, framework

charrette *f.* cart

charte *f.* charter; deed

chasse *f.* hunting; **partir (aller) à la chasse** to go hunting

chasser to hunt; to chase away (out)

chasseur/chasseuse *m., f.* hunter

chat(te) *m., f.* cat

château *m.* castle, chateau

chaud *adj.* warm; hot

chaume *m.* thatch; straw

chaumière *f.* thatched cottage

chaussure *f.* shoe; **chaussures à talons** high-heeled shoes

chauve *adj.* bald, bald-headed

chaux *f.* limestone; whitewash; **blanchi(e) à la chaux** whitewashed

chef *m.* leader; head; chef, head cook; **chef d'entreprise** company manager, head; **chef d'équipe** group leader

chef-d'œuvre (*pl.* **chefs-d'œuvre**) *m.* masterpiece

chemin *m.* way; road; path; **chemin de fer** railroad

cheminée *f.* fireplace; hearth; chimney

cheminement *m.* advance

chemise *f.* shirt; **en bras de chemise** in shirtsleeves

cher/chère *adj.* expensive; dear

chercher to look for; to pick up; **aller chercher** to (go) pick up, get; **chercher à** to try to; **chercher querelle à** to try to pick a quarrel with

chéri(e) *m., f., adj.* dear, darling

cheval *m.* horse

cheveu (*pl.* **cheveux**) *m.* hair

cheville *f.* ankle

chez *prep.* at the home (establishment) of; **chez soi** at (one's own) home

chicanier/chicanière *adj.* quibbling, haggling

chiche *adj.* scanty, poor

chien(ne) *m., f.* dog

chiffre *m.* figure, digit; **chiffres d'affaires** sales figures

Chine: encre (*f.*) **de Chine** India ink

chinois *adj.* Chinese

choc *m.* shock

chocolat *m.* chocolate; hot chocolate

choir: se laisser choir to drop, flop, sink

choisir (de) to choose (to)

choix *m.* choice

chômage *m.* unemployment

chômeur/chômeuse *m., f.* unemployed person

choquer to shock; to strike, knock

chose *f.* thing; **autre chose** something else; **quelque chose** something

chou (*pl.* **choux**) *m.* cabbage

chouette *adj. inv. fam.* cute; super, neat

chrétien(ne) *adj.* Christian

christianisme *m.* Christianity

chronique *f.* chronicle; news

chuchoter to whisper

chute *f.* fall; descent; waterfall

ci: comme ci, comme ça so-so

ci-dessous *adv.* below

ci-dessus *adv.* above-mentioned

cidre *m.* (apple) cider

ciel *m.* sky, heaven

cinéaste *m., f.* filmmaker

ciné-club *m.* film club

cinéma (*fam.* **ciné**) *m.* movies, cinema; movie theater; **salle** (*f.*) **de cinéma** movie theater; **vedette** (*f.*) **de cinéma** movie star

cinématographique *adj.* cinematographic, (*referring to*) film

cinquième *adj.* fifth

circonstance *f.* circumstance; occurrence

circulaire *adj.* circular

circuler to circulate; to travel

ciselé *adj.* chiseled; cut

citation *f.* quotation

citer to cite, quote; to list

citoyen(ne) *m., f.* citizen

civil *adj.* civil; civilian, nonmilitary; **droits** (*m. pl.*) **civils** civil rights; **guerre** (*f.*) **civile** civil war

civiliser to civilize

civilité *f.* civility, politeness

civique *adj.* civic

clair *adj.* light, bright; light-colored; clear; evident

claque *f.* slap

clarté *f.* light; brightness

classe *f.* class; classroom; **camarade** (*m., f.*) **de classe** classmate; **faire la (une) classe** to teach the

(a) class; **première (deuxième) classe** first (second) class; **salle** (*f.*) **de classe** classroom

classique *adj.* classical

clé *f.* key; **mot-clé** *m.* key word

clergé *m.* clergy

client(e) *m., f.* customer, client

climat *m.* climate

clocheton *m.* bell-turret; pinnacle

cloison *f.* partition; dividing wall

clos *adj.* enclosed, closed; **huis clos** no exit

clouer to nail

club *m.* club (*social, athletic*); disco; **ciné-club** *m.* film club

cocher to check off (*list*)

cochon *m.* pig; **pâté** (*m.*) **de cochon** pork pâté

cœur *m.* heart; **au cœur de** at the heart (center) of; **cela me soulève le cœur** that makes me sick (nauseated); **crève-cœur** *m.* heart-breaking disappointment; **de bon cœur** *adv.* willingly, gladly; **de cœur** *adj.* great-hearted, big-hearted; **savoir (apprendre) par cœur** to know (learn) by heart

coffre *m.* chest; trunk

coin *m.* corner; patch, nook

col *m.* collar; **col de lapin** rabbit (fur) collar

colère *f.* anger; **mettre en colère** to anger (*s.o.*); **se mettre en colère** to get angry

collaborer to collaborate

collation *f.* light meal, snack

colle *f.* glue

collège *m.* junior high; vocational school (*in France*)

collègue *m., f.* colleague

colline *f.* hill

colon *m.* colonist

colonie *f.* colony

colonisateur/colonisatrice *adj.* colonizing

coloniser to colonize

colonne *f.* column

colza *m.* rapeseed

combattirent *p.s. of* **combattre**

combattit *p.s. of* **combattre**

combattre (*like* **battre**) *irreg.* to fight

combattu *p.p. of* **combattre**

combien (de) *adv.* how much; how many

combler to fill in; to fulfill

comédie *f.* comedy; theater

comité *m.* committee

commande: formule (*f.*) **de commande** order form

commandement *m.* leadership; command; commandment

commander to order; to give orders

comme *adv.* as, like, how; since; **comme ci, comme ça** so-so

commencement *m.* beginning

commencer (nous commençons) (à) to begin (to); to start; **savoir par quel bout commencer** to know how to begin

comment *adv.* how; **comment?** what? how?

commentaire *m.* commentary, remark

commenter to comment (on)

commerçant(e) *m., f.* shopkeeper, storeowner

commerce *m.* business; shop

commis *m.* clerk; store clerk

commode *adj.* convenient; comfortable

commun *adj.* ordinary, common; shared; usual; popular; **en commun** in common; **transports** (*m. pl.*) **en commun** public transportation

communauté *f.* community

communiquer to communicate

compagnie *f.* company; **en compagnie de** in the company of

compagnon/compagne *m., f.* companion

comparaison *f.* comparison

comparer to compare

compenser to compensate, make good

compétiteur/compétitrice *m., f.* competitor, rival

complaisant *adj.* obliging

complémentaire *adj.* complementary

complet/complète *adj.* complete; whole; filled

complètement *adv.* completely

compléter (**je complète**) to complete, finish

compliquer to complicate

comportement *m.* behavior

comporter to include; **se comporter** to behave; to conduct oneself

composé *adj.* composed; **passé** (*Gram., m.*) **composé** past tense

compositeur/compositrice *m., f.* composer

compréhensif/compréhensive *adj.* understanding

comprendre (*like* **prendre**) *irreg.* to understand; to comprise, include

comprirent *p.s. of* **comprendre**

compris *adj.* included; *p.p. of* **comprendre; y compris** *prep.* including

comprit *p.s. of* **comprendre**

compromettre (*like* **mettre**) *irreg.* to compromise

compromirent *p.s. of* **compromettre**

compromis *m.* compromise; *p.p. of* **compromettre; passer un compromis** to make a compromise

compromit *p.s. of* **compromettre**

compte *m.* account; **à votre (son) compte** about you (him/her); **pour son propre compte** for his/her own part; **se rendre compte de/que** to realize (that)

compter (sur) to plan (on), intend; to count; to include

compte-rendu *m.* report, summary, account

comptoir *m.* counter; bar (*in café*)

comte/comtesse *m., f.* count, countess

concentrer to concentrate; **se concentrer (sur)** to concentrate (on)

conception *f.* idea, notion

concerner to concern; to interest; **en ce qui concerne** with regard to, concerning

concession *f.* land, homestead; concession

concevoir (*like* **recevoir**) *irreg.* to conceive (*an idea*)

conclave *m.* conclave; (*private*) meeting

conclu *p.p. of* **conclure**

conclure (*p.p.* **conclu**) *irreg.* to conclude

conclurent *p.s. of* **conclure**

conclut *p.s. of* **conclure**

concours *m.* competition; competitive exam

conçu *adj.* conceived, designed; *p.p. of* **concevoir**

conçurent *p.s. of* **concevoir**

conçut *p.s. of* **concevoir**

condamné *adj.* convicted

condamner to condemn; to sentence

condescendance *f.* condescension

condition *f.* condition; situation; social class

conducteur/conductrice *m., f.* driver

conduire (*p.p.* **conduit**) *irreg.* to drive; to take; to conduct; **permis** (*m.*) **de conduire** driver's license

conduisirent *p.s. of* **conduire**

conduisit *p.s. of* **conduire**

conduit *p.p. of* **conduire**

conduite *f.* behavior

conférer (**je confère**) to confer (upon)

confiance *f.* confidence; **avoir confiance en** to have confidence in; to trust

confiant *adj.* confident

confiner to border upon; to confine

confins *m. pl.* confines, borders

confire (*p.p.* **confit**) *irreg.* to preserve (*fruit, etc.*)

confirmatif/confirmative *adj.* confirming, corroborative

confirmer to strengthen; to confirm

confiscable *adj.* subject to confiscation

confiserie *f.* candy shop; (*institutional*) candy maker

confiseur/confiseuse *m., f.* confectioner, candy maker

confisquer to confiscate

confit *m.* conserve; *adj.* crystallized; preserved (*foods*); *p.p. of* **confire**

confiture *f.* jam, preserves
conflagration *f.* conflagration, blaze
conflit *m.* conflict
confondre to confuse; **se confondre** to mingle, merge
conformer to conform; **se conformer à** to conform to, comply with
conformité *f.* conformity
confort *m.* comfort; amenities
se confronter to confront (one another)
confus *adj.* confused; troubled
confusément *adv.* confusedly
congé *m.* leave (*from work*), vacation; **prendre congé (de)** to take one's leave (of)
conjuguer to conjugate
connaissance *f.* knowledge; acquaintance; consciousness; **faire connaissance** to get acquainted; **perdre connaissance** to lose consciousness, faint
connaisseur/connaisseuse *m., f.* expert; connoisseur
connaître (*p.p.* **connu**) *irreg.* to know; to be familiar with; **s'y connaître en** to know all about; to know one's way around
connu *adj.* known; famous; *p.p. of* **connaître**
connurent *p.s. of* **connaître**
connut *p.s. of* **connaître**
consacrer to consecrate; to devote; **se consacrer à** to devote oneself to
consciemment *adv.* consciously
conscience *f.* conscience; consciousness; **prise** (*f.*) **de conscience** awareness, becoming aware
conscient (de) *adj.* conscious (of)
conseil *m.* (piece of) advice; council; **demander conseil à** to ask advice of; **donner (suivre) des conseils** to give (follow) advice
conseiller (de) to advise (to)
consenti *p.p. of* **consentir**
consentir (*like* **dormir**) *irreg.* to agree
consentirent *p.s. of* **consentir**

consentit *p.s. of* **consentir**
conséquent: par conséquent *conj.* therefore, accordingly
conservateur/conservatrice *m., f.,* *adj.* conservative
conservation *f.* conserving; preservation
conserve: boîte (*f.*) **de conserve** can of food
conserver to conserve, preserve
considérer (**je considère**) to consider
consoler to console
consommation *f.* consumption
constamment *adv.* constantly
constatation *f.* observation; verification, proof
consterné *adj.* dismayed, alarmed
constituer to constitute
construire (*like* **conduire**) *irreg.* to construct, build
construisirent *p.s. of* **construire**
construisit *p.s. of* **construire**
construit *adj.* constructed, built; *p.p. of* **construire**
consultation *f.* consulting; consultation; doctor's visit
consulter to consult
contact *m.* contact; **entrer en contact avec** to come into contact with
conte *m.* tale, story; **conte de fée(s)** fairy tale
contempler to contemplate, meditate upon
contemporain(e) *m., f., adj.* contemporary
contenir (*like* **tenir**) *irreg.* to contain
content *adj.* happy, pleased; **être content(e) de** + *inf.* to be happy about; **être content(e) que** + *subj.* to be happy that
contentement *m.* contentment, satisfaction
contenu *m.* contents; *adj.* contained, included; *p.p. of* **contenir**
conteur/conteuse *m., f.* storyteller
continrent *p.p. of* **contenir**
contint *p.p. of* **contenir**
continuer (à, de) to continue

continuité *f.* continuity
contraction *f.* contraction; shrinking
contradictoire *adj.* contradictory
contraignirent *p.s. of* **contraindre**
contraignit *p.s. of* **contraindre**
contraindre (*like* **craindre**) **à** to constrain to, force to
contraint *p.p. of* **contraindre**
contrainte *f.* constraint
contraire *m.* opposite; *adj.* opposite; **au contraire de** contrary to, opposed to
contrariété *f.* vexation, annoyance
contrat *m.* contract
contre prep. against; contrasted with; **par contre** on the other hand
contrepoids *m.* counterbalance
contrit *adj.* contrite, penitent
contrôle *m.* control, overseeing
contrôler to inspect, monitor; to control
controversé *adj.* controversial
convaincre (*like* **vaincre**) **(de)** *irreg.* to convince (*s.o. to do s.th.*)
convaincu *adj.* sincere, earnest; convinced; *p.p. of* **convaincre**
convainquirent *p.s. of* **convaincre**
convainquit *p.s. of* **convaincre**
convenir (*like* **venir**) *irreg.* to fit; to be suitable; **il est convenu que** it's agreed that
convenu *adj.* agreed (upon), stipulated; *p.p. of* **convenir**
convinrent *p.p. of* **convenir**
convint *p.s. of* **convenir**
convoi *m.* train; convoy
convulsif/convulsive *adj.* convulsive
copain/copine *m., f., fam.* friend, pal
copeaux *m. pl.* wood chips, shavings
copie *f.* copy; imitation
copier to copy
coq *m.* rooster; **coq au vin** chicken prepared with red wine
corbeau *m.* crow
corne *f.* horn (*animal*)
corniche *f.* cornice; ledge
cornichon *m.* pickle
corps *m.* body

correspondance *f.* correspondence; connection, change (*of trains*)

correspondant(e) *m., f.* correspondent; pen pal; *adj.* corresponding

correspondre to correspond

corriger (nous corrigeons) to correct

corvée *f.* unpleasant task; burden

costume *m.* (*man's*) suit; costume

côte *f.* coast; rib; ribsteak; side

côté *m.* side; **à côté (de)** *prep.* by, near, next to; at one's side; **à mes côtés** at my side; **de côté** on the side; **de l'autre côté (de)** from the other side, on the other side (of); **de votre (son) côté** from your (his/her) point of view; **du côté de** on the side of, pro

coteau *m.* hillside, slope

côtelette *f.* cutlet, (*lamb, pork*) chop

côtoyer (je cotoie) to be next to

cotte *f., A.* coat of mail; tunic

cou *m.* neck

couchant: soleil (*m.*) **couchant** setting sun

couché *adj.* lying down, lying in bed

coucher to put to bed; **chambre** (*f.*) **à coucher** bedroom; **coucher avec** to sleep with; **coucher** (*m.*) **du soleil** sunset; **se coucher** to go to bed

couchette *f.* bunk on a train

coudre (*p.p.* **cousu**) *irreg.* to sew

coulée *f.* flow

couler to flow, run; to lead; to spend

couleur *f.* color

couloir *m.* corridor, hall(way)

coup *m.* blow; coup; (gun)shot; influence; **coup d'essai** first attempt; **coup de pied** kick; **coup de pinceau** brushstroke; **coup de tonnerre** thunderclap; **donner un coup de sifflet** to blow the whistle; **d'un seul coup** at one fell swoop; **tenir le coup** to hold on, endure; **tout à coup** *adv.* suddenly; **tout d'un coup** *adv.* at once, all at once

coupable *adj.* guilty

couper to cut; to divide

cour *f.* (*royal*) court; yard; barnyard

courageux/courageuse *adj.* courageous

courant *m.* current; *adj.* general, everyday; **dans le courant de** during, in the course of; **être au courant de** to be up (to date) on; **se mettre au courant** to become informed

courbe *f.* curve

courbé *adj.* curved; leaning (over)

coureur/coureuse *m., f.* runner; **coureur** (*m.*) **des bois** *Q.* trapper; scout, tracker

courir (*p.p.* **couru**) *irreg.* to run; **courir le monde** to travel widely

couronne *f.* crown

cours *m.* course; class; exchange rate; price; **au cours de** *prep.* during; **cours** (*pl.*) **moyen et supérieur** intermediate and advanced courses; **donner libre cours à** to give free rein to; **faire un cours** to give a lecture, class

course *f.* race; errand

court *adj.* short, brief; **court métrage** short-length film

courtisan *m.* courtier

courtois *adj.* polite, courteous; urbane

couru *p.p. of* **courir**

coururent *p.s. of* **courir**

courut *p.s. of* **courir**

couscous *m.* couscous (*North African cracked-wheat dish*)

cousirent *p.s. of* **coudre**

cousit *p.s. of* **coudre**

cousu *p.p. of* **coudre**

couteau *m.* knife

coutelier/coutelière *m., f.* cutler, knifemaker

coûter to cost

coûteux/coûteuse *adj.* costly, expensive

coutume *f.* custom

couture *f.* sewing; clothes design

couvert (de) *adj.* covered (with); cloudy; *p.p. of* **couvrir**

couverture *f.* cover

couvrir (*like* **ouvrir**) *irreg.* to cover

couvrirent *p.s. of* **couvrir**

couvrit *p.s. of* **couvrir**

cracher to spit

craie *f.* chalk

craignirent *p.s. of* **craindre**

craignit *p.s. of* **craindre**

craindre (*p.p.* **craint**) *irreg.* to fear

craint *p.p. of* **craindre**

crampe *f.* cramp, pain

Crassane: poire (*f.*) **de Crassane** soft winter pear

cravate *f.* (neck) tie

crayon *m.* pencil

créateur/créatrice *m., f.* creator; *adj.* creative

crèche *f.* day-care center

crédule *adj.* credulous, naïve

crédulité *f.* credulousness, gullibility

créer to create

crème *f.* cream

crépuscule *m.* dusk, twilight

crescendo *adv.* with a rising voice

crête *f.* cock's comb; crest

creux/creuse *adj.* hollow

crevé *adj. fam.,* dead; tired out, exhausted

crève-cœur *m.* heart-breaking disappointment

crever (je crève) *fam.* to die; to burst

cri *m.* shout, cry

criaillement *m.* shouting, crying, bawling

crier to cry out; to shout

crise *f.* crisis; recession; depression; **crise de rire** fit of laughter

crispation *f.* wincing, twitching

critique *f.* criticism; critique; *m., f.* critic; *adj.* critical

critiquer to criticize

croc *m.* hook

crochet *m.* square bracket; hook

croire (*p.p.* **cru**) **(à)** *irreg.* to believe (in); **croire que** to believe that

croiser to cross; to run across

croître (*p.p.* **crû**) *irreg.* to grow, increase

croix *f.* cross; "x"

croquer *fam.* to eat, munch

cru *adj.* raw

cru *p.p. of* **croire**

crû *p.p. of* **croître**

crudité *f.* raw vegetable; *pl.* plate of raw vegetables

crurent *p.s. of* **croire**

crûrent *p.s. of* **croître**

crut *p.s. of* **croire**

crût *p.s. of* **croître**

cuire (*p.p.* **cuit**) *irreg.* to cook; to bake; **faire cuire** to cook (*s.th.*)

cuisine *f.* cooking; food, cuisine; kitchen; **faire la cuisine** to cook

cuisiner to cook

cuisirent *p.s. of* **cuire**

cuisit *p.s. of* **cuire**

cuisse *f.* thigh; leg

cuit *adj.* cooked; *p.p. of* **cuire**

cuivre *m.* copper; brass; *pl.* brass instruments

culpabilité *f.* guilt

culte *m.* cult; religion

cultiver to cultivate; to farm

culture *f.* education; culture; agriculture

culturel(le) *adj.* cultural

curé *m.* parish priest

curieusement *adv.* curiously

curieux/curieuse *adj.* curious

D

dactylographié *adj.* typed

daigner to deign; to condescend

dame *f.* lady, woman

dangereux/dangereuse *adj.* dangerous

dans *prep.* within, in

danse *f.* dance; dancing

danser to dance

danseur/danseuse *m., f.* dancer

davantage *adv.* more

de (d') *prep.* of, from, about

se débarbouiller *fam.* to wash up

se débarrasser de to get rid of; to rid oneself of

débat *m.* debate

déboucher to uncork; to open

débouler to bolt; to tumble down

debout *adv.* standing; up, awake; **histoire** (*f.*) **à dormir debout** *fam.* story that bores you stiff, silly story; **tenir debout** *fam.* to hold up, hold water (*argument*)

se débrouiller to manage; to get along, get by

début *m.* beginning; **au début (de)** in (at) the beginning (of)

décaféiné *adj.* decaffeinated

décalage *m.* (*time*) difference; gap

décembre December

décemment *adv.* decently

décence *f.* decency

décentralisé *adj.* decentralized

déception *f.* disappointment

déchirer to tear; to divide

décider (de) to decide (to); **se décider (à)** to make up one's mind (to)

décision *f.* decision; **prendre une décision** to make a decision

déclamer to declaim

déclarer to declare; to name

décoller to take off

se décomposer to decompose

décoré (de) *adj.* decorated (with)

décorum *m.* decorum, propriety

découcher to sleep away (*from home*)

découdre (*like* **coudre**) *irreg.* to unstitch, unsew

découler to drip, flow, run (down)

découpage *m.* cutting up, carving up

découper to cut up, cut out

découpler to uncouple; to slip

découpoir *m.* cutter, shears

découpure *f.* cutting, clipping

découragement *m.* discouragement

décousu unstitched; *p.p. of* **découdre**

découvert *adj.* discovered; *p.p. of* **découvrir**

découverte *f.* discovery

découvrir (*like* **ouvrir**) *irreg.* to discover, learn

découvrirent *p.s. of* **découvrir**

découvrit *p.s. of* **découvrir**

décrire (*like* **écrire**) *irreg.* to describe

décrit *adj.* described; *p.p. of* **décrire**

décrivirent *p.s. of* **décrire**

décrivit *p.s. of* **décrire**

déçu *adj.* disappointed

dédain *m.* disdain, scorn

dédale *m.* labyrinth, maze

dedans *prep., adv.* within, inside

dédommager (nous dédommageons) to compensate, indemnify

défaillance *f.* (*mechanical*) breakdown

défaillant *adj.* failing, weakening

se défaire to come undone, come apart

défaut *m.* fault, flaw

défendre to defend; to forbid; **se défendre** to fight back

défense *f.* defense; prohibition

défi *m.* challenge

défiance *f.* distrust, suspicion

défier to challenge, defy

définir to define

définitif/définitive *adj.* definitive; **en définitive** finally

définitivement *adv.* definitively; permanently

déformer to deform, warp

dégoûter to disgust

degré *m.* degree

déguisé (en) *adj.* disguised (as), in costume

dehors *adv.* outdoors; outside; **en dehors de** outside of, besides

déjà *adv.* already

déjeuner to have lunch; *m.* lunch

delà: au delà de *prep.* beyond

délégué(e) *m., f.* delegate; *adj.* delegated

délicat *adj.* delicate; touchy, sensitive

délicatesse *f.* tactfulness

délice *m.* delight

délicieux/délicieuse *adj.* delicious

délivrance *f.* deliverance, rescue

délivrer to set free, deliver

demain *adv.* tomorrow

demande *f.* request; application

demander to ask (for), request

démarquer to copy

démarrer to start

déménagement *m.* moving (*of a household*)

déménager (nous déménageons) to move (*house*)

démesuré *adj.* huge, beyond measure

demeure *f., lit.* home, dwelling (place)

demeurer to stay, remain

demi *m., adj.* half; **il est minuit et demi** it's twelve-thirty A.M.

démocratie *f.* democracy

démodé *adj.* out of style, old-fashioned

démoli *adj.* demolished, destroyed

démontrer to demonstrate

dénoncer (nous dénonçons) to denounce, expose

dent *f.* tooth; **dent de lait** baby tooth, milk tooth; **rire de toutes ses dents** to laugh heartily, laugh openly

dentelle *f.* lace

départ *m.* departure; **point** (*m.*) **de départ** starting point

département *m.* department; district

dépasser to go beyond; to pass, surpass

dépecer (je dépèce, nous dépeçons) to cut up; to carve

se dépêcher (de, pour) to hurry (to)

dépendre (de) to depend (on)

dépit *m.* spite; scorn; **en dépit de** in spite of

déplacer (nous déplaçons) to displace; to shift; to remove

déplaisant *adj.* disagreeable, unpleasant

déplaisir *m.* displeasure

déplorer to regret deeply

déployer (je déploie) to deploy; to spread out; **se déployer** to unfurl, spread

dépositaire *m., f.* guardian, possessor

depuis (que) *prep.* since, for; **depuis longtemps** for a long time, since a long time ago

déranger (nous dérangeons) to bother, disturb

dernier/dernière *m., f.* the latter; *adj.* last; most recent; past; **en dernier** *adv.* last; **l'an dernier (l'année dernière)** last year; **dernière mode** latest fashion (style)

dérougir *Q.* to stop; to let up

derrière *prep.* behind; *m.* back, rear

des *contr. of* **de** + **les**

dès *prep.* from (then on); **dès que** *conj.* as soon as

désagréable *adj.* disagreeable, unpleasant

désagrément *m.* nuisance, unpleasantness

désarçonné *adj.* dumbfounded, staggered

désastre *m.* disaster

désastreux/désastreuse *adj.* disastrous

descendant(e) *m., f.* descendant

descendre to go down; to get off; to take down

désert *m.* desert; wilderness *adj.* desert, deserted

désespéré *adj.* desperate

désespoir *m.* hopelessness, despair

déshonorant *adj.* dishonoring, discreditable

désigné *adj.* designated, named

désinvolture *f.* ease, easy manner

désir *m.* desire

désirer to want, desire

désobéir to disobey

désobéissance *f.* disobedience

désolé *adj.* sorry; devastated, grieved

désoler to distress, devastate

désordre *m.* disorder; confusion; **en désordre** disorderly, untidy

désorienté *adj.* disoriented

désormais *adv.* henceforth

despotique *adj.* despotic

dessin *m.* drawing

dessinateur/dessinatrice *m., f.* drawer; cartoonist

dessiner to draw; to design

dessous *adv.* under, underneath; **au-dessous de** *prep.* below, underneath; **ci-dessous** *adv.* below

dessus *adv.* above; over; on; **au-dessus de** *prep.* above; **ci-dessus** *adv.* above-mentioned; **par-dessus** over, on top of

destin *m.* fate

destinataire *m., f.* (intended) recipient

destiné (à) *adj.* designed (for), aimed (at)

détacher to detach, unfasten; **se détacher de** to separate; to break loose

se détendre to relax

déterminé *adj.* determined

déterrer to unearth, bring to light

détester to detest, hate

détourner to divert; to distract

détresse *f.* distress

détruire (*like* **conduire**) *irreg.* to destroy

détruisirent *p.s. of* **détruire**

détruisit *p.s. of* **détruire**

détruit *adj.* destroyed; *p.p. of* **détruire**

deuxième *adj.* second

devant *prep.* before, in front of; *m.* front

développé *adj.* developed; industrialized; **sous-développé** underdeveloped

développement *m.* development

développer to spread out; to develop

devenir (*like* **venir**) *irreg.* to become

devenu *adj.* become; *p.p. of* **devenir**

devers *prep., A.* toward

deviner to guess

devinrent *p.s. of* **devenir**

devint *p.s. of* **devenir**

dévoiler to disclose

devoir (*p.p.* **dû**) *irreg.* to owe; to have to, be obliged to; *m.* duty; homework

dévorer to devour

dévouement *m.* devotion

se dévouer to devote oneself

diable *m.* devil

diagnostic *m.* diagnosis

dictature *f.* dictatorship

dicter to dictate

dictionnaire *m.* dictionary

dicton *m.* saying, maxim

dieu *m.* god

différemment *adv.* differently

se différencier de to differentiate oneself from

différer (je diffère) to differ

difficile *adj.* difficult

difficulté *f.* difficulty

diffuser to broadcast

diffuseur *m.* spreader, diffuser

digérer (je digère) to digest

digne *adj.* worthy; deserving

dimanche *m.* Sunday

dimension *f.* dimension; **à quatre dimensions** four-dimensional

diminuer to lessen, diminish

dinde *f.* turkey; **dinde rôtie** roast turkey

dindon *m.* (male) turkey

dîner to dine, have dinner; *m.* dinner

dire (*p.p.* **dit**) *irreg.* to say, tell; **c'est-à-dire** that is to say, namely; **entendre dire que** to hear (it said) that; **vouloir dire** to mean, signify

direct *adj.* direct, straight; live (*broadcast*); through, fast (*train*); **en direct** live (*broadcasting*)

directeur/directrice *m., f.* manager, head

direction *f.* management

dirent *p.s. of* **dire**

diriger (nous dirigeons) to direct; to govern, control; **se diriger vers** to go, (make one's way) toward

discours *m.* discourse; speech

discret/discrète *adj.* discreet; considerate; unobtrusive

discuter (de) to discuss

disparaître (*like* **connaître**) *irreg.* to disappear

disparition *f.* disappearance

disparu *adj.* missing; dead; *p.p. of* **disparaître**

disparurent *p.s. of* **disparaître**

disparut *p.s. of* **disparaître**

disponibilité *f.* availability

disponible *adj.* available

disposer de to have (available)

disposition *f.* disposition; ordering

dispute *f.* quarrel

se disputer (avec) to quarrel (with)

disque *m.* disk

dissimuler to hide; **se dissimuler** to hide (oneself)

distance *f.* distance; **garder ses distances** to keep one's distance

distinguer to distinguish

distraction *f.* recreation; entertainment; distraction

distribuer to distribute

dit *adj.* called; so-called; *p.p. of* **dire;** *p.s. of* **dire**

divan *m.* sofa, couch, divan

divers *adj.* changing; varied, diverse

diversité *f.* diversity

se divertir to enjoy oneself, have a good time

diviniser to deify

diviser to divide

docteur *m.* doctor, Dr. (*title*)

doctorat *m.* doctoral degree, Ph.D.

dodo *fam.* sleep; **faire dodo** *fam.* to go to sleep; **métro-boulot-dodo** *fam.* the rat race, the daily grind

doigt *m.* finger; **petit doigt** little finger

domaine *m.* domain; specialty

domestique *m., f.* servant; *adj.* domestic

domicile residence; **sans-domicile-fixe** homeless

dominateur/dominatrice *m., f.* ruler, dominator

dominé *adj.* dominated, ruled

dominical *adj.* Sunday

dommage *m.* damage; pity; too bad; **c'est dommage** it's too bad, what a pity

donc *conj.* then; therefore

données *f. pl.* data

donner to give; to supply; **donner envie de** to make one want to; **donner raison à** to agree with; **donner un coup de sifflet** to blow the whistle; **s'en donner à cœur joie** to amuse oneself thoroughly

dont *pron.* whose, of whom, of which

doré *adj.* gold; golden; gilt

dormir (*p.p.* **dormi**) *irreg.* to sleep

dormirent *p.s. of* **dormir**

dormit *p.s. of* **dormir**

dos *m.* back; **au dos de** on the back of

dossier *m.* back (*of a chair*)

doucement *adv.* gently, softly; sweetly; slowly

douceur *f.* softness; gentleness; sweetness

doué *adj.* talented, gifted; bright

douleur *f.* pain

douloureux/douloureuse *adj.* painful

doute *m.* doubt; **sans doute** probably, no doubt

douter (de) to doubt; **se douter de/que** to suspect (that)

douteux/douteuse *adj.* doubtful, uncertain, dubious

doux/douce *adj.* sweet, kindly, pleasant; soft, gentle

douzaine *f.* dozen; about twelve

dramatique *adj.* dramatic

dramaturge *m., f.* playwright

drame *m.* drama

drapeau *m.* flag

dressé *adj.* set up, standing up

drogue *f.* drug

droit *m.* law; right; fee, royalty; **avoir le droit de** to be allowed to; **droits** (*pl.*) **civils** civil rights; **licencié(e) en droit** *m., f.* bachelor of law

droit(e) *adj.* right; straight; *adv.* straight on; **droite** *f.* right; right hand; **à droite (de)** *prep.* on, to the right (of); **de droite** on the right, right-hand

drôle (de) *adj.* funny, odd

du *contr. of* **de** + **le**

dû/due *adj.* due to, owing to; *p.p. of* **devoir**

dubitatif *adj.* doubtful, dubious

duper to dupe, fool, trick

dur *adj., adv.* hard; difficult; **travailler dur** to work hard

durant *prep.* during

durée *f.* duration, length

durement *adv.* harshly, severely

durent *p.s. of* **devoir**

durer to last, continue

dut *p.s. of* **devoir**

E

eau *f.* water; **poule** (*f.*) **d'eau** moorhen, water-hen

eau-de-vie (*pl.* **eaux-de-vie**) *f.* brandy; **eau-de-vie de pommes** apple brandy

éblouir to dazzle

ébréché *adj.* chipped, notched

écarlate *adj.* scarlet

échanger (nous échangeons) to exchange

échapper (à) to escape (from)

écharpe *f.* scarf

échauffer to warm; **échauffer la bile à** *fam.* to anger, make angry

échec *m.* failure

échelle *f.* scale; ladder

s'échelonner to space out, spread out

échouer (à) to fail (at)

éclaboussure *f.* splash, spatter

éclairé *adj.* lit, lighted

éclat *m.* outburst, blaze, display; **éclat de rire** burst of laughter

éclater to explode, burst out; **éclater de rire** to burst out laughing

éclopé(e) *m., f.* cripple, lame person

école *f.* school

écolier/écolière *m., f.* school child

écologique *adj.* ecological

économe *adj.* thrifty, economical

économie *f.* economy

économique *adj.* economic; financial; economical

écossais *adj.* Scottish; (Scotch) plaid

s'écouler to pass, elapse (*time*)

écouter to listen (to)

écran *m.* screen; **grand écran** *fam.* movies, movie industry

écrasant *adj.* crushing, overwhelming

écraser to crush; to squash; to suppress

s'écrier to cry out, exclaim

écrire (*p.p.* **écrit**) **(à)** *irreg.* to write (to)

écrit *adj.* written; *p.p. of* **écrire; par écrit** in writing

écriture *f.* writing; handwriting

écrivain *m.* writer

écrivirent *p.s. of* **écrire**

écrivit *p.s. of* **écrire**

écume *f.* foam, froth

éditeur/éditrice *m., f.* editor; publisher

éducation *f.* upbringing; breeding; education

éduquer to educate; to bring up, raise (*children*)

effacer (nous effaçons) to erase, obliterate; **s'effacer** to fade, disappear

effet *m.* effect; **en effet** as a matter of fact, indeed

efficacité *f.* effectiveness, efficacy

s'effondrer to collapse

s'efforcer (nous nous efforçons) to make an effort

effort *m.* effort, attempt; **faire un (des) effort(s) pour** to try, make an effort to

égal *adj.* equal; all the same; **sans égal** unequaled

également *adv.* equally; likewise, also

égalité *f.* equality

égard *m.* consideration; **à l'égard de** with respect to

église *f.* church

égoïste *m., f., adj.* selfish (person)

eh! *interj.* hey!; **eh bien!** *interj.* well! well then!

élaboré *adj.* elaborated, developed

élan *m.* energy, spring; impetus, momentum

s'élancer (nous nous élançons) to spring, dash, leap

élargir to widen, broaden

élastique *m.* rubber band; *adj.* elastic

électronique *adj.* electronic

élevage *m.* rearing, raising (*of livestock*)

élève *m., f.* pupil, student

élevé *adj.* high; raised; brought up; **bien élevé(e)** well brought up, well-educated

élever (j'élève) to raise; to lift up; **s'élever** to raise; to rise (up)

éleveur/éleveuse *m., f.* stockbreeder

élire (*like* **lire**) *irreg.* to elect

elle *pron., f. s.* she; her; **elle-même** *pron., f. s.* herself; **elles** *pron., f. pl.* they; them

éloigné (de) *adj.* distant, remote (from)

éloigner to remove to a distance; **s'éloigner de** to move away from; to distance oneself from

élu(e) *m., f., adj.* elected, chosen (person)

émailler to enamel

émanation *f.* emanation; product

emballage *m.* wrapping, packaging

embarras *m.* obstacle; embarrassment; superfluity

embarrassé *adj.* embarrassed

embaumer to give a fragrance

embéguiné (de) *adj.* infatuated (with)

embêté *adj., fam.* annoyed, bothered

embouchure *f.* mouth (*of river*); mouthpiece

embranchement *m.* branch, branching, junction

embrasser to kiss; to embrace; **s'embrasser** to embrace each other; to kiss each other

s'embrouiller to get muddled (confused)

émerveillé *adj.* amazed, wonderstruck

émigrer to emigrate

émission *f.* television show, program

emmêlement *m.* tangle, muddle, mixing-up

emmener (j'emmène) to take away, take along

émouvant *adj.* moving, touching; thrilling

émouvoir (*p.p.* **ému**) *irreg.* to move, disturb

empêcher (de) to prevent (*s.o. from doing s.th.*); to preclude

empereur *m.* emperor

emplir to fill (up)

emploi *m.* use; job

employé(e) *m., f.* employee; white-collar worker; **employé(e) de banque** bank teller

employer (j'emploie) to use; to employ

empocher to pocket (*money*)

empoisonner to poison

emporter to take (*s.th. somewhere*)

s'empourprer to flush, blush, turn crimson

empreint *adj.* stamped, imprinted

emprunter to borrow

ému *adj.* moved, touched (*emotionally*)

en *prep.* in; to; within; into; at; like; in the form of; by; *pron.* of him, of her, of it, of them; from him, by him (*etc.*); some of it; any; **en vouloir à** to hold *s.th.* against (*s.o.*)

encercler to circle, encircle

enchantement *m.* magic, spell, charm

enchevêtrement *m.* tangling up, tangle

s'encombrer de to burden with, saddle oneself with

encore *adv.* still, yet; again; even; more; **ne... pas encore** not yet; **plus encore** even more

encourager (nous encourageons) (à) to encourage (to)

encre *f.* ink; **encre de Chine** India ink

endiablé *adj.* reckless; wild, frenzied

endormi *adj.* asleep; sleepy; *p.p. of* **endormir**

s'endormir (*like* **dormir**) *irreg.* to fall asleep

s'endormirent *p.s. of* **s'endormir**

s'endormit *p.s. of* **s'endormir**

endosser to put on (*clothing*)

endroit *m.* place, spot

énerver to irritate (*s.o.*)

enfance *f.* childhood

enfant *m., f.* child; **petit-enfant** *m.* grandchild

enfantin *adj.* childish; juvenile

enfer *m.* hell

s'enfermer to shut oneself up, lock oneself in

enfilé (dans) *adj.* slipped (into) (*sleeves*)

enfin *adv.* finally, at last

enflammer to inflame; to excite, stir up

enfoncer (nous enfonçons) to push in; **s'enfoncer (dans)** to go deep, penetrate (into)

enfui *p.p. of* **enfuir**

s'enfuir (*like* **fuir**) *irreg.* to run away, escape

s'enfuirent *p.s. of* **s'enfuir**

s'enfuit *p.s. of* **s'enfuir**

engagement *m.* commitment

engager (nous engageons) to hire, take on; to engage, encourage

engendrer to generate; to create

engloutir to swallow up, devour

engrenage *m.* gears, gearing

enguirlander to garland, decorate

énigmatique *adj.* enigmatic, mysterious

enivrer to inebriate, make drunk; **s'enivrer (de)** to get drunk (on); to become elated or intoxicated (by)

enjamber to step over, stride over; to bestride

enlever (j'enlève) to remove, take off; to take away

ennemi(e) *m., f.* enemy

ennuyé *adj.* annoyed; bored; weary

ennuyer (j'ennuie) to bother; to bore; **s'ennuyer** to be bored, become bored; to worry

ennuyeux/ennuyeuse *adj.* boring; annoying

énorme *adj.* huge, enormous

enquête *f.* inquiry; investigation

enregistrer to record

enrichir to enrich

enseignement *m.* teaching; education

enseigner (à) to teach (how to)

ensemble *adv.* together; *m.* ensemble; whole

ensevelir to shroud; to bury

ensoleillé *adj.* sunny

ensuite *adv.* then, next

entamer to begin, undertake

entendre to hear; to understand; **entendre dire que** to hear (it said) that; **entendre parler de** to hear (*s.th.*) being talked about

entendu *adj.* heard; agreed; understood; **c'est entendu** it's settled

enterrement *m.* funeral, burial

enterrer to bury

enthousiasme *m.* enthusiasm

entier/entière *adj.* entire, whole, complete; **en entier** *adv.* entirely

entièrement *adv.* entirely

entourer (de) to surround (with)

entrailles *f. pl.* entrails, bowels

entraînant *adj.* stirring, catchy

entraîner to carry along; to drag; to train

entre *prep.* between, among

entrée *f.* entrance, entry; admission; inflow (*financial*); **porte** (*f.*) **d'entrée** entrance (door)

entreprise *f.* business, company; **chef** (*m.*) **d'entreprise** company manager, head

entrer (dans) to enter (into)

entretien *m.* maintenance; upkeep

envahi *adj.* invaded, overrun

envahissant *adj.* interfering, intrusive

envelopper to wrap, envelop

envers *prep.* to; toward; in respect to

envie *f.* desire; **avoir envie de** to want; to feel like; **donner envie de** to make one want to

environ *adv.* about, approximately

environnement *m.* environment; milieu

envisager (nous envisageons) to envision

envoyer (j'envoie) to send

épais(se) *adj.* thick

épaisseur *f.* thickness

s'épanouir to bloom, blossom

épargné *adj.* spared; exempt

épaule *f.* shoulder

épave *f.* wreck; reject

épeler (j'épelle) to spell

épice *f.* spice; **pain** (*m.*) **d'épice** gingerbread

épicerie *f.* grocery store

épier to spy on

éploré *adj.* tearful, weeping

époque *f.* period (*of history*), era, time

épouser to marry

époux/épouse *m., f.* spouse; husband, wife; **époux** *m. pl.* married couple

éprouver to feel, experience (*sensation, pain*)

épuisé *adj.* exhausted; used up

équilibre *m.* equilibrium, balance; **perdre l'équilibre** to lose one's balance

équipe *f.* team; working group; **chef** (*m.*) **d'équipe** team leader

équipier/équipière *m., f.* team member

érable *m.* maple; **feuille** (*f.*) **d'érable** maple leaf

errant *adj.* wandering; stray

errer to wander, roam

erreur *f.* error; mistake

escalier *m.* stairs, staircase

escargot *m.* snail; escargot

escarpé *adj.* steep, sheer, abrupt

esclave *m., f.* slave; **tomber esclave** to become a slave, fall into slavery

espace *m.* space

espèce *f.* species; cash

espérance *f.* hope; expectancy

espérer (j'espère) to hope (to)

espion(ne) *m., f.* spy

espoir *m.* hope

esprit *m.* mind; spirit; wit

esquisse *f.* sketch; draft

essai *m.* essay; attempt; trial; **coup** (*m.*) **d'essai** first attempt

essayer (j'essaie) (de) to try on; to try (*to do s.th.*)

essence *f.* oil, extract

essentiel *m.* the important thing; **essentiel(le)** *adj.* essential

essentiellement *adv.* essentially

essuyer (j'essuie) to wipe off; to dry; **s'essuyer** to wipe oneself off; to dry off

esthète *m., f.* aesthete (*one who has or who affects sensitivity to the beautiful*)

estimer to consider; to believe; to estimate

estomac *m.* stomach; **avoir mal à l'estomac** to have a stomachache

estrade *f.* platform

estropié *adj.* crippled, maimed

et *conj.* and

établir to establish, set up; **s'établir** to settle; to set up

établissement *m.* settlement; establishment

étalé *adj.* spread out

étape *f.* phase, stage; stopping place

état *m.* state; shape; **état de choses** situation

étatique *adj.* (*system, doctrine*) of state control

été *p.p. of* **être**

été *m.* summer; **job** (*m.*) **d'été** summer job

éteignirent *p.s. of* **éteindre**

éteignit *p.s. of* **éteindre**

éteindre (*like* **craindre**) *irreg.* to put out; to turn off

éteint *adj.* extinguished; dead; *p.p. of* **éteindre**

étendre to stretch, extend; to spread (out); **s'étendre** to stretch (out)

étendue *f.* area, expanse

éternel(le) *adj.* eternal

éternité *f.* eternity

ethnie *f.* ethnic group

ethnique *adj.* ethnic

étincelant *adj.* sparkling, glistening

étoile *f.* star

étonnant *adj.* astonishing, surprising

étonner to surprise, astonish; **s'étonner de** to be suprised at, astonished at

étouffer to smother; to stifle

étrange *adj.* strange

étranger/étrangère *m., f.* stranger; foreigner; *adj.* foreign

étrangeté *f.* strangeness, oddness

étranglement *m.* constriction; strangulation

étrangler to strangle

être (*p.p.* **été**) *irreg.* to be; *m.* being; **être à** to belong to; **être assis(e)** to be seated; **être d'accord** to agree; **être en train de** to be in the process (in the middle of); **être** (*m.*) **humain** human being; **être obligé(e) de** to be obligated to, have to; **être prêt(e) à** to be ready to; **être reçu(e) à un examen** to pass a test; **peut-être** *adv.* perhaps, maybe

étroit *adj.* narrow, tight

étude *f.* study; *pl.* studies; **faire des études** to study

étudiant(e) *m., f., adj.* student

étudier to study

étymologiquement *adv.* etymologically

eu *p.p. of* **avoir**

eunuque *m.* eunuch

eurent *p.s. of* **avoir**

européen(ne) *adj.* European

eut *p.s. of* **avoir**

eux *pron., m. pl.* them; **eux-mêmes** *pron., m. pl.* themselves

évasion *f.* escape

événement *m.* event

éventail *m.* fan; **en éventail** fanned out, fan-shaped

éventuel(le) *adj.* possible

évidemment *adv.* obviously, evidently

évidence *f.* evidence; **de toute évidence** obviously

évident *adj.* obvious, clear

éviter to avoid

évoquer to evoke, call to mind

exact *adj.* exact; correct

exagérer (j'exagère) to exaggerate

exalté *adj.* impassioned, uplifted

examen (*fam.* exam) *m.* test, exam; examination; **être reçu(e) à un examen** to pass a test; **passer un examen** to take a test; **réussir à un examen** to pass a test

examiner to examine; to study

exaspérer (j'exaspère) to exasperate; **s'exaspérer** to lose all patience

exceptionnel(le) *adj.* exceptional

excès *m.* excess, surplus

excessif/excessive *adj.* excessive

exclure (*pp.* **exclu**) *irreg.* to expel, exclude

exclusivement *adv.* exclusively

excuser to excuse; **s'excuser (de)** to excuse oneself (for)

exécuter to carry out, perform, execute

exécution *f.* execution; carrying out

exemplaire *adj.* exemplary, model

exemple *m.* example; **par exemple** for example

exempt *adj.* free, exempt; **exempt(e) de soucis** carefree

exercer (nous exerçons) to exercise; to practice (*profession*)

exigence *f.* demand, requirement

exiger (nous exigeons) to require, demand

exister to exist

exotique *adj.* exotic

expédier to send, ship

expérience *f.* experience; experiment

explication *f.* explanation

expliquer to explain

explorateur/exploratrice *m., f.* explorer

explorer to explore

exposé *m.* presentation, exposé; oral report

exposer to expose, show; to display; **s'exposer à** to expose oneself to

exposition *f.* exhibition; show

exprès *adv.* on purpose

exprimer to express

exquis *adj.* exquisite

extase *f.* ecstasy; **rester en extase** to remain entranced

extérieur *m.* exterior; *adj.* outside; foreign

extrait *m.* excerpt; extract

extraordinaire *adj.* extraordinary, remarkable

extraterrestre *m.* extraterrestrial (being)

extrêmement *adv.* extremely

F

fabriquer to manufacture, make

face *f.* face; façade; **en face (de)** opposite, facing, across from; **face à** in the face of; **face-à-face** face to face; **faire face à** to confront, face up to; **regarder la mort en face** to look death in the face

facette *f.* facet

fâché *adj.* angry; annoyed

fâcher to anger; to annoy; **se fâcher (contre)** to get angry (with)

facile *adj.* easy

facilité *f.* aptitude, talent; ease

façon *f.* way, manner, fashion; **à votre façon** in your own way; **de toute façon** anyway, in any case; **de façon à** so as to

facteur *m.* factor; **facteur/factrice** *m., f.* letter carrier

faculté *f.* ability; (*university*) division, department

faible *adj.* weak; small

faiblesse *f.* weakness

faïence *f.* earthenware

faim *f.* hunger; **avoir faim** to be hungry

faire (*p.p.* **fait**) to do; to make; to form; to be; **faire appel à** to appeal to, call upon; **faire attention (à)** to be careful (of); to watch out (for); **faire beau: il fait beau** it's nice (good weather) out; **faire carrière** to make one's career; **faire cuire** to cook (*s.th.*); **faire de l'auto-stop** to hitchhike; **faire des études** to study; **faire dodo** *tr. fam.* to go to sleep; **faire du piano** to play (study) the piano; **faire du sport** to participate in or do sports; **faire face à** to face, confront; **faire la cuisine** to cook; **faire la loi (à)** to lay down the law (to); to dictate (to); **faire le point** to take one's bearings; **faire mieux de** to do better to; **faire part de** to inform of; **faire partie de** to belong to; **faire peur à** to scare, frighten; **faire preuve de** to give proof of; to show; **faire (quelque chose) à sa manière** to do (*s.th.*) in his/her own way; **faire sa toilette** to wash up, get ready; **faire signe** to gesture; to contact; **faire son boulot** *fam.* to do one's work; **faire suite à** to be a continuation of; **faire un bond** to leap, spring; **faire un cadeau à** to give a gift to; **faire un cours (une classe)** to give (teach) a course; **faire un (des) effort(s) pour** to try, make an effort to; **faire une manifestation** to hold a demonstration (*political*); **faire une promenade** to take a walk; **faire un portrait** to paint a portrait; **faire un reportage** to write a (newspaper) report; **faire un voyage** to take a trip; **faire venir** to send for; **se faire du souci pour quelqu'un**

to worry about *s.o.*; **se faire une idée** to get an idea

faiseur/faiseuse *m., f., fam.* bluffer, humbug

fait *m.* fact; *adj.* made; *p.p. of* **faire**; **tout à fait** *adv.* completely, entirely

falaise *f.* cliff

falloir (*p.p.* **fallu**) *irreg.* to be necessary, have to; to be lacking

fallu *p.p. of* **falloir**

fallut *p.s. of* **falloir**

familial *adj.* (*related to*) family

familier/familière *adj.* familiar

famille *f.* family; **en famille** with one's family

fanatisme *m.* fanaticism

fantastique *adj.* fantastic

farouche *adj.* fierce, wild; timid

fasciner to fascinate

fatigué (de) *adj.* tired (of)

faune *f.* wildlife, fauna

faute *f.* fault, mistake; **il n'y a pas de ma faute** it's not my fault; **se sentir en faute** to feel guilty

fauteuil *m.* armchair, easy chair

faux/fausse *adj.* false; **faux ami** *m.* false friend (*word mistaken for a cognate*)

faveur *f.* favor

favoriser to favor

fécond *adj.* fertile; prolific

fée *f.* fairy; **conte** (*m.*) **de fée(s)** fairy tale

féliciter to congratulate

femme *f.* woman; wife; **femme d'affaires** businesswoman; **femme politique** politician

fendre to cleave; to plough through

fenêtre *f.* window

fer *m.* iron; **chemin** (*m.*) **de fer** railroad; **fer rouge** red-hot iron

ferme *f.* farm; *adj.* firm

fermer to close

fermier/fermière *m., f.* farmer

féroce *adj.* ferocious

feston *m.* festoon; scallop

fête *f.* holiday; celebration, party

fétiche *m.* fetish; mascot

feu *m.* fire; traffic light; **feu d'artifice** fireworks

feuille *f.* leaf; sheet; **feuille d'érable** maple leaf; **feuilles détachées** loose leaves (*paper*)

feuilleter (je feuillette) to leaf through

février *m.* February

se fiancer (nous nous fiançons) (avec) to become engaged (to)

fictif/fictive *adj.* fictitious

fidèle *adj.* faithful

fier/fière *adj.* proud

se fier (à) to trust

fierté *f.* pride

fièvre *f.* fever

fièvreusement *adv.* feverishly

figure *f.* face; figure

figuré *adj.* shown, represented

figurer to appear

fil *m.* thread; cord; **fil à plomb** plumb line

file *f.* line; lane

filer to fly; to speed along

filet *m.* net; string bag; fillet

fille *f.* girl; daughter; **belle-fille** daughter-in-law; stepdaughter; **petite fille** little girl; **petite-fille** granddaughter

fillette *f.* little girl

fils *m.* son; **fils unique** only son

fin *adj.* delicate; fine, thin

fin *f.* end; purpose; **sans fin** endless(ly)

finalement *adv.* finally

financièrement *adv.* financially

finesse *f.* fineness; delicacy

finir (de) to finish; **finir par** to end, finish by (*doing s.th.*); **ne pas en finir** to have (find) no end

firent *p.s. of* **faire**

fit *p.s. of* **faire**

fixe *adj.* fixed; permanent; **sans-domicile-fixe** homeless

fixer to stare; to fix; to make firm

flamber to burn; to blaze, flame

flanc *m.* flank; side

flanelle *f.* flannel

flâner to stroll

flâneur/flâneuse *m., f.* stroller; dawdler

flaque *f.* puddle

flatter to flatter, compliment

flatteur/flatteuse *m., f.* flatterer; *adj.* flattering

flèche *f.* arrow

fleur *f.* flower

fleurir to flower; to flourish

fleuriste *m., f.* florist

fleuve *m.* river (*flowing into the sea*)

flic *fam., m.* cop

flocon *m.* flake

flot *m.* crowd; flood; (*ocean*) wave

flotter to float

flou *m.* fuzziness, blur; *adj.* fuzzy, blurry

foi *f.* faith; **ma foi!** my word!

foie *m.* liver; **avoir mal au foie** to have liver trouble, have indigestion; **pâté** (*m.*) **de foie gras** goose liver pâté

fois *f.* time, occasion; times (*arithmetic*); **à la fois** at the same time; **la première (dernière) fois** the first (last) time; **une seule fois** just once; **(pour) une fois** (for) once

folie *f.* madness

fonction *f.* function; job; use, office; **(en) fonction de** (as) a function of; according to

fonctionnement *m.* working order, functioning

fonctionner to work, function

fond *m.* background; end; bottom; **au fond** basically; **au fond (de)** (at) the back, the bottom (of)

fondateur/fondatrice *m., f.* founder

fondement *m.* foundation

fonder to found, establish

fondre to melt

football (*fam.* **foot**) *m.* soccer; **football américain** football

force *f.* strength, force; **à force de (l'entendre)** by (hearing it) constantly; **de toutes ses forces** with all his/her might

forcément *adv.* necessarily

forêt *f.* forest

formation *f.* formation; education, instruction, training

forme *f.* form; shape; figure

former to form, shape; to train

formidable *adj.* great, wonderful; formidable

formule *f.* formula; form; planned vacation; **formule de commande** order form

fort *adj.* strong; heavy; loud; *adv.* strongly; loudly; very; often; a lot; **se tenir fort bien** to behave very well

fortement *adv.* strongly

forteresse *f.* fortress

fortune *f.* fortune; luck

fossé *m.* ditch; gap

fou (fol, folle) *adj.* crazy, mad; wild

foule *f.* crowd

fouler to press; to trample; to crush

four *m.* oven; **petit four** petit four (*pastry*)

fourneau *m.* furnace; oven

fourré *m.* thicket; *adj.* filled

fourrure *f.* fur

foyer *m.* seat, center

fragmentaire *adj.* sketchy, fragmentary

fraîcheur *f.* freshness; scent; bloom

frais *m. pl.* fees; expense(s)

frais/fraîche *adj.* cool; fresh

fraise *f.* strawberry

franchement *adv.* frankly

franchir to cross

francophone *m., f., adj.* French; French-speaking (*person*)

frange *f.* fringe

frappant *adj.* striking

frapper to strike

frayeur *f.* fear, terror

frêle *adj.* frail, weak; fragile

frémissant *adj.* trembling

frénétique *adj.* frenetic, frenzied

fréquence *f.* frequency

fréquenter to frequent, visit frequently

frère *m.* brother

friand *adj.* fond of delicacies (of sweets)

friandise *f.* sweet, delicacy; gourmet treat

frileusement *adv.* huddled close together to keep warm

frire (*p.p.* frit) *irreg.* to fry

frissonner to shiver

froid *m.* cold (*weather, food*); *adj.* cold; **avoir froid** to be cold; **il fait froid** it's cold (out)

fromage *m.* cheese

froncer (nous fronçons) to wrinkle; **froncer le sourcil** to frown

front *m.* forehead; front

frontière *f.* frontier; border

fronton *m.* (*ornamental*) front, façade

frottage *m.* rubbing

frotter to rub; to polish; to wear down

fructueux/fructueuse *adj.* fruitful

frustré *adj.* frustrated

fui *p.p. of* **fuir**

fuir (*p.p.* **fui**) *irreg.* to flee; to run away from

fuirent *p.s. of* **fuir**

fuit *p.s. of* **fuir**

fumage *m.* smoking (*foods, arable land*)

fumée *f.* smoke

fumer to smoke

furent *p.s. of* **être**

fureteur/fureteuse *adj.* prying

furieux/furieuse *adj.* furious

fusée *f.* rocket; spaceship

fusil *m.* rifle, gun

fut *p.s. of* **être**

futur *adj.* future

G

gagner to win; to earn; to reach; **gagner sa vie** to earn one's living

gai *adj.* gay, cheerful

gaillard(e) *m., f.* bold (strapping) young man (woman)

gaîté *f.* gaiety; cheerfulness

galant *adj.* gallant, attentive

galanterie *f.* gallantry, politeness

galerie *f.* gallery

galette *f.* pancake; tart, pie

galoche *f.* clog (*wooden shoe*)

galon *m.* braid; stripe

galoper to gallop

gamin *adj.* youthful, childlike

gamme: bas de gamme (*f.*) bottom of the line

gant *m.* glove

garçon *m.* boy; café waiter

garde *f.* watch; *m., f.* guard; **être en garde** to be watchful; **prendre garde (à)** to watch out (for)

garder to keep, retain; to take care of; **garder ses distances** to keep one's distance

gare *f.* station; train station

gargouille *f.* gargoyle

gâteau *m.* cake

gâter to spoil

gauche *f.* left; *adj.* left; **à gauche (de)** on (to) the left (of)

gauchement *adv.* awkwardly

gelée *f.* aspic

gémir to moan, groan

gendarme *m.* gendarme (*French state police officer*)

gène *m.* gene

gêne *f.* embarrassment

gêné *adj.* embarrassed; awkward

général *adj.* general; **en général** in general

généralisé *adj.* generalized

générique *m.* credits, credit titles (*movies*)

générosité *f.* generosity

génie *m.* genius

genou (*pl.* **genoux**) *m.* knee

genre *m.* gender; kind, type, sort

gens *m., f. pl.* people

gentil(le) *adj.* nice, pleasant; kind

gentilhomme *m.* gentleman

gentiment *adv.* nicely, prettily

géographie *f.* geography

géographique *adj.* geographic

geste *m.* gesture; movement

gifle *f.* slap

gigantesque *adj.* gigantic

gigot *m.* leg of lamb

gîte *m., A.* lodgings

glace *f.* ice; mirror

glacé *adj.* iced; frozen

glaive *m., A.* sword, blade

glauque *adj.* glaucous; sea-green

glissement *m.* sliding

glisser to slide; to slip; **se glisser** to glide, creep

gloire *f.* glory, fame

gober to swallow, gulp down

gommé *adj.* rubberized; gummed

gonflé *adj.* swollen; inflated

gouffre *m.* abyss, gulf

goulot *m.* neck (*of bottle*)

gourde *f.* gourd; winter squash; **se sentir gourde** *fam.* to feel foolish

gourmand(e) *m., f.* glutton, gourmand; *adj.* gluttonous, greedy

goût *m.* taste; **prendre goût à** to develop a taste for

goûter *m.* snack; afternoon tea

goutte *f.* drop; **gouttes** *pl.* drops, eyedrops; **ne voir (entendre) goutte** not to see (hear) a thing (anything)

gouttelette *f.* droplet

gouvernail *m.* rudder, helm

gouvernement *m.* government

gouvernementale *adj.* government

gouverner to rule; to govern

gouverneur *m.* governor

grâce *f.* grace; pardon; **grâce à** *prep.* thanks to

gracieux/gracieuse *adj.* graceful, pleasing

grade *m.* rank

grain *m.* grain; dash, touch

graine *f.* seed; *fam.* tiny thing

grammaire *f.* grammar

grand *adj.* great; large, tall; big; **à grand-peine** with great difficulty; **au grand air** outdoors; **grand écran** *m. fam.* movies, cinema; **grand ouvert** wide open; **grande personne** *f.* adult, grown-up; **prendre son grand air** to put on airs

grandir to grow (up)

grand-mère *f.* grandmother

grands-parents *m. pl.* grandparents

gras(se) *adj.* fat; oily; rich; **pâté** (*m.*) **de foie gras** goose liver pâté

grave *adj.* serious, grave

graver to engrave; to carve

gravure *f.* engraving; print

gré: au gré de according to

grec(que) *m.* Greek (*language*); *adj.* Greek

grêle *adj.* slender, thin

grenade *f.* pomegranate

grenouille *f.* frog

griffe *f.* claw (animal)

grincement *m.* grinding, scratching

gris *adj.* gray

grondement *m.* rumble, roar(ing)

gros(se) *adj.* big; fat; thick; **gros titres** *m. pl.* (newspaper) headlines

grossi *adj.* fattened; enlarged

grossier/grossière *adj.* vulgar, coarse

grossir to get fat(ter), gain weight

grotte *f.* cave, grotto

groupe *m.* group

se grouper to form a group

guère *adv.* but little; **ne... guère** scarcely, hardly

guérilla *f.* band (group) of guerrillas

guérir to cure

guerre *f.* war; **Première (Deuxième) Guerre mondiale** First (Second) World War

guerrier/guerrière *m., f.* warrior

guetter to watch (out) for

gueuler *fam.* to bawl, shout

gueux/gueuse *m., f.* beggar, tramp

guide *m.* guide; guidebook; instructions

guider to guide

guigne *f. fam.* bad luck

guignol *m.* Punch and Judy (*puppet show*); **avoir l'air d'un guignol** to look ridiculous

guirlande *f.* garland, wreath

H

habile *adj.* clever, skillful

habiller to dress; **s'habiller** to get dressed

habit *m.* clothing, dress

habitant(e) *m., f.* inhabitant; resident

habitation *f.* lodging, housing; **Habitation à Loyer Modéré (H.L.M.)** French public housing

habiter to live; to inhabit

habitude *f.* habit; **avoir l'habitude de** to be accustomed to; **comme d'habitude** as usual; **d'habitude** *adv.* usually, habitually

habituel(le) *adj.* habitual, usual

s'habituer à to get used to, get accustomed to

** **haï** *p.p. of* **haïr**

** **haine** *f.* hatred

** **haïr** (*p.p.* **haï**) *irreg.* to hate, detest

** **haïrent** *p.s. of* **haïr**

** **haït** *p.s. of* **haïr**

** **handicapé(e)** *m., f.* handicapped person

** **hanneton** *m.* May bug

** **harassé** *adj.* tired out, exhausted

** **harasser** to exhaust

** **harceler** (**je harcèle**) to harass

** **hareng** *m.* herring

harmonieux/harmonieuse *adj.* harmonious

** **hasard** *m.* chance, luck; **au *hasard** *adv.* randomly

** **hâte** *f.* haste; **avoir *hâte (de)** to be in a hurry (to)

se *hâter to hurry

** **hausse** *f.* rise, increase

** **hausser** to raise, lift; ***hausser les épaules** to shrug one's shoulders

** **haut** *m.* top; height; *adj.* high; higher; tall; upper; **à voix *haute** out loud; **du *haut de** from the top of; **en *haut (de)** upstairs, above, at the top of; **la *haute bourgeoisie** the upper middle class; ***haut-parleur** *m.* (loud)speaker

hebdomadaire *adj.* weekly

héberger (nous hébergeons) to shelter, harbor

hégémonie *f.* hegemony, domination

** **hein?** *interj.* eh? what?

hélas: hélas non! *interj.* I'm afraid not!

hélice *f.* helix; propeller

herbe *f.* grass

hérésie *f.* heresy

héritage *m.* inheritance; heritage

** **héros/héroïne** *m., f.* hero, heroine

hésiter (à) to hesitate (to)

hétérogénéité *f.* heterogeneousness

heure *f.* hour; time; **à la bonne heure!** fine! that's better!); **à la même heure** at the same time; **à l'heure** on time; **de bonne**

heure early; **il est cinq heures et demie** it's five-thirty; **tout à l'heure** in a short while; a short while ago

heureusement *adv.* fortunately, luckily

heureux/heureuse *adj.* happy; fortunate

hier *adv.* yesterday

** **hiérarchie** *f.* hierarchy

** **hiérarchique** *adj.* hierarchic(al)

** **hiérarchisé** *adj.* organized into a hierarchy

** **hissé** *adj.* hoisted (up)

histoire *f.* history; story

hiver *m.* winter

hommage *m.* homage, respects

homme *m.* man; **homme d'affaires** businessman

homogénéité *f.* homogeneity, homogeneousness

honnête *adj.* honest

honnêteté *f.* honesty

honneur *m.* honor

** **honte** *f.* shame; **avoir *honte de** to be ashamed of

** **honteux/honteuse** *adj.* shameful; ashamed

hôpital *m.* hospital

** **hoquet** *m.* hiccup

horloge *f.* clock

horreur *f.* horror

** **hors** *prep.* outside

** **hors-bord** *m. fam.* speedboat

** **hors-d'œuvre** *m.* appetizer

hostilité *f.* hostility

hôte/hôtesse *m., f.* host, hostess; guest; **table** (*f.*) **d'hôte communal** table, family style; prix fixe meal

hôtel *m.* hotel

hôtesse *f.* hostess

** **houblon** *m. s.* hops (*plant*)

hublot m. porthole

** **huis** *m., A.* door; **Huis clos** No exit

** **hululement** *m.* hooting, screeching

humain *m.* human being; *adj.* **être** (*m.*) **humain** human being

humanitarisme *m.* unrealistic humanitarianism

s'humecter to become moist, become damp

humeur *f.* disposition; mood; **être de bonne (mauvaise) humeur** to be in a good (bad) mood

humide *adj.* humid; damp

humilié *adj.* humiliated

humour *m.* humor; **avoir le sens de l'humour** to have a sense of humor

*hurler to howl, yell

*hutte *f.* hut, shanty

hygiène *f.* health; sanitation

hypermarché *m.* superstore

hypocondrie *f.* hypochondria

hypocrite *m., f.* hypocrite; *adj.* hypocritical

I

ici *adv.* here; **jusqu'ici** up to here, until here; until now

idéaliser to idealize

idéaliste *m., f.* idealist; *adj.* idealistic

idée *f.* idea; **mettre (une idée) dans la tête de quelqu'un** to put (an idea) into s.o.'s head; **se faire une idée** to get an idea

identifier to identify; **s'identifier à** to identify oneself with

identité *f.* identity

idiot *adj.* idiotic, foolish

ignoble *adj.* vile, horrible

ignorant(e) *m., f., adj.* ignorant (*person*)

il *pron., m. s.* he; it; there; **ils** *pron., m. pl.* they; **il y a** there is/are; ago

île *f.* island; isle

illustrer to illustrate

ils *pron., m. pl.* they

image *f.* picture; image

imagerie *f.* imagery

imaginaire *m., adj.* imaginary

imaginer to imagine

imiter to imitate

immédiatement *adv.* immediately

immensité *f.* immensity

immeuble *m. (apartment, office)* building

immigré(e) *m., f.* immigrant

immobilier/immobilière *adj.* property

immobilisé *adj.* immobilized

immobilité *f.* stillness, immobility

imparfait *m., Gram.* imperfect (*tense*)

impératif *m., Gram.* imperative, command

impertinent(e) *m., f., adj.* impertinent (*person*)

impliquer to imply

implorer to beg, implore

importation *f.* importing, importation

importer to be important; to matter; **n'importe où** anywhere; **n'importe quel(le)** any, no matter which; **peu importe que** it matters little whether

imposant *adj.* imposing

imposer to impose; to require

impossible *m., adj.* (the) impossible

imposteur *m.* impostor

impressionner to impress

imprévisible *adj.* unforeseeable, unpredictable

imprimerie *f.* printing house

imprimeur *m.* printer

improviser to improvise

impuissance *f.* helplessness; weakness

impuissant *adj.* impotent, powerless

impuni *adj.* unpunished

inachevé *adj.* unfinished, incomplete

inactif/inactive *adj.* inactive

inanimé *adj.* inanimate

inattendu *adj.* unexpected

incidence *f.* incidence; repercussion

s'incliner to bow; to yield to

inclus *adj.* included

inconciliable *adj.* irreconcilable

inconfort *m.* discomfort

inconnu(e) *m., f.* stranger; *adj.* unknown

inconsciemment *adv.* unconsciously

inconscient *adj.* unconscious; **tomber inconscient(e)** to fall unconscious

inconvénient *m.* disadvantage

incrédule *adj.* unbelieving

incroyable *adj.* unbelievable, incredible

indépendance *f.* independence

indésirable *adj.* undesirable

index *m.* index finger

indicateur/indicatrice *adj.* indicative

indication *f.* instructions; information sign

indien(ne) *m., f.* Indian; Native American

indigène *adj.* native; local

indigne *adj.* unworthy; dishonorable, shameful

indiquer to show, point out

indirectement *adv.* indirectly

indiscret/indiscrète *adj.* indiscreet

individu *m.* individual, person

individuel(le) *adj.* individual

s'industrialiser to become industrialized

industrie *f.* industry

industriel(le) *m., f.* industrialist; *adj.* industrial

inégal *adj.* unequal

inférieur *adj.* inferior; lower

infini *adj.* infinite

infliger (nous infligeons) to inflict

influencer (nous influençons) to influence

information *f.* information, data; *pl.* news (*broadcast*)

informer to inform

ingénieur *m.* engineer

ingrat *adj.* ungrateful

inhabité *adj.* uninhabited

initialement *adv.* initially

injuste *adj.* unjust, unfair

innombrable *adj.* innumerable

inquiet/inquiète *adj.* worried

inquiéter (j'inquiète) to worry, disturb; **s'inquiéter de** to worry about

inquiétude *f.* worry

inscription *f.* matriculation; registration

inscrire (*like* **écrire**) *irreg.* to inscribe

inscrit *adj.* enrolled; inscribed; *p.p. of* **inscrire**

inscrivirent *p.s. of* **inscrire**

inscrivit *p.s. of* **inscrire**

insensé *adj.* mad, crazy

insensible *adj.* insensitive

insensiblement *adv.* imperceptibly

insolent *adj.* extraordinary; insolent

insomnie *f.* insomnia

insondable *adj.* fathomless; unfathomable

inspecteur/inspectrice *m., f.* inspector

inspirer to inspire; **s'inspirer de** to take inspiration from

s'installer (dans) to settle down, settle in

instantanément *adv.* instantaneously

instituteur/institutrice *m., f.* elementary (primary) school teacher

instruit *adj.* learned, instructed

insuccès *m.* failure

insulté *adj.* insulted

insupportable *adj.* unbearable

s'insurger (nous nous insurgeons) to rebel, rise up

intègre *adj.* honest

intégrer (j'intègre) to integrate; **s'intégrer** to become integrated

intellectuel(le) *m., f.* intellectual (*person*); *adj.* intellectual

intention *f.* intention; meaning; **avoir l'intention de** to intend to

interdire (like dire, exc. vous interdisez) (de) *irreg.* to forbid (to)

interdirent *p.s. of* **interdire**

interdit *adj.* forbidden, prohibited; *p.p. of* **interdire**; *p.s. of* **interdire**; **sens (m.) interdit** one-way (*street*)

intéressant *adj.* interesting

intéresser to interest; **s'intéresser à** to be interested in

intérêt *m.* interest, concern

intérieur *m.* interior; *adj.* interior; **à l'intérieur** inside

interlocuteur/interlocutrice *m., f.* speaker

intermédiaire *m., f.* intermediary

interminable *adj.* endless

interprète *m., f.* interpreter

interpréter (j'interprète) to interpret

interroger (nous interrogeons) to question, interrogate

interrompirent *p.s. of* **interrompre**

interrompit *p.s. of* **interrompre**

interrompre (like rompre) *irreg.* to interrupt

interrompu *adj.* interrupted; *p.p. of* **interrompre**

intervenir (like venir) *irreg.* to intervene; to become involved in

intervenu *p.p. of* **intervenir**

intervinrent *p.s. of* **intervenir**

intervint *p.s. of* **intervenir**

intime: journal (m.) intime personal diary, journal

intimidé *adj.* intimidated

intimité *f.* intimacy; privacy

intitulé *adj.* titled

intrigue *f.* intrigue, scheme

intrus(e) *m., f.* intruder

inutile *adj.* useless

inutilité *f.* uselessness

inventer to invent

inverse: à l'inverse conversely

investi *adj.* invested

investissement *m.* investment

invité(e) *m., f.* guest; *adj.* invited

inviter to invite

invraisemblable *adj.* improbable, unlikely

invraisemblance *f.* unlikeliness, improbability

ironiquement *adv.* ironically

irréel(le) *adj.* unreal

irrégularité *f.* irregularity

irresponsable *adj.* irresponsible

irriter to irritate, annoy

isolé *adj.* isolated; detached

ivre *adj.* drunk, intoxicated; elated

ivresse *f.* drunkenness, intoxication; elation

J

jabot *m.* crop (*of bird*); shirt-frill, ruffle

jaillir to shoot forth; to spout up

jamais (ne... jamais) *adv.* ever, never

jambe *f.* leg

jambon *m.* ham

janvier *m.* January

jardin *m.* garden

jatte *f.* bowl, basin

jaune *adj.* yellow

javelot *m.* javelin

je (j') *pron., s.* I

jeter (je jette) to throw (away); **se jeter** to throw (fling) oneself

jeu (pl. jeux) *m.* game; game show; **en jeu** at issue, at stake

jeudi *m.* Thursday

jeun: à jeun fasting, without eating

jeune *adj.* young; **jeunes** *m. pl.* young people, youth; **jeune fille** *f.* girl, young woman; **jeune homme** *m.* young man; **jeunes gens** *m. pl.* young men; young people

jeunesse *f.* youth

job *m.* job; **job d'été** summer job

joie *f.* joy; **joie de vivre** joy in life

joignirent *p.s. of* **joindre**

joignit *p.s. of* **joindre**

joindre (like craindre) *irreg.* to join; to attach; **se joindre à** to join

joint *adj.* joined, linked; assembled; *p.p. of* **joindre**

joli *adj.* pretty

joue *f.* cheek

jouer to play; **jouer à la poupée** to play with dolls; **jouer au ballon** to play ball; **jouer au football** to play soccer; **jouer au *hockey** to play hockey; **jouer de** to play (*a musical instrument*); **jouer un rôle** to play a role; **jouer un tour à** to play a trick on; **se jouer** to trifle, make fun

jouet *m.* toy

joueur/joueuse *m., f.* player

jouir de to enjoy; to be in full possession of

jour *m.* day; **au jour dit** on the prescribed day; **au jour le jour** day by day; **de nos jours** these days, currently; **il y a huit jours** a week ago; **jour levant (mourant)** dawn (twilight); **par jour** daily; **tous les jours** every day

journal (pl. journaux) *m.* newspaper; journal, diary; **journal intime** personal diary, journal

journaliste *m., f.* reporter; journalist

journée *f.* (*whole*) day; **toute la journée** all day long

joyeusement *adv.* joyously; happily

joyeux/joyeuse *adj.* joyous; happy, joyful

juge *m.* judge

jugement *m.* judgment

juger (nous jugeons) to judge

juif/juive *adj.* Jewish

juillet *m.* July

jumeau/jumelle *m., f.* twin

jupe *f.* skirt

jurer to swear

juriste *m., f.* jurist, legal scholar

jusqu'à (jusqu'en) *prep.* until, up to; **jusqu'au bout** until the end; **jusqu'ici (jusque ici)** up to here, up to now

juste *adj.* just; right, exact; *adv.* just, precisely; accurately

justement *adv.* justly; exactly

justesse *f.* accuracy, perfection

justifier to justify, prove

K

karaté *m.* karate

karatéka *m., f.* practitioner of karate

kilomètre (km.) *m.* kilometer

L

la (l') *art., f. s.* the; *pron., f. s.* it, her

là *adv.* there; **là-bas** *adv.* over there; **oh, là, là!** *interj.* darn; good heavens! my goodness!

labourage *m.* plowing

labours *m. pl.* plowed land

lac *m.* lake

lacer (nous laçons) to lace (*shoes*)

lâcher to let go, release

lâcheté *f.* cowardice

laid *adj.* ugly

laisser to let, allow; to leave (*behind*); **laisser échapper** to express, emit; **se laisser choir** to fall down, let oneself go; **se laisser tirer** to let oneself be pulled (along)

lait *m.* milk; **dent (f.) de lait** baby tooth, milk tooth

se lamenter to lament, complain

lampe *f.* lamp; light fixture; **lampe-tempête** *f.* storm lantern

lancement *m.* throwing, casting; publicity campaign

lancer (nous lançons) to launch; to throw, toss; to drop; **lancer un SOS** to put out an SOS

langage *m.* language; jargon

langue *f.* language; tongue; **langue maternelle** native language

lapin *m.* rabbit

laquelle *See* **lequel**

large *m.* open sea; *adj.* wide; **au large de** off (*at sea*); **au sens large du terme** in the broad(est) sense of the term

largement *adv.* largely; widely

larme *f.* teardrop, tear

las(se) *adj.* tired, weary

laurier *m.* laurel, bay; glory; award

lavement *m.* enema

laver to wash; to clean

laverie: laverie (f.) automatique launderette

le (l') *art., m. s.* the; *pron., m. s.* it, him; **le long du (de la)** the length of

leçon *f.* lesson

lecteur/lectrice *m., f.* reader

lecture *f.* reading

légendaire *adj.* legendary

légende *f.* legend; caption

léger/légère *adj.* light, lightweight; **à la légère** lightly, rashly

légion *f.* legion

legs *m.* legacy, bequest

légume *m.* vegetable; legume

lendemain: le lendemain *m.* the next day, following day

lent *adj.* slow

lequel (laquelle, lesquels, lesquelles) *pron.* which one, who, whom, which; **auquel** *contr.* à + lequel; **auxquel(le)s** *contr.* à lesquel(le)s

les *art., pl., m., f.* the; *pron., pl., m., f.* them

lettre *f.* letter; *pl.* literature; humanities; **à la lettre** to the letter, literally; **dame (f.) des lettres** literary woman, writer; **papier (m.) à lettres** stationery, letter paper

leur *adj., m., f.* their; *pron., m., f.* to them; **le/la/les leur(s)** *pron.* theirs

levant: jour (m.) levant dawn, rising sun

lever (je lève) to raise, lift; *m.* rising; **lever du soleil** sunrise; **se lever** to get up; to get out of bed

lèvres *f. pl.* lips

levure *f.* yeast

lexique *m.* lexicon, glossary

liaison *f.* liaison; love affair

liane *f.* creeper, liana

libérateur/libératrice *adj.* liberating

libération *f.* freeing; liberation

libérer (je libère) to free

liberté *f.* freedom

libre *adj.* free; available; vacant; **donner (laisser) libre cours à** to give free rein to; **temps (m.) libre** free time

licencié(e) *m., f.* graduate, holder of a **licence** *degree*; **licencié(e) en droit** bachelor of law

lien *m.* link, tie

lier to bind; to link; **se lier d'amitié avec** to form a friendship with

lieu *m.* place; **au lieu de** *prep.* instead of, in the place of; **avoir lieu** to take place; **lieu de naissance** birthplace

ligne *f.* line; bus line; figure

limitation *f.* limit; restriction; **limitation de vitesse** speed limit

limite *f.* limit; boundary

lin *m.* flax; linen (*textile*)

linge *m.* underwear and socks; clothing

linguistique *adj.* linguistic

lire (p.p. lu) *irreg.* to read

lit *m.* bed; **chambre (f.) à deux lits** double room

litière *f.* litter, palanquin

litre *m.* liter

littéraire *adj.* literary

littéralement *adv.* literally

littérature *f.* literature

livre *m.* book

se livrer (à) to surrender, give oneself up (to)

locataire *m., f.* renter, tenant

logé *adj.* located; quartered

logement *m.* lodging(s), place of residence

loger (nous logeons) to lodge; to quarter; to dwell, live

logique *adj.* logical

loi *f.* law; **faire la loi** to lay down the law, dictate

loin (de) *adv., prep.* far (from); **au loin** in the distance, far off; **de loin en loin** now and then

lointain *adj.* distant

loisirs *m. pl.* leisure-time activities

long(ue) *adj.* long; slow; **le long du (de la)** *prep.* the length of; along, alongside

longtemps *adv.* long; (for) a long time; **depuis longtemps** for a long time, since a long time ago; **il y a longtemps** a long time ago

longuement *adv.* for a long time, lengthily

longueur *f.* length

lors de *prep.* at the time of

lorsque *conj.* when

louche *f.* ladle

loup/louve *m., f.* wolf

lourd *adj.* heavy

loyer *m.* rent (*payment*); **Habitation** (*f.*) **à Loyer Modéré (H.L.M.)** *French public housing*

lu *adj.* read; *p.p. of* **lire**

luciole *f.* firefly, glow-worm

lueur *f.* gleam; glistening

lui *pron., m., f.* he; it; to him; to her; to it; **lui-même** *pron., m. s.* himself

lumière *f.* light; **mettre en lumière** to bring (*s.th.*) to light

lumineux/lumineuse *adj.* illuminated, brilliant

lundi *m.* Monday

lune *f.* moon; **lune de miel** honeymoon

lunettes *f. pl.* (eye)glasses

lurent *p.s. of* **lire**

lut *p.s. of* **lire**

lutte *f.* struggle, battle; wrestling

lutter to fight; to struggle

luxe *m.* wealth, luxury

lycée *m. French secondary school*

lycéen *m.* secondary school pupil

M

ma *poss. adj., f. s.* my; **ma foi!** my word!

mâcher to chew

mâchoire *f.* jaw

madame (Mme) (*pl.* **mesdames**) *f.* Madam, Mrs., Ms.

mademoiselle (Mlle) (*pl.* **mesdemoiselles**) *f.* Miss, Ms.

magasin *m.* store, shop

maghrébin(e) *m., f.* North African person

magicien(ne) *m., f.* magician

magie *f.* magic

magique *adj.* magic

magnétoscope *m.* video recorder

magnifique *adj.* magnificent

mai *m.* May

maigre *adj.* thin; skinny

main *f.* hand; **à la main** by hand; handmade; **se serrer la main** to shake hands

maintenant *adv.* now

se maintenir (*like* **tenir**) *irreg.* to remain; to hold one's own

maire *m.* mayor

mairie *f.* town (city) hall

mais *conj.* but; *interj.* why

maison *f.* house, home; family; company, firm; **à la maison** at home

maître/maîtresse *m., f.* master, mistress; primary school teacher

maîtriser to master; **se maîtriser** to control oneself

majesté *f.* majesty; grandeur

majestueusement *adv.* majestically

major *m.* officer, chief-of-staff

majorité *f.* majority

mal *adv.* badly; *m.* evil; pain, illness (*pl.* **maux**); **aller mal** to feel bad, feel ill; to go poorly, go badly; **avoir du mal à** to have trouble, have difficulty; **avoir mal (à)** to have a pain (ache) (in); to hurt; **avoir mal à la tête (aux oreilles)** to have a headache (earache); **être (se sentir) mal à l'aise** to be ill at ease (uncomfortable); **faire du mal à** to harm, hurt; **je ne m'en porte pas plus mal** I'm none the worse for it; **mal aimé(e)** unloved, ignored; **se sentir mal** to feel ill; **tourner mal** to turn (out) bad (evil); **je m'y suis mal pris(e)** I went about it the wrong way; **être mal pris(e)** to be taken badly

malade *m., f.* sick person, patient; *adj.* sick; **rendre malade** to make (*s.o.*) sick; **tomber malade** to get sick

maladie *f.* illness, disease; **assurance** (*f.*) **maladie** health insurance

maladroit *adj.* unskillful; clumsy

malaise *m.* indisposition, discomfort

malavisé(e) *m., f.* unwise (blundering) person

malentendu *m.* misunderstanding

malgré *prep.* in spite of

malheur *m.* misfortune, calamity

malheureusement *adv.* unfortunately; sadly

malheureux/malheureuse *m., f.* unfortunate (*person*); *adj.* unhappy; miserable

malhonnête *adj.* dishonest

malicieux/malicieuse *adj.* malicious

malignité *f.* malice, spite

malin/maligne *m., f.* evil one, devil; *adj.* sly, clever

malle *f.* trunk (*luggage*)

maman *f. fam.* mom, mommy

manche *f.* sleeve

mandarine *f.* tangerine

manger (nous mangeons) to eat; **salle** (*f.*) **à manger** dining room

mangeur/mangeuse *m., f.* eater, devourer

manière *f.* manner, way; **à la manière de** like, in an imitation of; **de manière + *adj.*** in a . . . way; **de manière que** so that; **faire (quelque chose) à sa manière** to do (s.th.) in his/her own way

manifestation *f.* demonstration (*political*); **faire une manifestation** to hold a demonstration

manifeste *m.* manifesto, proclamation

manifester to show, display; **se manifester** to appear, show itself

manoir *m.* country house

manque *f.* lack

manquer (de) to miss; to fail; to lack; to be lacking

manteau *m.* coat, overcoat

manufacturier/manufacturière *m., f.* manufacturer

marchand(e) *m., f.* merchant, shop-keeper; *adj.* commercial; **jouer à la marchande** to play store; **marchand(e) de vin** wine merchant

marche *f.* walking; *(stair)* step

marché: bon marché *(m.)* cheap, inexpensive

marcher to walk; to work, go *(device)*

mardi *m.* Tuesday

mare *f.* pool, pond

marge *f.* margin

mari *m.* husband

mariage *m.* marriage; wedding

marié(e) *m., f.* groom, bride; *adj.* married; **jeunes (nouveaux) mariés** *m. pl.* newlyweds, newly married couple

marier to link, join; **se marier (avec)** to get married, marry *(s.o.)*

marin *adj.* ocean, maritime, of the sea; **sous-marin** *adj.* undersea; *m.* submarine

marine *f.* navy; **bleu** *(m.)* **marine** navy blue

marocain *adj.* Moroccan

marquant *adj.* outstanding, prominent

marque *f.* mark; trade name, brand

marquer to mark; to indicate

marron *adj. inv.* brown; maroon; *m.* chestnut

mars *m.* March

massacrer to murder; to massacre

masse *f.* mass, quantity

massif *m.* massive; mountain range

mastiquer to masticate, chew

match *m.* game; **match de hockey** hockey match

matérialiste *adj.* materialistic

matériel(le) *adj.* material; **biens** *(m. pl.)* **matériels** material goods, wealth

maternel(le) *adj.* maternal; **langue** *(f.)* **maternelle** native language

mathématiques *(fam.* **maths)** *f. pl.* mathematics

matière *f.* academic subject; matter; material

matin *m.* morning; **dix heures du matin** ten A.M.; **le lendemain matin** the next morning

mauvais *adj.* bad; wrong; **être de mauvaise humeur** to be in a bad mood; **sentir mauvais** to smell bad

mauviette *f.* lark *(bird)*

me (m') *pron.* me; to me

mec *m. fam.* guy

méchanceté *f.* spitefulness

méchant *adj.* naughty, bad; wicked

mécontent *adj.* dissatisfied; unhappy

médecin/femme médecin *m., f.* doctor, physician

médecine *f.* medicine *(study, profession)*; *A.* medication

médias *m. pl.* media

médicament *m.* medication; drug

médiocre *m., f.* mediocre person; *adj.* mediocre

meilleur *adj.* better; **le/la meilleur(e)** the best

mélancoliquement *adv.* melancholically

mélanger (nous mélangeons) to mix; to mingle

mélasse *f.* molasses

mêler to mix; to mingle; **se mêler de** to meddle in, get involved in

mélodieux/mélodieuse *adj.* melodious

mélomane *adj.* music-loving

membre *m.* member; limb, leg

même *adj.* same; itself; very same; *adv.* even; **elle-même (lui-même,** *etc.***)** herself (himself, etc.); **en même temps** at the same time; **même quand** even when; **même si** even if; **tout de même** all the same, for all that

mémoire *f.* memory; **mémoires** *m. pl.* memoirs

menace *f.* threat

menacer (nous menaçons) (de) to threaten (to)

ménage *m.* housekeeping; household; married couple

ménager/ménagère *adj.* household

mendier to beg

mener (je mène) to take; to lead; to carry on; **mener rondement (les affaires)** to hustle (one's business) along

mensonge *m.* lie

mentalité *f.* mentality

menteur/menteuse *m., f.* liar

menthe *f.* mint; **thé à la menthe** mint tea

menti *p.p. of* **mentir**

mentionner to mention

mentir *(like* **partir)** *irreg.* to lie, tell a lie

mentirent *p.s. of* **mentir**

mentit *p.s. of* **mentir**

menu *m.* menu; fixed-price menu

mépris *m.* scorn

méprisable *adj.* contemptible, despicable

mépriser to despise, scorn

mer *f.* sea, ocean; **au bord de la mer** at the seashore

merci *interj.* thank you

mercredi *m.* Wednesday

mère *f.* mother; **belle-mère** mother-in-law; stepmother; **grand-mère** grandmother

méridional(e) *m., f.* southerner; *adj.* southern

mérite *m.* merit; worth

mériter to deserve

merveille *f.* marvel

merveilleux/merveilleuse *adj.* marvelous

mes *poss. adj., m., f., pl.* my

messager/messagère *m., f.* messenger

mesure *f.* measure; extent; **dans quelle mesure** to what extent

mesuré *adj.* moderate, measured

métaphore *f.* metaphor

méthodique *adj.* methodical

métier *m.* job; trade; profession; **avoir du métier** to be skilled

métrage: court métrage (*m.*) short-length film

mètre *m.* meter

métro *m.* subway (*train, system*); **métro-boulot-dodo** *fam.* the rat race, the daily grind

mettre (*p.p.* **mis**) *irreg.* to place; to put on; to turn on; to take (*time*); to include; **j'en mets la main au feu** I swear to it; **mettre à mort** to put to death; **mettre au point** to put into shape; **mettre en colère** to anger (*s.o.*); **mettre en lumière** to shed light on; **mettre en morceaux** to reduce to bits; **mettre en œuvre** to put into practice; **mettre en question** to question, query (*s.th.*); **mettre en scène** to stage, produce; **mettre face à** to face, confront; **mettre fin à** to end, put an end to; **mettre quelqu'un en faute** to blame s.o.; **mettre (une idée) dans la tête de quelqu'un** to put (an idea) into s.o.'s head; **se mettre à** to begin to (*do s.th.*); **se mettre à l'abri** to take shelter; **se mettre à l'aise** to relax; to make oneself at home; **se mettre en colère** to get angry; **se mettre en route** to get underway, get on the road

meubler to furnish; to fill

midi noon; **après-midi** *m.* (*or f.*) afternoon

miel *m.* honey; **lune** (*f.*) **de miel** honeymoon

(le/la/les) mien(ne)(s) *pron. m., f.*, mine

mieux *adv.* better, better off; **aimer mieux** to prefer; **bien, mieux, le mieux** good, better, the best; **faire mieux de** to do better to; **il vaut mieux** + *inf.* it's better to; **tant mieux** just as well

milieu *m.* environment; milieu; middle; **au milieu de** in the middle of

mille *adj.* thousand

millénaire *m.* millennium

milliard *m.* billion

minable *adj.* miserable, wretched

mince *adj.* thin; slender

mine *f.* appearance, look

ministère *m.* ministry

ministre: premier ministre (*m.*) prime minister

minoritaire *adj.* minority

minorité *f.* minority

mirent *p.s. of* **mettre**

miroir *m.* mirror

mis *adj.* put; *p.p. of* **mettre**

misanthrope *m., f.* misanthrope (*person who distrusts mankind*)

mise: mise (*f.*) **en route** starting up, getting started

misérable *m., f., adj.* poor, wretched (*person*)

mit *p.s. of* **mettre**

mite *f.* mite; clothes-moth

mobiliser to call up, mobilize

mobilité *f.* mobility

mocassins *m. pl.* loafers (*shoes*)

mode *f.* fashion, style; **à la mode** in style; **dernière mode** latest fashion, style; **mode de vie** lifestyle

modèle *m.* model; pattern

modéré *adj.* moderate; **Habitation** (*f.*) **à Loyer Modéré (H.L.M.)** *French public housing*

modifié *adj.* changed, modified

mœurs *f. pl.* mores, morals, customs

moi *pron. s.* I, me; **moi-même** *pron. s.* myself

moindre *adj.* less, smaller, slighter

moins (de) *adv.* less; fewer; minus; **à tout le moins** at the very least; **au moins** at least; **de moins en moins** less and less; **le moins** the least; **plus ou moins** more or less

mois *m.* month; **au mois de** in the month of

moisson *f.* harvest

moitié *f.* half; **à moitié** half (way)

mol: climat (*m.*) **mol** muggy climate

mollesse *f.* slackness, softness

moment *m.* moment; **au moment où** when; **en ce moment** now, currently

momerie *f.* mummery; *fam.* affectation, simpering

mon (ma, mes) *poss. adj.* my

mondain *adj.* society, fashionable

monde *m.* world; people; company; society; **courir le monde** to travel widely; **le Nouveau Monde** the New World; **le Tiers Monde** Third World, developing nations; **tout le monde** everybody, everyone

mondial *adj.* world; worldwide; **Deuxième (Première) Guerre** (*f.*) **mondiale** Second (First) World War

monnaie *f.* change; coins; currency (*units*)

monolingue *adj.* monolingual

monotone *adj.* monotonous

monsieur (M.) (*pl.* **messieurs**) *m.* Mister; gentleman; Sir

monstre *m.* monster

monstrueusement *adv.* monstrously

monstrueux/monstreuse *adj.* monstrous; huge

mont *m.* hill; mountain

montagne *f.* mountain

montée *f.* rise, ascent; going up

monter to set up, organize; to put on; to carry up; to go up; to rise, go up in value; **monter (dans)** to climb (into); **police** (*f.*) **montée** mounted police

montrer to show; **se montrer** to show oneself; to appear (*in public*)

se moquer de to make fun of; to mock

moqueur/moqueuse *adj.* derisive, mocking

moral *adj.* moral; psychological

morceau *m.* piece; **mettre en morceaux** to reduce to bits

mordant *adj.* mordant, biting

mordre to bite

mort *f.* death; **regarder la mort en face** to look death in the face

mort(e) *m., f.* dead person; *adj.* dead; *p.p. of* **mourir; nature** (*f.*) **morte** still life (*painting*)

mot *m.* word; note; **mot-clé** *m.* key word

motif *m.* motive, incentive

motivé *adj.* motivated

motte: vol (*m.*) **en rase-mottes** hedge-hopping (*aviation*)

mouchoir *m.* handkerchief; tissue

mouiller to dampen; to wet

moulure *f.* profile; molding

mourant *adj.* dying; feeble

mourir (*p.p.* **mort**) *irreg.* to die

moururent *p.s. of* **mourir**

mourut *p.s. of* **mourir**

mousseline *f.* chiffon; muslin (*textile*)

mousseux/mousseuse *adj.* foamy, frothy

moutarde *f.* mustard

mouvant *adj.* moving, unstable

moyen *m.* mean(s); way; **seul moyen** only way

moyen(ne) *adj.* average; medium; intermediate; **de taille moyenne** of medium height; **poids** (*m. pl.*) **moyen** middleweight (*boxing*)

muet(te) *adj.* mute; silent

multiplier to multiply

multitâche *adj.* multitask(ing)

muni (de) *adj.* supplied, equipped (with)

mur *m.* wall

mûr *adj.* mature; ripe

murmurer to murmur, whisper

museau *m.* muzzle, nose (*animal*)

musée *m.* museum

musicien(ne) *m., f.* musician

musique *f.* music; **jouer de la musique** to play music

musulman(e) *adj. m., f.* Muslim; Muslim person

mutuellement *adv.* mutually

mystère *m.* mystery

mystérieux/mystérieuse *adj.* mysterious

N

nager (nous nageons) to swim

naïf/naïve *adj.* naïve; simple

naissance *f.* birth; **lieu** (*m.*) **de naissance** birthplace

naissant *adj.* nascent, incipient

naître (*p.p.* **né**) *irreg.* to be born

nappe *f.* tablecloth

naquirent *p.s. of* **naître**

naquit *p.s. of* **naître**

narcisse *m.* narcissus; daffodil

narine *f.* nostril

narrateur/narratrice *m., f.* narrator

natal *adj.* native

nationalité *f.* nationality

natte *f.* braid (*of hair*)

naturaliser to naturalize

nature *f.* nature; **nature morte** still life (*painting*)

naturel(le) *adj.* natural; **avec naturel** naturally, in a natural manner

naturellement *adv.* naturally

nausée *f.* nausea

navet *m.* turnip

naviguer to navigate; to sail

ne (n') *adv.* no; not; **ne... aucun(e)** none, not one; **ne... jamais** never, not ever; **ne... ni... ni** neither . . . nor; **ne... nulle part** nowhere; **ne... pas** no; not; **ne... pas du tout** not at all; **ne... pas encore** not yet; **ne... personne** no one; **ne... plus** no more, no longer; **ne... point** not at all; **ne... que** only; **ne... rien** nothing; **n'est-ce pas?** isn't it (so)? isn't that right?

né(e) *adj.* born; *p.p. of* **naître**

néanmoins *adv.* nevertheless, yet

nécessaire *adj.* necessary

nécessité *f.* need

négatif/négative *adj.* negative

négliger (nous négligeons) de to neglect to

nègre *m.* negro; *adj.* negro, black

neige *f.* snow

nerf *m.* nerve

nerveux/nerveuse *adj.* nervous

nervosité *f.* nervousness

net(te) *adj.* neat, clear; clean

neuf/neuve *adj.* new, brand-new

neutre *adj.* neuter; neutral

nez *m.* nose

ni neither; nor; **ne... ni... ni** neither . . . nor

nid *m.* nest

nier to deny

nigaud(e) *m., f.* simpleton, fool

niveau *m.* level

noble *m.* noble(man); *adj.* noble

noblesse *f.* nobility

noce *f.* wedding, marriage; **voyage** (*m.*) **de noces** honeymoon trip

nocturne *adj.* nocturnal

noir *adj.* black

noiraud *adj.* dark, swarthy

nom *m.* name; noun

nombre *m.* number; quantity

nombreux/nombreuse *adj.* numerous

nommer to name; to appoint; **se nommer** to be named

non *interj.* no; not; **non plus** neither, not . . . either

nord *m.* north; **nord-est** *m.* northeast

nos *poss. adj., m., f., pl.* our; **de nos jours** these days, currently

notamment *adv.* notably

note *f.* note; grade (*in school*); bill; **prendre des notes** to take notes

noter to notice

notre *poss. adj., m., f., s.* our

(le/la/les) nôtre(s) *poss. pron., m., f.* ours; our own (*people*)

nourrice *f.* nanny

nourrir to feed, nourish

nourriture *f.* food

nous *pron., pl.* we; us

nouveau (nouvel, nouvelle, nouveaux, nouvelles) *adj.* new; **de nouveau** (once) again; **le Nouveau-Monde** the New World; **nouveaux mariés** *m. pl.* newlyweds

nouveauté *f.* novelty

nouvelle *f.* piece of news; short story; *pl.* news, current events

novembre *m.* November

noyer (**je noie**) to drown; **se noyer** to be drowned, drown

noyer *m.* walnut tree

nu *adj.* naked; bare; **pieds** (*m. pl.*) **nus** barefoot; **tout(e) nu(e)** completely naked

nuage *m.* cloud

nuance *f.* nuance; shade of meaning

nui *p.p. of* **nuire**

nuire (*p.p.* **nui**) **à** *irreg.* to harm

nuisirent *p.s. of* **nuire**
nuisit *p.s. of* **nuire**
nuit *f.* night
nul(le) *adj., pron.* no, not any; null; **ne... nulle part** *adv.* nowhere
numéro *m.* number
numéroter to number
nuque *f.* nape, back of the neck

O

obéir (à) to obey
objectif *m.* goal, objective
objet *m.* objective; object
obligé *adj.* obliged, required; **être obligé(e) de** to be obliged to
obliger (nous obligeons) (à) to oblige (to); to compel (to)
oblitéré *adj.* obliterated
obscur *adj.* dark; obscure
obscurité *f.* darkness; obscurity
obséder (j'obsède) to obsess
observatoire *m.* observatory
observer to observe
s'obstiner (à) to persevere, persist (in); to dig in one's heels
obtenir (*like* **tenir**) *irreg.* to obtain, get
obtenu *adj.* gotten, obtained; *p.p. of* **obtenir**
obtinrent *p.s. of* **obtenir**
obtint *p.s. of* **obtenir**
obtus *adj.* dull-witted, obtuse
occasion *f.* opportunity; occasion; bargain; **(une voiture) d'occasion** used, secondhand (car)
occidental *adj.* western, occidental
occupé *adj.* occupied; held; busy
occuper to occupy; **s'occuper de** to look after, be interested in; to take care of
occurrence *f.* occurrence, event; **en l'occurrence** in, under the circumstances
ocre *f.* ochre (*color*)
octaédrique *adj.* octahedral
octobre *m.* October
octroyer (j'octroie) to give, grant
odeur *f.* odor, smell
odieux/odieuse *adj.* odious, hateful

œil (*pl.* **yeux)** *m.* eye; look; **voir d'un bon œil** to look favorably upon
œuf *m.* egg
œuvre *f.* work; artistic work; *m.* (*life's*) work; **chef-d'œuvre (** *pl.* **chefs-d'œuvre)** *m.* masterpiece; ***hors-d'œuvre (** *pl.* **des *hors-d'œuvre)** *m.* hors d'œuvre, appetizer
offert *adj.* offered; *p.p. of* **offrir**
officiel (le) *adj.* official
offre *f.* offer
offrir (*like* **ouvrir**) *irreg.* to offer
offrirent *p.s. of* **offrir**
offrit *p.s. of* **offrir**
oh, là, là *interj.* darn; my goodness!
oignon *m.* onion
oiseau *m.* bird
oisif/oisive *adj.* lazy; idle
ombre *f.* shadow, shade
on *pron.* one, they; we; people
oncle *m.* uncle
onduler to ripple; to undulate
ongle *m.* (finger)nail
opportunité *f.* opportunity
opposé *adj.* opposing, opposite
opposer to oppose; **s'opposer à** to be opposed to
opprimé *adj.* oppressed
optique *f. fam.* point of view
or *m.* gold; *conj.* now; well
oral: par oral orally
orange *m.* orange (*color*); *adj. inv.* orange
orchestre *m.* orchestra
ordinaire *adj.* ordinary, regular; **d'ordinaire** ordinarily
ordinateur *m.* computer
ordonnance *f.* (*pharmaceutical*) prescription
ordonné *adj.* organized, in order
ordonner to order, command, prescribe
ordre *m.* order; command
oreille *f.* ear; **boucle (** *f.* **) d'oreille** earring
organiser to organize
orgueil *f.* pride; arrogance

orient *m.* Orient, East; **Moyen Orient** Middle East
originaire (de) *adj.* originating (from)
originalité *f.* originality
origine *f.* origin
ornement *m.* ornament
orner to decorate
oser to dare
ôter to take off
ou *conj.* or; either; **ou bien** or else
où *adv.* where; *pron.* where, in which, when
ouais *interj. fam.* yes (**oui**)
oublier (de) to forget (to)
ouest *m.* west
oui *interj.* yes; **mais oui** (but) of course
ourdi (*p.p. of* **ourdir)** hatched, woven
ourlet *m.* hem; edge
ours *m.* bear; **ours en peluche** teddy bear, plush bear
outil *m.* tool
outrage *m.* outrage, insult
outre *prep.* as well as, besides, in addition to
ouvert *adj.* open; frank; *p.p. of* **ouvrir; grand(e) ouvert(e)** wide open
ouverture *f.* opening
ouvrage *m.* (*piece of*) work; literary work
ouvreur/ouvreuse *m., f.* usher (*theater, movies*)
ouvrier/ouvrière *m., f.* (*manual*) worker
ouvrir (*p.p.* **ouvert)** *irreg.* to open; **s'ouvrir** to open (up)
ouvrirent *p.s. of* **ouvrir**
ouvrit *p.s. of* **ouvrir**
oxygène *m.* oxygen

P

paillasson *m.* doormat
pain *m.* bread; **avoir du pain sur la planche** to have plenty of work to do; **pain d'épice** gingerbread; **petit pain** dinner roll
paix *f.* peace

palais *m.* palace

pâleur *m.* pallor, paleness

pâlir to grow pale

panier *m.* basket

pantalon *m.* (*pair of*) pants

pantoufle *f.* slipper (*shoe*)

papa *m. fam.* dad, daddy

papier *m.* paper; **feuille** (*f.*) **de papier** sheet of paper; **papier à lettres** letter paper, stationery

paquet *m.* package

par *prep.* by, through; per; **par cœur** by heart; **par contre** on the other hand; **par écrit** in writing; **par exemple** for example; **par jour** daily; **par moitié** in half, by halves; **par oral** orally; **par rapport à** with regard to, in relation to; **par terre** on the ground

parachever (**je parachève**) to perfect

paradis *m.* paradise

paraître (like **connaître**) *irreg.* to appear, seem

parbleu *interj.* why, of course!, my God!

parc *m.* park; **parc national** national park

parce que *conj.* because

parcourir (*like* **courir**) *irreg.* to travel through, traverse; to skim through

parcouru *adj.* covered; *p.p. of* **parcourir**

parcoururent *p.s. of* **parcourir**

parcourut *p.s. of* **parcourir**

par-dessus *prep., adv.* over (*the top of*)

pardessus *m.* overcoat

pardon *m.* pardon, forgiveness

pareil(le) (**à**) *adj.* like; similar (to)

parent(e) *m., f.* parent; relative; **parents** *m. pl.* parents; **grands-parents** *m. pl.* grandparents

paresse *f.* laziness, idleness

paresser to idle; to laze (around)

paresseux/parresseuse *adj.* lazy

parfait *adj.* perfect

parfois *adv.* sometimes

parfum *m.* perfume; odor; flavor

parfumé *adj.* perfumed; sweet-smelling; flavored

parisien(ne) *adj.* Parisian

parler (**à, de**) to speak (to, of); to talk (to, about); **entendre parler de** to hear (*s.th.*) being talked about; *m.* speech

parmi *prep.* among

parodique *adj.* satirizing, ridiculing

parole *f.* word; **porte-parole** *m.* spokesperson; **prendre (demander) la parole** to take (ask for) the floor

part *f.* share, portion; role; **à part** besides; separately; **autre part** somewhere else, elsewhere; **d'autre part** moreover; **de part et d'autre** on both sides, on either side; **faire part** to inform; **ne... nulle part** nowhere; **prendre part à** to participate, take part in; **quelque part** somewhere

partage *m.* division, sharing

partager (**nous partageons**) to share

partenaire *m., f.* partner

parti *m.* party (*political*); *p.p. of* **partir**

participer à to participate in

particulier/particulière *adj.* particular, specific, special; **en particulier** *adv.* particularly

particulièrement *adv.* particularly

partie *f.* part; game, (*sports*) match; outing; **faire partie de** to be part of, belong to

partir (*like* **dormir**) (**à, de**) *irreg.* to leave (for, from); **à partir de** *prep.* starting from

partirent *p.s. of* **partir**

partit *p.s. of* **partir**

partout *adv.* everywhere; **avoir le nez partout** to be curious (a busybody)

paru *adj.* appeared, published; *p.p. of* **paraître**

parurent *p.s. of* **paraître**

parut *p.s. of* **paraître**

parvenir (*like* **venir**) **à** *irreg.* to attain; to succeed in

parvenu *p.p. of* **parvenir**

parvinrent *p.s. of* **parvenir**

parvint *p.s. of* **parvenir**

pas (**ne... pas**) not; **ne... pas encore** not yet; **pas du tout** not at all

passage *m.* passage; passing

passager/passagère *m., f.* passenger

passant(e) *m., f.* passerby

passé *m.* past; *adj.* spent; past, gone, last; **passé composé** *Gram.* present perfect; **passé simple** *Gram.* simple (literary) past

passer *intrans.* to pass; to go; to stop by; *trans.* to pass; to cross; to spend (*time*); **se passer** to happen, take place; **passe-temps** *m.* pastime

passerelle *f.* footbridge

passionné(e) *m., f.* enthusiast, fan; *adj.* passionate, intense

passionnément *adv.* passionately

pasteurisé *adj.* pasteurized

pâté *m.* liver paste, pâté; **pâté de foie gras** goose liver pâté

pâtée *f.* mash; scraps (*animal feed*)

paterne *adj.* benevolent, kind

pathétique *m.* pathos; *adj.* pathetic

patienter to wait (patiently)

patin *m.* skate, ice skate

patinage *m.* ice-skating

patiner to ice-skate; to slide

patinoire *f.* ice-skating rink

pâtissier/pâtissière *m., f.* pastry shop owner; pastry chef

patrie *f.* country; homeland, native land

patron(ne) *m., f.* patron; boss, employer

pâturage *m.* grazing; pasture

paume *f.* palm (*of hand*)

paupière *f.* eyelid

pauvre *adj.* poor; unfortunate

pauvreté *f.* poverty

pavé *m.* slab, chunk; *adj.* paved

payer (**je paie**) to pay, pay for

pays *m.* country, nation

paysage *m.* landscape, scenery

paysan(ne) *m., f., adj.* peasant

peau *f.* skin; hide; **être bien dans sa peau** to feel comfortable with oneself; **Peau-Rouge** *m.* "Red Indian"

pêche *f.* fishing; peach

pêcher to fish

pêcheur/pêcheuse *m., f.* fisherman, fisherwoman

pécuniairement *adv.* financially

se peigner to comb one's hair

peignirent *p.s. of* **peindre**

peignit *p.s. of* **peindre**

peindre (*like* **craindre**) *irreg.* to paint

peine *f.* bother, trouble; **à peine** hardly; **à grand-peine** with great difficulty; **se donner la peine de** to go to the trouble of; **valoir la peine** to be worth the trouble

peiner to grieve, upset

peint *adj.* painted; *p.p. of* **peindre**

peintre *m.* painter

peinture *f.* paint; painting

peluche *f.* plush; **ours** (*m.*) **en peluche** teddy bear

pencher to lean; to bend (over); **se pencher** to bend (down), lean over; **se pencher sur** to concentrate on

pendant *prep.* during; **pendant les vacances** during vacation; **pendant que** *conj.* while

pendre to hang

pénétrer (**je pénètre**) to penetrate, reach

pénible *adj.* difficult; painful

pensée *f.* thought

penser to think; to reflect; to expect, intend; **penser à** to think of, about; **penser de** to think of, have an opinion about

pente *f.* slope

percé *adj.* pierced; holed; **percé à jour** cut through with holes, open-work

percevoir (*like* **recevoir**) *irreg.* to perceive

perché *adj.* perched

perçu *adj.* perceived; *p.p. of* **percevoir**

perçurent *p.s. of* **percevoir**

perçut *p.s. of* **percevoir**

percutant *adj.* powerful; percussive

perdre to lose; to waste; **perdre connaissance** to lose consciousness, pass out; **se perdre** to get lost

perdu *adj.* lost; wasted; anonymous; remote

père *m.* father; reverend (*Catholic*); **beau-père** father-in-law; stepfather; **père Nöel** Santa Claus

perfectionner to perfect

perfide *adj.* perfidious, falsehearted

péril *m.* danger, peril

période *f.* period (*of time*)

périr to perish

permettre (*like* **mettre**) (**à**) *irreg.* to permit, allow, let; **se permettre** to permit oneself; to afford

permirent *p.s. of* **permettre**

permis *m.* permit; *adj.* permitted; *p.p. of* **permettre; permis de conduire** driver's license

permit *p.s. of* **permettre**

perplexe *adj.* perplexed, confused

personnage *m.* (*fictional*) character; **personnage principal** main character

personnalité *f.* personality

personne *f.* person; *pl.* people; **grande personne** adult, grown-up; **ne... personne** nobody, no one

personnel(le) *adj.* personal

personnellement *adv.* personally

persuader to persuade, convince

perte *f.* loss

pervenche *f.* periwinkle (*flower*)

pesant *adj.* heavy, burdensome

peser (**je pèse**) (**sur**) to weigh (heavily on)

peste *f.* nuisance; plague

petit *adj.* small, little; short; very young; **petits** *m. pl.* young ones; little ones; **la petite bourgeoisie** the lower middle class; **petit ami/petite amie** *m., f.* boyfriend, girlfriend; **petit à petit** little by little; **petit doigt** little finger; **petits-enfants** *m. pl.* grandchildren; **petite fille** *f.* little girl, granddaughter; **petit-fils** *m.* grandson; **petit-four** *m.* (*individual*) pastry, petit four; **petit pain** *m.* dinner roll

peu *adv.* little; few; not very; hardly; **à peu près** *adv.* nearly; approximately; **peu à peu** little by little; **quelque peu** to a slight extent; **un peu (de)** a little

peuple *m.* nation; people (*of a country*)

peupler to populate

peur *f.* fear; **avoir peur (de)** to be afraid (of); **faire peur à** to scare, frighten

peureux/peureuse *adj.* fearful, timid

peut-être *adv.* perhaps, maybe

pharmacie *f.* pharmacy, drugstore

pharmacien(ne) *m., f.* pharmacist

phénomène *m.* phenomenon

philosophie *f.* philosophy

photo *f.* picture, photograph

photographe *m., f.* photographer

photographie (*fam.* **photo**) *f.* photo(graph); photography

phrase *f.* sentence

physique *adj.* physical; *m.* physique

piano *m.* piano; **faire du piano** to play the piano

piastre *f.* piastre (*currency unit*)

pic *m.* pick; peak

pièce *f.* piece; room (*of a house*); coin; each; **pièce de théâtre** (*theatrical*) play

pied *m.* foot; **à pied** on foot; **au pied de** at the foot of; **coup** (*m.*) **de pied** kick; **pieds nus** barefoot; **sur pied** on one's feet, standing

piédestal *m.* pedestal

piège *m.* trap

pierre *f.* stone

piétiner to trample; to mark time, wait impatiently

pigeon(ne) *m., f.* pigeon

pilier *m.* pillar

pin *m.* pine tree

pince *f.* pleat; dart (*in garment*)

pinceau *m.* paintbrush

pincer (**nous pinçons**) to pinch; to purse one's lips

pionnier/pionnière *m., f.* pioneer

pique-nique *m.* picnic; **faire un pique-nique** to go on a picnic

pire *adj.* worse; **le/la pire** worst

pis *adv.* worse; **tant pis** too bad

pitié *f.* pity; **avoir pitié de** to have pity on

pittoresque *adj.* picturesque

placard *m.* cupboard, cabinet

place *f.* place; position; parking place; (public) square; seat; **à la place de** instead of; **se mettre à la place de** to imagine oneself in the place of; **sur place** on (in) the field; in the same place

placer (nous plaçons) to find a seat for; to place; to situate

plafond *m.* ceiling

plage *f.* beach

plaie *f.* wound; scourge

plaignirent *p.s. of* **plaindre**

plaignit *p.s. of* **plaindre**

plaindre (*like* **craindre**) *irreg.* to pity; **se plaindre de** to complain of (about)

plaine *f.* plain

plaint *p.p. of* **plaindre**

plaire (*p.p.* **plu**) **à** *irreg.* to please; **se plaire à** to delight in; **s'il te (vous) plaît** *interj.* please

plaisant *adj.* funny; pleasant

plaisanterie *f.* joke; trick

plaisir *m.* pleasure

plan *m.* city map; plan; diagram; level; **premier plan** foreground (*painting*); **sur le plan (personnel)** on a (personal) level

planche *f.* board; **avoir du pain sur la planche** to have plenty of work to do

plancher *m.* (*wood*) floor

plante *f.* plant

planter to plant; to set, situate

plaque *f.* sign; plate; tablet

plat *m.* dish; course (*meal*); *adj.* flat

plâtre *m.* plaster; cast

plein (de) *adj.* full (of); **à plein temps** full-time; **en plein** fully, precisely; in the middle of; **en plein centre** right in the center; **en pleine lune** *f.* full moon; **en pleine poitrine** right in the chest; **en pleine santé** in the best of health

pleurer to cry, weep

pleureur/pleureuse *m., f.* weeper; mourner

pli *m.* pleat; fold

plissé *adj.* pleated; creased

plomb *m.* lead (*metal*); **fil** (*m.*) **à plomb** plumb line

plongeon *m.* diving (*sport*)

plonger (nous plongeons) to dive; to dip, immerse

plongeur/plongeuse *m., f.* diver

plu *adj.* pleased; *p.p. of* **plaire**

pluie *f.* rain

plume *f.* feather; fountain pen

plupart: la plupart (de) *f.* most, the majority (of)

plurent *p.s. of* **plaire**

pluriculturel(le) *adj.* multicultural

pluriethnique *adj.* multiethnic

plus (de) *adv.* more; more . . . than, . . . (-er); plus; **au plus vite** as quickly as possible; **d'autant plus que** all the more as; **de plus** in addition; **de plus en plus** more and more; **je n'en peux plus** I can't go on any longer; **le/la/les plus** + *adj. or adv.* the most . . . ; **le plus de temps possible** as much time as possible; **le plus souvent possible** as often as possible; **ne... plus** no longer, not anymore; **non plus** neither, not . . . either; **plus encore** even more; **plus ou moins** more or less; **plus... que** more . . . than; **plus tard** later; **rien de plus** nothing else

plusieurs (de) *adj., pron.* several (of); **à plusieurs reprises** several times (over)

plut *p.s. of* **plaire**

plutôt *adv.* instead; rather; on the whole

poche *f.* pocket; **argent** (*m.*) **de poche** pocket money, allowance

poêle *f.* frying pan

poème *m.* poem

poésie *f.* poetry

poète *m.* poet

poétique *adj.* poetic

poids *m.* weight; **poids moyen** middleweight (*boxing*)

poignant *adj.* poignant, touching

poignée *f.* fistful, handful

poinçonneur/poinçonneuse *m., f.* ticket puncher

poing *m.* fist

point *m.* point; dot; period (*punctuation*); **à quel point** up to what point; **faire le point** to take stock (*of a question*); **mettre au point** to restate, focus; **ne... point** not at all; **point de départ** starting point; **point de référence** reference point; **point de vue** point of view

pointe *f.* peak; point; touch, bit; tip

pointu *adj.* pointed, pointy; shrill

poire *f.* pear; **poire de Crassane** soft winter pear

pois *m. pl.* peas

poisson *m.* fish

poitrine *f.* chest; lungs; breasts; **en pleine poitrine** right in the chest

police *f.* police; **agent** (*m.*) **de police** police officer

poliment *adv.* politely

polir to polish; to make perfect

politesse *f.* politeness; good breeding

politicien(ne) *m., f.* politician

politique *f.* politics; policy; *adj.* political; **homme (femme) politique** *m., f.* politician

polygame *adj.* polygamous

pomme *f.* apple; **pomme de terre** potato

pondéré *adj.* well-balanced, level-headed

pont *m.* bridge

populaire *adj.* popular; common; of the people

porte *f.* door; **porte d'entrée** entrance

porté *adj.* worn; carried; inclined, disposed

portée *f.* reach, grasp; **à portée de** within reach of

porte-glaive *m., A.* sword-carrier

porte-parole *m.* spokesperson; mouthpiece

porter to wear; to carry; to bring; **je ne m'en porte pas plus mal** I'm none the worse for it; **porter**

secours à to help, assist; **se porter bien (mal)** to be well (ill)

porteur/porteuse *m., f.* carrier, bearer; (*luggage*) porter

portillon *m.* (*automatic*) gate

portraitiste *m., f.* portraitist

poser to put (down); to state; to pose; to ask; **poser une question** to ask a question

positif/positive *adj.* positive

posséder (**je possède**) to possess

possibilité *f.* possibility

possible *adj.* possible; **autant de... que possible** as many . . . as possible; **le plus souvent possible** as often as possible; **le plus de temps possible** as much time as possible

postal *adj.* postal, post; **carte** (*f.*) **postale** postcard

poste *m.* position; employment; *f.* mail; **timbre-poste** *m.* postage stamp

postérité *f.* posterity

pot *m.* pot; jar; pitcher

poubelle *f.* garbage can

poudrier *m.* compact (*for make-up*)

poule *f.* hen; **poule d'eau** moorhen, water-hen

poulet *m.* chicken

poupée *f.* doll; **jouer à la poupée** to play dolls

pour *prep.* for; in order to; **pour que** *conj.* so that, in order that; **pour toujours** forever

pourboire *m.* tip, gratuity

pourpre *m.* crimson, rich red

pourquoi *adv., conj.* why

pourrir to rot, decay

poursuite *f.* pursuit

poursuivi *p.p. of* **poursuivre**

poursuivirent *p.s. of* **poursuivre**

poursuivit *p.s. of* **poursuivre**

poursuivre (*like* **suivre**) *irreg.* to pursue

pourtant *adv.* however, yet, still, nevertheless

poussé *adj.* grown, sprouted; pushed

poussée *f.* growth; thrust; upsurge

pousser to push; to encourage; to emit; to grow; **pousser un cri** to utter a cry; **pousser un soupir**

to sigh, heave a sigh

poussin *m.* (*baby*) chick

pouvoir (*p.p.* **pu**) *irreg.* to be able (to); *m.* power, strength; **je n'en peux plus** I can't go on any longer

pragmatique *adj.* pragmatic; practical

pratique *f.* practice; *adj.* practical

pratiquer to practice; to exercise (*a sport*)

pré *m.* meadow; field

préambule *m.* preamble

précaire *adj.* shaky, precarious

précédent *adj.* preceding

précieux/précieuse *adj.* precious

se précipiter to hurry, rush over; to hurl oneself

précis *adj.* precise, fixed, exact

précisément *adv.* precisely, exactly

préciser to state precisely; to specify

précision *f.* precision; detail

prédire (*like* **dire, exc. vous prédisez**) *irreg.* to predict, foretell

prédirent *p.s. of* **prédire**

prédit *adj.* predicted, foretold; *p.p. of* **prédire**; *p.s. of* **prédire**

préférer (**je préfère**) to prefer, like better

préfigurer to prefigure, foreshadow

préjudiciable *adj.* prejudicial, detrimental

préjugé *m.* prejudice

préliminaire *adj.* preliminary

premier/première) *adj.* first; **la première fois** the first time; **première classe** first class; **premier plan** foreground (*painting*); **premier ministre** prime minister

prendre (*p.p.* **pris**) *irreg.* to take; to have (*to eat*); **prendre à la légère** to take lightly; **prendre à la lettre** to take literally; **prendre à tâche de faire quelque chose** to make it one's duty to do s.th.; **prendre au sérieux** to take seriously; **prendre de l'élan** to take off; **prendre des notes** to take notes; **prendre des risques** to take risks; **prendre du temps** to take time; **prendre**

garde (à) to watch out (for); **prendre goût à** to develop a taste for; **prendre l'air** to get some fresh air; **prendre la parole** to begin speaking, take the floor; **prendre la retraite** to retire; **prendre le train** to take the train; **prendre part à** to participate, take part in; **prendre soin de** to take care of; **prendre son congé** to take one's vacation, leave; **prendre son grand air** to put on airs; **prendre son temps** to take one's time; **prendre un bain** to take a bath; **prendre un café** to have a cup of coffee; **prendre une décision** to make a decision; **savoir comment s'y prendre** to know what to do, know how to go about it

préoccupation *f.* worry, anxiety

préparatifs *m. pl.* preparations

préparer to prepare; **se préparer (à)** to prepare oneself, get ready (for)

près (de) *adv.* near, close to; **à peu près** around, approximately; **de près** closely

pré-salé *m.* salt-meadow sheep, mutton

prescrire (*like* **écrire**) *irreg.* to prescribe

prescrit *adj.* prescribed; *p.p. of* **prescrire**

prescrivirent *p.s. of* **prescrire**

prescrivit *p.s. of* **prescrire**

présence *f.* presence; **en présence de** in the presence of

présent *m; adj.* present; **à présent** nowadays

présenter to present; to introduce; to put on (*a performance*); **se présenter (à)** to present (introduce) oneself (to); to appear; to arrive at

préserver to preserve, conserve

président(e) *m., f.* president

présider to direct, preside over

presque *adv.* almost, nearly

presse *f.* press; newspapers

prestement *adv.* quickly; sharply

prestigieux/prestigieuse *adj.* prestigious

prêt *m.* loan; *adj.* ready; **être prêt(e) à, pour** to be ready to

prétendre to claim, maintain; to require

prétentieux/prétentieuse *adj.* pretentious

prêter (à) to lend (to); **se prêter à** to lend oneself (itself) to

prétexte *m.* pretext; **sous le prétexte de** under the pretext of

prêtre *m.* priest

preuve *f.* proof; **faire preuve de** to prove

prévenir (*like* **venir**) *irreg.* to warn, inform; to prevent, avert

prévenu *p.p. of* **prévenir**

prévinrent *p.s. of* **prévenir**

prévint *p.s. of* **prévenir**

prévirent *p.s. of* **prévoir**

prévit *p.s. of* **prévoir**

prévoir (*like* **voir**) *irreg.* to foresee, anticipate

prévu *adj.* expected, anticipated; *p.p. of* **prévoir**

prier to pray; to beg, entreat; to ask (*s.o.*); **je vous (t')en prie** please; you're welcome

prière *f.* prayer

prince/princesse *m., f.* prince, princess

principal *adj.* main, principal

principe *m.* principle

printanier/printanière *adj.* spring

printemps *m.* spring; **au printemps** in the spring

priorité *f.* right of way; priority

prirent *p.s. of* **prendre**

pris *adj.* occupied; *p.p. of* **prendre; je m'y suis mal pris(e)** I went about it the wrong way; **être mal pris(e)** to be taken badly

prise *f.* taking; **prise de conscience** consciousness, awakening

prisonnier/prisonnière *m., f.* prisoner

prit *p.s. of* **prendre**

privé de *adj.* deprived of

priver to deprive

privilégier to favor, give greater importance to

prix *m.* price; prize

problème *m.* problem

procédé *m.* process, method

procès *m.* proceedings, process

prochain *adj.* next

proche (de) *adj., adv.* near, close (to)

procurer to furnish; to obtain, to bring

prodigieux/prodigieuse *adj.* prodigious, stupendous

producteur/productrice *m., f.* producer

produire (*like* **conduire**) *irreg.* to produce, make; **se produire** to occur, happen, arise

produisirent *p.s. of* **produire**

produisit *p.s. of* **produire**

produit *m.* product; *p.p. of* **produire**

profane *m., f.* lay person

proférer (**je profère**) to utter

professeur (*fam.* **prof**) *m.* professor; teacher

professionnel(le) *m., f. adj.* professional

profiter de to take advantage of, profit from

profond *adj.* deep, profound

profondément *adv.* deeply

profondeur *f.* depth

programmation *f.* programming

programme *m.* program; design, plan; agenda

progrès *m.* progress

proie *f.* prey

projet *m.* project

prolonger (**nous prolongeons**) to prolong, extend; **se prolonger** to go on and on; to continue

promenade *f.* walk; ride; **faire une promenade (en voiture)** to go on an outing (car ride)

promener (**je promène**) to take for a walk; **se promener** to go for a walk (drive, ride)

promeneur/promeneuse *m., f.* stroller, walker

promettre (*like* **mettre**) (**de**) *irreg.* to promise (to)

promirent *p.s. of* **promettre**

promis *p.p. of* **promettre**

promit *p.s. of* **promettre**

prononcer (**nous prononçons**) to pronounce

propos *m.* talk; pl. utterance, words; *prep.* with respect to; **à propos** concerning, regarding, about

proposer to propose, suggest

propre *adj.* own; proper; clean; **à, pour son propre compte** on one's own account

prosterné *adj.* prostrate

prostitué(e) *m., f.* prostitute

protecteur/protectrice *m., f.* protector; *adj.* protecting; protective

protéger (**je protège, nous protégeons**) to protect

protestataire *adj.* protest

protester to protest; to declare

prouver to prove

provenir de (*like* **venir**) *irreg.* to come from

provision *f.* supply; **provisions** pl. groceries

provoquer to provoke, incite

proximité *f.* nearness, proximity

prussien(ne) *adj.* Prussian

psychologique *adj.* psychological

psychologue *m., f.* psychologist

pu *p.p. of* **pouvoir**

public/publique *adj.* public; *m.* public; audience

publicitaire *adj.* promotional

publicité (*fam.* **pub**) *f.* commercial; advertisement; advertising

publier to publish

puce *f.* flea

puer *fam.* to stink

puis *adv.* then, next; besides; *variant of* **peux** (**pouvoir**); **et puis** and then; and besides

puisque *conj.* since, as, seeing that

puissant *adj.* powerful, strong

pulsation *f.* beating, pulsation

puncheur *m.* puncher (*boxing*)

punir to punish

punition *f.* punishment

pupitre *m.* student desk; desk chair

pur *adj.* pure

purent *p.s. of* **pouvoir**

pureté *f.* purity

put *p.s. of* **pouvoir**

pyjama *m. s.* pajamas

Q

quai *m.* quay; (*station*) platform

qualifier to qualify

qualité *f.* (*good*) quality; characteristic

quand *adv., conj.* when

quant à *prep.* as for

quantité *f.* quantity

quartier *m.* neighborhood, quarter

quatrième *adj.* fourth

que (qu') *adv.* how; why; how much; *conj.* that; than; *pron.* whom; that; which; what; **ne... que** *adv.* only; **parce que** because; **qu'est-ce que** what? (*object*); **qu'est-ce qui** what? (*subject*)

québécois *adj.* from Quebec

quel(le)(s) *interr. adj.* what, which; what a

quelconque *adj.* indefinite; any, whatever, some

quelque(s) *adj.* some, any; a few; somewhat; **quelque chose** *pron.* something; **quelque chose d'important** something important; **quelque part** *adv.* somewhere

quelquefois *adv.* sometimes

quelques *adj.* some, a few; **quelques-uns(e)** *pron.* some, a few

quelqu'un *pron., neu.* someone, somebody

querelle *f.* quarrel; **chercher querelle (à)** to try to pick a quarrel (with)

question *f.* question; **poser des questions (à)** to ask questions (of); **(re)mettre en question** to call into question, query

questionner to question, ask questions

questionneur/questionneuse *m., f.* questioner

qui *pron.* who, whom; **qu'est-ce qui** what? (*subject*); **qui est-ce que** who? (*object*); **qui est-ce qui** who? (*subject*)

quincaillier/quincaillière *m., f.* hardware merchant

quittance *f.* receipt; **timbre-quittance** *f.* receipt stamp

quitter to leave (*s.o. or someplace*)

quoi (à quoi, de quoi) *pron.* which; what; **en quoi** in what way

quotidien(ne) *adj.* daily, everyday; *m.* daily newspaper

R

rabaisser to lower, reduce

rabbin/femme rabbin *m., f.* rabbi

rabot *m.* plane (*woodworking*)

race *f.* race; ancestry; stock

se racheter (je me rachète) to atone, redeem oneself

racine *f.* root

racontar *m. fam.* story, piece of gossip

raconter to tell, relate, narrate

radicalement *adv.* radically

radieux/radieuse *adj.* radiant, dazzling

radio *f.* radio; X-ray

rafler to run away with, sweep up (*prizes*)

rafraîchir to refresh; **se rafraîchir** to have some refreshment

rager (nous rageons) to rage

raisin *m.* grape(s); raisin

raison *f.* reason; **avoir raison** to be right; **donner raison à quelqu'un** to admit s.o. is right

raisonnable *adj.* reasonable; rational

raisonnement *m.* reasoning, argument

raisonner to reason

raisonneur/raisonneuse *adj.* argumentative

ramasser to pick up; to collect

rame *f.* subway train, string of cars; oar

ramper to crawl, slither, creep

rancune *f.* resentment; malice, spite

rang *m.* row, rank, line

rangé *adj.* tidy; dutiful

ranger (nous rangeons) to put in order; to arrange, categorize

rapide *adj.* rapid, fast

rappeler (je rappelle) to remind; to recall; to call again

rapport *m.* connection, relation; report; *pl.* relations; **par rapport à** concerning, regarding

rapporté *adj.* reported

se rapprocher (à) to approach, draw nearer (to)

rare *adj.* rare; infrequent; unusual

rase: vol (*m.*) **en rase-mottes** hedge-hopping (*aviation*)

raser to shave; to graze, brush; **se raser** to shave (*oneself*)

rasoir *m.* razor

rassembler to gather, assemble

rassis *adj.* settled, sedate

rassurant *adj.* reassuring

rassurer to reassure

rater to miss; to fail

rationnel(le) *adj.* rational

rattraper to recapture, catch up with

ravalé (*p.p. of* **ravaler**) cleaned, restored

ravi *adj.* delighted

rayonner to radiate; to beam

réagir to react

réalisateur/réalisatrice *m., f.* director, filmmaker

réalisation *f.* execution; production

réaliser to realize; to produce, carry out

réaliste *adj.* realistic

réalité *f.* reality; **en réalité** in reality

récemment *adv.* recently, lately

récent *adj.* recent, new, late

recette *f.* collection; takings

recevoir (*p.p.* **reçu**) *irreg.* to receive; to entertain (*guests*)

réchauffer to warm up

recherche *f.* (*piece of*) research; search; **à la recherche de** in search of

recherché *adj.* sought after; studied, affected

rechercher to search for, hunt for

récit *m.* account, story

réciter to recite

récolte *f.* harvest

recommander to recommend

recommencement *m.* renewal, fresh start

recommencer (nous recommençons) to start again

récompense *f.* reward, recompense

reconnaissable *adj.* recognizable

reconnaissance *f.* gratitude; recognition

reconnaître (*like* **connaître**) *irreg.* to recognize

reconnu *adj.* recognized; *p.p. of* **reconnaître**

reconnurent *p.s. of* **reconnaître**

reconnut *p.s. of* **reconnaître**

reconquête *f.* reconquest

reconstituer to re-create

recopier to recopy

recours *m.* recourse; **avoir recours à** to have recourse to

récrire (*like* **écrire**) *irreg.* to rewrite

récrit *p.p. of* **récrire**

récrivirent *p.s. of* **récrire**

récrivit *p.s. of* **récrire**

reçu *adj.* received; *p.p. of* **recevoir**; **être reçu(e) (à)** to pass (*an exam*)

recrue *f.* recruit, new member

recueil *m.* collection, anthology

recul *m.* perspective, distance

récupérer (je récupère) to recuperate

reçurent *p.s. of* **recevoir**

reçut *p.s. of* **recevoir**

recycler to recycle; **se recycler** to take up a new career

rédacteur/rédactrice *m., f.* writer; editor

rédaction *f.* (*piece of*) writing, draft

redemander to ask (*for s.th.*) again

redevenir (*like* **venir**) *irreg.* to become (once) again

redevenu *p.p. of* **redevenir**

redevinrent *p.s. of* **redevenir**

redevint *p.s. of* **redevenir**

redingote *f., A.* frock-coat

redistribuer to redistribute

redouter to fear, dread

réel(le) *m.* (the) real; *adj.* real, actual

réellement *adv.* really

refaire (*like* **faire**) *irreg.* to make again; to redo

refait *p.p. of* **refaire**

référence *f.* reference; **point** (*m.*) **de référence** point of reference

se référer (je me réfère) to refer

refermer to shut (close) again

refirent *p.s. of* **refaire**

refit *p.s. of* **refaire**

réfléchi *adj.* reflective, thoughtful

réfléchir (à) to reflect; to think (about)

reflet *m.* reflection

refléter (je reflète) to reflect

réflexion *f.* reflection, thought; **à la réflexion** upon reflection

réforme *f.* reform

refouler to turn back, drive back

refroidir to cool (*s.o.*) (down)

refuser (de) to refuse (to)

regard *m.* glance; gaze, look

regarder to look at; to watch; **regarder la mort en face** to look death in the face

régence *f.* regency

règle *f.* rule

régner (je règne) to reign

regretter to regret, be sorry; to miss

regrouper to regroup; to contain

régularité *f.* regularity; steadiness

régulier/régulière *adj.* regular

régulièrement *adv.* regularly

reine *f.* queen

rejoignirent *p.s. of* **rejoindre**

rejoignit *p.s. of* **rejoindre**

rejoindre (*like* **craindre**) *irreg.* to (re)join; to reach

rejoint *adj.* rejoined; *p.p. of* **rejoindre**

réjouir to delight, gladden

relation *f.* relation; relationship

relever (je relève) to raise; to bring up; to point out; **se relever** to get up

relié *adj.* tied, linked

relief *m.* relief, raised surface

relier to join, link together

religieuse *f.* nun

religieux/religieuse *adj.* religious

relire (*like* **lire**) *irreg.* to reread

relu *p.p. of* **relire**

relurent *p.s. of* **relire**

relut *p.s. of* **relire**

remâcher to chew again; *fam.* to turn over in one's mind

remarquable *adj.* remarkable

remarque *f.* remark; criticism

remarquer to remark; to notice; **se faire remarquer** to attract attention

rembarrer *fam.* to snub; to put (*s.o.*) in his/her place

remède *m.* remedy; treatment

remerciement *m.* thanks, acknowledgment

remercier (de) to thank (for)

remettre (*like* **mettre**) *irreg.* to put back; to hand in, hand over; to postpone, put off; **remettre en question** to call into question, query, rethink

remirent *p.s. of* **remettre**

remis *adj.* recovered, calmed; *p.p. of* **remettre**

remit *p.s. of* **remettre**

remonter to go back (up); to bring up; to wind up

remplacé *adj.* replaced

remplacer (nous remplaçons) to replace, stand in for

remplir to fill (in, out, up)

remuer to move (about); to stir

renard *m.* fox

rencontre *f.* meeting, encounter

rencontrer to meet, encounter, run into

rendez-vous *m.* meeting, appointment; date; meeting place; **avoir rendez-vous avec** to have an appointment with

rendre to give (back), return (*s.th.*); to render, make; **je le lui ai bien rendu** I really got even with him/her; **rendre la santé à** to restore health to; **rendre malade** to make (*s.o.*) sick; **rendre visite à** to visit (*s.o.*); **se rendre (à, dans)** to go (to); **se rendre compte de/que** to realize that

rendu: compte (*m.*) **rendu** report, account

renfermé *adj.* close, uncommunicative; contained

se rengorger (nous nous rengorgeons) to strut, swagger

renifler to sniffle, snivel

renommée *f.* renown

renoncer (nous renonçons) à to give up, renounce

renouer to take up again

renouveler (je renouvelle) to renovate; to renew; **se renouveler** to recur, happen again

renouvellement *m.* renewal; transformation

renseignement *m.* (*piece of*) information

renseigner to inform, give information; **se renseigner (sur)** to inquire, ask (about)

rentré (dans) *adj.* tucked (in), drawn (in)

rentrée (des classes) *f.* beginning of the school year

rentrer to return (*to a place*); to go home; *trans.* to put away, take in

se repaître (like connaître) de *irreg.* to feast on, feed on

se répandre to spread (out); to scatter

réparer to repair

reparti *p.p. of* **repartir**

repartir (like partir) *irreg.* to leave (again)

repartirent *p.s. of* **repartir**

repartit *p.s. of* **repartir**

repas *m.* meal, repast

repenser à to think about again

repère *m.* marker, indicator; landmark

répéter (je répète) to repeat

replié (p.p. of replier) curled up, withdrawn

réplique *f.* reply; retort

répondre (à) to answer, respond

réponse *f.* answer, response

reportage *m.* reporting; commentary

repos *m.* rest, repose; relaxation

reposer (sur) to put down again; to rest; **se reposer** to rest

reposoir *m.* resting place; small altar

repousser to push back; to repulse

reprendre (like prendre) *irreg.* to take (up) again; to continue

représentation *f.* performance (*of a show*)

représenté *adj.* presented; represented; played

représenter to represent, show, depict; **se représenter** to imagine

réprimander to scold, reprimand

réprimé *adj.* repressed; put down

reprirent *p.s. of* **reprendre**

repris *adj.* continued; revived; retaken; *p.p. of* **reprendre**

reprise *f.* retake; round; occasion; **à plusieurs reprises** repeatedly; on several occasions

reprit *p.s. of* **reprendre**

reprocher to reproach

reproduire (like conduire) *irreg.* to reproduce

reproduisirent *p.s. of* **reproduire**

reproduisit *p.s. of* **reproduire**

reproduit *adj.* reproduced; *p.p. of* **reproduire**

repu *adj.* full, replete; *p.p. of* **se repaître**

république *f.* republic

répugner (à) to be repugnant (to)

se repurent *p.s. of* **se repaître**

se reput *p.s. of* **se repaître**

réseau *m.* net; network

réserve *f.* reservation; preserve; reserve; **réserves** *pl.* storage; **en réserve** in reserve

réserver to reserve; to keep in store; **se réserver** to reserve (*for oneself*)

résidence *f.* residence; apartment building

résider to reside

se résigner to resign oneself

résister (à) to resist

résolu *adj.* resolved; resolute; *p.p. of* **résoudre**

résolurent *p.s. of* **résoudre**

résolut *p.s. of* **résoudre**

résoudre (p.p. résolu) *irreg.* to solve, resolve

respecter to respect, have regard for

respectueusement *adv.* respectfully

responsabilité *f.* responsibility

ressembler à to resemble

ressenti *p.p. of* **ressentir**

ressentiment *m.* resentment

ressentir (like partir) *irreg.* to feel, sense, experience

ressentirent *p.s. of* **ressentir**

ressentit *p.s. of* **ressentir**

ressort *m.* spring; foundation

ressources *f. pl.* resources; funds

reste *m.* rest, remainder; **restes** *pl.* leftovers; remains

rester to stay, remain; to be remaining

restrictif/restrictive *adj.* restrictive

résultat *m.* result

résulter to result, follow

résumé *m.* summary; resumé

resurgir to resurge, rise again

retard *m.* lateness; **être en retard** to be late

retarder to delay, make late

retenir (like tenir) *irreg.* to retain; to keep, hold; **se retenir** to restrain oneself

retenu *p.p. of* **retenir**

retenue *f.* restraint; discretion

retinrent *p.s. of* **retenir**

retint *p.s. of* **retenir**

retirer to withdraw

retour *m.* return; **de retour** back (*from somewhere*); return

retourner to return; to go back; **se retourner** to turn over; to turn around; to look back

retracer (nous retraçons) to relate, recount

retraite *f.* retreat; retirement; pension; **prendre la retraite** to retire

retrouver to find (again); to regain; to meet (*by prior arrangement*); **se retrouver** to find oneself, each other (again)

rets *m., A.* net

réunion *f.* meeting; reunion

réunir to unite, reunite; to gather; **se réunir** to get together; to hold a meeting

réussir (à) to succeed, be successful (in); to pass (*a test, a course*)

réussite *f.* success, successful outcome

revanche: en revanche on the other hand

rêvasser to daydream

rêve *m.* dream

revêche *adj.* harsh, rough

réveil *m.* waking, awakening

réveiller to wake, awaken (*s.o.*); **se réveiller** to wake up

révéler (je révèle) to reveal; **se révéler** to reveal oneself (itself)

revenir (*like* **venir**) *irreg.* to return; to come back

revenu *m.* personal income; *p.p. of* **revenir**

rêver (de, à) to dream (*about, of*)

révérenciel(le) *adj.* reverential

révérer (je révère) to revere

rêverie *f.* reverie; musing

revêtir (*like* **vêtir**) *irreg.* to put on (*clothing again*)

revêtirent *p.s. of* **revêtir**

revêtit *p.s. of* **revêtir**

revêtu de *adj.* dressed in; covered with; *p.p. of* **revêtir**

rêveur/rêveuse *adj.* dreaming, dreamy

revinrent *p.s. of* **revenir**

revint *p.s. of* **revenir**

revirent *p.s. of* **revoir**

revit *p.s. of* **revoir**

revoir (*like* **voir**) *irreg.* to see (again); to review; **au revoir** goodbye

révolté *adj.* rebellious

se révolter to revolt, rebel

révolutionnaire *adj.* revolutionary

revu *p.p. of* **revoir**

revue *f.* magazine; journal; review

ri *p.p. of* **rire**

riche *adj.* rich; *m., f.* rich person

richesse *f.* wealth

ride *f.* wrinkle

rideau *m.* curtain; **au lever du rideau** when the curtain opens

ridicule *m.* absurdity, ridiculousness; *adj.* ridiculous

rien (ne... rien) *pron.* nothing; *m.* trifle, mere nothing; **rien de plus** nothing else; **rien de spécial** nothing special

rigolade *f.* laugh

rigoler *fam.* to laugh; to have fun

rigolo(te) *adj. fam.* funny

rime *f.* rhyme

rire (*p.p.* **ri**) *irreg.* to laugh; *m.* laughter; **éclat** (*m.*) **de rire** burst of laughter; **éclater de rire** to burst out laughing

rirent *p.s. of* **rire**

risque *m.* risk; **prendre des risques** to take risks

risquer (de) to risk

rit *p.s. of* **rire**

rivage *m.* riverbank, shore

rivière *f.* river, tributary

riz *m.* rice

rizière *f.* rice plantation; rice paddy

robe *f.* dress; robe; **robe de chambre** bathrobe; dressing gown

rocher *m.* rock, crag

rocheux/rocheuse *adj.* rocky

rodéo *m.* rodeo

rôder to prowl (about)

rognon *m.* kidney (*of animals*)

roi/reine *m., f.* king, queen

rôle *m.* part, character, role; **à tour de rôle** in turn, by turns; **jouer le rôle de** to play the part of

roman *m.* novel

romancier/romancière *m., f.* novelist

romanesque *adj.* romantic

romantique *adj.* romantic

rompirent *p.s. of* **rompre**

rompit *p.s. of* **rompre**

rompre (*p.p.* **rompu**) *irreg.* to break

rompu *adj.* broken; *p.p. of* **rompre**

rond *m.* round, ring; slice; *adj.* round

ronde *f.* round(s); round (*dance, song*); round-hand (*writing*)

rondement *adv.* roundly, briskly; **mener rondement (les affaires)** to hustle (one's business) along

rondin *m.* log

ronger (nous rongeons) to consume, torment; to gnaw

roquefort *m.* roquefort, blue cheese

rosâtre *adj.* pinkish

rose *f.* rose; *m., adj.* pink

rosée *f.* dew

rôti: dinde (*f.*) **rôtie** roast turkey

roucouler to coo (*pigeon*)

rouge *m., adj.* red; **fer rouge** red-hot iron; **Peau-Rouge** *m.* "Red Indian"

rougir to blush, redden

rougissant *adj.* blushing; flushed

roulant *adj.* rolling; sliding; **escalier** (*m.*) **roulant** escalator

rouleau *m.* roll; silk fabric (*for painting*)

rouler to travel (along) (*by car, train*); to roll

route *f.* road, highway; **en route** on the way, en route; **mise** (*f.*) **en route** starting up, getting started; **prendre la route** to leave (*on a trip*)

rouvert *p.p. of* **rouvrir**

se rouvrir (*like* **ouvrir**) to reopen

rouvrirent *p.s. of* **rouvrir**

rouvrit *p.s. of* **rouvrir**

royaume *m.* realm, kingdom

ruban *m.* ribbon; (*adhesive*) tape

rubrique *f.* heading; newspaper column

rue *f.* street

ruisseau *m.* stream, brook

rusé *adj.* cunning, sly

rustre *m.* boor, bumpkin

rythme *m.* rhythm

rythmique *adj.* rhythmic

S

sa *poss. adj., f. s.* his, her, its, one's

sable *m.* sand

sabre *m.* saber, sword

sac *m.* sack; bag; handbag

saccadé *adj.* jerky, abrupt

sacré *adj.* sacred

sacrifier to sacrifice

sage *adj.* good, well-behaved; wise

saigné *adj.* bled; killed

saignée *f.* bleeding; bloodletting

saigner to bleed

saint(e) *m., f.* saint; *adj.* holy

saisir to seize, grasp; to understand, hear; **se saisir de** to seize upon, lay hands on

saisissant *adj.* startling, striking; gripping

saison *f.* season

salade *f.* salad

salaire *m.* salary, pay

sale *adj.* dirty

salé *adj.* salted, salt; **pré-salé** *m.* salt-meadow sheep, mutton

salir to dirty, pollute

salive *f.* saliva

salle *f.* room; auditorium; **salle à manger** dining room; **salle de bains** bathroom; **salle de cinéma** movie theater; **salle de classe** classroom; **salle du trône** throne room

salon *m.* exhibit; salon; living room

salsifis *m. s.* salsify (*vegetable*)

saluer to greet; to salute

salut *m.* salvation; safety

salutation *f.* greeting

sang *m.* blood

sanglot *m.* sob

sans *prep.* without; **sans arrêt(s)** unceasingly; nonstop; **sans but** aimlessly; **sans cesse** unceasingly; **sans-domicile-fixe** homeless; **sans doute** doubtless, for sure; **sans fin** endless(ly); **sans *hâte** unhurriedly; **sans trêve** unceasingly

santé *f.* health; **en bonne (meilleure, mauvaise, pleine) santé** in good (better, poor, the best of) health

saphir *m.* sapphire

sapin *m.* fir tree

satirique *adj.* satirical

satisfaire (*like* **faire**) *irreg.* to satisfy; to please

satisfaisant *adj.* satisfying

satisfait *adj.* satisfied; pleased; *p.p. of* **satisfaire**

satisfirent *p.s. of* **satisfaire**

satisfit *p.s. of* **satisfaire**

sauce *f.* sauce; gravy; salad dressing

saucisse *f.* sausage; **chair** (*f.*) **à saucisse** sausage meat

saucisson *m.* sausage, salami

sauf *prep.* except

saumon *m.* salmon

sauter to jump; to skip

sauvage *adj.* wild; uncivilized

sauvagesse *f., A.* savage; *Q.* Indian

sauver to rescue, save; **se sauver** to run away, clear out

savant *adj.* learned, scholarly

savoir (*p.p.* **su**) *irreg.* to know; to know how to; to find out; *m.* knowledge; **en savoir plus** to know more about it; **savoir comment s'y prendre** to know what to do; **savoir par cœur** to know by heart; **savoir par quel bout commencer** to know how to begin

savoir-vivre *m.* good manners

savon *m.* soap

savoureux/savoureuse *adj.* tasty, delicious

scène *f.* stage; scenery; scene; **mettre en scène** to stage; to display

scepticisme *m.* skepticism

sceptique *m., f.* skeptic; *adj.* skeptical

schéma *m.* diagram, sketch

sciemment *adv.* knowingly, wittingly

science *f.* science; knowledge

scientifique *adj.* scientific

scolaire *adj.* school, academic; **année** (*f.*) **scolaire** school year

se (s') *pron.* oneself; himself; herself; itself; themselves; to oneself, *etc.*; each other

séance *f.* movie showing

sec/sèche *adj.* dry; hard(-hearted), cold; **à sec** broke (*without cash*); out of ideas

sécher (**je sèche**) to dry; **sécher ses larmes** to dry one's tears

secondaire *adj.* secondary

seconde *f.* second (*unit of time*)

secouer to shake; to jolt

secourir (*like* **courir**) *irreg.* to help, aid

secours *m.* help; assistance; rescue service; **porter secours à** to help

secouru *p.p. of* **secourir**

secoururent *p.s. of* **secourir**

secourut *p.s. of* **secourir**

secret/secrète *m.* secret; *adj.* secret, private

secrétaire *m., f.* secretary

sécurité *f.* security; safety; **sécurité sociale** social security

séduire (*like* **conduire**) *irreg.* to charm, win over; to seduce

séduisirent *p.s. of* **séduire**

séduisit *p.s. of* **séduire**

séduit *adj.* charmed, won over; *p.p. of* **séduire**

sein: au sein (*m.*) **de** within

seizième *adj.* sixteenth

séjour *m.* stay, sojourn

sélectionné *adj.* selected, chosen

selon *prep.* according to

semaine *f.* week

semblable (à) *adj.* like, similar; such

sembler to seem; to appear

semence *f.* seed

semer (**je sème**) to scatter, sow

sens *m.* meaning; sense; way, direction; **au sens large** in the larger sense; **avoir le sens de l'humour** to have a sense of humor; **bon sens** good sense, common sense; **sens interdit** wrong way (*one-way street*)

sensation *f.* feeling, sensation

sensé *adj.* sensible

sensibilité *f.* sensitivity

sensible (à) *adj.* sensitive (to); evident, discernable

sentence *f.* sentence (*punishment*)

sentencieux/sentencieuse *adj.* sententious

senti *adj.* felt; *p.p. of* **sentir**

sentier *m.* path

sentiment *m.* feeling

sentir (*like* **partir**) *irreg.* to feel; to sense; to smell (of); **sentir bon (mauvais)** to smell good (bad); **se sentir (bien, mal)** to feel (good, bad); **se sentir en faute** to feel guilty

sentirent *p.s. of* **sentir**

sentit *p.s. of* **sentir**

séparer to separate

septembre *m.* September

septentrional *adj.* northern

septième *adj.* seventh

sérénité *f.* serenity, calmness

série *f.* series

sérieusement *adv.* seriously

sérieux/sérieuse *adj.* serious

serpent *m.* snake

serrer to tighten; to close, close up; to grip; **se serrer la main** to shake hands

serveur/serveuse *m., f.* bartender; waiter, waitress

servi *adj.* served; *p.p. of* **servir**

service *m.* favor; service; **service de table** dishes, tableware

serviette *f.* napkin; towel

servir (*like* **partir**) *irreg.* to serve; to wait on; to be useful; **à quoi ça sert?** what's the use of that?; **servir à** to be of use in, be used for; **servir de** to serve as, take the place of; **se servir de** to use

servirent *p.s. of* **servir**

servit *p.s. of* **servir**

serviteur *m., A.* servant

ses *poss. adj., m., f., pl.* his; her; its; one's

set: twin-set *m.* twin set (*matching sweater and cardigan*)

seuil *m.* threshold; limit

seul *adj., adv.* alone; single; only; one; **d'un seul coup** at one fell swoop; **tout(e) seul(e)** all alone; **une seule fois** just once; **le seul moyen** (*m.*) the only way

seulement *adv.* only

sévère *adj.* severe; stern, harsh

sévir to rage; to be rife, rampant

sexe *m.* sex

sexuel(le) *adj.* sexual

shoot *m. fam.* kick (*in soccer*)

si *adv.* so; so much; yes (*response to negative*); *conj.* if; whether; **même si** even if; **s'il vous (te) plaît** please

siècle *m.* century

(le/la/les) sien(ne)(s) *pron., m., f.* his/hers

siffler to whistle

sifflet *m.* whistle; **donner un coup de sifflet** to blow the whistle

signaler to point out

signe *m.* sign, gesture; **faire signe** to gesture; to beckon

signer to sign

signification *f.* meaning

signifier to mean

silencieux/silencieuse *adj.* silent

sillage *m.* wake, wash (*of ship*)

sillonner to plough; to streak (across)

similaire à *adj.* similar (to)

similitude *f.* resemblance, similarity

simplement *adv.* simply

simplicité *f.* simplicity

sincérité *f.* sincerity

singe *m.* monkey, ape

singulièrement *adv.* curiously; conspicuously

sinistre *adj.* sinister, ominous

sinon *conj.* otherwise

sirène *f.* siren

situation *f.* situation; job

situer to situate, place; **se situer** to be situated (located)

sixième *adj.* sixth

ski *m.* skiing; *pl.* skis; **station** (*f.*) **de ski** ski resort

skier to ski

snob *adj.* snobbish

sobre *adj.* sober

social *adj.* social; **securité** (*f.*) **sociale** social security

société *f.* society; organization; company

sociologique *adj.* sociological

sœur *f.* sister; **bonnes sœurs** *pl.* nuns

soi (soi-même) *pron., neu.* oneself; **chez soi** at home

soie *f.* silk; **rouleau** (*m.*) **de soie** silk canvas (*for painting*)

soigner to take care of; to treat; **se soigner** to take care of oneself

soin *m.* care; treatment; **avoir (prendre) soin de** to take care of

soir *m.* evening; **hier soir** yesterday evening, last night

soirée *f.* party; evening

soit *subj. of* **être**; for instance; **soit... soit...** *conj.* either . . . or . . .

sol *m.* soil; ground; floor

soldat *m.* soldier

soleil *m.* sun; **coucher** (*m.*) **du soleil** sunset; **lever** (*m.*) **du soleil** sunrise; **soleil couchant** setting sun

solennel(le) *adj.* solemn

solidaire *adj.* showing solidarity, sticking together

solidarité *f.* solidarity

solide *m.* solid; *adj.* sturdy

solitaire *adj.* solitary; single; alone

solliciter to seek, solicit

sombre *adj.* dark

sommeil *m.* sleep

sommeiller to doze

sommet *m.* summit, top

son *m.* sound; *poss. adj. m. s.* his, her, its

sondage *m.* opinion poll

songe *m.* dream, daydream

songer (nous songeons) (à) to think, imagine

sonner to ring (*a bell*)

sonore *adj.* pertaining to sound; sonorous

sorcier/sorcière *m., f.* wizard, witch

sort *m.* destiny, fate

sorte *f.* sort, kind; manner; **de sorte que** so that; **de toutes sortes** of all types

sorti *p.p. of* **sortir**

sortie *f.* exit; going out; evening out; release (*film*)

sortilège *m.* witchcraft, spell

sortir (*like* **partir**) *irreg.* to leave; to take out; to go out

sortirent *p.s. of* **sortir**

sortit *p.s. of* **sortir**

SOS: lancer un SOS to put out an SOS

sot(te) *adj.* stupid; silly; foolish

sottise *f.* stupidity, foolishness

sou *m.* sou (*copper coin*); cent; *pl. fam.* money

souche *f.* origin; tree stump

souci *m.* worry, care; **se faire du souci pour quelqu'un** to worry about s.o.

se soucier (de) to worry (about)

soudain *adj.* sudden; *adv.* suddenly

soudard *m. fam.* tough, old soldier

souffert *p.p. of* **souffrir**

souffle *m.* wind; breath

souffler to blow

soufflet *m.* bellows; vestibule

souffrir (*like* **ouvrir**) (**de**) *irreg.* to suffer (from)

souffrirent *p.s. of* **souffrir**

souffrit *p.s. of* **souffrir**

souhait *m.* wish

souhaiter to wish, desire

souiller to soil, dirty

soulagé *adj.* relieved

soulagement *m.* relief

soulever (**je soulève**) to raise, lift up; **cela me soulève le cœur** that makes me nauseated; **se soulever** to get up, rise

souligner to underline; to emphasize

soumettre (*like* **mettre**) *irreg.* to submit; **se soumettre à** to submit oneself to

soumirent *p.s. of* **soumettre**

soumis *adj.* submissive, docile; *p.p. of* **soumettre**

soumit *p.s. of* **soumettre**

soupe *f.* soup

soupir *m.* sigh; **pousser un soupir** to heave (utter) a sigh

soupirer to sigh

souple *adj.* flexible; supple

souplesse *f.* suppleness, flexibility

source *f.* source; spring (*water*)

sourcil *m.* eyebrow; **froncer le sourcil** to frown

sourd *adj.* deaf; unresponsive; muffled, muted (*noise*)

sourdement *adv.* secretly, sotto voce

souri *p.p. of* **sourire**

sourire (*like* **rire**) *irreg.* to smile; *m.* smile

sourirent *p.s. of* **sourire**

souris *f.* mouse

sourit *p.s. of* **sourire**

sournois *adj.* sly, cunning

sous *prep.* under, beneath

sous-alimenté *adj.* undernourished

sous-développé *adj.* underdeveloped

sous-marin *adj.* underwater; *m.* submarine

soustraire (*pp.* **soustrait**) *irreg.* to subtract

soustrait *adj.* hidden, withdrawn; *p.p. of* **soustraire**

soutenable *adj.* tenable, defensible

soutenir (*like* **tenir**) *irreg.* to support; to assert

soutenu *p.p. of* **soutenir**

souterrain *adj.* underground

soutinrent *p.s. of* **soutenir**

soutint *p.s. of* **soutenir**

souvenir *m.* memory, recollection; souvenir

se souvenir (*like* **venir**) **de** *irreg.* to remember

souvent *adv.* often

souvenu *p.p. of* **souvenir**

souveraineté *f.* sovereignty, independence

se souvinrent *p.s. of* **se souvenir**

se souvint *p.s. of* **se souvenir**

soviétique *adj.* Soviet

spécialisé *adj.* specialized

spectacle *m.* show, performance

spectateur/spectatrice *m., f.* spectator; **spectateurs** *m. pl.* audience

spleen *m.* spleen, low spirits

splendide *adj.* splendid

sport *m.* sport(s); **faire du sport** to do (participate in) sports

sportif/sportive *m., f.* athletic person; *adj.* athletic; sports-minded; sports

stabilité *f.* stability

stade *m.* stadium

star *f.* (*film*) star

station *f.* (*vacation*) resort; station; **station de métro** subway station; **station de ski** ski resort

stop *m.* hitchhiking; stoplight, stop sign; **faire de l'auto-stop** (*fam.* **du stop**) to hitchhike

stratégie *f.* strategy

strictement *adv.* strictly

strophe *f.* stanza

structuré *adj.* structured

stupéfait *adj.* stupefied, amazed, astounded

stupéfiant *adj.* astounding, amazing

stupéfier to stupefy, amaze

stupeur *f.* stupor

stupide *adj.* stupid, silly, foolish

styliste *m., f.* designer, stylist

su *p.p. of* **savoir**

subir to undergo; to endure

subitement *adv.* suddenly

subjuguer to subjugate

submergé *adj.* flooded, swamped

subordonné: proposition (*f.*) **subordonnée** *Gram.* dependent clause

subvenir (*like* **venir**) **à** *irreg.* to supply, provide for

subvenu *p.p. of* **suvbenir**

subvinrent *p.s. of* **subvenir**

subvint *p.s. of* **subvenir**

succès *m.* success

successif/successive *adj.* successive

successivement *adv.* successively

succomber to succumb

sucré *adj.* sweet; sugared

sud *m.* south; **sud-est** *m.* southeast; **sud-ouest** *m.* southwest

sueur *f.* sweat, perspiration

suffi *p.p. of* **suffire**

suffire (*p.p.* **suffi**) *irreg.* to suffice; **il suffit de** that suffices, it's enough (to)

suffirent *p.s. of* **suffire**

suffisant *adj.* sufficient

suffit *p.s. of* **suffire**

suffoqué *adj.* suffocated

suggérer (**je suggère**) to suggest

se suicider to commit suicide

suif *f.* tallow; candle-grease

suite *f.* continuation; series; result; **faire suite à** to be a continuation of; **par la suite** later on, afterwards; **suite à** following upon; **tout de suite** immediately, right away

suivant *adj.* following; *prep.* according to

suivi (de) *adj.* followed (by); *p.p. of* **suivre**

suivirent *p.s. of* **suivre**

suivit *p.s. of* **suivre**

suivre (*p.p.* **suivi**) *irreg.* to follow

sujet *m.* subject; topic; **à son sujet** about it (her/him); **au sujet de** concerning

superbe *adj.* superb, glorious

superficialité *f.* superficiality

superficiel(le) *adj.* superficial

supérieur *adj.* superior; upper; advanced

superstitieux/superstitieuse *adj.* superstitious

supplice *m.* torture; punishment

supplicié(e) *m., f.* torture victim

supportable *adj.* bearable, tolerable

supporter to bear, tolerate; to support, sustain

supposer to suppose; to imagine

supprimer to abolish, suppress; to delete

suprématie *f.* supremacy

sur *prep.* on; in; on top; out of; about

sûr *adj.* sure, certain; safe; **bien sûr** of course

sûrement *adv.* certainly; safely

surent *p.s. of* **savoir**

surgir to come into view, appear

surmonter to surmount

surmulet *m.* surmullet, goatfish

surprenant *adj.* surprising

surprendre (*like* **prendre**) *irreg.* to surprise

surprirent *p.s. of* **surprendre**

surpris *adj.* surprised; *p.p. of* **surprendre**

surprit *p.s. of* **surprendre**

surtout *adv.* especially; above all

surveiller to watch over, supervise

survenir (*like* **venir**) *irreg.* to arise, take place

survivre (*like* **vivre**) *irreg.* to survive

suspendu *adj.* suspended

sut *p.s. of* **savoir**

svelte *adj.* svelte, slender

syllabe *f.* syllable

symboliser to symbolize

sympathique *adj.* nice

symphonie *f.* symphony

synthèse *f.* synthesis

système *m.* system

T

ta *poss. adj., f. s., fam.* your

table *f.* table; **service** (*m.*) **de table** dishes, tableware; **table basse** coffee table; **table d'hôte** communal table (*in restaurant*); fixed-price meal

tableau *m.* painting; chart; **tableau (noir)** blackboard, chalkboard

tablier *m.* apron, smock

tache *f.* spot; stain

tâche *f.* task; **prendre à tâche (de faire quelque chose)** to make it one's duty (to do s.th.)

tacher to spot, stain; to get a spot on

tactique *f. s.* tactics

taille *f.* size; waist; build; **de taille moyenne** average height

se taire (*like* **plaire**) *irreg.* to be quiet

talon *m.* heel; **chaussures** (*f. pl.*) **à talons** high-heeled shoes

tambour *m.* drum

tandis que *conj.* while; whereas

tant *adv.* so, so much; so many; **en tant que** as; insofar as; **tant de** so many, so much; **tant et si bien que** so much so that; **tant mieux** just as well, so much the better; **tant pis** too bad

tantôt *adv.* soon, presently; **tantôt... tantôt...** sometimes . . . sometimes . . .

tapage *m.* uproar; din; row

taper to hit; to type; **se taper dans la main** to slap each other's hand

tapis *m.* rug

taquinerie *f.* teasing

tard *adv.* late; **plus tard** later

tarder (à) to delay, put off

tarte *adj. fam.* stupid, ridiculous

tas *m.* pile, heap

tasse *f.* cup

tâtonnement *m.* groping; uncertainty

te (t') *pron.* you; to you; **s'il te plaît** *fam.* please

technique *f.* technique; *adj.* technical

technologie *f.* technology

technologique *adj.* technological

teinter to tint

tel(le) *adj.* such; **tel(le) que** such as, like

télé *f. fam.* television

télécommande *f.* TV remote control

téléphoner (à) to phone, telephone

téléspectateur/téléspectatrice) *m., f.* TV viewer

télévisé *adj.* televised, broadcast

téléviseur *m.* television (set)

télévision (*fam.* **télé**) *f.* television

tellement (de) *adv.* so; so much, so many

témérité *f.* temerity, boldness

témoignage *m.* evidence; testimony

tempête *f.* tempest, storm; **lampe-tempête** *f.* storm lantern

temps *m.* time, era; weather; *Gram.* tense; **à temps** in time; **avoir le temps de** to have time to; **depuis combien de temps** since when, how long; **de temps en temps** from time to time; **de tout temps** from time immemorial; **du temps de X** in X's day; **en même temps** at the same time; **passer du temps à** to spend time (doing); **perdre du temps** to waste time; **plein temps** full-time; **prendre le temps (de)** to take the time (to); **tout le temps** always, the whole time; **temps libre** free time

tendance *f.* tendency; trend; **avoir tendance à** to have a tendency to

tendre to offer, hand over; to stretch out; **tendre à** + *inf.* to tend to do (*s.th.*)

tendre *adj.* tender, sensitive; soft

tendresse *f.* tenderness

tendu *adj.* tense, taut; fixed; stretched; outstretched (*arms*)

tenez *interj.* look here

tenir (*p.p.* **tenu**) *irreg.* to hold; to keep; **je sais à quoi m'en tenir** I know what to believe; **se tenir** to stay, remain; to be kept; **tenir à** to cherish; to be anxious to; **tenir debout** *fam.* to hold water (*argument*), be believable; **tenir le coup** to hold on, endure; **se tenir fort bien** to behave very well

tennis *m.* tennis; *pl.* tennis shoes

tenter to tempt; to try, attempt

tenu *adj.* held; *p.p. of* **tenir**

terme *m.* term; end; **au sens large du terme** in the broader sense of the term; **en terme de** in terms of; **mener quelque chose à terme** to bring s.th. to completion

terminer to end; to finish; **se terminer** to be finished; to end

terrain *m.* ground; land

terrasse *f.* terrace; patio

terrasser to overwhelm; to lay (*s.o.*) low

terre *f.* land; earth; ground; **par terre** on the ground; **pomme** (*f.*) **de terre** potato; **sous terre** underground; **terre natale** native land; **ver** (*m.*) **de terre** earthworm

terrestre *adj.* terrestrial, of the earth

terrible *adj.* terrible; *fam.* great, extraordinary

terrine *f.* earthenware baking dish

territoire *m.* territory

tes *poss. adj. m., f., pl.* your

tête *f.* head; mind; *fam.* face; **avoir mal à la tête** to have a headache; **mal** (*m.*) **de tête** headache; **se mettre quelque chose dans la tête** to get it into one's head; **mettre quelque chose dans la tête de quelqu'un** to put s.th. into s.o.'s head; **se casser la tête** to rack one's brains

tête-à-tête *m.* intimate conversation, tête à tête

texte *m.* text; passage

thé: thé (*m.*) **à la menthe** mint tea

théâtral *adj.* theatrical

théâtre *m.* theater; **pièce** (*f.*) **de théâtre** (*theatrical*) play

thèse *f.* thesis, argument

ticket *m.* (*subway, movie*) ticket

tiède *adj.* lukewarm; warm; mild (*air*)

(le/la/les) tien(ne)(s) *pron., m., f., fam.* yours; **les tiens** *m. pl.* close friends, relatives

tiens! *interj.* well, how about that?

tiers *m.* one-third; *adj.* third; **Tiers Monde** *m.* Third World

tilleul *m.* lindenflower tea; linden tree

timbale *f.* (*metal*) mug, cup, tumbler

timbalier *m.* timpani player

timbre *m.* stamp; **timbre-poste** *m.* postage stamp; **timbre-quittance** *f.* receipt stamp

timide *adj.* shy; timid

tinette *f.* sanitary tub; latrine

tinrent *p.s. of* **tenir**

tint *p.s. of* **tenir**

tiré de *adj.* drawn from, adapted from

tirer to pull (out); to draw; **se tirer** to pull oneself (out); **tirer des conclusions** to draw conclusions

titre *m.* title; degree; **gros titre** (*newspaper*) headline

toi *pron. fam.* you; **toi-même** yourself

toile *f.* canvas; painting; **toile d'araignée** spider web

toilette *f.* grooming; **faire sa toilette** to wash up; to get ready; **cabinet** (*m.*) **de toilette** bathroom

toit *m.* roof

toiture *f.* roofing, roof

tolérer (**je tolère**) to tolerate

tomate *f.* tomato

tombant *adj.* falling; setting; **à la nuit tombante** at nightfall

tombe *f.* tomb, grave

tomber to fall; **tomber esclave** to become a slave, fall into slavery; **tomber inconscient** to fall unconscious; **tomber malade** to become ill

ton (ta, tes) *poss. adj., fam.* your; *m.* tone

tonnerre *m.* thunder; **coup** (*m.*) **de tonnerre** thunderclap

tordre to twist

tort *m.* wrong; **avoir tort** to be wrong

tortiller to twist, twirl

torturer to torture; **se torturer** to torture oneself

tôt *adv.* early

totalement *adv.* totally

totalité *f.* all, the whole; **la totalité de** all of; **en totalité** in its entirety

toucher (**à**) to touch, move; to concern; to affect

toujours *adv.* always; forever; still; **pour toujours** forever, for good

tour *f.* tower; *m.* walk, ride; turn; tour; trick; **à son (votre) tour** in his/her (your) turn; **à tour de rôle** in turn, by turns; **jouer un tour à** to play a trick on

tourelle *f.* turret

touriste *m., f.* tourist

touristique *adj.* tourist

tourmenter to torment

tournant *m.* encircling; bend; turning point

tournée *f.* tour; round

tourner (**à**) to turn, turn into; to film; **se tourner vers** to turn toward; **tourner mal** to turn out badly

tournoyer (**je tournoie**) to whirl, twirl (around)

tournure *f.* turn of phrase

tousser to cough

tout(e) (pl. **tous, toutes**) *pron., adj.* all; every; everything; each; any; **tout** *adv.* wholly, entirely, quite, very, all; **à tout le moins** at the very least; **de toute façon** in any case, anyway; **de tout temps** from time immemorial; **en tout (tous) cas** in any case; **(ne...) pas du tout** not at all; **tous (toutes) les deux** both (of them); **tous les jours** every day; **tout à coup** suddenly; **tout à fait** completely, entirely; **tout à l'heure** in a while; a while ago; **tout au plus** at the very most; **tout de même** all the same, for all that; **tout de suite** immediately, right away; **tout d'un coup** at once, all at once; **toute la journée** all day long; **tout en** + *present participle* while . . . -ing; **tout en haut** way at the top; **toutes sortes de** all sorts (types) of; **tout le monde** everybody, everyone; **tout le temps** all the time; **tout(e) nu(e)** completely naked; **les tout-petits** the very young, the tiny tots

toutefois *adv.* however, nonetheless

trace *f.* trace; impression; footprint

tracer (**nous traçons**) to draw; to trace out

traditionnel(le) *adj.* traditional

traduction *f.* translation

traduire (*like* **conduire**) *irreg.* to translate

tragique *adj.* tragic

trahison *m.* betrayal

train *m.* train; **être en train de** to be in the process of

traîner to drag

train-train *m.* humdrum routine

trait *m.* trait, characteristic

traité *m.* treaty

traitement *m.* treatment

traiter (de) to treat, deal with; to be about; to call, name

tranche: tranche (*f.*) **de vie** slice of life

tranchée *f.* trench

trancher to settle (*a question once and for all*)

tranquille *adj.* quiet, calm

tranquillisant *m.* tranquilizer

tranquillité *f.* tranquility; calm

transféré (*p.p. of* **transférer**) transferred

transformer to transform; to change

transiter to pass in transit

transpercer (nous transperçons) to pierce; to transfix

transport(s) *m.* transportation; **transports en commun** public transportation

transversal *adj.* transverse; *which runs across, at right angles*

trappeur *m.* trapper, fur trader

traquenard *m.* trap; ambush

travail (*pl.* **travaux**) *m.* work; project; job; employment; *pl.* public works

travailler to work; **travailler à la chaîne** to work on the assembly line; **travailler dur** to work hard

travailleur/travailleuse *m., f.* worker; *adj.* hardworking

traverse *f.* tie; strut, crosspiece

travelling *m.* dolly, traveling platform (*cinema*)

travers: à travers *prep.* through; **en travers** across

traversée *f.* crossing

traverser to cross

trèfle *m.* trefoil, clover; clubs (*cards*)

tréfonds *m.* deepest part; **le tréfonds de mon être** my innermost being

tremblant *adj.* trembling

trembler to shake, tremble

trépidant *adj.* agitated; bustling

très *adv.* very; most; very much; **très bien** very well (good)

tresse *f.* braid; tress (*hair*)

trêve *f.* respite, intermission; truce; **sans trêve** unceasingly

tribu *f.* tribe

tricorne *m.* tri-cornered hat

trier to sort out; **trié sur le volet** *adj.* very select, handpicked

tringle *f.* rod, bar; square molding

triomphalement *adv.* triumphantly

triomphant(e) *m., f.* triumphant (one); *adj.* triumphant

triomphe *m.* triumph

triste *adj.* sad

tristesse *f.* sadness

troisième *adj.* third

tromper to deceive; **se tromper (de)** to be mistaken (about), make a mistake

trompette *f.* trumpet

trompeur/trompeuse *adj.* deceiving

tronc *m.* (*tree*) trunk

trône *m.* throne; **salle** (*f.*) **du trône** throne room

trop (de) *adv.* too much (of); too many (of)

trou *m.* hole

troublant *adj.* troubling, disturbing

troublé *adj.* troubled, worried

trouer to pierce, make holes (in)

trouvaille *f.* find; stroke of inspiration; coinage

trouver to find; to deem; to like; **se trouver** to be; to be located

truc *m. fam.* knack; thing; gadget

tu pron. *fam. s.* you

tu *p.p. of* **se taire**

tubercule *m.* tuber (*vegetable*)

tuer to kill

se turent *p.s. of* **se taire**

se tut *p.s. of* **se taire**

tutoyer (**je tutoie**) to address with **tu**, address familiarly

twin-set *m.* twin set (*matching sweater and cardigan*)

type *m.* type; *fam.* guy

typique *adj.* typical

tyran *m.* tyrant

U

ubiquité *f.* ubiquity

un(e) *art., pron.* a, *adj.* one; **l'un(e) l'autre** one another; **un(e) autre** another; **une fois** once

uni *adj.* plain (*material*); united; close

unifié *adj.* unified, in agreement

uniformisation *f.* standardization

unilingue *adj.* monolingual

unique *adj.* only, sole; **fils (fille) unique** only son (daughter)

uniquement *adv.* only, solely

univers *m.* universe

universitaire *adj.* (*of or belonging to the*) university

université *f.* university

usage *m.* use; usage

usager/usagère *m., f.* user

usine *f.* factory

ustensile *m.* utensil

utile *adj.* useful

utilisation *f.* utilization, use

utiliser to use, utilize

V

vacances *f. pl.* vacation; **passer des vacances** to spend one's vacation; **pendant les vacances** during vacation

vadrouilleur *m.* wanderer, roamer

vagabond(e) *m., f.* vagabond, vagrant

vagabonder to wander, roam

vague *f.* (*ocean*) wave; fad

vain *adj.* vain; **en vain** in vain

vaincre (*p.p.* **vaincu**) *irreg.* to vanquish, conquer

vaincu *adj.* conquered; *p.p. of* **vaincre**

vainquirent *p.s. of* **vaincre**

vainquit *p.s. of* **vaincre**

val *m.* valley

valable *adj.* valid, good

valeur *f.* value; worth

valise *f.* suitcase

vallée *f.* valley

vallon *m.* small valley, dell

valoir (*p.p.* **valu**) *irreg.* to be worth; to obtain, win; to cost; **il vaut mieux que** + *subj.* it is better that; **ne pas valoir cher** not to be up to much; **valoir la peine** to be worth the trouble

valu *p.p. of* **valoir**

valurent *p.s. of* **valoir**

valut *p.s. of* **valoir**

vaniteux/vaniteuse *adj.* vain, haughty

vanter to praise, speak in praise of; **se vanter de** to boast about

vaporeux/vaporeuse *adj.* hazy; flimsy

varié *adj.* varied, varying

vassal(e) *m., f.* vassal

vaste *adj.* vast; wide, broad

vécu *adj.* lived; real-life; *p.p. of* **vivre**

vécurent *p.s. of* **vivre**

vécut *p.s. of* **vivre**

vedette *f.* star, celebrity (*m. or f.*)

végétarien(ne) *m., f., adj.* vegetarian

véhicule *m.* vehicle

veille *f.* the day (evening) before; eve

veiller to be watchful, vigilant; **veiller sur** to watch over

veine *f.* vein; **avoir de la veine** *fam.* to be lucky

vendange *f.* grape harvest

vendeur/vendeuse *m., f.* sales clerk

vendre to sell

vendredi *m.* Friday

venger (nous vengeons) to avenge; **se venger (de)** to take vengeance (for)

venin *m.* venom

venir (*p.p.* **venu**) *irreg.* to come; **faire venir** to send for; **s'en venir** + *inf. fam.* to come along; **venir de** + *inf.* to have just (*done s.th.*)

vent *m.* wind

vente *f.* sale; selling

ventre *m.* abdomen, stomach; **avoir mal au ventre** to have a stomachache

venu *adj.* arrived; *p.p. of* **venir**

ver *m.* worm; **ver de terre** earthworm

verdure *f.* greenery, foliage

verger *m.* orchard

vérifier to verify

véritable *adj.* true; real

vérité *f.* truth

vermine *f.* vermin

verni *adj.* glazed; varnished

vernissage *m.* opening (*of an art show*)

verre *m.* glass

vers *prep.* around, about (*with time*); toward, to; about; *m.* line; verse, poetry

version *f.* version; written homework

vert *adj.* green

vertu *f.* virtue

veste *f.* jacket, suit coat

vêtement *m.* garment; *pl.* clothes, clothing

vêtu *adj.* dressed

veuf/veuve *m., f.* widower, widow

vexer to upset (*s.o.*)

viande *f.* meat

vicaire *m.* vicar, priest

vice-président(e) *m., f.* vice president

victime *f.* victim (*m. or f.*)

victoire *f.* victory

victorieux/victorieuse *adj.* victorious, triumphant

vide *m.* empty space; vacuum; *adj.* empty

vider to empty; **se vider** to empty, become empty

vie *f.* life; **gagner sa vie** to earn one's living; **mode** (*f.*) **de vie** lifestyle; **tranche** (*f.*) **de vie** slice of life

vieillesse *f.* old age

vieillir to grow old; to age

vieux (vieil, vieille) *adj.* old

vif/vive *adj.* lively, bright

vigoureux/vigoureuse *adj.* vigorous, strong

vilain *adj.* ugly; naughty

ville *f.* city; **centre-ville** *m.* downtown

villégiature *f.* stay (*in the country, by the sea, etc.*)

vin *m.* wine; **coq** (*m.*) **au vin** chicken prepared with red wine; **marchand(e)** (*m., f.*) **de vin** wine merchant

vinaigre *m.* vinegar

vinrent *p.s. of* **venir**

vint *p.s. of* **venir**

violé (*p.p. of* **violer**) violated, transgressed

violet(te) *adj.* purple, violet

virent *p.s. of* **voir**

virer to (make a) turn (*while driving*)

virtuose *m., f.* virtuoso

visage *m.* face

visite *f.* visit; medical checkup; **rendre visite à** to visit (*people*)

visiter to visit (*a place*)

visiteur/visiteuse *m., f.* visitor

visuel(le) *adj.* visual

vit *p.s. of* **voir**

vite *adv.* quickly, fast, rapidly

vitesse *f.* speed; **limitation** (*f.*) **de vitesse** speed limit

vitre *f.* pane of glass; car window

vitré *adj.* glassed-in, glazed

vivant *adj.* living; alive; **bon vivant** *m.* bon vivant, one who enjoys life

vive... ! *interj.* hurrah for . . . !

vivement *adv.* in a lively way

vivre (*p.p.* **vécu**) *irreg.* to live; **joie** (*f.*) **de vivre** joy in life; **savoir-vivre** *m.* good manners

vocabulaire *m.* vocabulary

voici *prep.* here is/are

voie *f.* way, road; course; lane; railroad track

voilà *prep.* there is/are; **vous (me,** *etc.*) **voilà** there you are (I am, *etc.*)

voile *m.* veil

voir (*p.p.* **vu**) *irreg.* to see

voire *adv.* even, indeed

voisin(e) *m., f.* neighbor

voiture *f.* car, automobile; carriage, coach

voix *f.* voice; vote; **à voix basse (haute)** in a low (high) voice

volaille *f.* fowl, poultry

vol-au-vent *m.* vol-au-vent (*meat- or fish-filled pastry*)

voler to fly

volet *m.* (window) shutter; **trié sur le volet** *adj.* very select, handpicked

volontaire *adj.* voluntary

volonté *f.* will; willingness; **bonne volonté** goodwill, willingness

vos *poss. adj., pl.* your

votre *poss. adj., m., f.* your

(le/la/les) vôtre(s) *pron., m., f.* yours;
les vôtres *pl.* your close friends,
relatives

vouloir (*p.p.* **voulu**) *irreg.* to wish,
want; to demand; **en vouloir à**
to hold s.th. against (*s.o.*);
vouloir bien to be willing, glad
to; **vouloir dire** to mean

voulu *adj.* desired, wished; *p.p. of*
vouloir

voulurent *p.s. of* **vouloir**

voulut *p.s. of* **vouloir**

vous *pron.* you; yourself; to you; **s'il
vous plaît** please; **vous-même**
pron. yourself

vouvoyer (**je vouvoie**) to use the
vous form

voyage *m.* trip; **faire un voyage** to
take a trip

voyager (**nous voyageons**) to
travel

voyageur/voyageuse *m., f.* traveler

voyons *interj.* let's see; come, come

vrai *adj.* true, real

vu *adj.* seen; *p.p. of* **voir**

vue *f.* view; panorama; sight; **en vue
(de)** in view (of); **point** (*m.*) **de
vue** point of view

vulgaire *adj.* vulgar; common, everyday

W

wagon *m.* train car

Y

y *pron.* there; **il y a** there is/are;
ago

yeux (*m. pl. of* **œil**) eyes

Z

zapper to switch; to hop (channel-
surf)

zappeur *adj., m., f.* channel surfer

zapping *m.* channel-surfing

zone *f.* zone, area

zut! *interj.* darn! drat!

Index

mourir, 94, 95, 198. *See also* Appendix C

naître, 94, 95. *See also* Appendix C
ne, negative expressions using, 8–9, 289–290. *See also* negation
pleonastic, 202
near future. *See* future, immediate
necessity, expressions of, 201, 206
negation, 8, 9, 289–290
with **aucun(e),** 299, 301, 302
with **faire** + infinitive, 366
with imperative, 169–170
with indefinite articles, 9
with infinitive, 290, 314, 317
ne... ni... ni... , 305, 306, 348
ne... pas de, 9, 49, 138
with pronominal verbs, 32–33
n'est-ce pas, 10
nouns, 53–56
abstract, 47
comparison with, 78–79
compound, 56
gender of, 46, 53–55, 56
geographical, 285
inversion with, 24
plural, 55–56
with superlative, 81, 83
nouveau, 65
number. *See* plural

object pronouns. *See* pronouns
offrir, 20, 94. *See also* Appendix C
on, 31, 34, 363
opinion, expressions of, 201, 206, 314
order. *See* word order
orders (commands). *See* imperative
ou, 306
où, 11, 235
ouvrir, 20, 94. *See also* Appendix C

parce que, 202
participle. *See also* Appendix C
in passive voice, 363
past, 93–94, 95, 98–99
present, 320, 321
partir, 19, 95, 256, 258, 262. *See also* Appendix A, C
partitive article, 137–139

partitive pronoun **(en),** 157–158, 170, 302
passé antérieur. *See* Appendix B
passé composé, 93–95, 98–99, 100–101. *See also* Appendix C
agreement of past participle in, 95, 98–99, 145, 156, 158, 231
with **avoir,** 94–95
with **être,** 95, 98–99
versus **imparfait,** 122–125
negation of, 290, 301
of pronominal verbs, 98–99
usage, 93, 100–101
passé simple. 85–87. *See* Appendix A, C
passive voice, 362–363
past, recent. *See* **venir de**
past conditional, 261–263. *See also* Appendix C
past infinitive, 317–318
past participle, 93–94. *See also* Appendix C
agreement of, 95, 98–99, 145, 156, 158, 221–222, 231
past perfect, 258–259. *See also* Appendix C
past subjunctive. *See* subjunctive
perfect tense. *See* future perfect, past perfect, etc.
personne... ne, 301–302
plaire, 94. *See also* Appendix C
pleuvoir, 22, 94, 199. *See also* Appendix C
plural, of adjectives, 66
of articles, 46, 49
of nouns, 55–56
plusieurs, 299–300, 301–302
plus-que-parfait *See* past perfect
possessive adjectives, 69–70
possessive pronouns, 350–352
pourquoi, 11
pouvoir, 21, 94, 174, 187, 199. *See also* Appendix A, C
prendre, 20, 94, 198. *See also* Appendix C
prepositions,
corresponding to conjunctions, 206
with definite articles, 46–47

with emphatic pronouns, 348
with geographical names, 286
with indirect objects, 143–144
with interrogative pronouns, 334–336
with **lequel,** 335–336
with relative pronouns, 231, 233–234, 245–246
replaced by **y,** 156
verbs that require, 315
See also **à** and **de** and Appendix A
present conditional. *See* conditional and Appendix C
present indicative, 4, 7, 16–18, 38–39
of irregular verbs, 7, 19–22
of pronominal verbs, 32–33, 34–35
of regular verbs, 4, 17–18
See also specific verb and Appendix C
with **si** clause sentences, 188, 275–276
with time expressions, 38
present participle, 320–321
present subjunctive. *See* subjunctive and Appendix C
promener, 18, 174, 187
pronominal verbs, 32–33, 34–35
infinitive, 33, 317
substituting for passive voice, 363
See also specific mood and tense, eg., past conditional, **passé composé,** and Appendix C
pronouns, with causative **faire,** 366
demonstrative, 49, 161–162, 343–345
direct object, 143–145, 170
emphatic (disjunctive or stressed), 347–348
en, 157–158
with imperative, 169–170
indefinite, 301–302
indirect object, 143–145
with infinitives, 314
interrogative, 24, 334–336
multiple, 145, 158, 170
personal subject, 3, 24, 32, 49, 161

About the Authors

Lucia F. Baker, Emerita, holds a Diplôme de Hautes Etudes from the University of Grenoble and an M.A. from Middlebury College, and did additional graduate work at Radcliffe College and Yale University. She retired after more than twenty-five years of teaching at the University of Colorado in Boulder and Denver. In addition to teaching first- and second-year French language courses, in Boulder she coordinated the Teacher Assistant Training Program, which includes the methodology class and language course supervision. Professor Baker received two Faculty Teaching Excellence awards and in 1983 was honored by the Colorado Congress of Foreign Language Teachers for unusual service to the profession.

Ruth A. Bleuzé holds an M.A. in International Relations from the University of Pennsylvania and a Ph.D. in French from the University of Colorado (Boulder). She has taught language, literature, history, and civilization courses at the University of Colorado (Boulder and Denver campuses), Loretto Heights College, and Dartmouth College. She received a graduate student Teaching Excellence award in 1976, and in 1977 was listed in *Who's Who in American Colleges and Universities.* Dr. Bleuzé is currently director of training for Prudential Relocation Intercultural Services, a management consultant firm providing cross-cultural and language training for executives from multinational companies who are relocating to foreign countries.

Laura L. B. Border received her Ph.D. in French from the University of Colorado at Boulder. She taught first-, second-, and third-year French courses for many years. She studied French language, literature, and culture at the University of Bordeaux as an undergraduate student, and later taught English conversation, translation, and phonetics there. A recipient of the graduate student Teaching Excellence award at Boulder, she is now director of the Graduate Teacher Program at the Graduate School of the University of Colorado at Boulder.

Carmen Grace is the coordinator of *Collage, Quatrième édition.* She holds an M.A. in French from the University of Colorado at Boulder where she has taught courses in literature, language, civilization, and methodology during the last twenty years. She directed the first-year Teaching Assistant Program for three years. She now coordinates the Intermediate Language Program and supervises teaching certification candidates. She has also taught English courses at the University of Bordeaux. Awards received include a French Government Fellowship to the Sorbonne and a University of Colorado Teaching Excellence Award.

Janice Bertrand Owen received her Ph.D. in French Literature from the University of Colorado at Boulder. She taught language and literature classes at the Boulder and Denver campuses for many years. In 1977 she directed the University of Colorado Study Abroad Program in Chambéry, and in 1979 designed and taught an intensive course for secondary teachers of French in the Boulder Valley Schools. She is currently engaged in independent research on medieval fables.

Mireille A. Serratrice was born and raised in France. She holds a license in English and American Literature from the Centre Universitaire de Savoie, and in 1979 she received an M.A. in French from the University of Colorado (Boulder), where she has also completed all course work for her Ph.D. She has taught first- and second-year French language and literature courses at the University of Colorado since 1977. In 1980 she was the Director of the Study Abroad Program in Chambéry. At present she is teaching in Paris.

Ann Williams-Gascon is associate professor of French at Metropolitan State College of Denver, where she teaches courses in language, literature, and contemporary French culture. She was the recipient of a 1994 Excellence in Teaching Award from the Golden Key Honor Society and received the Colorado Congress of Foreign Language Teachers' Young Educator Award in 1991. Her doctoral degree is from Northwestern University and she also has a Diplôme d'Etudes Approfondies from the Université de Lyon II.

Ester Zago holds a Doctorate in Foreign Languages and Literature from the Bocconi University of Milan and a Ph.D. in Comparative Literature from the University of Oregon (Eugene). She has taught at Pacific University and at Oregon State University at Corvallis. Since 1974 she has taught French and Italian grammar, literature, and civilization courses at the University of Colorado (Boulder). She received a Faculty Teaching Excellence Award in 1982, and during the 1982–83 academic year she was the Director of the Study Abroad Program at Bordeaux. She has published several articles and a book entitled *La Bella Addormentata, origine e metamorfosi di una fiaba.*

Credits *continued from page iv*